孔子研究院文库

第一辑

和合学与文化创新

张立文　著

人民出版社

《孔子研究院文库》第一辑学术委员会

总　序

张立文

　　"沧海万仞，众流成也"。无边无际的大海，由众流汇聚而成。1955 年中国人民大学成立哲学史教研室（包括中国哲学与外国哲学），教研室教员来自五湖四海和各大学，既有中外哲学史的专家，也有新进者，他们会聚一起，互帮互学，切磋琢磨，切问近思，终日乾乾；他们都有一种"文江学海思济航"的理想，尽管中外哲学史资料浩如烟海，哲思深奥，但都思奋力航行，为发扬中外哲学精华，以登更高境界。

　　1956 年中国人民大学哲学系正式招收本科生，系主任是著名的何思敬教授。1960 年我提前毕业留校，分配到哲学史教研室，室主任是石峻副教授，党支部书记是尹明同志。他（她）们分配我重点研究宋元明清哲学思想，通讲中国哲学史。系主任吴江同志要求哲学史教研室全体教员编写《中国现代哲学史》，为了便于相互学习、交流、探讨，在中国人民大学附属中学借了一个教室，集体办公，分配我撰写"梁漱溟乡村建设理论"，各人写就草稿，互相传看，并进行讨论，提出修改意见。教研室资料员江涛则配合搜集现代哲学家的思想资料，分册印刷。1961 年开始教学检查运动（检查讲稿、文章、课堂笔记中是否有修正主义观点），《中国现代哲学史》的编写就停了下来，接着中宣部要编写社会科学各学科的教材，哲学史教研室按各教员的专业分别参加中国哲学史与外国哲学史的编写，再也无空顾及《中国现代哲学史》编写了。

　　1969 年中国人民大学全体教职工分批下放到"千村薜荔人遗失，万户萧疏鬼唱歌"的江西余江五七干校进行脱胎换骨的劳动改造，1972 年回到北京，中国人民大学解散，哲学系、经济系等分到北京师范大学，北师大成立哲学系和经济系。1977 年恢复大学招生，哲学系招收本科生，1978 年中国人民大学复校。中国哲学史教研室即开始编写《中国哲学通史》，原计划有先秦、汉唐、宋元明清、近代、现代五卷，并携程前四卷稿件，由杨宪邦、方立天、张立文各统先秦、汉唐和宋元明清卷出版。

当前，由中国哲学教研室主任罗安宪教授提议、组织为每位教研室教授出版专著，得到教授们的赞同和支持，以展示教授们中国哲学科学研究成果，并得到人民出版社哲学编辑室主任方国根编审帮助，而呈现于读者座前。

回顾中国哲学教研室经知天命之年而到耳顺之年的艰苦、曲折、奋斗、日新的历程，有诸多值得我们继续传承和发扬的精神。

一是自强自立精神。中国人民大学哲学系哲学教研室成立之初，除个别原从事中国哲学教学与研究的教师外，绝大部分教员都是新进的同志，对中国哲学均需重新学习研究，总体力量比之北京大学哲学系中国哲学教研室和中国科学院哲学研究所中国哲学教研室要薄弱。1952 年院系调整，全国各个大学院校的哲学系统统合并到北京大学哲学系，中国哲学教研力量大大增强，如冯友兰、汤用彤、任继愈、张岱年、朱谦之等。中国科学院哲学所中国哲学史研究室集中了一批老专家如梁启雄、容肇祖、王维诚、王维庭、吴则虞、王范之、王明、陈孟麟等。这对于中国人民大学哲学系中国哲学教研室的教员来说是很大的压力，同时更激起了中国哲学史教员的"天行健，君子以自强不息"的热情和信心。他们一方面兼顾学习，积极求教，虚心吸收，努力参与；另一方面认真撰写论文，展开学术讨论，如 1957 年中国哲学史方法论、谭嗣同思想以及后来的老子思想、庄子哲学、孔子思想、《周易》思想等的学术讨论。在学术交流中开阔视域，在学术讨论中提升认知，他们深知"跬步而不休，跛鳖千里，累土而不辍，丘山崇成"。腿有毛病的鳖，不断地迈着半步也能至千里之遥的目的地；不停累土，便能使小丘陵终于变成高高的山岭。经此自强不息、自立不止的终日乾乾奋进，最终成长为与北京大学中国哲学教研室、中国社会科学院哲学研究所中国哲学教研室鼎足而三。

　　二是勤劳坚毅精神。知己知彼，既知自己之不足，补救之方就在于"人生在勤，勤则不匮"。因而中国哲学教研室的教员都有"千淘万漉虽辛苦，吹尽狂沙始见金"的自觉意识。他们一方面为夯实理论功底，认真领会马克思著作原著和外国哲学知识以及文字音韵训诂功底，如听魏建功教授的课和请吴则宾研究员讲文字训诂课，又派人到佛学院进修佛学；另一方面，他们以"人生世上，寸阴可惜，岂可晷刻偷安"的观念要求自己，无星期天、无日夜，不偷安一刻地刻苦钻研中国哲学，真可谓一寸光阴一寸金地珍惜时间。他们作卡片，记心得，撰文章。即使在三年困难时期、饥肠辘辘之际，或认真备课，挑灯著文；在劳动之息，会议之隙，或捧书以读，或思考问题。他们胸怀"天将降大任于斯人也，必先苦其心志，劳其筋骨，饿其体肤，空乏其身"的坚毅意志，顽强地克服种种困难，而无怨无悔地献身于中国哲学。即使遭受个人主义、名利思想、资产思想为改造好等等的批评，也无碍他们为弘扬中华哲学而努力的激情。特别在"文化大革命"以后，更加激起了中国哲学教研室教授们为传承与创新中国哲学的勤思考、勤著书、勤立言、勤交流的行动，即以学问思辨及笃行的实践，来实现宏愿，为中国人民大学中国哲学教研室的发展作出贡献。

　　三是诚实正直精神。荀子云："君子养心，莫善于诚。"思诚为修身之本，亦是为人之道。自教研室成立以降，经历不断的政治运动，由于个人认知的差分，不免产生意见、观点的分歧，但都能以坦诚的态度相待，而无害人之心，亦无为争自己的利益而斗争不止的行为。尽管 20 世纪 60 年代初曾被认为是全校 21 个"疙瘩"之一，但迅速化解，和好如初。教研室的教师都能以真诚的态度教书育人，为人师表，诲人不倦，而受到表彰；教师之间，直道而行，周而不比，互学互帮，和而不同。"文化大革命"以后，教研室的教授们以极高的热情投入中国哲学的教学和研究，撰写了一批高质量的论文和专著，获得众多各种奖赏，也获得国内外学界很高评价。其诚实正直为人，其严谨深思为学，成为教研室教授们自觉的行为准则。

　　四是包容谦虚精神。中国哲学教研室教授之所以能以诚实正直的精神待人、待学，以客观同情的态度待古人、待史事，就在于心存"君子以厚德载物"的意志，这样才能"志量恢弘纳百川"。自古以来，由于时势的变迁、观念的转换、体认的差分、道德的转变，对各个哲学家哲学思想的评价、理解、诠释各说齐陈，以至对经典著作中某句某字的解释亦针锋相对，此种情况，可谓屡见不鲜。如何能够获得一种比较贴近历史实际的理解，教研室教授们都有一种谦虚的学风，体会其为什么有如此不同的理解，其理论前提和根据是否有理；又以一种包容的态度，寻求其理论前提和根据有否可吸收之处？唯有如此，才能有一种"大海从鱼跃，长空任鸟飞"的学术诠释空间，做到"学古人在得其神理，不可袭其面目"；才能为文"有我"，提出自己独立见解，以供中国哲学史界参考。

五是无私奉献精神。做到诚实正直、包容谦虚，是由于心灵无私，无私而能公正，不存私人偏见，按实品评；无私而能虚怀若谷，不存个人成见、前见，而能包容吸收。荀子说："公道达而私门塞，公义明而私事息。"如此，为学，对中国哲学史上的人物、事件能作出比较公正的理解和评价，能控制自己对某一研究对象的偏好，而不有失公允；在学术互相探讨交流中，能无私奉献自己独到见解，使他人的观点得到完善，而绝不保守。为人，教研室教授们一致发挥正能量，2002 年中国人民大学孔子研究院率先成立，在国内外引起很大反响，社会上以此为风向标。孔子研究院在无钱无人的情况下，积极开展学术交流活动，每年召开 150 人左右的"国际儒学论坛"，在韩国高等教育财团及众多国内外专家的支持下，已成为国内外影响深远的儒学学术品牌，并在每年孔子诞生日 9 月 28 日至 10 月 28 日举办"孔子文化月"活动，举行系列学术报告、经典诵读及礼乐道德教育等。每次"孔子文化月"都有明确主题，如 2004 年是"尊吾师道，传吾文化"；2005 年为"明礼诚信，修身立德"；2006 年为"明德贵和，读经新民"；2007 年是"弘扬乐教，广博易良"；2008 年为"立足本义，和而不同"；2009 年是"志道据德，依人游艺"；2010 年是"明体达用，修身养性"；2011 年是"博学审问，慎思明辨"；2012 年为"博学于文，以友辅仁"等。这些都要付出中国哲学教研室教授们的大量精力和宝贵时间，而教授们在无任何报酬的情况下，无私奉献。

这种无私奉献的精神动力，来源于为道。中国人民大学孔子研究院的院训是"继承优秀传统文化，弘扬孔子思想精华，提高国民人文素质，建设人类美好未来。"这个院训既是中国哲学教研室教授们愿望的寄托，也是他们使命的实践。他们以无私崇敬的心情绍弘孔子思想和传统文化，以庄严弘道的精神传承道德精髓和振兴中华。为学、为人、为道，中国哲学教研室的教授们竭尽精力，尽职尽责。

六是开拓创新精神。为人、为学、为道落实到学术开拓创新上，中国哲学教研室的教授在中国哲学的多个领域都能与时因革，心随世转，新裁屡出。他们都胸怀"意匠如神变化生，笔端有力任纵横"的意向，精心思量"阐前人所已发，扩前人所未发"。无论在《周易》思想、先秦儒、道、墨、阴阳、名、法研究，魏晋玄学、隋唐佛学研究，还是在宋元明清理学、近现代新儒学研究中均提出了诸多创新的诠释和观点，在国内外学术界产生深刻影响。特别是儒教研究和《国际儒藏》的编纂，也在国内外产生很大反响。这都是由于"别出心裁，不依旧样"所获得的效果。即使由中国哲学教研室编著中国哲学众多教材，无论在编写的体例上、问题的概括上、观点的诠释上、还是言辞的叙述上、思想的发展上、逻辑的结构上，都与以往的教科书有所区别，并有所超越。这是教授们长期认真刻苦学习、体认的结晶。若统计一下教研室教授们的专著和在国内外发表的论文，乃是十分可观的、领先的。

中国哲学教研室成立 60 年来所塑造的精神，难能可贵，应为珍惜和发扬，以达更完美境界。

黾勉成此，是为序。

于中国人民大学哲学院

2014 年 8 月 28 日（甲午年）

目　录

和合学篇

文化创新篇

国学新释篇

国学与和合学

和合学的思想资源、理论源头、观念活水，是中华民族的国学。

中华国学源远流长，博大精深。在中华国学中，和合是人文精神的精髓和首要价值，也是传统文化思想的精粹和生命智慧。上下 5000 年，纵横中西外，中华民族始终以贵和贵合为价值目标和评价体系。和是和谐、和睦、和平、和善、祥和；合是合作、化合、结合、合理、合度等。

一

中华国学早在商周时代，和合作为声音的相互应和，以及诸多元素、事物的聚集，而被推致为体认、处理自然、社会、人际、家庭、国家之间关系的指导原则和社会政治、国家治理、万物生育的根本原理。在国学元典《五经》中，《易经》绘声绘色地刻画了鹤在树荫下欢乐鸣叫、其子唱和的情景。《尚书》说明尧使天下的百姓亲和、和睦，使各邦国之间协调和谐，和雍共处。周公曾代表成王发布命令，要民众、每个家庭都和睦起来，假如不和睦相处，那么天就要惩罚你们。这样，和便作为天的意志，起着维护国家安定和谐的特殊作用。《诗经》蕴涵和乐、和鸾、和旨、和奏、和鸣、和羹等意思。接待嘉宾，鼓琴瑟，饮美酒，和乐不已。君臣上下、四方使者通过这种形式激起情感沟通的和乐，兄弟、夫妻之间也可以兴起亲密感情的和乐，犹如琴瑟之声，互相应和，情浓意厚，亲密无间。《周礼》记载，和在周代典章制度中得到了贯彻，并在各官职的职掌中做了具体规定，使和合思想获得切实的实行。如太宰要以和邦国，以谐万民，大司徒以礼乐教化万民和谐，化解君臣、父子、兄弟之间的不和谐。各级官员职责的价值目标是和，和是他们的终极价值追求。《春秋左传》记载，晏婴与齐景公讲"和同之辩"时，引《诗经》"和羹"之喻，说明"和"是多元材料、调料的融合，经主体人的加工，使之达到适中，无过无不及，鱼肉就成为美食、和食。"同"是以水加水，不会变为美味。

《五经》是中华民族国学最古老的元典文本，是中华民族文化学术、哲学思想、价值观念、伦理道德的源头活水。它既开启了先秦国学子学的百家争鸣、各家学说的传播和建构，也开新了中华民族的民族精神、典章制度、思维方式的建立和实践。从《五经》我们可以体认到：和是形而上的天的意志，不和就是违背天意；和是万物化生的根据和本原；和合是多元差异要素他与他之间平等、平衡、公平的融突和合；和是治理身心、家庭、国家、社会的指导原则、原理；和合是中华国学、民族精神首要价值之一；和合是古代各职官职责的要求和目标。这样，和合便具有普遍的意义和共同的诉求。

春秋战国时期，国学子学百花齐放，和合便成为百家"同归而殊途，一致而百虑"的同归、一致的价值目标，也是中华国学所追求的一种境界。以老子、庄子为代表的道家开出把天人共和乐作为"大本大宗"的万物化生根据的形而上路向；以孔子、孟子为代表的儒家开出以"和为贵"、天人共忧乐的人格理想实践的人间世路向；以管子、墨子为代表的"和合故能谐"、修养道德化解父子兄弟怨恶的伦理论路向；以《易传》为代表的开出"保合太和"、万国咸宁的和合生生论路向；以荀子为代表的开出音乐使人和敬、和亲、和顺的情感论路向。使中华和合文化呈现绚丽多姿、大化流行、生生不息的状态。

中华和合思维与和合精神，上始于伏羲，他画八卦，由阴阳两个符号组合成代表天地、水火、风雷、山泽多元异质事物的和合；中历《五经》和先秦百家的凝聚锤炼、智能创新，形成了体现民族精神和生命智慧的逻辑思维，建构了安身立命的价值理想和精神家园；下开汉唐以后各个时代的天人合一、三教合一、情景合一、知行合一等学术文化、思想观念、伦理道德、宗教信仰、百姓日用，彰显了其无穷的力量和光彩的魅力，而影响东亚各国，具有普世价值。

二

当今世界，是一个充满着各种各样的、错综复杂的冲突和危机的世界。概言之，有人与自然的冲突带来的生态危机、人与社会冲突产生社会危机、人与人的冲突产生道德危机、人的心灵冲突产生精神和信仰危机、文明冲突带来价值危机。无论哪个国家、民族，还是集团、个人，都受此冲突和危机的影响，每个人生命与财产的安全都受到威胁。如何化解人类共同面临的五大冲突和危机，已是各国政府、民间、有识之士思考的重要课题。假如人类对这些冲突和危机漠不关心，就会将人类导向毁灭。作为体现中华国学精神和标志的和合思想，能为化解冲突和危机提供有力的文化资源、合理的指导思想、有效的操作设想和有益的方法启迪。"和合学"的要义是力图建构一个和谐的、安宁的、幸福的人类社会。

所谓和合，是指自然、社会、人际、心灵、文明间的诸多元素、要素互相冲突、融合，与在冲突、融合的动态变化过程中诸多元素、要素和合为新结构方式、新事物、新生命的总和。和合有五义，即差分与和生、存相与式能、冲突与融合、自然与选择、烦恼与和乐。差分、存相、冲突、自然、烦恼具有对立、矛盾、冲突的意蕴，和生、式能、融合、选择、和乐具有对话、氤氲、融合的意蕴，故称其为融突论。融突而和合，便是和合之真，是和合关系之真，差分和生是和合的自性生生义，存相式能是和合的本质形式义，冲突融合是和合的变化超越义，自然选择是和合的过程真切义，烦恼和乐是和合的艺术美感义，统此五义，即是和合关系之真的展现，或曰"和合起来"义。

所谓和合学，是指研究在自然、社会、人际、人的心灵及不同文明中存在的和合现象，与以和合义理为依归，以及既涵摄又超越冲突、融合的学问。和合学的意蕴是：既然与所以然，变化与形式，流行与超越，对称与整合，中和与审美。和合的主旨是生生，生生是不息的流程，是新生命的化生，体现了对生命存在的关怀。生生说明了对生的所以然的求索，便是"和合"或"合和"。"和合"一词最早见于《国语·郑语》："商契能和合五教，以保于百姓者也。"① 如何生生？怎样生生？便是"和实生物"②，"夫物合而成"③，"天地合气，人偶自生"④，"天施地化，阴阳和合"⑤，"天地合和，生之大经也"⑥。"合和""和合"作为新生命、新事物的和合体，是冲突融合生生的所以然，这个所以然，是和合的真元。

式能是一变化的动态结构，是潜能的发动不息。存相有对等和变化。和合学是对于存相和式能的各种理解的反思，是对于诸多元素、要素构成新事物、新生命的中介转换机制的探讨，是对于存相变化日新的生命力潜能的寻求。所以说存相和式能都是大化流行中的存相与式能，和合学不仅仅是融合，融合也不仅是和合，和合包容了冲突融合，超越现实的冲突融合是基于价值理想的追求和价值导向的理势。

和合学的本旨是和，它是对于自然、社会、人际、心灵、文明的整体和谐、协调、有序的探索，对称整合作为中国人文精神的原则，在诸多元素、要素和合为新事物、新生命中起着重要作用，促使新事物、新生命顺利化生。和合学是和乐、和美、和和。它是对人类精神生活中之所以烦恼、苦闷、困惑、孤独、空虚、痛苦的原因以及造成这种原因的自然、社会、人际、心灵、文明和政治、经济、环境的关系的追究，是对于如何修养心性、如何治疗心理失衡、情绪失序、精神失常的所以然的探讨，是对于什么是审美价值的为什么的追寻。和、中和是中华国学精神的精髓。

和合与和合学意蕴的规定，是对传统和合人文精神的继承，是对传统和合论的转生，这个转生是一个创新。之所以说是创新，是因为它是化解现

---

① 《国语·郑语》，徐元诰：《国语集解》第 16 卷，中华书局 2002 年版，第 466 页。
② 《国语·郑语》，徐元诰：《国语集解》第 16 卷，中华书局 2002 年版，第 470 页。
③ 《吕氏春秋·有始览》，许维遹：《吕氏春秋集释》第 13 卷，中华书局 2009 年版，第 276 页。
④ （汉）王充撰：《论衡·物势》，黄晖：《论衡校释》第 3 卷，中华书局 1990 年版，第 144 页。
⑤ （汉）韩婴撰：《韩诗外传》，许维遹：《韩诗外传集释》第 3 卷，中华书局 1980 年版，第 102 页。
⑥ 《吕氏春秋·有始览》，许维遹：《吕氏春秋集释》第 13 卷，中华书局 2009 年版，第 276 页。

代人类共同面临五大冲突和危机的原理；是 21 世纪时代精神的精华的体现；是由和合生存世界、和合意义世界、和合可能世界建构的现代中国哲学；是继先秦百家之学、两汉经学、魏晋玄学、隋唐儒释道三家之学、宋明理学之后的又一学术思想哲学理论新形态。

三

当代，经济全球化、科技一体化、互联网普及化，把世界连成一片。这不一定就会消除不同国家、民族、宗教以及种族之间的冲突，相反，还有可能使不同文明传统国家在某些方面冲突加剧。市场配额的不均等，利润瓜分不公平，生息领地有争议，宗教信仰有分歧，这一切价值冲突都根源于势不两立的选择。因此，文明冲突与文明融突成为世界范围所关注的课题。1993 年，亨廷顿提出"文明冲突"论；1998 年的第 53 届联合国大会通过决定，以 2001 年为"联合国不同文明对话年"。

从文明冲突到文明对话，表现了世界人民祈求和平发展的意愿。从文明冲突到对话，是一次价值观念、思维方式、观照视角的转换。对话就必须承认相异者的存在，即允许"他者"的存在。承认"他者"的存在，主体与"他者"的关系就是互相平等的，而不是"猫与老鼠"的关系。主体不能以自我为中心，一切以我是从；从"他者"看，要互为主体，互相观照；对话就是面对"他者"，需要互相理解、谅解。在互为"他者"的情境下，要互相理解其文化背景，理解其民族风俗及宗教信仰等。互相理解、谅解才能相互尊重，相互礼让；互相理解、谅解，才能达成有限度的共识；对话的基础需要一定程度的诚信，诚信使对话蕴含着诚意，诚意使对话通向顺利，甚至成功。若无诚信，对话这种游戏便流于谎言或一纸空文。对话既然是承认"他者"的存在，在与"他者"的交往中就不能唯我独尊，不能非此即彼，你死我活，消灭"他者"、对话者。这样看似简单、痛快，实是搬起石头砸自己的脚，后患无穷。特别是文明间的冲突，采取你死我活、二元对立的思维方式是不可能消灭"他者"的。在世界政治、经济、文化、宗教多元的情况下，文明也是多元的。21 世纪主要存在四大文明：基督教文明（即欧美文明）、儒教文明（即东亚文明）、佛教文明（即南亚文明）、伊斯兰文明（即中东北非文明），另外还有拉丁美洲文明、非洲文明等。无论如何，这四大文明应该"以他平他之谓和"地存在着，强势文明想消灭弱势文明是不可能的，征服者也只能是改变异己文明的某一国家的统治者而已，而不能改变其文明。现代地区之间的冲突，有复杂的政治、经济、文化、宗教原因，不一定是真正意义上的文明冲突。其实，文明与文明之间是不一定以冲突的形式表现的，在绝大多数情况下，是以和处和立、和达和爱的形式存在的。因此，当今世界最佳选择是和合。

由人与自然、社会、人际、心灵、文明间五大冲突和危机所造成的病态世界，不是在好转，而是在扩大。世界上任何地区、国家、民族、宗教以至个人，都已深受此五大病毒之害，谁都逃脱不了受害的命运。随着人类对此病态体认的提高，认知基础的趋同，便有可能就一些化解五大冲突和危机的基本原理达成共识。为此东西方有理智、有远见的政治家、谋略家、思想家已做了很多有益的工作，为此做出了贡献。

如何建构和谐世界，依据中华民族五千多年来特别丰富的国学人文资源，以"天地万物本吾一体，吾之心正，则天地之心亦正"的全球意识，以"己所不欲，勿施于人"为指导思想，以及人与自然、社会、人际、心灵、文明之间的交往所积累的宝贵经验和智慧主体卓越的洞见，完全可以以"和合学"思想作为化解人类病态，建构和合、和乐世界的基本原理。

一是和生原理。"和实生物。"① "天地之大德曰生。"② 这便是和生。宋明新儒家把孔子的"仁"诠释为生命之源，如"桃仁"、"杏仁"之"仁"，是桃树、杏树发芽、生长的源泉，所以周敦颐说："生，仁也。"③ 以仁育万物。胡宏说："仁者，道之生也。"④ 王守仁说："仁是造化生生不息之理。"⑤ 天地万物都是生命体，自然、社会、人己、心灵、各文明都是生命体。所以庄子

① 《国语·郑语》，徐元诰：《国语集解》第 16 卷，中华书局 2002 年版，第 470 页。

② 《周易·系辞传》，（宋）朱熹：《周易本义》第 3 卷，中华书局 2009 年版，第 244 页。

③ （宋）周敦颐：《通书·顺化》，《周敦颐集》第 2 卷，中华书局 1990 年版，第 23 页。

④ （宋）胡宏：《知言·修身》，《胡宏集》，中华书局 1987 年版，第 4 页。

⑤ （明）王守仁：《传习录》，《王文成公全书》第 1 卷，中华书局 2015 年版，第 32 页。

说:"天地与我并生,万物与我为一。"① 既然与人一样都是生命体,就要互相尊重其生命的存在,相互共生,而不能一方消灭、征服"他方"。共生需要互相平衡、协调、和谐,以此为基础才能获得共生,所以称"和生"。和生并不否定现实的竞争、斗争、冲突,但不是将其导向消灭和死亡,而是导向融突而和合,在新生命的基础上和生和荣。

二是和处原理。孔子说:"君子和而不同,小人同而不和。"② 又说:"君子周而不比,小人比而不周。"③ 尽管彼此之间有不同、有冲突,君子将其导向和谐、团结;小人则导向结党营私,不搞和谐、团结。在自然、社会、人己、心灵、各文明都是生命体的情境下,它们之间如何相处,是天天斗争、战争、恐怖、紧张,还是"和而不同"地和谐、团结相处。人与自然,宋明新儒家认为,仁者以天地万物为一体,在实践中应落实"天人合一"的理念,天人和处;在人与人、人与社会、国家与国家、民族与民族、文明与文明之间"和而不同"地相处,和谐共处,不同而不相害。各个社会、国家、宗教、文明不同,这是历史的、现实的存在。这种状态再经历几个世纪,也不可能消除,所以要坚持"和而不同"地和处。

三是和立原理。孔子说:"己欲立而立人。"④ 己立而立人,由己及人。立是"三十而立"的立。《说文》:"立,住也。"《文源》(柳阴光):"象人正立地上形。"有站立、成就、建树等义。无论是各国家、各民族,还是各种族、各宗教,自己要站立,也要使他者站立。自然、社会、人己、各文明都有自己站立、独立的生存的自由和发展的道路,别人不得干涉,不得唯我独优,强加于人,以自己的站立得住,不允许别人站立得住,应该立己立人,多元共立和立。和立使人人能安身立命,立人亦即"为生民立命"。和立并不否定竞争,按规则竞争,即合乎道的竞争,是合理的;恶性竞争和故意制裁,己立而不使他立,就不合道,也与和立相悖。

① 《庄子·齐物论》,(清)郭庆藩:《庄子集释》第 1 卷下,中华书局 2012 年版,第 79 页。
② 《论语·子路》,(宋)朱熹:《四书章句集注》,中华书局 1983 年版,第 147 页。
③ 《论语·为政》,(宋)朱熹:《四书章句集注》,中华书局 1983 年版,第 57 页。
④ 《论语·雍也》,(宋)朱熹:《四书章句集注》,中华书局 1983 年版,第 92 页。

四是和达原理。孔子说："己欲达而达人。"① 达有通达、显达、发达之义。在多元社会形态、多元发展模式的情境下，发达、发展的不协调性、不平衡性、不持续性，造成贫富不均的扩大，是国际、国内动乱的原因之一。己达达人，与他者共同通达、发达。自然、社会、人己、心灵、他文明既自己通达、发展，亦使他者通达、发达。不要以己达而压制、制裁人达。当今世界无论是自然、社会、人己，还是心灵、文明等，都存在通达与不通达、发达与不发达的差分，这种差距的扩大必然造成各个层面的失衡，使生态危机、社会危机、道德危机、精神危机、价值危机加剧，造成社会动乱，不能持续发达、已达而人达，只有共同发达、共同繁荣，人类才能在和谐的、平衡的发达中，享受和达的幸福生活。

五是和爱原理。和生需要和处，使生命得以生存下去；和处需要和立，和立使和生、和处获得保障；和立需要和达，和达使和生、和处、和立的关系得以通达，并获得发达。和爱是和生、和处、和立、和达的核心内容，也是其出发点和归宿点。孔子讲"泛爱众"，墨子讲"兼相爱"，《礼记·礼运》讲"人不独亲其亲，不独子其子"②，张载讲"民吾同胞，物吾与也"③，都表现出"仁民爱物"的精神。唯有此种精神才会对自然、社会、他人、他心灵、他文明赋以爱心，才会使和生、和处、和立、和达在爱心的指导下得以落实和施行。当前和爱是转文明冲突为文明融合、转文明对抗为对话的有效方法。文明之间的冲突说到底是价值观的冲突。从冷战转变为后冷战，却发生了"9·11"恐怖事件。恐怖是一种特殊形式的、无定形、无定规的战争，美国借口反恐和推行民主价值观而攻打伊拉克，从地面和政权存在形式来看，美国取得了某些胜利，但从精神价值观层面来看，美国的民主精神和价值观在与伊斯兰精神和价值观的较量中并未取得胜利，而是失败了。

世界不同文明之间，尽管有价值观念、宗教信仰、文化背景、思维方式、伦理道德、风俗习惯等种种的差分，但人类要求和平、幸福的愿望是共同的，人类所面临的冲突和危机是共同的。譬如沙尘暴可以跨洋过海、温室

① 《论语·雍也》，（宋）朱熹：《四书章句集注》，中华书局 1983 年版，第 92 页。

② 《礼记·礼运》，（清）孙希旦撰：《礼记集解》第 21 卷，中华书局 1989 年版，第 582 页。

③ （宋）张载：《正蒙·乾称篇》，《张载集》，中华书局 1978 年版，第 62 页。

效应使气候变暖，其影响都是全球性的，人人均不可逃，这就是不同文明对话的共同基础。有了这共同的基础，不同文明间可以在相同、相似目标的追求下，获得一些最低限度的共识。尽管对获得的共识也各有自己的解释，但化解人类共同面临的五大冲突和危机所提出的五大原理有其合理之处，可以为文明对话、世界和平和幸福提供一种理念，提供一种选择。世界只有充满了和爱，才是和谐、和乐的；若充满了仇恨、怨恶，末日也就不远了。

（原载于《北京行政学院学报》2007 年第 4 期）

天人不许离而为二——张载四句教的价值理想世界

　　两宋道学家焕然大明中华文化的道统，正如《道学传》所言："凡《诗》《书》、六艺之文，与夫孟孔之遗言，颠错于秦火，支离于汉儒，幽沉于魏晋六朝者，至是皆焕然而大明，秩然而各得其所。此宋儒之学所以度越诸子，而上接孟子者与。"① 自尧、舜、禹、汤、文、武、周公、孔、孟以后，道统不明，儒学幽沉，宋儒拂拭厚重的历史尘埃，使中华道统大明于天下。

　　道统焕然而大明的标志性表述，莫过于张载的"为天地立心，为生民立命，为往圣继绝学，为万世开太平"四句教。这四句经典性话题，道出了道学的生命安顿、文化旨趣、道德重建、价值目标、理想境界的指向。从四句教的由形而上而形而下、由价值理想到价值安置的互动与互济的逻辑思维中，可以体认到中华文化的根深蒂固、博大精深，也可感受到中华民族精神的生命智慧、智能创造。

为天地立心

　　天地是自在的存在，它不能获得自由身，不能自己创造自己、自己认识自己，其本身是没有价值和意义的，也无所谓本质。从这个意义上说，天地本无心，人才有心。有了人，天地才显现其价值、显示其效用，体现其广大，才能厚德载物。天地若无人心，谁为天地立心？人心若不赋予天心，天

---

① （元）脱脱等：《道学传》，《宋史》第 427 卷，中华书局 1985 年版，第 12710 页。

地如何立心。天地无人，就不能显现其价值和效用。有人心，天地才是活泼的、有生命的，否则就是死物、死理，这凸显了人的伟大。

人们从仰观天文、俯察地理、以类万物之情中，体认天人的一体。从孔子五十而知天命，孟子的尽心、知性、知天，及存心、养性、事天的知天与事天两路向中，体认到"万物皆备于我"的深刻意蕴。到张载《西铭》的"天为父，地为母"，民胞物与，再到朱熹的"天地万物本吾一体"，陆九渊的"宇宙便是吾心，吾心即是宇宙"，以及王守仁的大人以"天地万物为一体"的体认，体现了为天地立心的认同性、合理性、价值性。

天地之心与人心是圆融一体的。程颢、程颐兄弟说，一人之心即天地之心，一物之理即万物之理。天地的心和命运是与人的心和命运紧密联系在一起的。天地是养育人的父母，人依赖天地而生存在这个大地上。天地敞开它那无私的、广阔的胸怀，接纳天下之人、天下之物，人亦赋予天地以价值与效用。在这种情境下，人损害天地之心，就是损害自己之心；人危害天地，就是危害自己；人毁灭天地，就是毁灭自己。过去人类无情地、残酷地征服自然，所做的孽，造成生态危机，今天已经得到了报应，将会继续得到报应。人类应该遵循中国先贤的话，尊敬天地如父母，像赡养、侍奉父母一样对待天地。为此，我们要有全人类的意识、全球的观念、大同的胸怀，来观照宇宙天地的事事物物。至于两岸同种、同文、同族、同语言兄弟之间的种种问题，在为天地立心的唯变所适中，大化流行，和合生生。

为生民立命

"天地之性人为贵。"[1] 人妙凝天地的精英、汇聚阴阳五行之秀气，所以是最灵、最贵的。这是对人的价值的体认和高扬。"立天之道，曰阴与阳；立地之道，曰柔与刚；立人之道，曰仁与义。"[2] 天地人虽为三才之道，但陆九渊说："天地人之才等耳。"[3] 这里的人是一个大写的人，人与天地是平等

---

[1] 《孝经·圣治章》，（清）皮锡瑞：《孝经郑注疏》，中华书局2015年版，第73页。

[2] 《周易·系辞传》，（宋）朱熹：《周易本义》第4卷，中华书局2009年版，第262页。

[3] （宋）陆九渊：《包扬显道所录》，《陆九渊集》第35卷，中华书局1980年版，第463页。

的，是应该相互尊重的。

然而人身需要安，人命诉求立。所谓立命，孟子说："尽其心者，知其性也，知其性，则知天矣。存其心，养其性，所以事天也。夭寿不贰，修身以俟之，所以立命也。"① 在这里，孟子开出立命的两条路向：一是知天命的路线，穷极心的全体而无不尽，而觉解心性的本质之理，以达知天命。二是事天命的路线，操存本心，涵养本性，以事奉天命；朱熹引程颐的话说："心也、性也、天也，一理也。自理而言谓之天，自禀受而言谓之性，自存诸人而言谓之心。"② 心性天一理不二，尽管人的寿命有长有短，但只要不懈地进行修身养性，便能在涵养生命心性全德中立命。这两条指向天的路线，都是内外互补、动静相资的过程。

立命，人的命如何立？立在哪里？在现实社会生活中，有安立在权利的你争我夺中，有安置在酒色财气中，有安顿在仁民爱物里，由于各人价值观的差分，人生价值的安置和精神灵魂的安顿亦殊异。"穷理尽性以至命"③，体认天地万物和社会人生的道理、原则，穷尽和扩充其善良自性，掌握天地、社会、人生发展的必然性规律，才能避免误入迷途。

中华民族安身立命之所，就在于源远流长、光辉灿烂的中华文化之中。这是中华民族之根、中华民族之魂的所在和载体，这个根与魂的支点，就是和合生生道体。这是中华民族生命延续和智慧开拓的源头活水，是中华民族的精神家园、终极关切，这是灵魂安顿的精神安心，是就形而上层面说的。立命即在所安的身心之中，身心所安即在立命之中，两者圆融无碍。

作为中华民族文化之根之魂的基点的和合生生道体，是安身立命之所在，是终极关切之所在，是中华民族向心力、凝聚力、亲和力的所在。它为人类特殊价值需要提供了可能。人是需要有信仰和敬畏的。古代中国人有慎终追远的祖宗崇拜，亦有敬畏天和鬼神的自然崇拜，以及各种价值理念的信仰。信仰给生命以动力和方向，信仰给宇宙、社会、人生以和谐和安定。

---

① 《孟子·尽心上》，（宋）朱熹：《四书章句集注》，中华书局1983年版，第349页。
② 《孟子·尽心上》，（宋）朱熹：《四书章句集注》，中华书局1983年版，第349页。
③ 《周易·说卦》，（宋）朱熹：《周易本义》第2卷，中华书局2009年版，第261页。

"乾道变化，各正性命，保合太和，乃利贞。首出庶物，万国咸宁"①，这是和合生生道体的一种境界。

为往圣继绝学

自南北朝隋唐以降，佛教文化逐渐成为强势文化，梁武帝萧衍溺信佛道，四度舍身入寺。隋代杨坚皈依三宝，杨广亲受菩萨戒，唐朝李渊父子亦崇佛。在经济上，"十分天下之财，而佛有其七八"②。在思想信仰上，"民间佛经，多于'六经'数十百倍"③。中华民族的知识精英们，面对儒教生命智慧的式微和佛教博大精深的般若智慧及精妙深奥的涅槃实相，而被佛教的中国化创新所吸引，趋之若鹜地去学佛、理佛、皈佛，致使中华传统的儒、道文化成为弱势文化。因此，唐代只有伟大的宗教家和文学家，而没有一流的哲学家，这是文化上的欠缺。韩愈以其大文学家的身份上谏佛骨表，险些丧命。他作《原道》，讲中华道统，以与佛教的法统相抗衡。他认为，从尧、舜、禹、汤、文、武、周公、孔、孟以后，中华道统就断了。中华传统文化在佛教文化的冲击下成了绝学，他要将其继续下来，试图重新确立中华传统文化主体身份和独立地位。

怎样才能继往圣的绝学，宋明道学家不是采取韩愈的"人其人，火其书、庐其居"④的硬性方法，而是汲取柳宗元"综合儒释"的思想。两宋道学家们出入佛道或几十年，在"尽究其说"的基础上，融突和合儒、释、道三教，落实了"兼容并蓄"儒、释、道三教的文化整合方法于"天理"上，而开出宋明理学理论思维新体系、新观点、新方法，担当起拯救中华文化的历史使命，重新发现中华传统的"绝学"，使之焕然光大。

中华传统文化在宋以后，历经元、清两次草原文明对中原农业文明与

---

① 《周易·乾·象传》，（宋）朱熹撰：《周易本义》第1卷，中华书局2009年版，第33页。

② （后晋）刘昫：《辛替否列传》，《旧唐书》第101卷，中华书局1987年版，第3158页。

③ （唐）魏徵：《经籍志四》，《隋书》第35卷，中华书局1982年版，第1099页。

④ （唐）韩愈：《原道》，刘真伦、岳珍校注：《韩愈文集汇校笺注》第1卷，中华书局2010年版，第4页。

工商文明的无情破坏和残酷打击，使中华文明与西方文明差距逐渐拉大，中华帝国从其辉煌的宝座上跌落。五四运动前后，在西方德、赛二先生的激荡下，中国先进青年掀起了向西方学习的热潮，他们向西方追求真理，以西方的真理为真理，以西方的学术分科、规范为学术分科、规范，一切照着西方讲、照着西方做。到"文化大革命"，革了中华文化的命，使得中华文化将为天下裂。但我认为，中华道术有裂而无断。

当前，我们共同乘弘扬中华文化的春风，既继往圣的绝学，延续中华文化的薪火，又在多元文明的互动、对话、融合中，使中华文化的薪火愈燃愈旺。我们既不是像冯友兰那样，接着宋明理学中程朱之理体学讲，也不是像熊十力、梁漱溟那样，接着陆王之心体学讲，而是自己讲、讲自己，以建构体现 21 世纪时代精神之精华的、化解当代人类所共同面临冲突和危机的中华民族的新文化、新哲学理论思维体系。这是作为炎黄子孙不可推卸的历史使命和应尽的职责。

为万世开太平

中华民族几千年前就期望开太平的大同世界，直到孙中山祈求开出"天下为公"的太平盛世。中国人为实现"为万世开太平"的价值理想的和合可能世界，自强不息地、前赴后继地奋斗了几千年。今天，我们仍然为万世开太平而奋发图强，建设和谐社会、和谐世界的太平世界。

如何开万世之太平？《大学》的三纲领，八条目指出了其要旨。"大学之道在明明德，在新民，在止于至善。"① 人去其旧染而成新人，而达到善的极至，便是一个太平之世。成新人、止于至善的前提和基础是明明德。如何才能明明德？这就需要格物、致知、诚意、正心、修身、齐家、治国、一整体的内圣外王的工夫。从格物而穷尽天地万物的道理、原理，从而获得宇宙、社会、人生的知识。由而反归人的意识，使之诚实，于是心之所发动无一不是诚善之心，这样心就端正，而无邪念。这是讲明明德如何修身的内圣之

---

① 《大学》，（宋）朱熹：《四书章句集注》，中华书局 1983 年版，第 3 页。

事。"自天子以至于庶人，壹是皆以修身为本"①，这是"新民"之事。齐家、治国，这是外王之事，最后达到平天下的价值理想世界。

张载的四句教，构建了"为天地立心"的形而上本体，"为生民立命"给本体提供了依据，生民经"为往圣继绝学"的觉解和内圣外王的修身养性工夫，而通达"为万世开太平"的价值理想境界，构成既立天极，又立人极的天人不二的圆融无碍的哲学理论思维体系。

（原载于《光明日报》2011 年 8 月 15 日国学版）

---

① 《大学》，（宋）朱熹：《四书章句集注》，中华书局 1983 年版，第 4 页。

恐惧与价值的和合——论儒、耶、释、伊诸教的起源

宗教究竟是什么？宗教如何缘起？众说纷纭、莫衷一是。康德以宗教蕴含着道德，费希特把宗教视作一种科学，黑格尔则把宗教看作不受强制的自由，费尔巴哈就把宗教看成自我之爱。建立于人的所有情感、欲望以及行为基础上的这种情感，乃是人的存在与自私心的满足——正是人类的这种病态的心灵，才是所有宗教与一切痛苦的根源。[①] 把宗教与痛苦的根源归结为病态心灵。20 世纪以来，人们从各个层面揭示宗教现象，如心理学的、生理学的、经济学的、社会学的、语言学的、艺术学的等，可见说明宗教究竟是什么及其缘起是多么复杂和困难。

一、冲突与宗教

宗教是人的敬畏和崇拜，敬畏和崇拜宗教的是人，自从苏格拉底提示人"认识你自己"以来，两千多年来人仍未认识完自己。犹如人对属人的宗教认识一样，也未完结，并永远未完结。

之所以未完结，一是有限与无限的冲突。人的能力与愿望相比，人的能力是有限的，尽管人借助于科技的力量，可以上天入地，人的能力所参与的空间越来越广阔，但仍然不能控制天灾人祸。人的愿望是无限的，海阔天

---

① 参见 [美] J.M. 肯尼迪：《东方宗教与哲学》，董平译，浙江人民出版社 1988 年版，第5 页。

空地想象，一切美好的愿望、幸福的祈求、精神的安抚，需要度越现实时空内的痛苦疾病和焦虑，就把自身力量所不能实现的愿望寄托于某一外在的度越力量上，以求得到外在度越力量的帮助。同时，人们往往把现世的痛苦、疾病、焦虑的原因，或归结为自身行为不正的邪恶而带来的报应，或某种度越力量对人的惩罚，为要化解现世的痛苦、疾病、焦虑，而产生对某一度越力量的敬畏和崇拜。宗教是"人对超越于他自身的力量的信仰，他力图依靠这个力量满足情感的需要，获得生活的稳定性，他把这种信仰表现在崇拜和服务的行为之中"①。

二是生与死的冲突。人生最大的话题是生与死，如何生？生为什么？如何死，死了到哪里去？这些问题一直困扰着人们，有为酒色财气而活，有为救国救民而死，有卖国求荣而活，有为实现之不朽而生。然而人生苦短，譬如朝露。在这短短的人生历程中，有人好事做尽，也有人坏事做绝。做好事者高扬人的道德善性，做坏事者膨胀人的邪心恶性。人们在潜意识的冥冥中，总希望做好事者能得到余庆，做坏事者能得到祸殃。在这种情境下，人们就产生对"掌管宇宙和人类具有道德关系的神圣精神和意志的信仰"②。以此来获得生命的价值和意义，对如何生，生为什么做出回应。

人们为了打破人生苦短，希望借外在度越力量，以获得长生，延续生命的大限。或肉体生命直接飞升到彼岸的另一世界，或肉体生命死后进入彼岸世界。不管是直接飞升，还是死后进入彼岸世界，都是一种希望永恒继续生命的诉求。只要进入彼岸世界，就能永生。尽管是另一处形式的生，转死为生，但仍然是生的存在方式。

三是命与运的冲突。命是异在于主体而存在的一种必然性、不可见性。命作为一种度越的外在力量，冥冥之中对主体人的生存状态，如贫富贵贱、生死康病、成败得失、吉凶祸福、悲欢苦乐等，构成支配作用。"道之将行

---

① [英]约翰·希克：《宗教之解释——人类对超越者的回应》，王志成译，四川人民出版社1998年版，第19页。

② [英]约翰·希克：《宗教之解释——人类对超越者的回应》，王志成译，四川人民出版社1998年版，第19页。

也软，命也；道之将废也软，命也。"① 道的兴与废受冥冥中命的支配，主体自我力量的价值、功能、作用被置于度越力量之下。命导向人们敬畏崇拜某种支配决定主体人生存状态的度越力量，以求人的贫富贵贱、吉凶祸福、生死康病，以永保富贵、福吉生康，改善贫贱、死病、祸凶的状态等。在人的主体自我力量不足的情境下，便求助于外在度越力量。《牛津英语词典》（1971 版）载："就人来讲，认为某种更高的看不见的力量主宰着他的命运，值得自己服从、敬畏和崇拜。"这便是宗教的缘起。

命运的运，是指人的生命主体在创造与其赖以存在情境的互动中，所构成的生存状态和生命历程的智慧。运便是一种机运、机遇、遇运、时运，它具有偶然性。人们凭借自己的高见卓识，而唯变所适地掌握机遇、时运，以改变贫富贵贱、吉凶祸福、成败得失的生存状态。孔子和孟子曾把主体自由的原因、根据归结为形而上超验的必然之命，荀子对命作了新解，认为"节遇谓之命"②。把命规定为主体人在现实生活中偶然的遭遇或境遇，这就把命从形而上超验必然之命转变为现实生活的境遇。这里所谓的命，实与运相当。这是"所以能之在人者谓之能"③ 的，是主体人所具有的掌握机遇、境遇、时运的能力。这样形而上超验的必然之命与形而下经验的偶然之运就存在冲突。尽管前者可导致宗教敬畏和信仰的缘起，后者可导致主体精神的自由。然而，机遇、境遇、时运虽曾被还原为现实的实然状态，但也有主体人能力所不及的、主体人自我所不能控制的状况；主体人所安身的境遇，也非主体人所能自我选择。譬如主体人不能掌握与选择自己出生在富家或贫家、农村或城市，自己的死是正常而死或非正常而亡。这便导致敬畏信仰有一冥冥中的度越力量主宰着人的生死、贫富、贵贱、吉凶、祸福，这也是对宗教为什么缘起的一种回应。

四是科学与宗教的冲突。人们往往误认为科学是消解宗教的力量，科学愈发达宗教愈式微。其实科学与宗教涉及不同的两个领域。简言之，大体上以科学属自然物质领域，宗教是心灵精神领域。即科学是以实证方式

① 《论语·宪问》，（宋）朱熹：《四书章句集注》，中华书局 1983 年版，第 158 页。
② 《荀子·正名》，梁启雄：《荀子简释》，中华书局 1983 年版，第 310 页。
③ （清）王先谦：《荀子集解》第 3 卷，中华书局 1988 年版，第 413 页。

把握经验世界，是可以通过实验反复证明的。宗教是以信仰方式把握超验世界，以及由超验观外化为理念与实践。这种超验世界观所外化的理念，与科学差分，它是不能证实的，也是不能证伪的。尽管如此，但不是不存在，也不是无意义的。正因为科学与宗教属于两个不同的领域，所以一些大科学家在科学领域遵循经验世界实验证明，在宗教领域信仰超验世界的神灵，以获得精神的慰藉。在人们的精神心理领域，在中国上古时代，无论战争还是筑城，事先都进行严肃的占卜仪式，以预测战争的胜败、筑城的吉凶。这就是说，人们在做某一事情之前，惧怕失败凶险，在心理上总希望知道做这件事的行为的结果，祈求神灵的启示，以便选择。基于这种状况，信仰是人的特殊价值的需要，是满足心灵的精神家园的需要。

有限与无限的主体能力与愿望的冲突、生与死的此岸世界与彼岸世界的冲突、命与运的必然性与偶然性的冲突、科学与宗教的实验理性与超验理性的冲突，在此种种冲突的威胁面前，人们迷惑，迷惑而不能化解，不能化解而产生恐惧，由恐惧而祈求某一神灵的化解或解脱，于是便有了宗教的缘起。

二、恐惧与缘起

宗教的缘起，尽管存在种种原因和条件，种种冲突和融合，但宗教作为属人的世界，属人世界的宗教，是人心灵世界的精神现象，心灵世界的恐惧得不到化解安抚，灵魂世界的痛苦得不到温馨家园，这是宗教之所以缘起的原因之一。

人类面临严重冲突和威胁而产生的恐惧，各大宗教都有所思议。尽管各大宗教对所面临冲突威胁的恐惧有所不同，然恐惧是百虑而一致的，各宗教所开出的教主、教义、经典、教仪有所分殊，但作为一种属人的宗教而言，是殊途同归的。

孔子是儒家的创立者，儒家后又称儒学、儒教。孔子所面临的时代严重威胁是对"礼崩乐坏"的恐惧，他对季氏"八佾舞于庭，是可忍也，孰不可忍也"①。季氏作为大夫，按照当时宗法等级名分所规定的礼乐典章制度，只能四佾舞于庭，但季氏潜越用天子的礼乐，这就威胁着礼乐制度的维护。孔子恐惧这种破坏礼乐制度行为，威胁着社会安定，于是发出是可忍，孰不可忍的慨叹。在"礼崩乐坏"的情境下，君不君，臣不臣，子不子，以至子弑父，臣弑君，打破了君臣、父子等最基本的伦理道德规范，而使社会发生动乱。在意识形态领域，亦面临对天的信仰失落，天的权威性的迷失，导致疑天、怨天以至咒天、骂天等思想观念的出现，严重威胁着精神世界。

在这种"礼崩乐坏"威胁冲突所产生的恐惧面前，儒教所提出化解这种威胁恐惧的方法和途径，是指向内在的修身养性的工夫。"是故君子戒慎乎其所不睹，恐惧乎其所不闻。莫见乎隐，莫显乎微。故君子慎其独也。"②在别人看不见的情境下，要很谨慎；在别人听不到的情境下，要很恐惧，唯恐违道，即违背礼乐制度、伦理规范等。尽管内心的私念、邪念很隐蔽，但没有不表现出来的；尽管内心的私念、邪念很细微，但也没有不显露出来的。君子对于违道的恐惧，儒教把其化解的方法和途径归之于"慎独"。

儒教把化解人所面临威胁的违道恐惧，归之于形而下人自身在独处的情境下其所做所思都十分谨慎，而不违道。这里，虽然尊重主体人的自我慎独工夫的修身养性具有道德理性的力量，但只局限于化解恐惧的方法和途径，而没有给出化解威胁恐惧的终极关切的形而上出路和价值目标；没有给予每个主体所祈求通过与自身切身利益相关的价值理想境界的自我选择的权利和主动性；没有预设启示每个人普遍的宗教敬畏心理的方便法门和途径；没有把人道提升到天道的敬畏和信仰上，以及把儒教的宗教仪式转变为百姓日常的礼乐仪式上，从而淡化了其宗教性的制度性，削弱了其神圣性和权威性，消解了其拯救陷溺于严重威胁恐惧中度越人们力量的坚强性和可靠性。

儒教没有像佛教、基督教、伊斯兰教那样成为制度化的宗教，以永续性的制度化来凝聚、激发、巩固人们的宗教情感，以及崇拜、信仰、皈依的宗教意识，以制度化的力量维系广大信众。儒教在制度化缺失的情境下，只

① 《论语·八佾》，(宋) 朱熹：《四书章句集注》，中华书局 1983 年版，第 61 页。
② 《中庸》，(宋) 朱熹：《四书章句集注》，中华书局 1983 年版，第 17 页。

能给人们提供一种精神性的安身立命的精神家园，使众生只能获得一种道德精神的精神化慰藉性的宗教。

我们之所以说儒教作为一种精神化的宗教，是因为儒教有救济陷溺于严重威胁恐惧中灵魂的宗教性资源，它与犹太教的《托拉》、伊斯兰教的《古兰经》、基督教的《登山宝训》、印度教的《薄伽梵歌》及佛陀的教导一样，儒教孔子也有其"金规则"。如"己所不欲，勿施于人"①，"我不欲人之加诸我也，吾亦欲无加诸人"②，"己欲立而立人，己欲达而达人"③，"君子和而不同"④，"泛爱众，而亲仁"⑤等等，每个人都应恭敬地、宽容地、人道地、诚实地、正直地、仁爱地待人，他人也会这样地待你，这些金规则都具有普遍性，它是每个受恐惧灵魂的救济药方，也是对每个生命的尊重和关怀。儒教所具有这种终极关切和灵魂救济的内在度越的品格和功能，说明儒教自身已具有精神化宗教智慧（或称其为人文宗教）。正因为如此，中国香港以儒教为世界六大宗教之一、印度尼西亚亦以儒教为宗教等，信仰、敬畏、皈依儒教成为一些地区的现实。

如果说儒教是对于所做所思违道威胁的恐惧，那么，佛教是对现实人生种种痛苦威胁的恐惧。佛教的创立者是乔达摩·悉达多，他是净饭王的太子。据载，悉达多出宫郊游，他看见农民赤身裸体在烈日下大汗淋漓地耕种的劳苦；老人白头伛背、拄杖羸步的愁苦；病人身瘦腹大、喘息呻吟、骨销肉竭、颜貌萎黄、举身战栗、不能自持的痛苦，以及死人的惨苦。生老病死的种种痛苦的威胁，在每个人生命存在流程中是普遍存在的、不可避免的。悉达多在此人生种种痛苦威胁的刺激下，系念于怀，端坐思维，有所感悟，为寻求众生解脱痛苦逼迫之道，便萌生离宫出家的念头。

人除了生理生命流程中生、老、病、死四苦外，还有人在现实社会交往生活中所造作和感受到的种种痛苦的威胁，如"爱别离苦"。人生在世，

---

① 《论语·颜渊》，（宋）朱熹：《四书章句集注》，中华书局1983年版，第132页。

② 《论语·公冶长》，（宋）朱熹：《四书章句集注》，中华书局1983年版，第78页。

③ 《论语·雍也》，（宋）朱熹：《四书章句集注》，中华书局1983年版，第92页。

④ 《论语·子路》，（宋）朱熹：《四书章句集注》，中华书局1983年版，第147页。

⑤ 《论语·学而》，（宋）朱熹：《四书章句集注》，中华书局1983年版，第49页。

相亲相爱，但不能长相守，或生离死别，或骨肉分离，或惨遭横祸，爱的不能拥有，憎却偏不去，实乃人间痛苦；与其相对的是"怨憎会苦"。"悲莫悲兮生别离"，换来的是"不是冤家不聚头"，两相冰炭的人，却冤家路窄，低头不见抬头见，如影随形，不能自主。如婆媳失和、夫妇情变、利害冲突，人所憎恶的事纠缠不休，使人苦恼万分；再为"求不得苦"。凡人都有欲望和需要，人在现实生活中许多欲求都落空，即使一个欲求获得了，还有第二、三的欲求，欲求无穷无尽，人之一生是在求不得中自找痛苦。另为"五取蕴苦"。五蕴有译为五阴或五聚，是指色、受、想、行、识。色指物质现象，如人的肉体之苦；受指人的由感官生起的苦、乐、喜、忧等情感或感受的苦；想是指人的思想观念活动之苦；行指人的意志活动所造作诸业、因果报应的苦；识指意识的苦。前七苦不断地渗透于五蕴之中，五蕴又取（执着贪爱）聚众苦于身心，也是众苦的根源。

在八苦中，前四苦是生理的、肉体的、自然的，后四苦是精神的、心理的、社会的。人作为生命存在不能逃避此八苦，它错综复杂，交织在一起，随人的一生而走完全过程。人生痛苦，无穷无尽，二苦、三苦、四苦、五苦、八苦、十苦、一百一十种苦，苦海无边。在痛苦的逼迫威胁下，而产生对痛苦的恐惧。这便是佛教"四圣谛"中的苦谛。

如果说苦谛是果，那么，第二谛为因。集即诸苦的集合、聚集或生起苦的原因、根源。苦之所以生起、聚集，是"渴（爱）"造成来世与后世，它与强烈的贪欲相缠结，即由欲望、贪婪、爱著生起一切痛苦和使得生死相续不断。这苦的根源"渴爱"依"受"而生起，"受"又依"触"而生起，辗转相依，构成十二缘生观。十二缘生又称十缘起，即无明、行、识、各色、六处（六入）、触、受、爱、取、有、生、老死。[①]"渴（爱）"核心是从无明生起的虚妄我见，我见是一种见惑，见惑外还有思惑。思惑是指贪、瞋、痴三烦恼为三根、三毒、三障、三火。由此而导致人的身、口、意的恶行之业，由业而生苦果。

四圣谛的第三谛是来谛，即熄灭苦和烦恼逼迫威胁的恐惧。灭与涅槃

---

① 参见凌波：《简明佛教概论》，东大图书公司1991年版，第416—417页。

异名而实。"译名涅槃，正名为灭。"① 涅槃梵文的意思是"火的熄灭或风的吹散状态"。通过修道，彻底解脱人生无穷烦恼和痛苦，即彻底断灭一切苦及其根源无明。从而指出化解、熄灭种种痛苦恐惧的出路或终极理想境界，即进入涅槃境界或极乐净土世界。

如何熄灭由苦和烦恼逼迫威胁的恐惧，如何进入涅槃世界？其熄灭之方、进入之道是什么？这就是四圣谛中的道谛。道以通为义，即能通于涅槃。永断众生的苦集，悟证得涅槃的圣贤境界，为道圣谛。道谛分正道和助道。正道是指"八正道"，即正见、正思维、正语、正业、正命、正精进、正念、正定。"八正道"又可归入戒、定、慧三学。"助道品"包括"八正道"，另有四念住、四正勤、四神足、五根、五力、七菩提分，合称"七科三十七助道品"，这便是修道证天，通达涅槃的道路。

苦、集、灭、道四谛，苦、集为世间法，苦为果，集为因，二者为迷的因果。灭、道为出世间法，灭为果，道为因，二者为悟的因果。即当知苦谛涅槃的悟果，当修道谛涅槃的悟因。苦、集、灭、道四谛是佛教对人在生存世界、意义世界、可能世界的关切，以实现解脱、度越现实人生在生存世界中的种种痛苦的恐惧，通过修持而达永断苦、集，修道而证得意义世界的成佛觉悟，从而通达可能世界的涅槃境界或阿弥陀佛净土（西方极乐世界）的理想之境。这便是佛教设计的解脱痛苦恐惧的终极出路及精神家园。这样便由苦因集聚而生对苦果的恐惧，通过修道的过程，熄灭苦集的一切痛苦恐惧，从而通达极乐世界。从而唤起了对佛教的敬畏和信仰。

如果说佛教所面临的威胁是对于痛苦逼迫的恐惧，那么基督教所面临的威胁是对于人所思所为都是恶的恐惧。耶和华见人在地上罪恶很大，终日所思想的尽都是恶。耶和华就后悔造人在地上，心中忧伤。耶和华说："我要将所造的人和走兽，并昆虫，以及空中的飞鸟，都从地上除灭。"耶和华接着说："世界在神面前败坏，地上满了强暴。神观看世界，见是败坏了，凡有血气的人，在地上都败坏了行为。神就对挪亚说，凡有血气的人，他的尽头已经来到我面前，因为地上满了他们的强暴，我要把他们和地一并毁

① （唐）释澄观撰：《华严经疏》第 50 卷，大正新修大藏经本。

灭。"① 于是耶和华使洪水泛滥在地上，毁灭天下，凡地上有血肉的动物，如飞鸟、牲畜、走兽、爬虫，以及所有的人都死了。唯有神以为是义人的挪亚，耶和华要他造一方舟，带上他的家属和活物的一公一母进入方舟，而活了下来。人在"毁灭天下"威胁的逼迫下，对于再犯罪恶和强暴十分恐惧，假使再犯罪恶和强暴，就会得到耶和华神的惩罚，因而产生对神的敬畏。

作为众生的父母的亚当和夏娃，耶和华神吩咐他们说：伊甸园中各种树上的果子，都可以随意吃，只有分别善恶树上的果子，你们不可吃。但夏娃在蛇的引诱下，他们不听耶和华神的话，吃了善恶树上的果子，这就犯了罪。② 现在被耶和华神看见地上的人所思所为都是恶和强暴，便得到更强烈的惩罚，以至毁灭天下，这不能不使人感觉到面临更大的威胁，而产生对再犯罪带来毁灭天下的恐惧。若要化解再犯罪而带来毁灭下的恐惧，就要像挪亚那样做一位义人。"不可杀人、不可奸淫、不可偷盗、不可作假、不可见证陷害人、不可贪恋人的房屋、不可贪恋人的妻子、仆婢、牛驴，并他一切所有的。"③ 否则神就要以雷轰、闪电、角声、山上冒烟来警示人们，"因为神降临是要试验你们，叫你们时常敬畏他，不至犯罪"④。要敬拜耶和华神，服从他，照他的话去做。经上记着说："'要爱人如己'。你们若全守这至尊的律法，才是好的。但你们若按外貌待人，便是犯罪。"⑤ 你们中间谁是有智慧、有见识的呢？有智慧应显出他的善行来，"从上头来的智慧，先是清洁，后是和平，温良柔顺，满有怜悯，多结善果，没有偏见，没有假冒，并使人

① 中国基督教两会出版部发行组：《创世纪》第6章，《旧约全书》，《圣经·中英对照》（和合本），中国基督教三自爱国运动委员会、中国基督教协会，第9、10页。按：凡称呼神的地方，也可称上帝。

② 《提摩太前书》第2章记载："先造的是亚当，后造的是夏娃，且不是亚当被引诱，乃是女人被引诱，陷在罪里。"［中国基督教两会出版部发行组：《新约全书》，《圣经·中英对照》（和合本），中国基督教三自爱国运动委员会、中国基督教协会，第367页］

③ 中国基督教两会出版部发行组：《出埃及记》第20章，《旧约全书》，《圣经·中英对照》（和合本），中国基督教三自爱国运动委员会、中国基督教协会，第126页。

④ 中国基督教两会出版部发行组：《出埃及记》第20章，《旧约全书》，《圣经·中英对照》（和合本），中国基督教三自爱国运动委员会、中国基督教协会，第126页。

⑤ 中国基督教两会出版部发行组：《雅各书》第2章，《新约全书》，《圣经·中英对照》（和合本），中国基督教三自爱国运动委员会、中国基督教协会，第404、405页。

和平的，是用和平所栽种的义果"①。这就给人启示化解产生恐惧的途径，而不再犯罪、强暴、败坏。其所思所为便是善思善行，从而结出善果、义果。否则就要受到审判。在一个白色大宝座前，展开一卷生命册。"死了的人都凭着这些案卷所记载的，照他们所行的受审判。于是海交出其中的死人，死亡和阴间也交出其中的死人，他们都照各人所行的受审判，死亡和阴间也被扔在火湖里，这火湖就是第二次的死，若有人名字没记在生命册上，他就被扔在火湖里"②，照各人所行而得到报应。

基督教对人面临毁灭天下威胁而产生对于再犯罪的恐惧，便给予恐惧的心灵以关怀、慰藉。人们通过忏悔、赎罪，便可以救赎自己的灵魂。譬如"要爱你们的仇敌，为那逼迫你们的祷告，这样，就可以作你们天父的儿子"③。神拯救人的实在性，就在于从有罪的我转向服从神的旨意。这样，"主站在我旁边，加给我力量，使福音被我尽都传明，叫外邦人都听见，我也从狮子口里被救出来。主必救我脱离诸般的凶恶，也必救我进他的天国"④。天国是神（上帝）的地方，是基督教设计的终极理想境界，是最美好的精神家园。

由恐惧而信仰，由威胁而敬畏，由敬畏而皈依，这既是基督教的缘起，亦是伊斯兰教的缘起。伊斯兰教认为，真主是"至仁至慈的主""全世界的主"⑤。他创造万物，"当赞颂你至尊主的大名超万物，他创造万物，并使各物匀称。他预定万物，而加以引导"⑥。真主创造万物，天地万物便是真主的。"天地万物，只是真主的。真主足为监护者。如果真主意欲，他就毁灭

① 中国基督教两会出版部发行组：《雅各书》第3章，《新约全书》，《圣经·中英对照》（和合本），中国基督教三自爱国运动委员会、中国基督教协会，第406页。。

② 中国基督教两会出版部发行组：《启示录》第20章，《新约全书》，《圣经·中英对照》（和合本），中国基督教三自爱国运动委员会、中国基督教协会，第458页。

③ 中国基督教两会出版部发行组：《马太福音》第5章，《新约全书》，《圣经·中英对照》（和合本），中国基督教三自爱国运动委员会、中国基督教协会，第9页。

④ 中国基督教两会出版部发行组：《提摩太后书》第4章，《新约全书》，《圣经·中英对照》（和合本），中国基督教三自爱国运动委员会、中国基督教协会，第377页。

⑤ 《古兰经》第1卷，马坚译，中国社会科学出版社1981年版，第1页。

⑥ 《古兰经》第30卷，马坚译，中国社会科学出版社1981年版，第472页。

你们这些人，而以别的民众代替你的。真主对于这件事，是全能的。"① 真主
创造天地万物，拥有天地万物；真主是全能的，至仁至慈的；真主是全聪的、
全明的；真主是天地万物的监护者，对不信道者，就毁灭之。因此，必须服
从真主，伊斯兰在阿拉伯语中是服从的意思，穆斯林是信仰真主安拉的人。
伊斯兰教的创始人穆罕默德是真主安拉的使者。

真主对于不义者，予以惩罚。"故我降天灾于不义者，那是由于他们犯
罪。"② 对不信道者，予以永居火狱的惩罚。"终身不信道，临死还不信道的
人，必受真主的弃绝，必受天神和人类全体的诅咒。他们将永居火狱，不蒙
减刑，不获宽限。"对不义者，不信道者，真主会予以大难。"在那日，众人
将似分散的飞蛾，山岳将似疏松的采绒。"③ 以及大灾，"他们将入烈火，将
饮沸泉，他们没有食物，但有荆棘"④。大灾大难降给那些不义者和不信道
者，真主将以最大的刑罚惩治这些人，并以恐怖和饥馑，以及资产、生命、
收获等的损失，来试验他们。

人们对于不义、不信道而要遭受永居火狱等大灾大难的威胁，便产生
对不信道、不义的恐惧。如何化解大灾大难？如何解脱恐惧？便是由不义转
为正义，"正义是信真主，信末日，信天神，信天经，信先知，并将所爱的
财产施济亲戚、孤儿、贫民、旅客、乞丐和赎取奴隶，并谨守拜功，完纳
天课，履行约言，忍受穷困、患难和战争。这等人确是忠贞的"⑤。不仅要五
信，而且要施济财产和谨守五功⑥，还要遵守真主禁戒的事。"你们来吧，来
听我宣读你们的主所禁戒你们的事项：你们不要以物配主，你们应当孝敬
父母；你们不要因为贫穷而杀害自己的儿女，我供给你们和他们；你们不要
临近明显的和隐微的丑事；你们不要违背真主的禁令而杀人，除非因为正
义。"⑦ 只有做到真主的禁戒，才是义者。

---

① 《古兰经》第 5 卷，马坚译，中国社会科学出版社 1981 年版，第 72 页。
② 《古兰经》第 1 卷，马坚译，中国社会科学出版社 1981 年版，第 6 页。
③ 《古兰经》第 30 卷，马坚译，中国社会科学出版社 1981 年版，第 481 页。
④ 《古兰经》第 30 卷，马坚译，中国社会科学出版社 1981 年版，第 473 页。
⑤ 《古兰经》第 2 卷，马坚译，中国社会科学出版社 1981 年版，第 19 页。
⑥ 五功：念功、拜功、课功、斋功、朝功。
⑦ 《古兰经》第 8 卷，马坚译，中国社会科学出版社 1981 年版，第 109 页。

除转不义为正义外，便是转不信道为信道，尽管"人性是贪吝所支配的"①。"人性的确是怂恿人作恶的。"②但可通过"奉命崇拜真主，虔诚敬意，恪遵正教，谨守拜功，完纳天课，这是正教"③。信道者只能崇拜真主的正教。"不信道，都将受严厉的刑罚；信道而且行善者，将蒙赦宥和重大的报酬。"④真主赦宥信道的男女，赦宥他们的罪过。这样人们便从面临大灾大难的威胁下，由对不义不信道的恐惧中度越出来。《古兰经》载："信道者，犹太教徒、基督教徒、拜星教徒，凡信真主和末日，并且行善的，将来在主那里必得享受自己的报酬，他们将来没有恐惧，也不忧愁。"⑤真主把人们从面临威胁的恐惧状态中拯救出来，人们就充满着对真主的敬畏和崇拜。

度越了恐惧的灵魂，转为正义和信道者，由于对真主的敬畏和崇拜，真主便引导人进入终极的理想境界、温馨的精神家园。真主赏赐他们光华和快乐。"他们在乐园中，靠在床上，不觉炎热，也不觉严寒。乐园的荫影覆庇着他们，乐园的果实，他们容易采摘。将有人在他们之间传递银盘和玻璃杯。晶莹如玻璃的银杯，他们预定每杯的容量。他们得用此杯饮含有姜汁的醴泉，即乐园中有名的清快泉。许多长生不老的少年，轮流着服侍他们。"⑥这就给予信道者以终极关切的出路，给恐惧灵魂以慰藉，给人类生命安顿以终极的精神家园。

各宗教虽开出的化解威胁恐惧的路向有异，其所以恐惧的类型、性质、内涵亦差分，但都给出化解度越的进路、方法（工夫），以及终极关切的价值理想境界。换言之，都开出由现实生存世界所面临威胁而引起对某某的恐惧，而进入如何实现人生价值的意义世界。各宗教开示人们以不同方法途径，提升人格理想、道德情操、转恶为善、增强爱心，使恐惧灵魂得以修

---

① 《古兰经》第5卷，马坚译，中国社会科学出版社1981年版，第7页。
② 《古兰经》第13卷，马坚译，中国社会科学出版社1981年版，第181页。
③ 《古兰经》第30卷，马坚译，中国社会科学出版社1981年版，第480页。
④ 《古兰经》第22卷，马坚译，中国社会科学出版社1981年版，第332—333页。
⑤ 《古兰经》第1卷，马坚译，中国社会科学出版社1981年版，第6页。
⑥ 《古兰经》第29卷，马坚译，中国社会科学出版社1981年版，第458页。

复，便可升华到可能世界，即形而上的乐园天国、天堂或西方极乐世界。

三、价值与信仰

各宗教所启示的价值理想境界、终极关切、精神家园，是思维着的最终极、最完美的价值理想。人们在思想理念或理念思想中并非一定是某一偶像，而是敬畏、崇拜、信仰某一看不见、摸不着、虚拟的神灵，他是一种价值理念的货币，并为实践这种价值理念而热情奔放、奋不顾身。假如说是对某一神灵的敬畏、崇拜、信仰，毋宁说是对一种价值理念的敬畏、崇拜、信仰。一切宗教的教义、经典、教规、教仪、教因，其实都是其价值理念的体现和贯彻，为实现其价值理念服务。因此，归根到底，一切信仰（包括宗教信仰），都是对其价值理念的信仰。由于各宗教的价值理念的差分，于是开出不同的宗教和信仰体系。

各宗教的价值理念，犹如一双无形的手，它支配和制约着个人、团体、国家、宗教的价值判断、价值评价、价值标准、价值导向、价值选择，及其思维方法、伦理道德、行为方式、教规教义的实践和贯彻。这是因为价值理念是属人的宗教解释、理解，是把握价值生存世界、价值意义世界和价值可能世界的一种基本方式，是各宗教、政治、经济、文化、制度的核心，离了这个核心，就无所谓各宗教、政治、经济、文化、制度的灵魂及其生命的动力，围绕人类面临各种逼迫威胁所造作的各种恐惧的解脱，是在各宗教价值理念指导下完成的。从这个意义上说，宗教是人类面临某种威胁的恐惧的反思。就是恐惧以自己为对象而思，即恐惧所当然的所以然的反思，以恐惧为对象而思的思想，是一种价值思想底思想，即价值理念。简言之，宗教是人类对面临某种恐惧而反思的价值理念的敬畏、崇拜、信仰系统。

当前人类面临严峻威胁，是对于病的恐惧。这种恐惧虽有多种因素造成，但主要来自病态的自然、病态的社会、病态的人际、病态的心灵、病态的文明。这种病态已不是个别性的、地域性的、短暂性的现象，而是全球性的、深刻性的、持续性的现象。由自然病态而带来严重的生态危机、环境污染、空气变暖、资源缺失、疾病肆虐，人的生存环境越来越糟，自然灾害不断。自然病态必然严重损害人的健康，人也成为病态的人；由社会病态而产生社会危机，贫富不均、动乱战争、贩毒吸毒、恐怖活动、谋财害命，连续不断，直接危害人的生命和财产；由心灵病态而产生精神危机和信仰危机，自我主体在各种内外压力下，不能排除各种冲突，苦闷、焦虑、紧张、烦躁、忧愁、郁闷，挥之不去，以至自我了断；由人际病态而产生道德危机，在各种利益冲突下，人情淡薄，爱心为金钱所充塞，重利轻义，不顾廉耻，贪污盗窃，不择手段。心德、身德、家德、医德、学德、师德、民德、国德等，都受不道德病毒的污染，而发生病变；由文明病态而带来价值危机。一百多年来文明病态的历史表明，文明病态的病毒是生物利己主义、极端个人主义和全球霸权主义的生存型病毒，加剧了文明病态和价值危机。文明病毒的流行，亦污染和加重了其他病态的发展。

五大病态和危机，直接地威胁人类身心的生存环境、意义环境和可能境界的健康。在这种威胁的逼迫下，人人恐惧自然、社会、人际、心灵生病，人亦恐惧自己心身生病，因此，人人都祈求自己心身健康，也必然祈求自然、社会、心灵、人际、文明的健康。

如何消除五大病态和危机的威胁，化解对于病态和危机的恐惧？人类必须觉悟，假如人类仍然处于迷途之中，照老样子污染环境，破坏环境；社会贫富扩大，制造动乱战争；心灵无处安顿，信仰缺失；人际紧张，道德失落；文明不和，疾病不断。那么，人类命运就会受到严重威胁，人类的生命智慧就会枯萎，人类的毁灭就不是一句空言，世界的末日就可能到来。

人类基于对此恐惧，除自觉觉悟而不继续自迷之外，必须思议化解恐惧的方法和途径，在当前和合学是一种最佳的选择。和合学的和生原理：和实生物，尊重生命，自然、社会、人际、党派、民族、国家、宗教，都是融突和合的生命体，都有其生存的权利，唯有和生才是保障、保护、养育各生命体的唯一途径；和合学的各处原理：和而不同，和平共处、各生命体的不同差分冲突，应该导向和合，即和平与合作，而不应该导向你死我活地杀戮生命；和合学和立原理："己欲立而立人"，共立共荣，立己立人。每个生命体都可"自作主宰"地依据自己的意愿、实际方式，自己走自己的道路；和合学的和达原理:"己欲达而达人",共达共富,达己达人。世界各国、各地区贫富差距的拉大,这是世界不安全的祸根,人类必须走向共同发达、共同富裕的道路;和合学的和爱原理:泛爱众,兼相爱,和爱是各宗教所共同追求的原则与价值,和爱是各个文明主体平等对话、互相尊重、理解、谅解、消除偏见、误解的价值基础,和爱像甘露,润泽人人,是人类所以生生不息之源泉。

和生、和处、和立、和达、和爱五大原理、原则,是化解五大病态和危机的威胁、解脱其恐惧的有效方法和途径,以建设人类所殷切希望的自然健康、社会健康、心灵健康、人际健康、文明健康的世界,以通达人和天和、人乐天乐的天人和乐的形而上和合可能世界,即和合学的终极理想境界、精神家园。

如果说宗教信仰归根到底是信仰某种价值理念的话,那么,和合学作为一种新的价值理念,可以为各宗教价值理念共同存在、发展,互相对话、交流,以及互相借鉴、吸收,提供一种可能。和合学融突而和合的价值理念可以丰富、发展各宗教的价值理念。各宗教可以在融突和合中各想其想,想人所想,想想与共,世界和合,美美与共,世界大同。"各想其想"。各宗教各有其价值理念,并以其价值理念观照自然、社会、人生,而开出不同的宗教。各宗教各想其想,其所思所想都有其内外根据和合理性。"想人所想",要"以他平他谓之和"地互相尊重他者,以同情的、平等的心态、方式理解他者宗教的价值理念,不能因为与他者宗教价值理念不同,而排斥他者宗教的价值理念,尊重他者宗教价值理念,就是尊重自己宗教的价值理念。"想想与共",各宗教的价值理念通过以他平他地对话、互动、交流,面对全人类共同面临的五大病态和危机的威胁及其恐惧,可以取得某些最低限度的共认,如1993年在美国芝加哥世界宗教议会上通过《走向全球化伦理宣言》,其中提出不可杀人、不可偷窃、不可撒谎、不可奸淫,是各宗教所共同认同的金规则。可见,各宗教并不是只有冲突,各宗教的价值理念有其共同性,这便是想想与共。"世界和合",各宗教可以融突而和合地和平共处,共同为化解人类所面临病态和危机的恐惧做出回应,提出化解之道。互相尊重,共同合作。因为尊重他者宗教的信仰自由和权利,就是尊重自我宗教的信仰自由和权利。我们既不要把某一价值理念作为一种意识形态，强人接受，也不要将其作为一种身份象征，而加以漠视。各宗教的价值理念是维系情感的社区，是精神慰藉乐园，是享受温馨的家园，是和乐、幸福、和爱、富裕的和合世界。

（本文主要内容原载于《探索与争鸣》2014 年第 8 期）

论儒教的宗教性问题

一

宗教是一个永恒的研究课题，它随着人类之生而生、之灭而灭。尽管其形式各殊，但其实质却一。无论是自然神灵崇拜还是天神祖先崇拜，不管是制度化的宗教抑或精神化的宗教，都具有给人以心灵的寄托、精神的安抚以及安身立命、终极关切的意蕴。

"宗教"与"哲学"一样，在中华民族原典文献中并无这个词。但"宗"与"教"作为单词已见诸甲骨文、金文。"宗"，见《殷墟书契前编》五·八·五及金文《盂鼎》等；"教"，见《殷墟书契前编》五·二〇·二和金文《散盘》等。《说文》："宗，尊祖庙也。"段玉裁认为，应为"尊也，祖庙也"①。《尚书·舜典》："禋于六宗。"孔传："宗，尊也，所尊祭者，其祀有六，谓四时也，寒暑也，日也，月也，星也，水旱也。"②即尊敬、尊奉祖宗及日、月、星、水、旱等，以行祭祀，说明"宗"即尊祭神灵。《说文》："教，上所施，下所效也。"③佛教传入中国后，以佛陀所说为教，佛弟子所说为宗。《字汇·宀部》："宗，流派所出为宗。"即教的分派，如《正字通》所释，"宗，释氏五宗，达摩立六宗"④，合为宗教。《圭峰宗密禅师答史山人

---

① 蒋人杰编纂、刘锐审订：《说文解字集注》，上海古籍出版社 1996 年版，第 1545 页。
② 《舜典》，（汉）孔安国传：《尚书正义》卷 3，中华书局 1980 年版，第 126 页。
③ 蒋人杰编纂、刘锐审订：《说文解字集注》，上海古籍出版社 1996 年版，第 654 页。
④ （明）张自烈撰：《正字通》第 3 卷，齐鲁书社出版社 1997 年版（载于《四库全书存目丛书·经部 197》）。

十问》："(佛) 灭度后委付迦叶,展 (辗) 转相承一人者,此亦盖论当代为宗教主,如土无二王,非得度者唯尔教也。"① 宗教主即佛教的唯一传人。日本明治 12 年 (1879 年),小崎弘通在《基督教的学问》一文中使用"宗教学"一词,并把汉字"宗教"作为对西文"religion"的翻译,20 世纪初为中国学术界所接受,并为章太炎、蔡元培、严复、梁启超等人所使用。西文"religion"虽各解释有异,但一般是指对超人间力量的信仰与崇拜,其意蕴与中国的"神道"有某种相似。《周易·观·象传》："观天之神道,而四时不忒,圣人以神道设教,而天下服矣。"虞翻注:"神道谓五。"②《观》卦"九五"为阳爻,为乾道,为天道,它与"六二"的阴爻相对应,为坤道,为地道。"九五"为尊位,为帝,为圣人;"六二"为臣位,为民,为庶人。圣人神道设教,坤民顺从而天下服。这种卦爻的阴阳变易与超人间力量的鬼神相融合,"神道设教"便具有以神教化万民而使之服从的意蕴。李道平《周易集解纂疏》:"神道设教,承盥荐言之,谓祭祀也。《地官·大司徒》:'以祀礼教敬,则民不苟,是也。'《祭义》曰:'气也者,神之盛也,魄也者,鬼之盛也,合鬼与神,教之至也……'郑 (玄) 注云:'合鬼神而祭之,圣人之教致之,是其义也。'"③ 盥荐之"盥",是指进爵灌地以降神,此是祭祀盛时的一种神降荐牲性活动仪式。

《礼记》诠释了儒教"神道设教"的思想,把对鬼神祖先宗教祭祀活动作为教化之本,"夫祭之为物大矣,其兴物备矣,顺以备者也,其教之本与"④,阐明祭祀之礼庄严盛大,上下和顺,是圣人设教的根本。为何要如是祭祀?"因物之精,制为之极,明命鬼神,以为黔首,则百众以畏,万民以服。"⑤ 孔

① (宋) 道元辑、朱俊红点校:《景德传灯录》(点校本),海南出版社 2011 年版,第 382 页。
② (唐) 李鼎祚集解,(清) 李道平纂疏:《周易集解纂疏》卷 3,《丛书集成初编》,商务印书馆 1936 年版,第 144—145 页。
③ (清) 李道平撰:《周易集解纂疏》第 3 卷,中华书局 1994 年版,第 231 页。
④ 《礼记·祭统》,(清) 阮元校刻:《礼记正义》第 49 卷,《十三经注疏》,中华书局 1980 年版,第 1604 页。
⑤ 《礼记·祭义》,(清) 阮元校刻:《礼记正义》第 47 卷,《十三经注疏》,中华书局 1980 年版,第 1595、1595 页。

颖达疏："言圣人因人与物死之精灵，遂造制为之尊极之称。"① 尊奉鬼神精灵，无以复加，使百官民众都敬畏鬼神，以达万民由敬畏而服从的目的。敬畏鬼神的祭祀活动，也使人获得道德的提升，"崇事宗庙社稷，则子孙顺孝，尽其道，端其义，而教生矣"②。这种"神道设教"的宗教活动，把政治、祭祀、教化融为一体并使政、祭、教三权一统，着力把儒教导向宗教化。尽管敬畏鬼神精灵的祭祀宗教活动能唤起人们的信仰，荡涤其自身的不良行为，从而提高伦理道德素养，但由于与每个人的切身利益的关联不密切，而缺乏强有力的维系纽带。

我把日本学者对西文"religion"翻译为"宗教"看成与"神道"相似，仅就其对超人间力量的敬畏而言。宗教价值是人的创造性实践活动的虚拟，它已经度越了逻辑和理性的界限，虚拟了在现实中不可能存在而具有逻辑可能性的东西，甚至虚拟了在逻辑上不可能存在的东西。因此，宗教作为人的创造性活动，具有度越现实性的虚拟性。作为度越现实性的虚拟性的宗教，并非无价值，相反，人们以为它比现实性的东西对人更有意义和价值。在现代西方世界，宗教向何处去仍是神学诸派所讨论的热门话题。大体来说，制度化的宗教如佛教、伊斯兰教、基督教、道教等，在其自身发展过程中形成了自己的教义、教规、教仪、教团等，具有一定体制化的意义，成为皈依者行为规范和日常生活的准则。作为精神化的宗教，人在物质生活得到相对满足以后，精神生活则是最深刻、最普遍、最永久的需求。这是因为，物质生活只能给人以躁动、刺激和肉体的满足，而不能给人以精神的慰藉和灵魂的安宁。从这个意义上说，宗教可以度越自然和自我，而导向终极关切。现代神学家保罗·蒂利希（Paull Tillich）在其《文化神学·序》中认为："宗教，就该词最宽泛、最基本的意义而论，就是终极关切（ultimate concer）。"③ 在

---

① 《礼记·祭义》，（清）阮元校刻：《礼记正义》第47卷，《十三经注疏》，中华书局1980年版，第1595、1595页。

② 《礼记·祭统》，（清）阮元校刻：《礼记正义》第49卷，《十三经注疏》，中华书局1980年版，第1604页。

③ Paull Tillich, *Theology of Culture*, London：Oxford University Press，1959。（按：中国台湾地区的学者有将作者译为"田立克"的。）——查询张志刚《宗教学是什么》，北京大学出版社2002年，第237页引述。

这里，宗教信仰所探究的是人类精神生活中终极的、无限的、无条件的方面。宗教的旨趣就在于终极解脱、灵魂救济和安身立命，它是对于人世痛苦的关怀、人生福祉的祈求、灵魂迷惘的觉悟。这种终极解脱或灵魂救济，实际是对于没有上帝的上帝、没有天国的信仰。在现代高科技信息网络数字化的虚拟时代，对人来说，宗教的形式已不是最重要的，最要紧的是精神的终极关切、灵魂救济和安身立命。因为人有追求自我意识、人生意义与终极存在、终极价值相和合的需要；追求度越自我与终极关切相和合的愿望，而这种需要和愿望的满足，便是宗教的价值。

尽管蒂利希对宗教的这个规定有宽泛之弊和容易与哲学混淆的问题，但宗教与哲学本身有着千丝万缕的联系。一般来说，哲学的源头是宗教，在《周易》的《易经》中，两者融而为一，到《易传》时，两者才一分为二。宗教的定义，随着岁月的变迁，便由自发性、多神性和功利性的自然神灵崇拜，到有经典、有教规教义、有组织制度和宗教神学的至上神信仰，再到宗教的道德化、人文化、心理化的上帝信仰。20 世纪以来，神和彼岸的观念被淡化，创造和主宰人间的上帝被忽视，神性即人性的理念被凸显，上帝即至善的观念被加强，宗教的世俗化、人间化的导向越来越增强。正因为人们越来越关注灵魂安顿和精神慰藉的需要，依据中华民族自古以来对宗教的、神道的体认，我曾把中国宗教规定为：宗教是给出人的精神的理想家园。①这是基于中国神道与人道、天命之性的神性与气质之性的人性、灵魂的终极安顿与精神的温馨家园、神灵的彼岸性与救济的此岸性之间的不离不杂、相对相关性的制约，以及人们敬畏、信仰神灵的终极目的是寻求精神家园的需求、获取精神的宁静和灵魂的生命力的需要所做出的。因此，这个规定是与时偕行的。

宗教信仰是人的特殊价值的需要，与某些只关注世俗生命、社会政治、物质利益层面而忽视终极关怀、精神家园、灵魂安抚不同。宗教问题说到底是生从何来、死到何处的生死问题。这是每个人不可逃避而必须面对的课题。从这个意义上说，只要有人类存在，就有生死问题，便也存在宗教问

---

① 参见张立文：《关于儒家与宗教的讨论》，《中国哲学史》2002 年第 2 期。

题，而与哲学异趣。

二

撇开体制化宗教所称谓的宗教的固化标准以观精神化宗教，或者说，度越西方基督教等为度量一切宗教的尺度以察中国古代宗教和儒教的形相，中国不仅存有宗教的传统，而且还营造了一个多元宗教共存、共处的和合格局。

作为人类迈入文明门槛标志性的城市、文字、金属冶炼之外，宗教性建筑亦为其列：如良渚文化中莫角山与瑶山的"祭坛"、玉琮及其神人兽面，都与巫术相关，存有浓重的宗教意味，也与中华民族远古时的鬼神、生殖、图腾、祖先崇拜相关联。其时宗教观的特色，依据《国语·楚语下》记载：一是"民神杂糅"。有杂糅，所以"民神同位"。同位而不分别，杂糅而无界限，造成"民渎齐盟，无有严威"之弊。民渎神而无敬畏之心，以及"神狎民则，不蠲其为"，神与民狎，神对民便失去了其法则的规范作用。二是"夫人作享，家为巫史"。人人都可祭祀降神，家家都有自己接神的巫师。其结果造成"嘉生不降，无物以享。祸灾荐臻，莫尽其气"①。也就是说，其后果自然是神不降福，谷物不长，无祭品贡神；灾祸频繁，神与民都无生气。

颛顼②鉴于此，而进行宗教改革："颛顼受之，乃命南正重司天以属神，命火正黎司地以属民，使复旧常，无相侵渎，是谓绝地天通。"③"绝地天通"的宗教改革，就是断绝地上民众与天上天神的相通。颛顼改革的措施有三：一是命令重为南正管理天上诸神，命令黎为火正主管地上民众。这样，天神的祭祀和民众接神有专人管理，断绝民众与天神直接交通的权利。二是由国家任命专职祭司负责神与人交通的宗教活动，"在男曰觋，在女曰巫"④。由

---

① 《国语·楚语下》，徐元诰：《国语集解》第 18 卷，中华书局 2002 年版，第 515 页。
② 按：《国语·楚语下》载，颛顼"绝地天通"是由于"九黎乱德"；而《尚书·吕刑》载，黄帝乃命重黎"绝地天通"，是由于蚩尤作乱。两者有异，但《国语》记载详细。
③ 《国语·楚语下》，徐元诰：《国语集解》第 18 卷，中华书局 2002 年版，第 515 页。
④ 《国语·楚语下》，徐元诰：《国语集解》第 18 卷，中华书局 2002 年版，第 513 页。

他们来制定神的居次、祭位及尊卑先后的次序，并规定祭祀用的牺牲、礼器、服饰等。三是有掌管天、地、神、民、类物的五官，"各司其序，不相乱也"，"民神异业，敬而不渎"。这样，民能讲忠实诚信，神有明德降福，百谷生长，灾祸不至，人民丰衣足食，以百物祭献天神。

颛顼宗教改革的意义，从宗教信仰上说，是把管理宗教信仰的精神系统与管理民众事务的公共系统分开——"民神不杂"，既有利于维持民众对天神敬畏之心的虔诚，亦有益于天神对民众启示的价值力度。从宗教体制上讲，整合各氏族各自实行的原始巫教，既统一设神职的觋巫人员，各司其序而不度越，又制定祭祀各种牺牲仪式、礼器、服饰等，而使之体制化；从神职人员的选拔来看，注重有知识、有道德、有才能的人，他们出身于"先圣之后""名姓之后"，知道祭祀山川的名号、祖庙的先祖、宗庙的事务、昭序的次序、四时生长的作物，祭祀所用牺牲、玉帛、祭服、祭器，以及庙主尊卑先后、主祭者位置、祭坛处所等，他们还必须具有"敬恭明神""心率旧典"的思想。这样，各氏族多元崇拜逐渐向天神、祖先崇拜转变，由"民神杂糅"的无序化向"民神不杂"的有序化转换，由祭祀仪式的多样化向体制性的一体化转型，从而开启了中华民族信仰崇拜活动的规范化、体制化。颛顼宗教改革所开出的天神和祖宗崇拜体制被后代所继承和推行。尧、舜时"光被四表"，他们"格于上下，克明俊德"[1]，能至于上天下地，即与天神地祇交通。作为氏族融突体统领的尧、舜，既能任命专职的觋、巫等神职人员，也掌握交通天神的宗教权，并举用各氏族德才兼备的贤人担当祭祀的宗教事务，使宗族的九族形成氏族融突体的共同信仰达到协和万邦、黎民和雍的局面。从颛顼到尧、舜，都举用德才兼备的人，是与其传贤的禅让制相关联的。到夏、商、周三王时，便以自己的政治军事实力把持了国家公共权力，用自己宗族的宗统替代国家的国统。这样，国家体制便由传贤的禅让制被传子的世袭制所取代。如果说五帝传贤的禅让制是与天神、祖先崇拜的信仰相一致，是自然合法的、合理的，那么，传子的世袭制促使了天神崇拜与

[1] 《尚书·尧典》，（清）阮元校刻：《尚书正义》第2卷，《十三经注疏》，中华书局1980年版，第119页。

祖先崇拜的分离，自己宗族的祖先神退出了为自己宗族传子的世袭制的合法性、合理性作辩护的法庭，天神担当了传子的世袭制合法性的依据。世袭王朝打着王权神授的名号，使各宗族团聚在其王权神授的旗帜下，而构成国家融突体。

尽管王权神授突出了天神的权威，但宗族祖宗神也具有传达、表示天神旨意的功能或能力，并具有保佑和惩罚本族的权力和功能。如作为姒姓后裔的夏启和有扈氏，在甘地发生战争，夏启发表讨伐誓词："有扈氏威侮五行，怠弃三正。天用剿绝其命。今予惟恭行天之罚。"①意思是说，由于有扈氏犯了轻慢"五行"自然法则和怠慢放弃正朔大典等政事的两大罪状，天要废弃其大命，现在我奉行天的命令去惩罚他。"用命赏于祖，弗用命戮于社。"②完成命令在祖宗神前受赏，不完成命令则受罚。这就说明，夏启受天之命，讨伐违背天意、犯了轻蔑废弃"五行"和"三正"罪行的有扈氏，逻辑地蕴涵着王权神授的意思。《禹誓》说："蠢兹有苗，用天之罚，若予既率尔群对诸群，以征有苗。"③苗族动乱，夏禹受天之命惩罚苗族，他便率领众邦诸君征伐苗族，意蕴着替天行道，讨伐"敢行称乱"者。《禹誓》《甘誓》都说明，王权授予天神，而非祖宗神。

王权神授观念的确立，为商汤推翻夏桀政权提供了合法性依据。商汤一方面以"吊民伐罪"的态势，痛斥夏桀的暴政，"率遏众力，率割夏邑"④；另一方面以"替天行道"姿态，讨伐夏桀，"有夏多罪，天命殛之"，"夏氏有罪，予畏上帝，不敢不正"⑤，意即夏桀罪恶深重，陷人民于水火，上天命

---

① 《尚书·甘誓》，(清) 阮元校刻：《尚书正义》第7卷，《十三经注疏》，中华书局1980年版，第155页。(按：《墨子·明鬼下》引《禹誓》："有扈氏威侮五行，怠弃三正，天用剿绝其命。"与《甘誓》同。)

② 《尚书·甘誓》，(清) 阮元校刻：《尚书正义》第7卷，《十三经注疏》，中华书局1980年版，第155页。

③ 按：《禹誓》为古佚文，《尚书》无。《墨子·兼爱下》引《禹誓》，见《墨子校注》，中华书局1993年版，第178页。

④ 《尚书·汤誓》，(清) 阮元校刻：《尚书正义》第8卷，《十三经注疏》，中华书局1980年版，第160、160、160页。

⑤ 《尚书·汤誓》，(清) 阮元校刻：《尚书正义》第8卷，《十三经注疏》，中华书局1980年版，第160、160、160页。

令讨伐夏，商汤自认为不能不完成上天的命令，于是号召人民"尔尚辅予一人，致天之罚，予其大赍汝"①，辅助自己完成天讨伐夏桀的命令。说明了伐夏的合理性、合法性和顺天应人性。

从 15 万多片的甲骨文字可以看出，殷人有着频繁的宗教活动。他们尊崇敬畏上帝或帝，上帝具有"令雨""令风""令霁"的能量，"降堇""降食""降祸"的功能，以及战争、政权的胜败兴衰和日常生活的决定管理权，把自然变化、人事祸福、国家政治都统摄在上帝之下。其宗教活动有祭祀与占卜。祭祀有祭天空诸神的燎祭，祭山神、地神的瘗祭和祭水神的沉祭及祭祖等。另有占卜活动，以预测人事的吉凶祸福，以便趋利避害。既对已出现的现象进行占卜，如梦占、星占、气象占等，也对未出现的现象进行预测性的占卜，如战争、封侯、筑城等。"帝令雨足年—帝令雨弗其足年"②，"帝其乍王祸—帝弗乍王祸"③，"我伐马方，帝受我又"④。帝"令雨"是为了人民丰衣足食，帝不要降灾祸、保佑在伐"马方"战争中取胜，都要接受至上神帝的命令。祭祀要用牺牲，"寮于东母九牛"⑤，为火祭；"求年于河，寮三牢，沉三牛"⑥，为沉祭。更有甚者，以人为牺牲祭河："丁巳卜，其寮于河牢，沉璧"⑦，"辛丑卜，于河妾"⑧；或杀人祭神和殉葬，"吉，卅人，大吉"⑨。

商代，"帝"作为至上神，赋予了神权价值，即具有社会普遍认可的宗

① 《尚书·汤誓》，(清) 阮元校刻：《尚书正义》第 8 卷，《十三经注疏》，中华书局 1980 年版，第 160、160、160 页。

② 罗振玉：《殷墟书契前编》，1·50·1，《国学丛刊》石印本 1911 年版。

③ 董作宾：《殷墟文字乙编》，1707·4861，"中央研究院"历史语言研究所出版，1948—1953 年版。

④ 董作宾：《殷墟文字乙编》，5408，"中央研究院"历史语言研究所出版，1948—1953 年版。

⑤ 罗振玉：《殷墟书契续编》，1·53·2，墨拓影印 1913 年版。按，六畜中以"年"为尊贵，又称"太牢"。

⑥ 郭若愚：《殷契拾掇》，550，上海出版公司 1951 年版 (线装一册)。

⑦ 罗振玉：《殷墟书契后编》，上，23·4、6·30，墨拓影印 1916 年版 (线装)。

⑧ 罗振玉：《殷墟书契后编》，上，23·4、6·30，墨拓影印 1916 年版 (线装)。

⑨ 郭沫若：《殷契粹编》，558，日本文求堂 1937 年版 (线装)。

教信仰及其文化价值。商汤代夏桀而建国的合法性是"致天之罚",而非王权本身。王权作为国家统治权力,"予畏上帝,不敢不正",受神权的统摄。王族的祖先死后宾于帝所,能把天神的旨意通过占卜的形式传达给王权的继承者。这样,天、地、祖先各神都一统到至上神那里,建构了初具制度化的宗教信仰体制。

周代宗教信仰体制较之商代更加制度化,这得益于周既继承殷商的宗教文化,又必须为自身夺权行为的合法性作宗教意义的论述,而需对原有宗教加以改革创新。其改革创新方面有二:一是至上神超人性化的强化。至上神的称谓由"帝""上帝"逐渐向"天"转变。周初,"天"与"帝""皇上帝""皇天上帝"相混;后来,"天"的称谓普适化。这个普适化体现了其神秘性和抽象性的提升,"天"统摄日月星辰、风云雨雪、山川林泽、社会兴衰,而非一具体某神,具有抽象性;由其抽象性而给予人以神秘感、支配感;由其神秘感、支配感而显示其超人性的神圣性,使天与人拉开一定距离,维持一定张力,既可使天的至上性得以强化,而使人敬畏,也可使其统摄的力度得以加强,以显示其支配世界的能量。二是天人宗教关系的道德化。如果说殷人的至上神"上帝"是商王朝保护神的话,那么,周代宗教改革是把至上帝当作全民的神,它并非"天命不僭",专保护某一王朝,这就给每个宗教和人获得天命的平等的机遇和权利,也给各个期望获得天命的竞争者展现其主体的能力和理念的机遇。周公从周代商而王的体认中,体悟到"皇天无亲,惟德是辅"[1]。《召诰》记载:"我不可不监于有夏,亦不可不监于有殷。我不敢知曰,有夏服天命,惟有历年。我不敢知曰,不其延。惟不敬厥德,乃早坠厥命。"[2] 意谓夏和商丧国的鉴戒和教训,就在于他们不敬德,才早早地丧失了天给予治国的大命。皇天本身无亲,也不偏爱,只帮助有道德的人。这样,天所面对是所有的人,而不是亲人,因此天是公平的、

---

[1] 《尚书·蔡仲之命》,(清)阮元校刻:《尚书正义》第18卷,《十三经注疏》,中华书局1980年版,第227页。

[2] 《尚书·召诰》,(清)阮元校刻:《尚书正义》第15卷,《十三经注疏》,中华书局1980年版,第213、213、213页。

公正的，所以"王敬作所，不可不敬德"①，王应恭敬谨慎，以身作则，不可不敬重德行。只有如此，"肆惟王其疾敬德，王其德之用，祈天永命"②，王必须赶快敬德，并依靠自己的道德祈求天命的长久。夏桀、商纣无德而亡，唯有"以德配天"，才获天的永命。

如何"敬德"？如何修德？这是王本人的王德与依德而行使政治权力的问题。天是神权，是支配和决定王权的力量，由于天只依德来终止或延续王权的更替，以德与天相配，所以有否王德就凸显为关键点。首先，王自身要"克明俊德"，"聿修厥德"，终日乾乾，修养德性，德才兼备，为民模范。周公忧虑年轻的成王"有所淫逸"，以诫成王，"呜呼！君子所其无逸。先知稼穑之艰难，乃逸则知小人之依"③，王不应贪图安逸享受，要知道种田的艰难和痛苦；"则其无淫于观，于逸，于游，于田。以万民惟正之供"④，不要把百姓上缴的赋税荒淫于优游、享乐、田猎等上面。如果认为，今天先享受再说，这就不是万民的榜样，也有违天意，否则就会沦为像商纣王那样迷乱酗酒而亡国。君王自身修德，是王德之本，本立而德行，德行而国治。

其次，修身明德，以行德政之治。行德政必须尊敬有德的人，"其汝克敬德，明我俊民"⑤。选用德才兼备的人，才能推行德政。"先王既勤用明德，怀为夹，庶邦享作，兄弟方来，亦既用明德。"⑥ 这样，贤臣、诸侯和兄弟国都会来辅助努力行使德政。德政与暴政之别，在于"明德慎罚"还是滥施

---

① 《尚书·召诰》，（清）阮元校刻：《尚书正义》第15卷，《十三经注疏》，中华书局1980年版，第213、213、213页。

② 《尚书·召诰》，（清）阮元校刻：《尚书正义》第15卷，《十三经注疏》，中华书局1980年版，第213、213、213页。

③ 《尚书·无逸》，（清）阮元校刻：《尚书正义》第16卷，《十三经注疏》，中华书局1980年版，第221、222、222页。

④ 《尚书·无逸》，（清）阮元校刻：《尚书正义》第16卷，《十三经注疏》，中华书局1980年版，第221、222、222页。

⑤ 《尚书·无逸》，（清）阮元校刻：《尚书正义》第16卷，《十三经注疏》，中华书局1980年版，第221、222、222页。

⑥ 《尚书·君奭》，（清）阮元校刻：《尚书正义》第17卷，《十三经注疏》，中华书局1980年版，第225页。

酷刑、杀戮无辜。德政就要"朕敬于刑,有德惟刑。今天相民,作配在下,明清于单辞,民之乱,罔不中听狱之两辞"①。要谨慎地行使刑罚,要有德于民,应以刑为德之辅。君王和官员在受理案件时,一定要兼听诉讼双方的供词,而不能听取单方面的言论,并要心存公正、无所私袒,刑罚的目的是改过迁善。

再次,"敬德保民"。"敬德"为了"保民",因为天爱护民众,"天矜于民,民之所欲,天必从之"②。从民所欲的天,是人民的保护者,天要君王像他那样保护人民,"怀保小民,惠鲜鳏寡"③,尤其要施恩惠于鳏寡无靠的人。只有"敬德保民",才能"以德配天"。天矜于民,民心的向背体现了天意,所以君主不能做违民心的事,违民心必致国家灭亡。

最后,"天命靡常"。这是"敬德保民"的思想基础。天命并非永恒给予某人、某宗族,即"惟命不于常"④。当殷纣王骄奢淫逸、残暴民众时,仍然认为,"我生不有命在天"⑤,不听祖伊的劝诫,依旧淫乐无度,而不理解"天既讫我殷命","故天弃我,不有康食"⑥。天停止了给予商纣治理天下的大命,天已废弃了商王,降灾祸使商朝不得安宁和饭食。周的宗教改革,使天超越了某一宗族保护神的地位,而依"敬德保民"为获取天命的价值标准,对各宗族一视同仁,天便具有普遍理性,而非偏佑于商王,这就为周讨伐商而取代商朝的合理性、合法性建构了宗教上的根据。同时,"天命靡常"也为周代的后续君主提出要求和警告:只有"敬德保民",才能保住天给予周的治

---

① 《尚书·梓材》,(清)阮元校刻:《尚书正义》第14卷,《十三经注疏》,中华书局1980年版,第208页。

② 《尚书·吕刑》,(清)阮元校刻:《尚书正义》第19卷,《十三经注疏》,中华书局1980年版,第251页。

③ 《尚书·泰誓上》(清)阮元校刻:《尚书正义》第11卷,《十三经注疏》,中华书局1980年版,第181页。

④ 《尚书·康诰》,(清)阮元校刻:《尚书正义》第13卷,《十三经注疏》,中华书局1980年版,第205页。

⑤ 《尚书·西伯勘黎》,(清)阮元校刻:《尚书正义》第10卷,《十三经注疏》,中华书局1980年版,第177、177页。

⑥ 《尚书·西伯勘黎》,(清)阮元校刻:《尚书正义》第10卷,《十三经注疏》,中华书局1980年版,第177、177页。

理天下的大命，否则，天也会像弃商那样废弃周。

周对于神格天的宗教改革的价值就在于：第一，神性与人性的融突。天作为人格神并非不食人间烟火，不关心民众死活，从而开启了从夏、商某一宗族保护神向西周万民保护神的转变，把怀保小民，照顾残疾鳏寡、孤独无依的弱势群体作为能否获取天给予治理天下大命的依据。这样，天既具有至高无上的度越神性，又具有关怀人的深沉的人性，通过"惟德是辅"，使神性与人性的融突得以和合。第二，神权与王权的融突。神格天具有最终授予某宗族治理天下大命的权力，但亦给每个宗族开放获取大命的权利，每个宗族可以在自己施政的竞争中被天所弃或所佑。这样，就把能否获取大命的决定权下放给君王或宗族自己的手里和其施政之中。天的授予大命权与君王宗族的获取大命的决定权的融突，通过"以德配天"而得以和合。第三，天心、君心、民心的融突。天心"无亲"，民心"无常"，君王要获取民心之所向，自己要修身明德，对人民要"明德慎罚"，施政要实行"德政惠民"，才能得民心；天以民心为心，得民心，也就是得天心，并通过"敬德保民"使天心、君心、民心的融突得以和合。

三

颛顼和周公的宗教改革，都是为了提升"神""天"的权威性和神圣性，要求人们敬畏"神""天"，听从"神""天"的劝诫和谴告，改过从善，以维护"神""天"给予治理天下的大命。治理天下的君王和辅臣最恐惧"天"收回大命，授予别的宗族。由于"天"矜于民，所以只有"敬德保民""以德配天"，才能永保大命，这样就构成了天 $\underset{\text{敬德}}{\overset{\text{授命}}{\rightleftarrows}}$ 王 $\underset{\text{归向}}{\overset{\text{保民}}{\rightleftarrows}}$ 天授命敬德、王保民归向民三位一体的宗教信仰结构，也体现了其宗教伦理精神和行为规范的价值合理性。

西周以后，中华民族的宗教信仰体系往往在敬畏性、靡常性、自然性之间激荡，构成了中华民族宗教信仰体系人文性、道德性、人本性，形成了绚丽多姿、海纳百川的宗教信仰的多元化，而并非无宗教信仰。商代"殷人尊神，率民以事神"①；由于"天命靡常"，周以代商，"天"以替"神"。周为"祈天永命"，在"皇天无亲，惟德是辅"的情境下，只有"敬德保民"，"以德配天"，才能永保天命。但在东周的春秋时期，"礼崩乐坏"，社会动乱，天—王（圣人）—民三位一体的宗教信仰体系发生动摇，"王权天授"的权威性和"皇天无亲"的公正性的宗教伦理价值受到挑战。人们把不满于现实社会的不公正、不合理的情绪转嫁到天的身上，由天来承担这种社会不公正、不合理的终极责任，于是出现了疑天、怨天、咒天的思想。"不吊昊天，乱靡有定。式月斯生，俾民不宁"②。不善良、不仁慈的天，祸乱岁月而生，月月益甚，使人民不得安宁。"瞻昂昊天，则不我惠，孔填不宁，降此大厉。邦靡有定，士民其瘵"③。天不恩惠下民，相反降下大灾害，天下不安宁已久，士民们在病痛之中。"天之降罔，维其几矣。人之云亡，心之悲矣"④。天降下害人的罗网已离我们很近了，人很悲伤地都逃走了。人们把周幽王的暴虐、荒淫、蟊疾而造成的社会不宁、人民痛苦，直接归咎于天，削弱了天的神圣性和权威性，天的宗教信仰在人心中跌落。于是，就有了子产"天道远，人道迩，非所及也"⑤之论，由天道与人道不相及的差分，推及于社会、政治、经济；就有了老子体认为"天之道损有余而补不足；人之道则不然，损不足以奉有余"⑥。天道与人道的背离，呈现了"礼崩乐坏"的社会现实，以及人道依从天道的宗教性的祈求。

孔子在这种社会氛围中，为了重新恢复天的神圣性、权威性和主宰性，

---

① 《礼记·表记》，（清）阮元校刻：《礼记正义》第 54 卷，《十三经注疏》，中华书局 1980 年版，第 1642 页。

② 《毛诗·节南山》，（清）阮元校刻：《毛诗正义》第 12 卷，《十三经注疏》，中华书局 1980 年版，第 441 页。

③ 《毛诗·瞻卬》，（清）阮元校刻：《毛诗正义》第 18 卷，《十三经注疏》，中华书局 1980 年版，第 577、578 页。

④ 《毛诗·瞻卬》，（清）阮元校刻：《毛诗正义》第 18 卷，《十三经注疏》，中华书局 1980 年版，第 577、578 页。

⑤ 《春秋左传·昭公十八年》，杨伯峻：《春秋左传注》（五），中华书局 2016 年版，第 1549 页。

⑥ 《道德经·第七十七章》，（魏）王弼注，楼宇烈校释：《老子道德经注校释》，中华书局 2008 年版，第 186 页。

提出要敬畏天，"君子有三畏：畏天命，畏大人，畏圣人之言；小人不知天命而不畏也，狎大人，侮圣人之言"①；天命是儒教宗教性的终极根源，是人所敬畏的对象；"大人"是国家的王公大人，是天的意志的传达者；"圣人之言"是依照天道而制定的伦理精神和道德行为规范。这实际是周公天命——大人（圣人之言）——君子三位一体宗教信仰体系的继承和发挥。"三畏"是君子对宗教仪式的敬畏，是君子的宗教道德原则，是不可动摇的；"三不畏"是小人之所为，是对怨天、咒天者的谴责。

孔子之所以要敬畏天，一方面，他认为天是最高、最大的，"巍巍乎！唯天为大"②，所以天具有无限的威力，"获罪于天，无所祷也"③。天的这种威力冥冥之中主宰着人生死的命运。"颜渊死，子曰：'噫！天丧予！天丧予！'"④孔子哭得非常悲哀，说是等于天要了自己的命。伯牛有病，孔子去看他，握着他的手说："亡之，命矣夫！"⑤这是孔子对天命信仰的自然流露。有一次孔子经过匡地，匡人误认为是阳货，便囚禁了孔子。孔子说："文王既没，文不在兹乎？天之将丧斯文也，后死者不得与于斯文也；天之未丧斯文也，匡人其如予何？"⑥孔子自认为天把他作为周文王以来文化遗产的继承者和载体，他负有传承和发扬文化的历史使命和职责，天如果不要消灭这种文化，匡人将把我怎么样？言下之意是，生死命运由天来定，匡人没有办法将他怎样！大凡宗教的终极关怀，就是要回答人生从何来、死到何处去的问题，从颜渊、伯牛及孔子自己的生死命运的体认来看，天命是终极的决定者，也是人生命的终极归属和追究。孔子的学生子夏说："死生有命，富贵在天。"⑦说明对天命宗教信仰的情感。

另一方面，孔子敬畏天，意蕴着凭借天的神圣性、主宰性来纠正"天

---

① 《论语·季氏》，（宋）朱熹：《四书章句集注》，中华书局1983年版，第172页。
② 《论语·泰伯》，（宋）朱熹：《四书章句集注》，中华书局1983年版，第107页。
③ 《论语·八佾》，（宋）朱熹：《四书章句集注》，中华书局1983年版，第65页。
④ 《论语·先进》，（宋）朱熹：《四书章句集注》，中华书局1983年版，第125页。
⑤ 《论语·雍也》，（宋）朱熹：《四书章句集注》，中华书局1983年版，第87页。
⑥ 《论语·子罕》，（宋）朱熹：《四书章句集注》，中华书局1983年版，第110页。
⑦ 《论语·颜渊》，（宋）朱熹：《四书章句集注》，中华书局1983年版，第134页。

下无道，则礼乐征伐自诸侯出"① 的"礼崩乐坏"的社会无序的现实。仪封人认为，孔子是上天要他做重建社会秩序和伦理道德的导师的，"二三子何患于丧乎？天下之无道也久矣，天将以夫子为木铎"②。所以，孔子周游列国，到处宣传自己的政治主张，试图重整礼乐文化，他也以此作为自己的历史使命和文化责任。对于季氏违礼的行为，他忍无可忍，"孔子谓季氏，八佾舞于庭，是可忍也，孰不可忍也"③，进行激烈的批评。孔子认为，礼乐文化制度是圣人依照天意制定的，因此，违反礼乐文化制度便有违天道的宗教精神。对于他学生的不符合礼的道德行为，也严厉批评。一次孔子病重，子路叫孔子的学生成立了一个治丧的机构，以便处理丧前丧后的事情。过了一段时间，孔子的病慢慢好起来了，他知道这件事后说："由之行诈也！无臣而为有臣，吾谁欺？欺天乎！"④ 这里的"臣"，相当于治丧机构。按礼制规定，诸侯之死才可有"臣"，孔子作为大夫有"臣"，便与礼不合。所以，孔子责备子路这样做是欺诈，是对上天欺哄的行为。人们有了对天的敬畏的宗教信仰，就会约束自己的行为，不做违反礼乐之事和天道之行。

孔子作为有智慧洞见的哲人，他既欲重塑敬畏天命的宗教信仰情操，也不否认天的自然性和可知性。他说："天何言哉，四时行矣，百物生矣，天何言哉。"⑤ 天不是活灵活现地去直接主宰什么或创生什么，而是一个超四时、超百物的超时空和自然的实体。它可言而不言，能说而不说，这种自然性不是无生命体的自然性，而是有一定意蕴的和一定价值指向的自然性，它蕴涵着一定意义的宗教神秘性。尽管如此，孔子并不认为天命是不可知的，"五十而知天命"⑥。知天命也不是轻易而得知，而是经历十五立志于学，三十自立于道和礼，"不学礼，无以立"⑦，做事都能站得住，四十而能分辨是非，不致迷惑。经过这样进德修业的磨砺，到五十才知天命，即达到穷理

① 《论语·季氏》，(宋) 朱熹：《四书章句集注》，中华书局 1983 年版，第 171 页。
② 《论语·八佾》，(宋) 朱熹：《四书章句集注》，中华书局 1983 年版，第 68 页。
③ 《论语·八佾》，(宋) 朱熹：《四书章句集注》，中华书局 1983 年版，第 61 页。
④ 《论语·子罕》，(宋) 朱熹：《四书章句集注》，中华书局 1983 年版，第 112 页。
⑤ 《论语·阳货》，(宋) 朱熹：《四书章句集注》，中华书局 1983 年版，第 180 页。
⑥ 《论语·为政》，(宋) 朱熹：《四书章句集注》，中华书局 1983 年版，第 54 页。
⑦ 《论语·季氏》，(宋) 朱熹：《四书章句集注》，中华书局 1983 年版，第 174 页。

尽性之境。朱熹解释说："天命即天道之流行而赋予物者，乃事物所以当然之故也，知此则知报其精而不惑，又不足言矣。"① 天命具有一定必然性，它赋予物，使物具有性，"天命之谓性"②，"性自命出，命由天降"③。性—命—天，使人性与天命得以内在宗教性的圆融，这是孔子所以知天命的基础。因此，知天命是君子的原则，"子曰：不知命，无以为君子也"④，作为君子没有不知道天命的。朱熹引程颐的注曰："知命者，知有命而信之也，人不知命，则见害必避，见利必趋，何以为君子。"⑤

孟子绍承孔子，对性—命—天的模式加以充实和改进，"尽其心者，知其性也。知其性，则知天矣。存其心，养其性，所以事天也。殀寿不贰，修身惟俟之，所以立命也"⑥。穷尽和保存心、体知和培养性，都属于内在功夫。这种功夫着力于内在心性的宗教式修养以安身立命，而后推致知天、事天的价值目标。由于天命是人的终极的归宿，人必然要死，这是人之大限，人人都不可逃，这是命。但怎样死，死的方式，人异人殊，这是运，即命运，有"尽其道而死者，正命也；桎梏死者，非正命也"⑦。这两种不同的死，并非命定，而是由死者主体所选择和掌握的，人尽力行道，死于正命；犯罪而死，死于非正。这就是说，不死，主体是不能选择的，这是天命；怎样死，主体是可以决定的，这是命运。心性的尽知和存养的深浅，对人的命运正与非正有一定影响作用，对命运的"求之有道，得之有命"，便可以知天、事天。由人的恐惧"非正命"，得之"正命"，而确立敬畏天的宗教信仰。孟子分别天命与命运，打开了天的宗教信仰通向人的终极死生的大道，又通过人的心性道德的培养，提高体认选择正命与非正命的能力，使人在天命的必然性中取得了一定的能动的用武之地，有了自己一点主动权。

战国时代，各国为争霸业和生存权而讲功利。孟子认为，利有三个层

① 《论语·为政》，（宋）朱熹：《四书章句集注》，中华书局 1983 年版，第 54 页。

② 《中庸》，（宋）朱熹：《四书章句集注》，中华书局 1983 年版，第 17 页。

③ 《性自命出》，荆门市博物馆：《郭店楚墓竹简》，文物出版社 1998 年版，第 179 页。

④ 《论语·尧曰》，（宋）朱熹：《四书章句集注》，中华书局 1983 年版，第 195 页。

⑤ 《论语·尧曰》，（宋）朱熹：《四书章句集注》，中华书局 1983 年版，第 195 页。

⑥ 《孟子·尽心上》，（宋）朱熹：《四书章句集注》，中华书局 1983 年版，第 349 页。

⑦ 《孟子·尽心上》，（宋）朱熹：《四书章句集注》，中华书局 1983 年版，第 350 页。

次，即国王的"利吾国"、大夫的"利吾家"、士与庶人的"利吾身"，既有公利也有私利。在这样的情况下，"上下交征利而国危矣"①。在拥有万辆兵车的国家，杀掉国君的一定是拥有千辆兵车的大夫，在这样的国家中，大夫拥有的产业不能不说是很多了，如果"苟为后义而先利，不夺不餍。未有仁而遗其亲者也，未有义而后其君者也。王亦曰仁义而已矣，何必曰利"②。但是，孟子的建议并没有被梁惠王所接受，也没有被其他国君所采纳。可见，在当时的社会环境中，"上下交征利"是较普遍的思想和行为价值取向。

在这种情况下，人们对功利的重视和主体能动活动的关注，使得天的主宰性、权威性被淡化，重人道而轻天道，对天的敬畏的宗教信仰被边缘化，天的自然性得以凸显。荀子说："天行有常，不为尧存，不为桀亡。"③认为天没有意志，不因为圣王和暴君而改变自己的运行次序。自然之天，"列星随旋，日月递炤，四时代御，阴阳大化，风雨博施，万物各得其和以生，各得其养以成……皆知其所以成，莫知其无形，夫是之谓天"④。认为万物是列星、日月、四时、阴阳、风雨等协调、和谐、和合而生成，这就叫作"天"。由于凸显天的自然性，其终极性、神秘性被隐去，所以，荀子与孔、孟不同，认为"圣人为不求知天"⑤。这"天"是自然万物背后的所以然之"天"，君子"其于天地万物也，不务说其所以然，而致善用其材"⑥。所以然之"天"即自然万物缘由的终极的、神秘的"天"，是圣人所不追求的。君子只关注形而下的其材的善于使用，剥去了作为宗教信仰之"天"的特征。"大天而思之，孰与物畜而制之？从天而颂之，孰与制天命而用之……故错人而思天，则失万物之情。"⑦推崇"天"而思慕它，不如把"天"作为物来畜养而控制它；顺从"天"而赞美它，不如掌握其变化而利用它。人不能放弃自己的努力而期望"天"的恩赐，"天"没有意志，不会恩赐人。所

①　《孟子·梁惠王上》，（宋）朱熹：《四书章句集注》，中华书局1983年版，第201页。

②　《孟子·梁惠王上》，（宋）朱熹：《四书章句集注》，中华书局1983年版，第202页。

③　《荀子·天论》，北京大学《荀子》注释组：《荀子新注》，中华书局1979年版，第269页。

④　《荀子·天论》，北京大学《荀子》注释组：《荀子新注》，中华书局1979年版，第270页。

⑤　《荀子·天论》，北京大学《荀子》注释组：《荀子新注》，中华书局1979年版，第270页。

⑥　《荀子·君道》，北京大学《荀子》注释组：《荀子新注》，中华书局1979年版，第193页。

⑦　《荀子·天论》，北京大学《荀子》注释组：《荀子新注》，中华书局1979年版，第278页。

以，荀子不求宗教性的所以然之"天"，而求知自然之"天"，即供人役使的"天"。换言之，各方面治理得好，既恰当又取得和谐，不伤害人物，这就叫"知天"。

秦始皇焚书坑儒，有敢偶语《诗》《书》者弃市，有藏《诗》《书》、百家语者都烧毁。秦始皇的长子扶苏曾谏曰："诸生皆诵法孔子，今上皆重法绳之，臣恐天下不安。"①秦始皇怒贬扶苏于上郡，使儒家思想遭到致命打击，天命也遭糟蹋。天命对社会、政治、人的行为约束力的削弱，凝聚力的损害，也表明了人们对天的敬畏的失落。强秦速亡后，汉建立了大一统的国家，为了与民休养生息，恢复社会生产，以道家清静无为为主综合各家的黄老之学取代以法为教、以吏为师的法家之学。但随着社会经济的恢复和繁荣，冲突也加深了，地方诸侯势力膨胀，造成吴、楚等"七国之乱"，北方匈奴亦不断威胁汉王朝，为化解日渐尖锐的冲突，黄老清静无为之学便不适应现实社会政治生活的需要了。

汉武帝为求长治久安，举贤良文学之士，以对策方式"垂问乎天人之应"。董仲舒认为，当时社会政令刑罚、礼乐教化、伦理道德、学术思想不一致的冲突，实乃是"《春秋》大一统"的问题，为加强大一统国家的凝聚力，就需要拂拭战国末和秦以来对敬畏天的遮蔽，重新恢复对天的敬畏。一般说来，打天下需要破坏被推翻政权的"天"的保护伞，打消"天"的权威，消除人们对"天"这把保护伞的恐惧；然而在建立新政权后，就需要凭借"天"的权威来巩固、稳定社会秩序和思想，建立对"天"的敬畏。董仲舒一方面以儒学来统一学术，"臣愚以为诸不在六艺之科孔子之术者，皆绝其道，勿使并进。邪辟之说灭息，然后统纪可一而法度可明，民知所从矣"②。这便是董氏"推明孔氏，抑黜百家"的建议。于是，汉武帝"卓然罢黜百家，表章'六经'"③。这就是说，汉武帝、董仲舒在儒学遭秦"焚书坑儒"、"六经"被离析之后，重新发现了孔子和儒学，奠定了孔子在中华民族历史上的崇高地位和儒学独尊价值。

---

① （汉）司马迁：《秦始皇本纪》，《史记》第6卷，中华书局1982年版，第258页。
② （汉）班固：《董仲舒列传》，《汉书》第56卷，中华书局1962年版，第2523页。
③ （汉）班固：《武帝纪》，《汉书》第6卷，中华书局1962年版，第212页。

另一方面，董仲舒殚思竭虑，建构了"天人感应"理论，回应了汉武帝"天人之应"的垂问。董仲舒从三个方面为"天人感应"作理论论证：一是"人副天数"。天人之间是亲缘关系，天是人的曾祖父，人是自己曾祖父的传承，人的形体、血气、德行、好恶是由天数、天志、天理、天之暖晴转化而来，所以，"为人者天也。人之人本于天，天亦人之曾祖父也"①。人如何传承他的曾祖父？譬如，天有三百六十五日，人有小节三百六十五；大节分十二分，副十二月；人内有五脏，副五行；外有四肢，副四时，"皆当同而副天，一也"②。人是天的副本，天作为人的曾祖父，无论在形体上还是在情感、思想、行为上，都能相互感应，人应该像尊敬曾祖父那样尊敬天，把祖孙的亲情关系转化为亲密的宗教关系。二是天人同类。同类相动、相感、相应，"天地之阴气起，而人之阴气应之而起，人之阴气起，而天地之阴气亦宜应之而起，其道一也"③。天人同类同构，互相感应，在感应中恢复天的权威性。三是王道通三。董仲舒认为"王"字三横分别代表天、地、人三极之道。先秦时，三极之道并行而不贯通。董氏参通三道为王，确立帝王之道的至尊地位。由于"人之受命于天"，"是故人之受命天之尊"④，是天授予王以尊。为此，人应尊重天道，依天道而行，帝王若违反天道，就要受天的惩罚。董仲舒在回答汉武帝策问时说："国家将有失道之败，而天乃先出灾害以谴告之；不知自省，又出怪异以警惧之；尚不知变，而伤败乃至。以此见天心之仁爱人君而欲止其乱也。"⑤在君主专制的体制下，如何制约、监督王权，就成为大问题，董氏借用天的至高至大的权威性来制约作为"天子"的帝王，既合理又合法，天对帝王的失道行为将通过灾害、怪异、伤

---

① （汉）董仲舒：《春秋繁露·为人者天》，（清）苏舆：《春秋繁露义证》第 11 卷，中华书局 1992 年版，第 318 页。

② （汉）董仲舒：《春秋繁露·人副天数》，（清）苏舆：《春秋繁露义证》第 13 卷，中华书局 1992 年版，第 356 页。

③ （汉）董仲舒：《春秋繁露·同类相动》，（清）苏舆：《春秋繁露义证》第 13 卷，中华书局 1992 年版，第 360 页。

④ （汉）董仲舒：《春秋繁露·王道通三》，（清）苏舆：《春秋繁露义证》第 11 卷，中华书局 1992 年版，第 329 页。

⑤ （汉）班固：《董仲舒列传》，《汉书》第 56 卷，中华书局 1962 年版，第 2498 页。

败的三种形式来谴告、警惧他，如果还不改变，就要罢免他，乃至改朝换代。董仲舒警告说："臣谨案《春秋》之中，视前世已行之事，以观天人相与之际，甚可畏也。"① 以前事之鉴，要帝王敬畏天，提高君德，管理好国家。这样，董仲舒建构了从上（王）到下（百姓）的对天敬畏的宗教信仰机制。

汉末，社会动乱；魏晋南北朝，国家长期分裂，政权频繁更迭，政坛彼此倾轧，社会充满杀机，生命朝不保夕，天的维系价值和功能被遮蔽。魏文帝曹丕说："遭天下大乱，百祀堕坏，旧居之庙，毁而不修，褒成之后，绝而莫继。"② 人们对天命的宗教信仰体系堕坏，孔庙及其他祭祀宗庙亦毁。后来范宁说："搢（缙）绅之徒，翻（幡）然改辙，洙泗之风，缅焉将堕，遂令仁义幽沦，儒雅蒙尘，礼坏乐崩，中原倾覆。"③ 在儒教蒙尘、怨结人鬼、感伤和气的情况下，对天的敬畏之情淡化。南北朝时，佛教兴盛，门阀士族、皇亲贵戚都信奉佛教。梁武帝萧衍沉溺于佛，于天监三年（504 年）下诏："唯佛一道，是于（为）正道。"以儒教、道教为邪道、伪道，佛教以法定的正道获得"独尊"的地位；他要"公卿百官，侯王宗族，宜反伪就真，舍邪入正"④。儒教的天命宗教信仰体系被作为邪道而排除，出现了"比来慕法，普天信向，家家斋戒，人人忏礼"⑤ 的情境，佛教成为"国教"。

及至隋朝，佛教仍处独尊地位，杨坚诏曰："朕归（皈）依三宝，重兴圣教，思与四海之内一切人民俱发菩提，共修福业。"⑥ 以佛教为圣教，隋炀帝杨广亲受菩萨戒，智𫖮颁给他"总持菩萨"的法名，隋炀帝赐智𫖮"智者大师"法号。到了唐代，佛教更加鼎盛，其在政治、经济、理论上获得空前发展。这时，中华民族的知识精英面对儒教生命智慧的式微和佛教博大精深的般若智慧及微妙难解的涅槃实相，而被佛教的中国化创新所吸引，从而开

① （汉）班固：《董仲舒列传》，《汉书》第 56 卷，中华书局 1962 年版，第 2498 页。
② （西晋）陈寿：《魏书·文帝纪》，《三国志》第 2 卷，中华书局 1959 年版，第 77 页。
③ （唐）房玄龄等：《范宁传》，《晋书》第 75 卷，中华书局 1974 年版，第 1984、1985 页。
④ （南朝梁）梁武帝：《舍事李老道法诏》，《广弘明集》卷 4，《中华大藏经》（汉文部分）第 62 册，中华书局 1993 年版，第 973 页。
⑤ （唐）李延寿：《郭祖深传》，《南史》第 70 卷，中华书局 1975 年版，第 1720 页。
⑥ （隋）隋高祖：《立舍利塔诏》，《广弘明集》第 17 卷，《四部备要》本。

出天台、华严特别是中国化的禅宗等佛教宗派，使佛教理论思维形态超越了印度，而登峰造极。面对经济上佛强儒弱，思想观念上佛盛儒衰，宗教信仰上佛门兴盛、儒门淡薄的社会现实，韩愈率先致力于拂拭儒教的蒙尘，扶植儒教，重释儒教，以重新唤起对儒教天命的宗教信仰。他说道，"惟念以为得失，固有天命，不在趋时"①，"斯道未丧，天命不欺，岂遂殆哉！岂遂困哉！"②认为人的得失、贵贱、祸福由天命决定，天命不欺，实而无妄。他又说，"贤不肖存乎己，贵与贱，祸与福，存乎天"③，认为人的贵贱、祸福存乎天，人是无能为力的；命也是不可移的，"其哀之，命也；其不哀之，命也；知其在命，而且鸣号之者，亦命也"④。韩愈扶树天的权威，宣扬天命宗教信仰，以与佛、道两教的宗教信仰颉颃；编制儒教道统谱系，以与佛教法统相抗衡。他批评孟几道嗜佛，认为君子行己立身，要无愧天、地、心，"积善积恶，殃庆自各以其类至，何有去圣人之道，舍先王之法，而从夷狄之教，以求福利也"⑤。他称佛教为"夷狄之道"，君子不能为福利而舍弃圣人和先王的道和法，即不能丢掉中华民族传统的道法（学说、道德、礼乐、文化等）。韩愈为了打破人们对佛教六道轮回、下地狱的恐惧心理，他指出："释氏能与人为祸祟，非守道君子之所惧也。"⑥假如佛是君子，绝不会嫁祸于守道的人。韩愈企图在"三纲沦而九法斁，礼乐崩而夷狄横"的情境下，重构儒家天命的敬畏，并以其替代对佛道的敬畏，而对佛道持激烈批判的姿态："不塞不流，不止不行。人其人，火其书，庐其居，明先王之道以道

---

① （唐）韩愈：《上考功崔虞部书》，刘真伦、岳珍校注：《韩愈文集汇校笺注》第 32 卷，中华书局 2010 年版，第 3074 页。

② （唐）韩愈：《上考功崔虞部书》，刘真伦、岳珍校注：《韩愈文集汇校笺注》第 32 卷，中华书局 2010 年版，第 3075 页。

③ （唐）韩愈：《与卫中行书》，刘真伦、岳珍校注：《韩愈文集汇校笺注》第 7 卷，中华书局 2010 年版，第 804 页。

④ （唐）韩愈：《应科目时与韦舍人书》，刘真伦、岳珍校注：《韩愈文集汇校笺注》第 8 卷，中华书局 2010 年版，第 860 页。

⑤ （唐）韩愈：《与孟简尚书书》，刘真伦、岳珍校注：《韩愈文集汇校笺注》第 8 卷，中华书局 2010 年版，第 886 页。

⑥ （唐）韩愈：《与孟简尚书书》，刘真伦、岳珍校注：《韩愈文集汇校笺注》第 8 卷，中华书局 2010 年版，第 886—887 页。

之。"① 他在《论佛骨表》中指出，迎佛骨于宫中的崇佛活动，以为能"年丰人乐"，其实自汉明帝以来，"乱亡相继，运祚不长""事佛求福，乃更得祸"②，希望去除人们对佛教宗教信仰之蔽。到了唐末五代，社会动乱，天的权威性、神圣性和对天的敬畏被颠覆，"礼乐崩坏，三纲五常之道绝，而先王之制度文章扫地而尽于是矣"③。儒教和天命之谓性被蒙上厚重的尘埃，违戾天道、天意的事件层出不穷。

宋、明两代理学家绍承韩愈，重整礼乐纲常。他们援佛道于儒，重树天的权威，重塑对天的敬畏，改变天的形态，以"天理"充实"天"，使得天理不仅是对天的理性化的转换，而且是对天的价值合理性的说明。这样，中华传统的"君权神授"，转变为"天理君权"，或"天授君权"。朱熹说："'天佑下民，作之君，作之师，惟其克相上帝，宠绥四方。'天只生得你，付得这道理。你做与不做，却在你。做得好，也由你；做得不好，也由你。所以又为之立君师以作成之，既抚养你，又教导你，使无一夫不遂其性。"④如尧舜的时候，真个是宠绥四方，天立君师，以辅相裁成，使各不失其本然之善。"问：'上帝降衷于民，''天将降大任于人。''天佑民，作之君。''天生物，因其才而笃。''作善，降百祥，作不善，降百殃。''天将降非常之祸于此世，必预出非常之人以拟之。'凡此等等，是苍苍在上者真有主宰如是邪？抑天无心，只是推原其理如此？"朱熹回答说："此三段只一意。这个也只是理如此。"⑤ 在这里，"理"替代了"天"的功能，是为天理。天理度越了天的赏善罚恶的活灵活现的层面，但亦遗留有主宰性、必然性的层面，而成为形而上的本体理。《中庸》说："天命之谓性。"朱熹注："命犹令也，性即理也。"⑥ 又注《论语·公冶长》说，"性者，人所受之天理"；再注《孟

---

① （唐）韩愈：《原道》，刘真伦、岳珍校注：《韩愈文集汇校笺注》第 1 卷，中华书局 2010 年版，第 4 页。

② （唐）韩愈：《论佛骨表》，刘真伦、岳珍校注：《韩愈文集汇校笺注》第 29 卷，中华书局 2010 年版，第 2904 页。

③ （宋）欧阳修：《新五代史·晋家人传》第 17 卷，中华书局 1974 年版，第 188 页。

④ （宋）黎靖德编：《朱子语类》第 13 卷，中华书局 1986 年版，第 230 页。

⑤ （宋）黎靖德编：《朱子语类》第 1 卷，中华书局 1986 年版，第 5 页。

⑥ 《中庸·第一章》，（宋）朱熹：《四书章句集注》，中华书局 1983 年版，第 17 页。

子·告子上》说，"性者，人之所得于天之理也"。性是天理所授，这里天理的性质、功能，犹如天命。由于人往往被功利、私欲所蔽，天理不明，所以，朱熹又说："圣贤千言万语，只是教人明天理，灭人欲。"① 拂去心灵深处被私欲遮蔽的天理良知，促天理良知内度越为形而上的天理，以确立天的权威性，天的宗教信仰得以恢复。

天的宗教信仰的起起落落，大体上与每个时期的政治、经济、文化、观念、信仰相联系。夏、商、周三代有浓烈的帝、天的宗教信仰；春秋战国时期，虽在制度和形式上保持天的祭祀和崇拜，但在人们观念上，天的权威性、主宰性有所削弱，天未能对各诸侯国的激烈争霸做出有力的论证，百家争鸣也对统一的天命宗教信仰构成了冲击。这一状况，一直到汉初。这是第一个起落。汉武帝"独尊儒术"，董仲舒"天人感应"，扶树天的权威，重申天的主宰，使人们对天的敬畏和信仰得以恢复；魏晋、南北朝、隋唐时期，虽然儒、释、道三教并立，宗教信仰多元化，但佛盛儒衰，佛教不仅荣登"正道"宝座，而且获统治者的青睐，儒教天命失去了"独尊"的地位，天命的终极关怀亦无。由于阿弥陀佛净土和神仙世界是那样具有吸引力，因此在宗教信仰领域，对佛、道的敬畏替代了对天的敬畏。这是第二个起落。韩愈的古文运动，试图在三教竞争中重树儒教的地位，他批判佛道，编制"道统"，树立对天的敬畏；宋、明理学家绍承韩愈，对中华民族传统对天的敬畏、对天命的宗教信仰实行改革，在儒、释、道三教的融突中和合为新的宗教理论形态，获得了哲学形而上学的价值合理性的支撑。因此，理学运动是一次儒教重大的宗教改革运动，使儒教作为人们的精神支柱、终极关切得到大众的认同。近现代以来，西学东渐，列强迭侵，儒教成为中华民族落后挨打的罪魁，受到史无前例的批判，儒教的天命敬畏随之跌落，天的权威性、主宰性亦烟消云散。这是第三个起落。

（原载于《学术月刊》2007 年第 8 期）

---

① （宋）黎靖德编：《朱子语类》第 12 卷，中华书局 1986 年版，第 207 页。

儒学与人生

　　"儒学与人生"，这是每个人都关心的问题，也是牵涉到每个人切身利益的问题。人生究竟是什么？孔子有一天面对流水发出感慨"逝者如斯夫"，这可以理解为，人生就像流水一样逝去了。古希腊哲学家赫拉克利特也说过，"人不能两次踏入同一条河流"，这就是说，人生就像流水一样，流过去了就不可能再流回来。所以当我们第二次踏入河流之时，这就不再是第一次的河流。通过这些，我们应该反思一下，我们的人生到底是什么呢？人生其实是一个谜。古希腊有个神话，一个人面狮身的怪兽，叫斯芬克斯，它站在一个路口，拦住每个过路的人都要他们猜一个谜。他说，有个东西早晨四条腿，中午两条腿，晚上三条腿。如果过路者猜不出谜底，就要被它吃掉。有一日一个智者通过路口并猜出了谜底，那就是"人"，然后斯芬克斯就羞愤地坠落谷底而死了。[①] 为什么谜底是人呢？因为婴儿用四肢爬行，青壮年是用两腿而行，老了以后用拐杖算是三条腿。"人"就是一个谜。我们对人自己的认识永远是一个未完的重大的课题。例如，为何人会得癌症，为什么得了癌症会死？等到克隆人的时代，到了人可以在工厂大批量生产的时代，人就像机器一样被生产了，那时候，人是什么呢？所以人是永远认识不完的一个谜。人生的"生"也是一个谜，什么时候生，什么时候死，如何死，能长寿还是夭折，这也是一个谜，证明了人生的生也是个谜。虽然人每天都在生

---

① 斯芬克斯是希腊神话中一个长着狮子躯干、女人头面的有翼怪兽。坐在忒拜城附近的悬崖上，向过路人出一个谜语："什么东西早晨用四条腿走路，中午用两条腿走路，晚上用三条腿走路？"如果路人猜不出，就被害死。俄狄浦斯猜中了谜底是人，斯芬克斯羞惭跳崖而死。

活着，但是我们对什么是人生，仍然不清楚，从这个意义上来讲，我们要对人生有个清楚的认识，这很必要，这就是人对自己的自我觉醒。

什么是人生？我们是否可以从三个维度来看：一是生命，一是命运，一是生活。人生以什么样的形式存在？是生命。人生以什么样的状态存在？是命运。人生的内容和先决的条件又是什么？是生活。

一、生命的反思

人的生命有各个方面的内涵，有肉体生命、价值生命、道德生命、事业生命、政治生命、经济生命、文化生命、学术生命，生命是多样的。

人的生命的存在形式如何？第一，人的生命是可贵的，宝贵的。儒家讲："天地之性人为贵。"① 也就是说天地之间最可宝贵的是人，为什么是人呢？宋明理学家认为，人是天地间阴阳五行的精英妙凝而成的，即阴阳五行之秀气。从这个意义上来看，宋明理学家陆九渊讲："天地人之才等耳，人岂可轻，人字又岂可轻。"② 所以我们要珍惜自己的生命，人的生命是不能轻视的，生命是宝贵的。第二，人的生命是唯一的。为何讲人的生命是唯一的？因为人的生命只有一次，孔子所讲"逝者如斯夫"，生命就像流水一样逝去，一个人不可能有第二次生命。第三，人的生命是不可选择的。人是不能选择自己何时生、活多长的，人的可贵性就在此处。第四，人的生命是消费性的。过一天少一天，过一小时就少一小时，生命是不可以再返回的。人的可贵性就体现在唯一性、不可选择性、消费性。我们应该遵循儒家的教导，"天地之性人为贵"。

其次，从人的生命的根柢上看，人是怎么来的，天地万物从哪里来的？中西文化有不同的回答。每个哲学家在探讨世界万物的来源的时候，都会遇到这个问题。《旧约全书》第一章《创世纪》里讲到上帝如何创造万物，空气、水、草木等。上帝抓来一把土捏成像上帝一样的人，吹了一口气，这就

---

① 《孝经·圣治章》，《孝经注疏》卷5，《十三经注疏》，中华书局1980年版，第2553页。
② （宋）陆九渊：《包扬显道所录》，《陆九渊集》第35卷，中华书局1980年版，第463页。

是亚当；然后又抽出亚当的一根肋骨，捏成了一个女人，就是夏娃。亚当和夏娃没有听上帝的话，受到蛇的引诱吃了智慧树上的果实，有了智慧，上帝认为这是违反了自己的命令，将他们赶出了伊甸园，上帝给人终生的惩罚——亚当要终生劳动，夏娃要经历生育的痛苦。从西方观念来看，人的始祖犯了原罪，所以后来的人都是有罪的。而中国儒家思想中，人是"和实生物，同则不继"①。怎么样和实生物呢，"土与金木水火相杂，以成百物"②，就是五行等相互冲突的元素融突和合，就产生了百物。《周易》分为《易经》和《易传》，《易传》相传为孔子所做。《易传》中讲到，人如何而来？"天地氤氲，万物化醇；男女构精，万物化生。"③ 就是说天为父，地为母，天地、父母，即是阴阳，既互相冲突又互相融合，万物就产生。就好比，男女构精，万物产生。天地是乾坤，阴阳融合，产生新生儿，这就不是上帝产生万物。《红楼梦》第三十一回讲的就是此事，原文大意是说世界上凡是事物都有阴阳之分，比如树叶、硬币、招牌都有阴阳不同的一面。譬如天是阳，地就是阴；水是阴，火就是阳；日是阳，月就是阴。阴阳渗透到宇宙、社会、人生及日常生活之中。翠缕问史湘云：人也有阴阳，被史湘云斥为下流的东西，人的阴阳就是男女之事，翠缕拾到一个金麒麟正好与史湘云脖子上的麒麟配成一对。如向上向下、向阳背阳，便有阴阳之分。中国思想中，思维是多元事物的互相融合，甚至是相反相斥的事物相融合。中国的思想具有包容性，没有一个唯一的上帝来造万物，而是具有多元性的包容，海纳百川，有容乃大。儒家讲"同则不继"，相同的东西是不能互相作用产生新事物的。《周易》的《革》卦，讲道"二女同居，其志不相得"④，这是说两个女子在一起无法生子、产生后代，人类无法延续下去。

再次，人的生命应该如何来看，人怎么样活着？人有各种各样的活法。儒家追求有道德性的活，应该是立德、立功、立言。《左传》有言："太上有

① 《国语·郑语》，徐元诰：《国语集解》第16卷，中华书局2002年版，第470页。
② 《国语·郑语》，徐元诰：《国语集解》第16卷，中华书局2002年版，第479页。
③ 《周易·系辞传下》，（宋）朱熹：《周易本义》第3卷，中华书局2009年版，第252页。
④ 《周易·革卦·彖传》，（宋）朱熹：《周易本义》第2卷，中华书局2009年版，第177页。

立德，其次有立功，其次有立言。虽久不废，此之谓不朽。"① 人要为立德、立功、立言而活。荀子讲过："水火有气而无生，草木有生而无知，禽兽有知而无义，人有气、有生、有知，亦且有义，故最为天下贵也。"② 人是社会性的和合、道德性的和合，不只是自然性的，所以人活着要讲道德。从这个意义上来看，中外思想家对于人是什么有很多解释。例如，古希腊哲学家亚里士多德认为人是政治动物，社会动物。中国也讲，人是两足无毛的动物，也讲，人是能劳动的，是社会的动物。到 20 世纪 30 年代，西方哲学家卡西尔的一本书叫《人论》，讲人是符号的动物。如果说人是符号的动物，桌子也是符号，因为桌子也有长有方，有红有白，各种各样的桌子。桌子的概念就是符号，这样桌子和人也就没有区别。如果把人说成是符号的动物，这就把人的主动性、能动性，情感性、创造性、人性都去掉了。从这个意义上讲，人是符号的动物，不能揭示人的本质特征。卡西尔提出人是符号的动物是有针对性的，针对人是语言的动物，人是理性动物，有其当时的意义，但是现在这样讲就不妥了。比方说现在石油没有了，我们要找代替的东西，我们遇到很多冲突和问题，该如何面对？如何解决？所以我写《新人学导论》，讲到人是什么，"人是会自我创造的和合存在"。人会自我创造，这是其他动物不可能具备的特点。到现在，关于人是什么，我们应该有个清楚的认识。

人的生命是和死亡连在一起的。其一，生死是生命之流。生死问题是人生最大的两个问题。例如，说"红白喜事"，生是红的喜事，死是白的喜事。孔子讲"未知生，焉知死"，"未能事人，焉能事鬼"。③ 生死是生命的一体两面，在人的生命之流中，无生命便无生死，无生死亦无生命。自古以来，就有注重生轻视死的问题。然而，人一生下来，就要面对死。生死是人生中不可分割的两个方面。对于孔子的这句话也有不同的解释，反过来看，不知死焉知生呢？由死来反观生，生是重要的；由生来观死，那么死也很重要。从这个层面来看，我们该如何正确地对待生和死呢？现代有了生死

① 《春秋左传·襄公二十四年》，杨伯峻：《春秋左传注》，中华书局 1981 年版，第 1199 页。
② 《荀子·王制》，梁启雄：《荀子简释》，中华书局 1983 年版，第 109 页。
③ 《论语·先进》，（宋）朱熹：《四书章句集注》，中华书局 1983 年版，第 125 页。

学，如何对待生死是一个重要的问题。我曾有一篇文章是《生死边缘的沉思》，其实人的生命有两种，一种是自然的生命，自然而然地死去；一种是人为的生命，是需要受很大痛苦，然后获得生命的延续。对此，中国的儒、释、道都有不同的看法。佛教认为，人生就是苦海红尘，人一生下来，就要面对生、老、病、死的苦，人生就是痛苦的，如何解除呢？就是求来世。从这个意义上说，佛教是对生的否定、对未来的期盼。而道教不同，是对有限的生命加以延长，通过修炼达到长生不老，羽化登仙。儒家认为，人的生命是道德生命，靠道德的修养来延续，要建功立业，做一个对国家和社会有益的人。从孔子来看，他认为"人之生也直，罔之生也幸而免"①。《中庸》说："事死如事生，事亡如事存，孝之至也。"②扬雄说："有生者必有死，有始者必有终，自然之道也。"③这是说事死与事生一样，事存和事亡是一样的，生死存亡是一种自然现象。虽然孔子实际上重视现实的生，但也不否定他为一种事业去死的看法。所以我们要对死有一种正确的看法。

其二，生死的目标、目的。孔子讲："朝闻道，夕死可矣。"④"志士仁人，无求生以害仁，有杀生以成仁"⑤，是为了追求仁道，忠恕之道，这是人生的目的，不应该怜惜自己的生命而去损害忠恕之道，从这个意义上看，死是为了求道。孟子也讲道："生，亦我所欲也；义，亦我所欲也。二者不可得兼，舍生而取义者也。"⑥生，是我想要的，道德，也是我想要的，我宁愿为了义而牺牲生命，这是我生命的意义。为了理想，我愿意牺牲自己，这就是舍生取义。裴多菲说："生命诚可贵，爱情价更高，若为自由故，两者皆可抛。"义同。死不是白白而死，也是有重于泰山和轻于鸿毛之分。为了没有意义的事去死，是不值得的。从儒家、孔子的教导来看，我们为了理想、道义、信仰而死，才是死得其所。所以，我们应该来认识如何死，什么是正确的死。

---

① 《论语·雍也》，（宋）朱熹：《四书章句集注》，中华书局1983年版，第89页。

② 《中庸》，（宋）朱熹：《四书章句集注》，中华书局1983年版，第27页。

③ （汉）扬雄：《法言·君子》，汪荣宝：《法言义疏》第18卷，中华书局1987年版，第521页。

④ 《论语·里仁》，（宋）朱熹：《四书章句集注》，中华书局1983年版，第71页。

⑤ 《论语·卫灵公》，（宋）朱熹：《四书章句集注》，中华书局1983年版，第163页。

⑥ 《孟子·告子上》，（宋）朱熹：《四书章句集注》，中华书局1983年版，第332页。

子贡请教孔子，应该如何治理国家？孔子讲足兵、足食、讲信。子贡问如果要去掉一项，该去掉什么？孔子答："去兵。"如果再不得已去掉一个，去食。子贡问为何这样选择，孔子答曰"自古皆有死，民无信不立。"① 自古以来人都是要死的，民如果对政府没有信心的话，政府就无法继续下去，如果要有政，那么就要有信，所谓讲信即讲道。"人生自古谁无死，留取丹心照汗青。"儒家是重道德、重诚信的。

其三，建立什么样生死观。生命为何而活？是为了理想、事业，否则人生也将毫无意义。到底如何做人，这关系到每个人的切身利益。孟子讲到过人和禽兽的差别就只有一点点，"人之所以异于禽兽者几希，庶民去之，君子存之。"② 如何增值自己的道德情操，发挥人之所以为人的部分，这是每个人都应该深切思考的问题。所以对待生死问题，就应该有明确的认识和正确的生死观。《周易·乾·文言》中讲到，要知进，知退，知存，知亡，这才是圣人。如果只是知"进、存、得"这单方面，而不知道"退、亡、丧"，则无法成圣。"知进而不知退，知存而不知亡，知得而不知丧。其唯圣人乎，知进退存亡而不失其正者，其唯圣人乎。"③ 人要在生死、存亡两方面平衡。人要有忧患意识，知存思亡，知得思丧，知安思危。儒家是很强调忧患意识的，《周易·系辞》中讲，《易》是忧患之作，是周文王被囚禁在羑里而演六十四卦。以上讲的是生命的问题，关系到生和死，这两方面我们都要有清楚的认识。

二、命运的把握

对命运，现代很多人看得很重，四处算命算卦，看面相、手相等。《易经》在夏商周之时，祭祀、战争、筑城、封侯等大事都是通过占卜，此

---

① 子曰："足食，足兵，民信之矣。"子贡曰："必不得已而去之，于斯三者何先？"曰："去兵。"子贡曰："必不得已而去，于斯二者何先？"曰："去食。自古皆有死，民无信不立。"[《论语·颜渊》，（宋）朱熹：《四书章句集注》，中华书局1983年版，第135页]

② 《孟子·离娄下》，（宋）朱熹：《四书章句集注》，中华书局1983年版，第293页。

③ 《周易·乾卦·文言传》，（宋）朱熹：《周易本义》第1卷，中华书局2009年版，第42页。

为占卜之书。所以在秦始皇焚书坑儒之时，这本书没有被焚毁。到了汉武帝之时"罢黜百家，独尊儒术"，《周易》成为六经之首，地位得到了提高。因为《周易》之中的"十翼"，相传为孔子所作，便被从卜筮之书提升到哲学的地位。而民间仍然利用此书占卜、看风水方位等，为何此种现象几千年来并未间断？因为人们都是想在行为之前知道结果的吉凶。对行为的结果的预测这个方面，就由算卦算命来完成，所以算命这种现象就延续下来。

命，是必然性的问题，生和死，人生来就要死，这个大限是无法逃脱的。而运，是具有偶然性的，机遇、时机、时运，命和运是可以分开来看的。《诗经·大明》上讲："有命自天，命此文王。"① 在古代，天是发命令的，根据王的统治好坏而发指令。汉代董仲舒的《天人三策》是对汉武帝提出问题的对策。他讲到，皇帝如果犯错，第一次犯错，上天对皇帝谴告，第二次就发生灾祸，第三次就是要皇帝下台。② 在古代，皇帝是万人之上、唯我独尊的，如何限制和控制，监督制约皇帝呢？这就需要天。天有最大的权力，天子乃天之子，要用天无限的权力和威力来限制皇帝的皇权。董仲舒所用的方法是非常好的。儒家思想当中，对人的命运，一方面认为是不可控制的，另一方面认为是可控制的。《论语》中讲到，有一次司马牛忧愁地讲到，自己没有兄弟姐妹，很孤独。子夏回答他："死生有命，富贵在天。"子夏告诉他，只要他做得好，四海之内皆兄弟。③ 这里的"死生有命"的命是不可抗拒的，有其必然性；而"富贵在天"，是说我们可以靠自己努力改变的。《论语》中孔子有言："天何言哉！四时行焉，百物生焉，天何言哉！"④ 天并不去控制和言说，孔子既讲敬畏天命："君子有三畏：畏天命、畏大人、畏圣

① 《诗经·大明》，（清）王先谦：《诗三家义集疏》第 21 卷，中华书局 1987 年版，第 821 页。

② 《汉书》记载董仲舒语："国家将有失道之败，而天乃先出灾害以谴告之，不知自省，又出怪异以警惧之，尚不知变，而伤败乃至。"[（汉）班固：《董仲舒列传》，《汉书》第 56 卷，中华书局 1962 年版，第 2498 页]

③ 司马牛忧曰："人皆有兄弟，我独亡！"子夏曰："商闻之矣，死生有命，富贵在天，君子敬而无失，与人恭而有礼，四海之内皆兄弟也。君子何患乎无兄弟也。"[《论语·颜渊》，（宋）朱熹：《四书章句集注》，中华书局 1983 年版，第 134 页]

④ 《论语·宪问》，（宋）朱熹：《四书章句集注》，中华书局 1983 年版，第 180 页。

人之言"①，又讲知天命，即天命是可以认知的，"五十而知天命"②，"不知命，无以为君子"③。换言之，知命就可以凭自己努力、争取命，如富贵是可以自己争取的。从这个意义上，我们还可以看到孔子所讲的以下内容。有一次公伯寮对季氏讲子路的坏话，孔子的弟子子服景伯就告诉了孔子，问是否要将公伯寮杀掉，孔子答曰："道之将行也与，命也；道之将废也与，命也。"④孔子的意思是说，自己的主张能否被采用或者被废弃，这都是命，而公伯寮并不能决定，这都是命定的，孔子是承认有命的。

现在讲命运的运。运有人运、国运、世运之分，等等。现在我们会遇到这样的现象，有的孩子会问，我为什么出生在贫穷的家庭，出生在农村，为什么不出生在富人家，出生在大城市？父母是无法作答的。孩子出生的环境自己是无法决定和选择的，这是必然性的命；但是后天的环境是可以通过自己的努力来改变的。这样的例子也比比皆是，很多农村子弟、贫穷子弟，却事业成功，达到了富或贵的状态。这就是说，人的运，是可以通过努力奋斗来达到的。所以我们不应该单去追究命的必然性，而去追究"运"，反省自己做得好不好，做到位没有。现代年轻人遇到很多压力和问题，都要好好地反省。例如比尔·盖茨、李嘉诚，他们的成就和事业都是通过自己努力而得到的，人有贫贱、夭寿、吉凶、祸福的运，运是掌握在自己手里的。我们可以说，命是可知的。孔子讲过，君子对天命要敬畏，小人是不敬畏天命的。畏天命，是讲人要有一种精神寄托，要敬畏天命，人要给自己的灵魂以安顿之所。这种敬畏，儒家有很多种说法，例如"慎终追远""神道设教"，这就是一种宗教性的精神寄托，精神的家园。孔子是说不仅要敬畏，而且要知天命。孔子讲："吾十有五而志于学，三十而立，四十而不惑，五十而知天命。"⑤只有认识天，才能信仰它。那么如何知天命？《周易》有言："穷理

---

① 《论语·季氏》，（宋）朱熹：《四书章句集注》，中华书局 1983 年版，第 172 页。

② 《论语·为政》，（宋）朱熹：《四书章句集注》，中华书局 1983 年版，第 54 页。

③ 《论语·尧曰》，（宋）朱熹：《四书章句集注》，中华书局 1983 年版，第 195 页。

④ 公伯寮愬子路于季孙。子服景伯以告，曰："夫子固有惑志于公伯寮，吾力犹能肆诸市朝。"子曰："道之将行也与，命也；道之将废也与，命也。公伯寮其如命何！"[《论语·宪问》，（宋）朱熹：《四书章句集注》，中华书局 1983 年版，第 158 页]

⑤ 《论语·为政》，（宋）朱熹：《四书章句集注》，中华书局 1983 年版，第 54 页。

尽性以至于命。"① 我们应该顺性命之理，格物就是要认识此物。如何格物穷理呢？有个这样的例子，明代哲学家王阳明年轻之时在他父亲北京家里"格竹子"的逸事。王阳明和其钱氏朋友格院中竹子之理，先是其朋友格竹子，在竹子前观察 3 天 3 夜，却病倒了。王阳明见状，也亲自去格竹子，试图认识竹子之理，有 7 天 7 夜，也以病倒告终。后世冯友兰在《新理学》中，问：是飞机在前，还是飞机之理在前？当时他认为原理在前，后来他学了实践论，认为理在事中，而不是理在事先了，这是需要大家思考的。王阳明在格竹子失败之后读了很多书，儒、释、道各类书籍均有涉猎，最后得出来结论，原来理在心中。就像禅宗有言，佛在哪里？佛在心中。王阳明认为心即理，心外无理，心外无事，心外无物。当然这只是王阳明的看法，我们也应该有我们自己的不同见解。格物穷理，格物之后才能掌握事物的理，认识事物的性质，而至于命，才能掌握事物的规律性。所以，如何认识命，认识规律和必然性？必须通过自我的辛苦追求，掌握实际情况和事物的性质，才能把握事物的规律。这种必然的规律性，是可以通过这些方法掌握的，但是很多事情往往违反规律。荀子讲："遇不遇者，时也；死生者，命也。"② 这就是说，能否掌握机遇，这是运，这就是时机。现在是我们国家很好的发展机遇期，那么如何掌握这个时机呢？这就需要对这个机遇有个很好的认识，加以掌握。运都是偶然的，不加以掌握就会错过。

南北朝之时的梁朝，萧子良和范缜有一场因果问题的辩论。范缜说：一棵树上桃花同时开了，人生如树花同发，当一阵风吹过，花儿落在不同处，有的落在锦绣的床上，有的落在粪坑里。萧子良就像是被吹落在非常华丽的席子上的花，而自己则是后者。吹落在哪里并不决定未来，这是一种运气。但是运是会发生变化的。③ 就像今天的富二代、官二代，并不见得他们的命

---

① 《周易·说卦》，（宋）朱熹：《周易本义》第 2 卷，中华书局 2009 年版，第 261 页。

② 《荀子·宥坐》，梁启雄：《荀子简释》，中华书局 1983 年版，第 392 页。

③ 范缜盛称无佛。子良曰："君不信因果，何得有富贵、贫贱？"缜曰："人生如树花同发，随风而散：或拂帘幌坠茵席之上，或关篱墙落粪溷之中。坠茵席者，殿下是也，落粪溷者，下官是也。贵贱虽复殊途，因果竟在何处！"子良无以难。范缜著《神灭论》，以为："形者神之质，神者形之用也。神之于形，犹利之于刀；未闻刀没而利存，岂容形亡而神在哉！"（见司马光编：《资治通鉴》第 136 卷，第 4259 页）

运比穷二代幸福。穆巴拉克和卡扎菲的儿子虽出身好，但并不见得多么幸福。我们要靠自己来奋斗，不能依赖父母。在国外，很多子女都是到18岁就独立，自己打工赚学费，生活独立。我们中国的子女很长时间都是依靠父母的，上大学、结婚生子，都是依靠父母，这是不能培养人才的方法。时运机遇都是靠我们自己认识、自己掌握的，就是要亲自格物穷理，掌握自己的命运。如何掌握自己的运，荀子讲"强本而节用，则天不能贫；养备而动时，则天不能病"[1]，这就是说如果增强农业生产，而且日用节俭，天就不会使你贫穷；如果好吃懒做，就不可能丰衣足食。这都是说运要靠自己掌握。从这个层面看，人的财富是靠自己的努力而得到的，事业的成功，也是靠自己努力得来的。

命运的运，可以这样定义：运是人的生命，是在创造和赖以存在的情境互动当中所构成的一种生命状态和生命历程的智慧。这是一种机运、偶遇和机遇，具有偶遇的偶然性。人们凭自己的智慧、能力和勤劳，唯变所适地掌握机遇、时运、机运，以改变贫富贵贱、吉凶祸福、成败得失的生存状态。

三、生活的享受

我们讲生活，人该如何生活，这是人生的内涵。我们必须认识到，生活尽管五彩缤纷，但充满了变数，生活不是自然而然地得到的东西。比方说，我们人一生下来第一声是什么？是哭声，而不是笑声，这就意味着一生中有困难、悲哀、挫折甚至是被人攻击。从这个意义上讲，人这一生是在困难、痛苦、曲折中度过的。人的一生遇不到任何挫折、困难，不受打击，是不可能的。人一出生就遇到各种各样的压力，我们是在压力中成长起来的。所以人的生活，首先应该想到困难和挫折，做好心理准备。否则会遇到很多问题，比如说得忧郁症、自杀等情况；否则遇到问题，也会很难处理。有人讲一些人遇到这样的压力，如"考奴、票子奴、房奴、车奴、官奴"。我们应该从这些压力中走出来，不要让这些压力湮灭了创造性和自强不息的

---

[1] 《荀子·天论》，梁启雄：《荀子简释》，中华书局1983年版，第220页。

精神。

我们讲应该如何生活，有以下几点：

第一，生活的原则是什么？孔子讲："己所不欲，勿施于人。"① 自己不愿意要的，不要加给别人。例如，我不要战争，也不要把战争加给别人；我不要痛苦，也不要给别人痛苦。这对于国家和个人都是普遍价值。子贡说："我不欲人之加诸我也，吾亦欲无加诸人。"② 这里我得到一个启发，父母不要强加给孩子一些自己的想法，不要把自己的需求和压力加给孩子，要和孩子做朋友。孔子还讲："夫仁者，己欲立而立人，己欲达而达人。"③ 讲仁爱，就是自己想立起来，就让别人立起来；自己想通达，也让别人通达。孔子讲三十而立，自己成功立业了，也让别人成功立业。例如，在企业竞争对手之间，不能相互排挤，不是你死我活的竞争，不是大鱼吃小鱼，小鱼吃虾子，而是将对方的存在当作自己创新和前进的推动力。儒家的己欲立而立人，己欲达而达人，同样适用于国家和个人，自己独立了，也要帮助他国、他人独立；自己发达了，也要帮助他国、他人发达。现在我们讲互利共赢，也是这个道理。而有些国家发达了，限制其他国家的发展，这是不对的。从这个意义上讲，中国的思想有种博大的胸怀，是多元的，宽容的，是我们中华文化博大精深的所在。以现实国家交往为例，我们中国人口众多，中国人有饭吃，经济发达了，本身就是世界和平、发展、合作的一种稳定因素。中国发展本身就是对世界的一种贡献，而且我们发达起来的同时，也帮助其他不发达国家发展。

第二，和谐相处。和谐是非常重要的。《论语》中讲："礼之用，和为贵。"④ 和是最可贵的。孔子讲："君子和而不同，小人同而不和。"⑤ "君子周而不比，小人比而不周。"⑥ 这就是说，人与人之间有不同意见是很正常的现

① 《论语·颜渊》，（宋）朱熹：《四书章句集注》，中华书局 1983 年版，第 132 页。

② 《论语·公冶长》，（宋）朱熹：《四书章句集注》，中华书局 1983 年版，第 78 页。

③ 《论语·雍也》，（宋）朱熹：《四书章句集注》，中华书局 1983 年版，第 92 页。

④ 《论语·学而》，（宋）朱熹：《四书章句集注》，中华书局 1983 年版，第 51 页。

⑤ 《论语·子路》，（宋）朱熹：《四书章句集注》，中华书局 1983 年版，第 147 页。

⑥ 《论语·为政》，（宋）朱熹：《四书章句集注》，中华书局 1983 年版，第 57 页。

象，虽然不同但要保持和谐。但是小人，同而不和，结党营私，排斥异己。儒家是强调和谐相处的，如今我们国家提出的国际主题是"和平、发展、合作"，这是构建和谐世界的一个重要原则。从国家到世界都要遵循这个原则，家庭"家和万事兴"；贸易交往活动"和气生财"；国家团体"和衷共济"；人与人之间"和气致祥"。个人、家庭、国家、世界都需要"和"。改革开放以后我们讲安定团结，只有安定团结、和谐的环境下才能发展经济，国家才能强大兴旺起来。

第三，言而有信，要讲诚信。孔子讲："言必信，行必果。"① 讲话要求诚信，行为必求结果。"言忠信，行笃敬。"② 孔子认为，即使是到了蛮夷之地，也该这样做。现代社会有很多不诚信的现象，例如毒大米、毒牛奶等现象，这不仅仅存在于我们国家，在很多其他国家也存在。这都是不讲诚信，而诚信是最重要的。孔子谈道："自古皆有死，民无信不立。"③ 任何人、团体、企业、机构不讲信，没有道德，那是无法立足于世的，无信不立。诚信非常重要，《中庸》有言："诚者，天之道也，诚之者，人之道也。"④ 这是天道、人道的问题。孟子说："反身而诚，乐莫大焉。"⑤ 孔子讲："富与贵，是人之所欲也，不以其道得之，不处也；贫与贱，是人之所恶也，不以其道得之，不去也。"⑥ 这就是说，财富和官爵是人人都愿意得到的，如果不以正道得到的话，则不能要。要靠正道来得到，升官要靠行政能力，百姓拥护，而非歪门邪道。贫与贱，这都是大家不希望得到的，如果要是去掉它们，用的不是正道，那么也是不行的，这是做人的重要原则。我们该如何获得我们所欲要得到的，要靠正道，即符合道德的正当的途径和方法。

第四，要严于律己。孔子讲："修己以敬……修己以安人……修己以安百姓。"⑦ 这就是要修身，修养自己，严肃认真，使人安乐，使百姓能安身

① 《论语·子路》，（宋）朱熹：《四书章句集注》，中华书局1983年版，第146页。
② 《论语·卫灵公》，（宋）朱熹：《四书章句集注》，中华书局1983年版，第162页。
③ 《论语·颜渊》，（宋）朱熹：《四书章句集注》，中华书局1983年版，第135页。
④ 《中庸·第二十章》，（宋）朱熹：《四书章句集注》，中华书局1983年版，第31页。
⑤ 《孟子·尽心上》，（宋）朱熹：《四书章句集注》，中华书局1983年版，第350页。
⑥ 《论语·里仁》，（宋）朱熹：《四书章句集注》，中华书局1983年版，第70页。
⑦ 《论语·宪问》，（宋）朱熹：《四书章句集注》，中华书局1983年版，第159页。

立命。所以《中庸》讲不论天子还是庶人，都要以修身为本。《大学》中有"格物、致知、诚意、正心、修身、齐家、治国、平天下"，这是其八条目。首先要格物致知，然后意识和思想要诚实，心要正，然后才能修身、齐家、治国、平天下，这都是要从修身做起。有一次，诏朱熹为侍讲，朱熹从长沙回到杭州，朋友问朱熹，你给皇帝讲什么，他说讲"正心诚意"。朋友说皇帝肯定不爱听。皇帝只听了40天，就斥退了朱熹。正心诚意是十分重要的，所以孔子才强调修己，只有修己才能安人、安百姓、安国家。所谓"上梁不正下梁歪"，作为领导一定要正。孔子曰："政者，正也。"① 为政治国就是要端正，这是十分重要的。上正下才能正，上不正，下效而行，国将亡。

第五，怎样生活才能幸福快乐。如何获得幸福快乐呢？所谓孔颜之乐，乐什么？孔子讲，颜渊住在一个很破旧的巷子里，一盒饭、一瓢水，这都是别人无法忍受的，但是颜渊却很快乐。他为什么不改其乐？因为他乐在求道。后来宋代的程颐作了一篇《颜子所好何学论》，说颜渊为学以至圣人之道的快乐。孔子有言曰："学而时习之，不亦说乎。有朋自远方来，不亦乐乎。"② 在孔子看来，学习求道，这就是很快乐的事情。孔子说，即使我吃粗粮喝冷水，弯着胳膊当枕头，快乐在当中。③ 从这里我们可以看出，孔子一生为了求道，为了自己的理想，尽管当时的君主没有采用他的主张，但他仍孜孜不倦地宣扬自己的学说和思想，得以至今仍得到人们的尊崇，这是不朽的。孔子一生没有很大的功业，却得以立言流传，留给后世精神财富和巨大的启发。所以人们不应该总是追求肉体的生命，更应该追求价值生命、道德生命。肉体生命是要过去的、要消灭的，而价值生命和道德生命是会留存下来的。"其为人也，发愤忘食，乐以忘忧，不知老之将至云尔。"④ 用力求道，忘了一切的忧愁。

快乐的生活，孔子讲到有三种有益的快乐，有三种有害的快乐。孔子

① 《论语·颜渊》，（宋）朱熹：《四书章句集注》，中华书局1983年版，第137页。

② 《论语·学而》，（宋）朱熹：《四书章句集注》，中华书局1983年版，第47页。

③ 子曰："饭疏食饮水，曲肱而枕之，乐亦在其中矣。不义而富且贵，于我如浮云。"[《论语·述而》，（宋）朱熹：《四书章句集注》，中华书局，1983年版，第97页]

④ 《论语·述而》，（宋）朱熹：《四书章句集注》中华书局1983年版，第98页。

曰："益者三乐，损者三乐。乐节礼乐，乐道人之善，乐多贤友，益矣。乐骄乐，乐佚乐，乐晏乐，损矣。"[1] 第一乐，当时在国家动乱、礼崩乐坏的情况下，如果礼乐文化得到协调，这是一种快乐，人生活在和平的协调的环境中，是会很快乐的。第二种快乐，多言别人的好处，而不去讲别人的坏处。别人好的方面，我就加以学习，而不是嫉妒诽谤。第三种快乐，是交有益的朋友，即交善友，近朱者赤，近墨者黑。至于有害的快乐。第一，不要总是觉得自己高人一等，扬扬得意，骄傲看不起人，这不是真正的快乐。骄傲放肆，丧失理智，危害他人的快乐。第二，不要总是逸乐、悠悠荡荡、优哉游哉、无所事事，这种快乐是虚度年华，并不是真正的快乐。游手懒惰，在危害自己的青春生命。第三，就是吃吃喝喝，荒淫无度，这种乐只是暂时的，并不是真正的快乐。灯红酒绿，易贪赃枉法。这样，孔子就对快乐加以了区别。人们应该保持正确的快乐观、幸福观，才能得到真正的幸福和快乐。不可求一时的快乐，而应该追求长远的快乐幸福。

（国家图书馆 2012 年的演讲稿）

---

[1] 《论语·季氏》，（宋）朱熹：《四书章句集注》，中华书局，1983 年版，第 172 页。

中国哲学研究的思议

讲到中国哲学研究，也可以说是哲学的研究。我今天讲的哲学研究的心路思议，基本上是按照"四论"的顺序来讲。最初我写了《中国哲学逻辑结构论》，后来写了《传统学引论》，然后是《新人学导论》，后来是1996年出版了《和合学概论》（上下两卷），其他的著作我就不讲了。我想讲的是我的研究过程，从这个过程当中，我体会到这么几点：一是怀疑精神，二是批判的精神，三是反思的精神，四是追究的精神，五是创新的精神。

一、怀疑的精神

我们对现有的结论，都应该有一个怀疑。在古人看来，有这么一句话："小疑则小进，大疑则大进"①，这是陆九渊说的。我们知道有一个大哲学家朱熹，朱子学在日本、韩国，都曾是统治思想。朱子曾经说："读书无疑者，须教有疑；有疑者，却要无疑，到这里方是长进。"② 也就是说，读书或者思考问题，如果没有疑问，朱熹认为应教他有疑问，由有疑问达到无疑，说明解决了问题，这样才有学问思想的长进。后来有个心学家叫陈献章，他说："学贵知疑，……疑者觉悟之机也。"③ 如果做学问没有悟的话，那么学术就没有提升和提高。从这个意义上看，我们做学问首先要有疑问，这是做学问的一个起步。也就是说，你有没有思想，能不能做到独立思考，能不能提出

---

① （宋）陆九渊：《陆九渊集》第36卷，中华书局1980年版，第482页。
② （宋）黎靖德编：《朱子语类》第11卷，王星贤点校，中华书局1986年版，第186页。
③ （明）陈献章：《与张廷实主事》，《陈献章集》第2卷，中华书局1987年版，第165页。

新主张，能不能有自己独立的见解，必须有疑。我们读每一本书都应该问个为什么，这样才能在学术上有所进步。

我为什么写《中国哲学逻辑结构论》？我写这本书时情况是这样的："文革"以后，怎么解构"文革"中有关中国哲学的一些结论，当时遇到了一个问题，这个问题其实也是我教中国哲学多少年来的疑问。我们的中国哲学史一直以来都是按照唯心唯物来讲的。在 1949 年后，我们学习《联共（布）党史》四章二节，就是"辩证唯物主义和历史唯物主义"这一节，非常明确说哲学就是分为唯心唯物的。特别是日丹诺夫《在关于亚历山大洛夫著〈西欧哲学史〉一书讨论会上的发言》，他明确地讲："哲学史也就是唯物主义与唯心主义斗争的历史。"当时都这样来看，哲学史也都这样来写。1961 年，中宣部组织编教科书的编写组，当时北京市中国哲学史教研室有三家，一个是北大，一个是人大，一个是中国科学院哲学社会科学学部的中国哲学史研究室（冯友兰是主任），由这三家来写。当时讨论一个问题，就是老子究竟是"唯心"还是"唯物"？当时有两派的意见，北大基本上主张老子是唯物的，人大的教员有主张老子是唯心的。后来规定按主编的意见来写，任继愈当主编，你们看一下《中国哲学史》教科书 4 卷本，第一册写老子道的唯物主义；到 1972 年时，听上面有人说老子是唯心的，所以那本书的后面附了一章讲老子道的唯心主义；1982 年，任公写了一本《老子新译》（上海古籍出版社出版），讲老子既不是唯心的也不是唯物的，两种因素都有。这里就有一个问题，中国哲学家用唯心、唯物来划分，到底符合不符合中国哲学的实际？

当时我思考一个问题，究竟应该怎样写中国哲学史？我在 1981 年出版了《朱熹思想研究》，50 多万字，这是"文化大革命"以后，甚至是 1949 年以后的第一本朱熹思想研究，当时国外的评价很高，但是在 1983 年"清除精神污染"运动中遭到了批判，专门批评我这本书，说我这书不讲唯心唯物等等，这样子，我就不得不做出回应。为什么批评我这本《朱熹思想研究》呢？这本书有一章主要写朱熹哲学的逻辑结构。如果不用唯心唯物来写中国哲学史，那么用什么方法来代替，总得有个方法来写。在"文化大革命"中，说儒家是保守的、是唯心的，法家是进步的、是唯物的。1957 年，有个中国哲学史方法讨论会，这个会议得出一个结论，唯物就讲辩证法，是进步的；唯心的就是形而上学，是反动的。所以老子如果是唯物的，那他就是小农阶级的代表；如果是唯心的，那他就是没落奴隶主的代表，就把老子的辩证法思想否定了，说他是形而上学的。按照这样来写，中国哲学每个人都可以戴上一个唯心的帽子，也可以戴上一个唯物的帽子。在这样的情况下，我就有怀疑，我们要用什么样的方法来代替它，我写了《中国哲学逻辑结构论》。这本书主要讲，按照每一个哲学家的哲学概念以及由哲学概念构成的逻辑结构体系。哲学史实际上是一种精神发展史，简单地讲是概念的发展史、范畴的发展史。那就是说用什么样的范畴来构成他的哲学体系。如果没有概念的话，就构不成哲学体系，所以中国讲道、理、气、心、性，必须有这么一套概念。譬如老子讲"道可道，非常道"①，他是讲"道"的问题；孔子讲"仁"的问题，"樊迟问仁，子曰'爱人'"②，他是讲"仁"的问题。每个哲学家必须通过他的一些概念来表述他的哲学思想，从这点来看，中国哲学实际上与西方哲学有相通之处。国外的一些思想家，比如说从黑格尔到现代的德里达，他们认为中国没有哲学，只有思想，他不承认中国有哲学概念。但这些概念是有确定意义，是有内涵的。从这个意义上讲，哲学家一定有他自己的一套概念来表述他的哲学思想，他在表述的时候，一定有一个核心的概念，有一以贯之的概念，这个概念把其他的概念统摄起来，这样才能构成他的哲学体系。如果不是这样的话，就构不成他的哲学体系。概念的核心范畴，也就是核心的概念，是统摄其他概念的概念，同别的哲学家是不一样的。

在《中国哲学逻辑结构论》中，我要讲概念，概念在他的思想体系当中，每一个概念，它的位置、它的作用、它的意义，都要加以梳理和确定，这样才能使他的哲学体系完整。尽管中国哲学家没有专门的哲学著作，但是他的思想是有逻辑性的，而不是没有逻辑的、乱七八糟的；如果那样来看中国哲学，就没有把它吃透，也就是说，没有融会贯通它的思想。我在这本书

① 《道德经·第一章》，（魏）王弼注，楼宇烈校释：《老子道德经注校释》，中华书局2008年版，第1页。

② 《论语·颜渊》，（宋）朱熹：《四书章句集注》，中华书局1983年版，第139页。

里讲了概念分析的方法。哲学概念的分析，比如语义层面，就是说这个概念在他的思想当中、在当时的语境当中，究竟是什么意思。比如孔子讲仁，有109处讲到仁，他每一次讲仁的时候，在不同的语境，表示不同的意义，所以需要把这个问题搞清楚，他究竟在这一个语境当中表示什么意义，在另外一个语境中表示什么意义；然后要进一步分析这个概念在他的思想体系当中究竟具有什么样的位置，是主要位置还是次要位置，是核心的位置还是派生的位置，这样就需要把它分清楚；再进一步分析，这个概念在历史的演变当中是不是被忽视了或者被淘汰了，有的概念被边缘化了，所以对每一个概念都要进行仔细的分析和梳理。后来有人把《中国哲学逻辑结构论》这本书比作黑格尔的《小逻辑》，不光是搞中国哲学，搞文学的在分析文学思想时，也可以通过概念来分析，讲美学也可以通过美学概念来分析它的作用、它的影响。从这个意义上来讲，通过概念的分析来掌握他的思想、来建构他的哲学理论思维体系，我认为这样可以实事求是地揭示哲学家的本来面目。也就是说，掌握他的本真思想，必须深入他的思想内部，这就需要搞清他的思想的脉络、逻辑体系，然后才能把这个思想呈现出来、再现出来。这样才符合中国哲学的实际的，比我们简单地用唯心唯物划分要好。同时，也可以避免过去中国哲学讲的"四大块"，第一个宇宙观，再一部分是辩证法或形而上学，再一部分讲认识论，世界是不是可以认识的，认识的对象是什么，然后就是历史观，基本上是这样"四大块"。这样的分法，就像一个人一样，头当作头，手当作手，脚当作脚，就把这个人割裂开了，这个人的思想的灵魂没有了，精神没有了。庄子有这样的寓言，每次北海和南海到中央来时，混沌老是以很隆重的礼节来接待他们，吃好的，住好的，对他们非常好。有一天南海和北海想到，混沌接待我们那么好，我们怎样来报答混沌呢？总得有所表示吧，把混沌按照我们的形象来改造他，他没有眼睛，我们给他凿出两个眼睛；他没有鼻子，我们给他凿出两个鼻孔；他没有嘴巴，我们凿出个嘴巴；没有耳朵，我们就凿出两个窟窿。他们每天就这样辛辛苦苦地去做，结果把混沌的七窍都凿好以后，混沌却死了。这是什么意思呢？混沌就是混沌，应该按照他的本来面目和本真，如果你以人为的手段加以改造，他就不是混沌这个人。我们研究哲学，研究思想，研究一个人，也应该按照本真来呈现，这样才是真正的学问。我们可以这样讲，这个学科成熟不成熟，主要在于他的方法成熟不成熟，如果研究方法比较对头，表示你的学养、学识、认识、智慧就是比较"有悟"，也就是说有疑就有悟，你能不能大觉大悟，就在于开始有没有怀疑。所以我们往往做学问时迷，为什么迷？被文本所迷，被环境所迷，被我们思想的习惯、成见、迁见、误见所迷，有迷就有所执着，就跳不出来，就不能有新的见解。做学问怎么样有独立见解，总得找到一条路，从迷当中超越出来。我现在不讲超越讲度越，中国人用度越，比如佛教讲普度众生，就是把这个人提升，不是要脱离或超脱这个人，这样才能达到真正对一个思想家本真的认识，这就是我讲怀疑的精神。

二、批判的精神

我们知道哲学的本质、做学问的本质实际就是批判，批判不是说我要打倒你，不是用西方的二元对立、非此即彼的思想来打倒我们所要打倒的对象。批判，简单地讲，实际上是一种互动，是一种探讨，哲学上讲是一种反思。如果我们以过去的以斗争为纲的思想，以两军对战的思想来看哲学，往往把批判看成要把它批倒。从我们这一代人来看，都是从斗争运动中过来的，我15岁参加工作，1950年以后一直在农村工作，1956年考上人民大学，1957年提出"大跃进"，1959年"反右倾"，1964年搞"四清"运动，1966年开始"文化大革命"，一直搞斗争，我这一辈子是在运动中过来的。我们往往把批判理解为对立斗争，其实是个误解，哲学批判的精神是思想交流的过程、对话的过程，只有这样我们的思想才能有所提升，批判是在了解对方思想的时候，我们要吸收他的长处，也要知道他的不足。如果我们研究一个问题，不知道别人的不足，那你怎么研究？你就不能在别人的基础上前进一步。比如博士论文、硕士论文的开题报告，研究别人有哪些不足，要把不足补起来，这才是你的创新。我们批判的精神就应该知道前人的不足和前人的缺点，体贴在这个学科领域当中有什么问题。比如达尔文的进化论究竟对不对，他的"生存竞争""适者生存"究竟对不对，现在有人提出来照达尔文的进化论来看，他是渐进的发展过程，中国有些科学家通过对"澄江"遗址的研究，发现各种各样的动物几乎在那时都已出现，而不是经过长时间的演化慢慢变来的，这样就对达尔文进化论提出了质疑，这就是我们说的不足。

正因为这样，我就写了《传统学引论》，同时也写了《新人学导论》。"人学"，从西方一直讲到近代，亚里士多德说人是政治的动物、社会的动物，中国人讲人是两足无毛的动物，拿人和动物做个比较，我们从动物看人究竟是怎样，人是两脚，鸡也是两脚，但人没有毛啊，有的动物是四只脚，就和人不一样了。我们问一下自己，人究竟是什么？很多人没有思考过人究竟是什么这个问题。各个时期对人的看法是不一样的，比如在工业时代，拉美特利说人就是机器的动物；后来理性主义的发展，有人认识到人是理性的动物、语言的动物；在 20 世纪三四十年代，卡西尔写了一本《人论》，规定人是符号的动物。1994 年，我在德国哥廷根大学参加会议，在这个会议上碰到卡西尔学会的会员（名字忘了），当时我和他做了讨论。我说如果人是符号的动物，桌子也是符号，桌子有长的、有方的、有圆的，有黄的、有白的、黑的，都是桌子；人也是个符号，黄色的白色的黑色的，各种各样的人；狗也是符号，小区里头有各种各样的狗。简单地讲，人是符号的动物，同桌子、狗的符号有什么区别？这就把人的人性、能动性、主动性、能思维性都抹去了，我说卡西尔这样的规定是不是还有欠缺的地方。当时我就提出了这个问题，我说卡西尔的结论是值得讨论的，他们觉得我说的有点道理。"人"，到了现代我们到底应该给出什么样的定义。从古人开始就研究人，到了现代还没有研究完，"人"看着很简单，但有很多的谜需要去解开。现在我们遇到了很多的问题，比如"克隆人"，如果克隆人出现的话，可以用机器生产的方式来生产人，这样的话，人是什么？在科技发展的情况下，我们人遇到了自身很多的危机，比如说能源的缺乏，我们中国石油靠进口，汽车就可以开动；如果石油没有了，那怎么办？在这种情况下，我想应该对人重新规定，我曾把其规定为："人是会自我创造的动物。"人类遇到的危机、问题、困难，可以通过自己的创造性来解决、来化解。我提出的"人是会自我创造的动物"，有人说"动物"这个词不好，人是动物，但不完全是动物，人具有社会性，所以我改成了"人是会自我创造的和合存在"。

《光明日报》曾刊出一篇有关我的和合学的访问记，标题是"人从和来"。有人说人怎么从"和"来呢？应该从"斗"来，讲"和"不是扯淡吗？后来我一想，他就不知道他是怎样生出来的。为什么呢？《周易》有这样一句话："天地氤氲，万物化醇，男女构精，万物化生。"① 东汉哲学家王充说："天地合气，万物自生，犹夫妇合气，子自生矣。"② 如果我们研究一下人是怎样怀孕的，就非常清楚了，精子和卵子不结合的话，怎么能怀孕呢？如果斗的话，互相排斥就不能结合、不能怀孕。人不能从斗中来，动物也不能从斗中来。《周易》上还讲："二女同居，其志不相得也。"③ 两个女人住在一起，就不能生出孩子。

人其实是既有人性，也有动物性、自然性。后者无限膨胀的话，结果是人比狼凶恶一千倍一万倍，狼吃一个人就够了，但人如果成了动物，比如南京大屠杀，日本侵略者一下吃掉 30 多万人，希特勒一开口吃掉 600 万犹太人。我小时候在温州，日本人来了 3 次，有很惨的情况，一个怀孕的妇女，先强奸然后把肚子挑开，肠子和婴儿一起流下来。有人性吗？没有人性。人异化成物，人可以物化，有的中国哲学家讲，物也可以人化，比如羊吃奶的时候是跪着吃，羊对它的父母比较孝顺。所以人不要小看动物，动物有它的组织，有它的家族，有它生活的意义，我们不要把动物作为我们任意可以掠杀的事物来对待。所以对人需要重新规定，为什么不讲动物呢，也是这个意思，人千万不要变成动物。现在我们的道德已经失落到了最低点，道德的底线都丢掉了。比如佛山这个地方，经济不错，我们说"衣食足，知荣辱"，但有一个两岁的小孩被车压了，18 个人集体冷漠，没有一人施以援手。2500 年前，孟子在《公孙丑》篇中就说，一个孩子往井里爬，一定有人去救他，这个救他的人并不是为了自己得到什么利益，也不是朋友乡里给他好的名誉和奖赏，也不是提高自己的身价，而是人都有不忍人之心、恻隐之心，这是人的本质属性。今天孩子被车压了，18 个人都不动，这是为什么？我们追究起来，孟子讲"有不忍人之心，斯有不忍人之政"，有不忍人

---

① 《周易·系辞下》，(宋)朱熹：《周易本义》第 3 卷，中华书局 2009 年版，第 252 页。

② (汉)王充：《论衡·自然》，黄晖撰：《论衡校释》第 18 卷，中华书局 1990 年版，第 775 页。

③ 《周易·革卦·象传》，(宋)朱熹：《周易本义》第 2 卷，中华书局 2009 年版，第 177 页。

之政，才有不忍人之行为。"政"就是指政府、法律提倡什么，他们自己做什么，如果政府、法律都有不忍人之心，我想人们能不救吗？人出于恻隐之心都会去救，正因为我们的有些措施不完善，譬如"彭宇案"，人们才不敢去救。

"人"是非常复杂的，是一个研究不完的课题。我在《新人学导论》这本书中讲，人可以好事做尽，也可以坏事做绝。人到底应该怎么样来做，我们应该怎么样去做人？马丁·路德金说："我有一个梦想。"德里达说："我要学会生活。"有一次我在全校的欢迎新生大会上说，首先应学会怎样做人，如果不会做人，梦想就成了空想，梦想不能实现；我要学会生活，人都不会做，怎么能有幸福的生活？所以实现梦想，要学会生活，首先要学会做人。这本《新人学导论》是讲做人的问题，人得有批判的精神。对于别人的理论，我需要以批判的精神来与你交换意见，互相探讨，在探讨过程中得到启发，才能使我的书比较完善起来。

三、反思的精神

做学问、做研究、做人，都需要反思。"风物长宜放眼量"，反思过去几千年来的中国哲学，深究为什么发展、发展的规律性，也要反思如何度越传统哲学的局限和未来哲学的走向。作为人来说，也要"吾日三省吾身"，这是做人的反思。"终日乾乾，夕惕若厉，无咎。"[1] 白天要勤勤恳恳、老老实实地工作，晚上要战战兢兢、紧紧张张地反省自己，那样就不会有灾祸了。从这个意义上讲，做人要这样，做事情也要这样，做学问也得这样。哲学就是反思之学，你得有一个逆向的反思，你对人类的精神、对于每一个理论思维的结论，都应该进行一种追究。过去我们讲中国哲学，基本是这么讲，比如说你是研究先秦的，就讲先秦哲学；搞两汉的，就讲两汉哲学；搞魏晋的，就讲魏晋哲学；搞隋唐的，就讲隋唐哲学；搞宋明的，就讲宋明哲学，这样

---

[1] 《周易·乾卦·九三爻辞》，（宋）朱熹：《周易本义》第 1 卷，中华书局 2009 年版，第 31 页。

一个个讲下来。这就有一个问题，为什么从先秦百家之学到了两汉就叫经学，到了魏晋讲玄学，到了隋唐讲佛学。① 隋唐的时候，佛学是强势文化，儒学、道学是弱势文化。从一种理论思维转变到另一种理论思维，其中究竟有没有一个规律性的东西、一个游戏规则。过去没有人总结出来这个"游戏规则"，没有梳理出一个规律性的东西来。思维为什么会转化，很多人只是总结出当时社会背景有所变化，但是没有人进而从内在理论思维逻辑进行反思。如果重新建造一个中国哲学逻辑体系，必须对中国各阶段的变化进行探讨、进行反思，也就是反向的思维。我通过反思得出了三条结论，也就是三条规则，这也是我提出和合学的重要条件。

首先是每个时代哲学都有一个核心话题，大家围绕这个话题来研究、思考、讨论。每个时期都是这样的，否则一个思想就不能成为潮流。"天下同归而殊途，一致而百虑。"② 尽管百家争鸣，有不同的思想路向，但是有一个共同的核心话题是大家同归的、共同讨论的。先秦是道与德的问题，老子的《道德经》，对这两个概念都讨论了。孔子讲："朝闻道，夕死可矣。"韩非讲《解老》《喻老》，也讲道，道是统属。而孙子兵法是讲兵道、将道、诡道。不论道家、儒家、法家、阴阳家还是墨家等，都是围绕道德的问题来讲。

到汉代的时候，"道"产生变化了。"立天之道，立人之道，立地之道"，秦汉的时候统一了，统一思想，道不能有三个了。董仲舒写了《王道通三》的文章，把天、地、人三道贯通起来，就成为王道，是讲天与人的关系。所以汉代哲学核心话题是讲天和人的问题。关于董仲舒的思想，不能像过去那样，因为其天人感应就说他是唯心主义、神学思想。董仲舒作了《天人三策》，对汉武帝提出的很多问题做了回答。汉代是中央集权的君主制度，王是最大的，君要臣死臣不得不死，父要子亡子不得不亡。皇帝的话就是圣

---

① 佛教盛行，有伟大的佛学家。有人传说慧能是文盲，可是他被称为六祖，不仅是六祖，而且作了《坛经》。中国和尚里只有他作了经。比如唐僧，他写的书，不能叫作"经"，印度和尚自己写的不能叫作"经"，只有释迦牟尼说的是经。和尚一般写的都是论，比方说《肇论》《中论》。然后还有注疏的疏。

② 《周易·系辞下》，（宋）朱熹：《周易本义》第 3 卷，中华书局 2009 年版，第 249 页。

旨，一句顶一万句。那么如何制约监督君主呢？老百姓能行吗？是不行的，但是有可以制约他的，这就是天。君主是天的儿子，天是君主的父亲，天比王大，王权大不过天权，所以董仲舒在《天人三策》中说，当王做得不好，犯了错时，天就会谴告王；如果王第二次还犯错误，天就会产生灾异，比方说旱灾、水灾等；如果皇帝第三次仍然犯错不改，那么天就不会再保佑王，王就会下台。这样，就有了天的力量制约监督王，否则没有这个监督制约力量，王就会胡作非为。比方说纣王之时，有汤武革命，这在《周易》上有所记载。周公讲过，君权是神授的，纣王不敬德保民，那么君权也就不会再被保佑，天就不会再把管理国家的权力给纣王。周公对于为什么要革命，做了合法性、合理性的论证。纣王荒淫无道，残害百姓，所以要进行革命，周公特别重视"德"的问题。这里有三个观点，一是"天命靡常"，天命不是规定要给某一个人的，所以是"靡常"。二是"敬德保民"。三是"以德配天"。要符合天的命令，有德来配合天。先秦的德的问题，到了汉代的时候，就成了天人问题。所以汉代的时候无论哪个哲学家，像王充、董仲舒或者扬雄，都是讲天人这个核心话题。所以司马迁讲"究天人之际，通古今之变"[1]。

核心话题到了魏晋时，就产生了变化。当时司马集团和曹氏集团政治斗争，知识分子的生命朝不保夕。刘伶当时每天喝酒而醉，十分放浪形骸。竹林七贤们，不要看他们荒诞，他们是一种对社会的不满的发泄，是他们的一种反抗形式。荒诞也是一种美，是一种情感的表露。竹林七贤反映了当时的知识分子对自己的前途的无望，对名教虚伪的批判，对自己的人生价值无法实现的忧虑，人就陷入一种苦闷焦躁而追求虚无。在这种情况下，他们就讨论有和无的问题。所以这个时代的核心话题是有和无的问题。

到了隋唐的时候，就从人生价值问题转而讨论终极关切问题。于是就讨论"佛性"的问题，讨论人能不能成佛，成佛的根据是什么。比如说，禅宗思想最重要的一点就是"明心见性"。讨论有情有性，无情有没有佛性，进而提出"无情有性"，石头也能成佛。儒家也讨论性情问题，是这个时候重点讨论的核心话题。唐文化璀璨，有很多伟大的诗人、宗教家等，但是没

---

[1] （汉）班固：《司马迁传》，《汉书》第62卷，中华书局1962年版，第2735页。

有产生一流的哲学家。这个时代的一流的知识分子，很多都被般若智慧所吸引了，对佛教中国化做出了很大贡献，例如天台宗、华严宗、禅宗等。佛教的发展和辉煌都在中土，印度佛教在 14 世纪已湮没无闻。中国把佛教传到了韩国、日本、越南、东南亚等地方。佛教的真正盛行是在中国，又传播到了世界各地。

经过唐末的藩镇割据，五代十国的动乱。五代十国之时，为了争夺皇位权力，父子兄弟相残，道德沦丧，礼崩乐坏，价值理想都消失了。宋明时就要思考如何重建伦理道德和价值理想。所以宋明理学家在中国哲学上已经到了登峰造极的时刻。唐代试图把儒、释、道三教的思想加以融合，当时产生了文化整合的方针，提出了儒、释、道三教"兼容并蓄"的文化整合方法，但唐代没有做到。宋明理学家程颢说"吾学虽有所受，天理二字却是自家体贴出来"①，建构了理学的体系。唐代的兼容并蓄的儒、释、道文化整合方针，落实到理学上，形成理学哲学理论思维体系。宋明理学家推倒了五经这五座大山的压制，当时很多人靠注经来生活，五经在其思想上陈陈相因。理学家认为不推翻注疏五经的桎梏，就无法发挥自己的思想。如何推翻呢？他们进行了新的理解。比如说对于《诗经》，孔子称之为"思无邪"，但是理学家认为就是讲男女之事。而《尚书》，也仅仅是个文诰，《周易》就是卜筮之书，不是圣人之言。这都不能登得大雅之堂。而《春秋》就是断烂朝报。这就把五经的神圣光环给剥掉了，使得思想得以解放。人们开始怀疑经典，重视怀疑精神，比方说改经、补经。例如朱熹对《大学》格物致知作补传。

其次是诠释文本的不同。依据各时期哲学思潮核心话题的转移，各个时期所依傍的经典解释文本是不同的。比如先秦，依据是五经；汉代，董仲舒依据的是《春秋公羊传》；魏晋，依据的是三玄：《老子》《庄子》《周易》；到了隋唐，依据的是佛经，比如《华严经》《法华经》；到了宋明理学，依据的是四书：《大学》《中庸》《论语》《孟子》；到了冯友兰、熊十力、马一浮的时候，其所依傍的解释文本还是四书，核心话题还是理气心性问题，没

① （宋）程颢、程颐：《河南程氏外书·传闻杂记》，《二程集》第 12 卷，中华书局 2004 年版，第 424 页。

有改变。从这个层面上讲，中国哲学要创新，核心话题就要变化，诠释文本就要转换。所以现在我提出"和合学"，和合二字就像是以前的"天理"，天理二字在《庄子》一书中就有了，《礼记》中也有了，但是经过程颢自己的体贴，而建构理体学理论思维结构，已与《庄子》《礼记》中天理概念不同。关于和合这两个字，在《国语》中就有了。但是只是和合二字，并没有成为一种学，把和合变成一种学，即哲学理论思维体系的学说，是前所未有的。和合学就是一种新的，按照哲学思潮发展的游戏规则，自己体贴出来的学问。

四、追究的精神

哲学需要一种打破砂锅问到底的追究精神。古希腊从水中发现了世界的本源，或从一把火中发现了世界的本源。要探讨物理学之上，事物背后的本质是什么，希腊由伯罗奔尼撒半岛和爱琴海中的 3000 多座岛屿构成。当人坐在罗得岛面对爱琴海，呈现的是海水共长天一色的世界。仰望长空，有几朵白云飘过；俯察海水，清澈见底。当泰勒斯在思议天地万物本源时，便认为水是天地万物的本源，大地浮在水上，犹如木块浮在水上。水产生万物，又回归于水。但我们坐在罗得岛海边岩石上，看见远处从海里跳跃出一轮火红的太阳。它像一团熊熊烈火出现在我们眼前，然后金光四射。当赫拉克利特在思考万物本源时，自然会想到世界是一团永恒的活火，火产生一切，一切统一于火，犹如黄金换成货物，货物换成黄金。古希腊哲学是面向自然的思议。中国哲学是对农耕的思议，农耕需要人的积极参与才能换得生存，所以中国哲学是面向人的哲学。从古希腊开始，西方就传承了这种追究的精神，追究的就是这个"一"。巴门尼德说过："存在就是一。"所有的问题都追到事物的背后的统一性，或者是绝对理念或者是绝对精神等等。从它的唯一性来看，从它的全知全能来看，从其全部体认来看，西方哲学追究的都是这个"一"，是一个唯一的上帝的变种。从这个意义上来看，中国哲学就与其不同了。中国哲学所开出的路向完全不同，西方是追究一个最终的本源，一个绝对的真理，具有排他性、独裁性、独断性，因为真理只有一个。

比方说亚当、夏娃在伊甸园里犯了错，吃了智慧树上的果子，违抗了上帝，他们当时面临的选择，是选择智慧还是选择永生，他们不服从上帝这一绝对真理或最高的本体，这个神。那么他们就要受到上帝的惩罚。亚当要劳动，做苦力，夏娃要面对生育的痛苦。这都是惩罚，因为违抗了上帝这个真理。但是中国哲学就不同了，中国讲究和实生物，和才能生万物，讲多元融突和合，所以我才讲和合学。哲学需要有追究的精神，西方就追究绝对精神为最高本体，而中国就追究"和实生物"，金、木、水、火、土杂合起来而成百物。"天地氤氲，万物化醇，男女构精，万物化生。"①天地、男女、阴阳，这都是对立的，冲突融合而和合，产生了新生事物，不是单个水或火是万物的本源，但独阴独阳也不能产生万物，犹如"二女同居，其志不相得也"②。二女同居不能生育新生儿，这就是中国对于万物的追究。

五、创新精神

我们讲创新，中国哲学到了此时，不能停留在现代新儒学的水平。例如冯友兰的新理学、熊十力的新心学等。他们当时处于日本军国主义侵略的亡国亡种的状态下，在这种状况下，需要挺立中华民族传统文化精神，以与日本军国主义的军事、文化侵略相抗衡，而按照宋明理学建立一种新的理学。冯友兰的《新理学》、熊十力的《新唯识论》、马一浮的《泰和会语》等，都是在抗战的过程中，在爱国、爱中华民族文化的精神鼓舞下，在激发全国人民自强不息、为中华民族存亡而奋斗的悲愿中，而写作的，都具有这种进步性质。譬如冯友兰的《新理学》，是在逃亡的状况下产生的（从北京到南岳），他的"贞元之际六书"也是在抗战时期产生的。当时的状况下，他们需要发扬宋明理学的精神。今天我们的情况和他们完全不同，当今经济全球化，文化多元化，科技一体化，网络普及化。所以我们此时要创新，按照时代需要，建构一种面向全球的、面向人类的、面向21世纪的新的学说，

---

① 《周易·系辞下》，（宋）朱熹：《周易本义》第3卷，中华书局2009年版，第252页。

② 《周易·革卦·象传》，（宋）朱熹：《周易本义》第2卷，中华书局2009年版，第177页。

所以我的《和合学概论》的副标题是 21 世纪文化战略的构想。还有《和合哲学论》是讲和合形上学的。人类现在面对五大冲突和危机：一是人与自然的冲突，发生生态危机。二是人与社会的冲突和危机，恐怖活动，贫富不均，社会矛盾丛生。贫富不均是动乱的原因之一。中国历史上为何出现改朝换代，因为贫者无立锥之地，富者田连阡陌，所以我们国家也要注意和谨慎这些问题。从此意义上讲，必须注意这个问题，要解决矛盾。三是人与人之间的冲突，谋财害命，假冒伪劣，重利轻义，道德败坏等，产生道德的危机，这也是整个人类面对的危机。四是心灵冲突，而产生精神和信仰危机，现在很多人没有信仰，我们的灵魂没有安身之地。灵魂是缥缈的，没有落脚之地。信仰，是一个人的特殊价值的需要。五是文明的冲突而产生价值危机。例如，美国一直在各个地区、国家推行自己的价值观。但是地域不同、民族不同，价值观是不同的。所以我提出和合学，来共同面对这五大危机和冲突。这样，我们就可以获得一个共同的最低限度的共识，用和合学的和生、和处、和立、和达、和爱五大规则来化解这些冲突和危机。20 世纪 80 年代末，我提出和合学以后曾受到了批判，但是我认为批评不是坏事，批评也是一种帮助传播和宣传，说明社会上有所反响，这是好事。

和合学是中国传统哲学文化的一次再创造、再转生，和合学是要回到中国的传统哲学。一种哲学文化要回到源头，才能有所依傍，才具有中华民族的品格。回到源头并不是复旧，而是一种创造，是具有中华民族精神、品格、神韵的再创造，是中华民族文化哲学与时偕行的转生，是中华民族哲学理论思维形态之一，是时代精神的体现。

（2011 年 10 月，中国人民大学哲学院 55 周年院庆系列学术活动演讲稿）

中国传统文化精髓——《周易》智慧

跨文化交流有两个渠道，一个是西学东进，就是把西方文化思想、价值观引进来；还有一个是东学西进，即中国传统文化走出去。在西方人看来，《周易》与《圣经》《吠陀经》《古兰经》被誉为世界"四大经典"之一。《周易》的智慧，是被东西方所公认的。最初到中国的传教士利玛窦称《周易》是一本有"智慧之光"的书。西方哲学家黑格尔称《周易》包含着中国人的智慧。黑格尔有一个很著名的辩证观点，就是"正—反—合"，这是和《周易》"一阴一阳之谓道"相通的，"阳"为正，"阴"为反，"道"即为合。尽管黑格尔认为孔子的思想只是些伦理格言，但是他对《周易》思想是很欣赏的，认为其代表了中国的智慧。莱布尼茨作为二进制最初的发明人，是计算机时代的创始人和开拓者，他甚至给康熙皇帝写信，要加入中国的国籍。莱布尼茨以阴爻（--）代表0，阳爻（—）代表1，认为阳爻和阴爻与1和0之间刚好与二进制契合，并从邵雍《伏羲六十四卦次序图》和《伏羲六十四卦方位图》中得到印证。他非常惊奇中国古代就有二进制的图式，从这个意义上讲，《周易》给现代科学技术也带来了启示。故《周易》对西方文明的影响是显而易见的，也可以看到，东方的思想特别是中国的思想是具有生命智慧的。但是我们也不能否定，近代德国的黑格尔和当代法国德里达，都认为中国没有哲学只有思想。哲学在古希腊，是爱智慧之学，一方面承认周易的智慧，一方面又说中国没有哲学，这样就陷入了悖论。

今天讲《周易》，就是要将中华民族的文化精神用"自强不息，厚德载物"这8个字概括，这8个字来源于《乾》《坤》卦的《大象》，《乾》卦的"天行健，君子以自强不息"，《坤》卦的"地势坤，君子以厚德载物"。《周易》的乾坤两卦突出了中国的文化精神。1914 年 11 月 5 日，我国近代著名政治家、思想家梁启超以"君子"为题在清华大学作了一次演讲。他鼓励学生树立远大理想，培养完全人格，要做"真君子"。他说："乾象曰：'天行健，君子以自强不息。'坤象曰：'地势坤，君子以厚德载物。'"① 梁启超的演讲深深打动了清华师生，清华大学就把"自强不息，厚德载物"定为校训，以激励师生。

《周易》这本书，是很奇特的。秦始皇焚书坑儒，坑了 460 个人，焚书包括《诗》《书》及百家的语录，但没有烧《周易》。为什么呢？因为当时认为《周易》是一部卜筮之书，即算卦的书，是不能登大雅之堂的。到了汉武帝的时候，《周易》又成为"六经之首""群经之首"。虽然《周易》经过了如此的反复，然而它对中国后来的文化影响重大。朱熹讲："问渠那得清如许，为有源头活水来。"《周易》不仅是一本百科全书式的书，而且是中国文化的源头活水，是人生的终极家园，安身立命之所，蕴涵着中国传统文化的精髓。正是因为《周易》有广阔的视野，深邃的思想，卓越的睿智，思维的架构，几千年来仍然焕发着光彩。

相传伏羲作八卦，他是通过"仰观天文，俯察地理，观鸟兽之文，与地之宜，近取诸身，远取诸物"②，以类万物之情。可见《周易》是对自然、社会、人生的体认、总结而得出来的人文理论思维。所谓人文主义，是指人对于天地人及其关系变易的认知和把握。伏羲采取"仰观""俯察"地理的"观"的方法，以及"近取""远取"的"取"的方法，对客体自然、社会、人生经验地进行体悟，以求观知天地"万物之情"状，化解了《易经》筮占先知的神秘性。"观乎天文以察时变，观乎人文以化成天下。"③ 对于自然天文和社会人文的观知，是要认知、察知、推知四时变化的规律和天下万物化生成长的规律，以及如何教化天下等。对于自然社会规律层次的体认，就是对于自然、社会本质的一种掌握，具有理性认知的意味。《周易》的大智慧影响着中华民族价值观念、伦理道德、生命情趣、终极家园的建构。从先秦

---

① 梁启超：《君子》，《清华周刊》1914 年 11 月 10 日。
② 《周易·系辞下》，（宋）朱熹：《周易本义》第 3 卷，中华书局 2009 年版，第 246 页。
③ 《周易·贲卦·彖传》，（宋）朱熹：《周易本义》第 1 卷，中华书局 2009 年版，第 103 页。

的诸子百家、汉代的谶纬之学、佛道两教哲学到宋明理学乃至以后，任何一个哲学家、宗教家对《周易》都是有所研究的。

"轴心时代"或"轴心期"概念，是德国思想家卡尔·雅斯贝尔斯在《历史的起源与目标》一书中明确提出的一个跨文化研究的概念，用以指称公元前 500 年前后即公元前 800 年至公元前 200 年间同时出现在古希腊、两河流域、古印度、古中国四大文明地区的文化突破现象。如果我们要创新思想，就得回到源头，从那里得到思想火花的启迪，理解中华传统文化，需要回到《周易》，从这个中华文化源头活水中去寻求思想智慧。

下面从三个方面来讲《周易》的大智慧。

一、人文精神大智慧

（一）文明与人文精神

《周易》的《贲卦·象传》里讲道："文明以止，人文也。"① 第一次把"文明"和"人文"联系起来。"止"朱熹解释为"各得其分"，指性质、性分。观察天时和时势的变化，而与时俱进；刚柔和谐，教化天下。人文与文明是天下普遍价值。《周易》讲人文和文明，与文明相辅相成，人文以文明为内涵，无人文精神，就没有文明的行动；无文明的行为，也没有人文的精神。一个文明的社会可谓是人文的，一个人文的社会可谓是文明的。人文精神实际上就是对人的生命存在的关怀，是对人的尊严的尊重和把握；体现为人对价值、理想、社会、人格的追求，对人的终极关怀的把握，简言之，是对人的尊重。从这一点来看，中国对人的尊重甚至说对妇女的尊重非常明显。比如在西方的世界里，女人是由夏娃衍生，而夏娃是从亚当的肋骨而来，故女人的地位低于男人。而在《周易》中，阴阳之称，阴在前，阳在后，如果阴在上，基本是好的卦，比如泰卦；如果阳在上，阴在下，就是不好的卦，比如否卦。再比如孔子家中马厩失火，他从朝廷回来，问："'伤人

---

① 《周易·贲卦·象辞》，（清）阮元校刻：《周易正义》，《十三经注疏》，中华书局 1980 年版，第 37 页。

乎？'不问马。"① 因为当时 5 个人的价钱还抵不上一匹马的价钱，孔子先问人，不问马，故可以看出孔子对人的价值的尊重，这标志着春秋从重天道向重人道的社会思想转型。

(二) 保和太和的精神

《周易》里讲："乾道变化，各正性命，保合太和，乃利贞。首出庶物，万国咸宁。"② "天道"是不断变化的，春夏秋冬变化是有一定规则的，在变化的过程当中，每个事物依据其性质，都得到了它应有的位置，各种事物按照自己的本性而生存发展，都"各安其位""各得其所"，在这种情况下，就可以取得协调、和谐，这种思想影响很大。比如，故宫里有六大宫殿，第一个是太和殿，即金銮殿，第二个是中和殿，第三个是保和殿。我们可以这样看，太和、中和、保和三个殿的称谓，凝聚着《周易》的智慧，太和殿、保和殿，即是"保合太和"。至于中和殿，可以从两方面看，《中庸》上讲："喜怒哀乐之未发，谓之中；发而皆中节，谓之和。中也者，天下之大本也；和也者，天下之达道也。"③ 中和是天下的大本达道，致中和，天地位焉，万物育焉；另一方面，《周易》的第六十三卦水火"既济"卦，我们就可以清楚。"既济"卦是"离"卦和"坎"卦的重叠，"离"在下，"坎"在上，"离"是火，"坎"是水，在"既济"卦里面，九五是阳爻；与其相对应的六二是阴爻，是为阴阳相和。五是奇数，二是偶数，阴在偶数位，阳在奇数位，称为得位，而且这两爻都在"离"卦和"坎"卦的中位，上有九五爻，是为九五之尊；和它相对的是六二爻，阳爻居阳位，阴爻居阴位，这就是得位、当位。所以在太和殿与保和殿中间建中和殿。故宫再往里走，便是乾清宫，然后是交泰殿，然后是坤宁宫，乾清宫为皇帝办公的地方，乾为阳、天、男，要清正廉明；坤宁宫为明清两代皇后的中宫，是皇帝结婚的地方，坤为阴、地、女，后宫安宁不安宁非常重要，故叫坤宁宫。乾清宫代表阳性，坤宁宫代表阴性，乾坤，阳气向上，阴气向下，互相相交，故中间的宫殿就叫交泰殿，表明阴阳交合才有"泰"，泰卦就是坤在上、乾在下，阴阳结合，便可

---

① 《论语·乡党篇》，(宋) 朱熹：《四书章句集注》，中华书局 1983 年版，第 121 页。

② 《周易·乾卦·彖传》，(宋) 朱熹：《周易本义》第 1 卷，中华书局 2009 年版，第 33 页。

③ 《中庸·第一章》，(宋) 朱熹：《四书章句集注》，中华书局 1983 年版，第 18 页。

以交感，有天地合璧之意。"天地交而万物通也，上下交而其志同也。"①天地不交万物就不通，上下不交思想意志相悖逆，天下就会乱了。《泰卦·大象》曰："天地交泰，后以财成天地之道，辅相天地之宜，以左右民。"所以这里叫作"交泰殿"，意思是"乾清宫"和"坤宁宫"的一个交和。故宫六大宫殿就是仿照《周易》六爻的排列次序而建筑的，是有着深厚的文化内涵的。从中我们可以知道，"保合太和"实际上是突出"和"的思想，在《周易》中是贯穿着和的思想的，譬如说"鸣鹤在阴，其子和之"②，这句话有各种各样的解释，有些人就把它解释成男女谈恋爱，两人在窃窃私语，表现男女间的和谐。还有《兑》卦也讲和谐、和善的思想。《周易》六十四卦都是相反相成的，讲和谐思想的，譬如说八卦，天地、水火、风雷、山泽，这些事物就都是相反相成的，可以取得和合。

从另一意义体会"保和太和"的"首出庶物"的"首出"，即天地万物从何而来的，人从何而来的？这是人的一个根本问题。西方人有西方人的回答，中国人有中国人的回答。西方有个上帝，他创造了草、水、空气、大地、树木以及动物等。上帝按照自己的样子用泥土捏了一个亚当，他吹了一口气，亚当就成为一个男人。上帝觉得亚当太孤独了，就把亚当的一条肋骨抽出造了一个夏娃，两个人在伊甸园中生活。这就是说人类的起源是上帝创造的，上帝创造万物世界，上帝是唯一的，绝对正确的，如果违背上帝的意志，那就得受惩罚。上帝不允许亚当、夏娃吃智慧树上的果实，但亚当、夏娃受蛇的引诱吃了智慧树上的果，便有了智慧，当上帝到伊甸园时，他们就躲起来了，即有了对裸体的羞耻感，亚当、夏娃违背上帝的意志，就被逐出伊甸园。其实伊甸园里还有一颗生命树，亚当夏娃没有选择长生不老。在选择智慧还是选择长生当中，亚当、夏娃选择了智慧，上帝惩罚亚当永遭劳动之苦，夏娃遭分娩之苦，这便是原罪。上帝和人之间这种对立思维，后来发展出非此即彼的二元对立思维。

中国人的回答就不一样了。中国人的回答是"和实生物"，怎样和实生

---

① 《周易·泰卦·象传》，（宋）朱熹：《周易本义》第1卷，中华书局2009年版，第74页。
② 《周易·中孚卦·九二爻辞》，（宋）朱熹：《周易本义》第2卷，中华书局2009年版，第211页。

物？在《周易·系辞传》当中有一个诠释，叫作"天地氤氲，万物化醇，男女构精，万物化生"①。天地万物是互相作用的，天是阳，地是阴；男是阳，女是阴。天地男女也就是乾坤，是阴阳相对的两端，也就是现代语言讲的冲突、矛盾。氤氲是互相作用，构精是个融合、交流、交感的过程。对峙冲突的东西，只有融合才能化生万物。构精、氤氲是不断选择融合的过程，然后才能生出一个新生儿。这个新生儿就是一个第三者，即和合体。这个思想就是《周易》中讲的"近取诸身，远取诸物"②。"近取诸身"，就是从人类自身最切近的夫妇构精，然后生出一个、八个、十个新生儿。并由己及人、由己及物，由人类自己的生育而推及天地万物的产生，即"远取诸物"的天地氤氲，而化生万物。

中西对于人类的起源问题，其思维方式是不一样的。由此我们可以看出这样几点区别：一是西方人认为上帝造万物，上帝是唯一的、绝对的、全知全能的。中国人认为万物不是由绝对的、唯一的、全知全能的上帝创造的，而是由天地男女，土与金木水火杂，以成万物，是由多样的、多元的甚至是对立的、冲突的东西经过融合，然后产生的万物。二是中国哲学从根底上具有包容性、宽容性、多元性和多样性，是多样性的冲突融合而和合，因此讲"万物并育而不相害，道并行而不相悖"。万物、道并育并行，互不相害、相悖，这就是阴阳互补包容、海纳百川的思维，这也是中国追根究底的回答，与西方异趣。三是中国文化历史注重人文世界。人文世界是对人的生命和人生意义的关怀，这种关怀的价值取向，是人与自然、社会、人际及人心灵的冲突，获得和谐、协调和平衡，这就是"和"或"太和"。"保合太和"是以万物各自对待分殊为条件或因缘，否则不能"太和"。"太和"亦是人文世界存有的样式。《易传》认为，阴阳对待和合，体现了天地万物的变化，这种变化的本质和价值要旨是新事物的化生。中国讲和实生物，"一阴一阳之谓道"，"天地氤氲，万物化醇。男女构精，万物化生"的说法发展为多元思维、相反相成的思想。"首出庶物，万国咸宁"③，是讲万物发生繁荣，

---

① 《周易·系辞下》，（宋）朱熹：《周易本义》第 3 卷，中华书局 2009 年版，第 252 页。

② 《周易·系辞下》，（宋）朱熹：《周易本义》第 2 卷，中华书局 2009 年版，第 246 页。

③ 《周易·乾·彖传》，（宋）朱熹：《周易本义》第 1 卷，中华书局 2009 年版，第 33 页。

万国而得安宁，这与西方文化讲二元对立的斗争思维相异。

（三）穷理尽性的精神

《周易》讲"穷理尽性以至于命"①，提出了三个概念："理""性""命"，这三个概念在后来"理学"开山之祖周敦颐那里做了重要的发挥，他在《通书》中有专门一篇文章叫作《理性命》。"穷理"穷"理"，即穷事物的"理"。就是穷"易道"，我国阳明心学的创始人王阳明在年轻的时候笃信朱熹的格物穷理，这个浙江余姚少年，曾在北京父亲王华官邸与朋友相会。有一次谈到"格物穷理"，朱熹讲只有"格物"后方能"穷理"，于是与一个姓钱的朋友约定格竹子这个物，以穷竹子之理，朋友先来格，在竹旁静坐了 3 天 3 夜，理未得，人先病倒了。王阳明笑话朋友定力不够，悟性不高，自己继续来格竹子，相比于朋友，他功力更胜一筹，坐了 7 天 7 夜，不幸也病倒了，始终没有格出竹子之理来。于是王阳明认真反思起来，格物穷理是否正确？他反思着格竹子之所以病了一场的原因，即在于苦思冥想而为物所困，即物穷理的前提，不是专一物而穷其理，而是先要空去外物，达到至虚至静、物我两忘的境界，也就是求回寂然不动的本心，然后在心体上感通物理。既然按照朱熹的方法是没有"格"出来，那么这个"理"究竟在什么地方？王阳明穷尽儒、道、佛之书，后来他找到了"理"存在的地方，"理"就在心中，心就是理。这样他就开出了与朱熹完全不同的路向：一个是"理体学"的路向，一个是"心体学"的路向。

"尽性"的"性"就是我们所说的人性，"人性"是从哪里来的呢？从"性"的本性看，人们的说法也不尽一样，有人说人性是善的，有人说人性是恶的，也有人说人性是善恶混杂的。"性"是从哪里来的呢？我们知道《中庸》开篇就说"天命之谓性"，这说明"性"是天给的。《楚简》里有一篇文章叫《性自命出》。"人性"是"天"给我们的，是先天的。孟子讲人性本来是善良的，但是它常常被私欲所蒙蔽，所以我们应该把我们放逐的本心找回来，这叫作"求放心"，把原来的"本心"恢复起来，这就得"尽心"，即认识我们的"本心"是什么。孟子也讲："尽心知性知天"，只有能够"尽

---

① 《周易·说卦》，（宋）朱熹：《周易本义》第 2 卷，中华书局 2009 年版，第 261 页。

心"，才能够"知性""知天"，所以"穷理尽性以至于命"的"命"，可以理解为"天命"和"命运"，"命"和"运"是两个不同的概念。如果说"命"是"天"不可改变的必然性，那么"运"则是可以自己掌握的。人可以在"性"和"命"的互动当中来掌握自己的命运。朱熹有一个注解："穷天下之理，尽人物之性。"体认天下万物的原理、道理，就可以穷尽万物的本性、性质，进而可体认天命。《周易》上讲："夫大人者，与天地合其德，与日月合其明，与四时合其序，与鬼神合其吉凶。"①就是说我们只要"穷理尽性"，就可以与天地合德，与日月合明，与四时合序，与鬼神合吉凶，也就是说我们可以体认它、掌握它。从这个意义上看，《周易》上的"穷理尽性以至于命"②，可以说开启了后来的宋明理学以及儒家思想。

我们现在讲认识事物要认识事物的本质，认识它的背后是什么？比如桌子的背后是什么呢？背后的东西能不能被认识？"理"能不能被我们"格"出来？冯友兰在《新理学》中讲到一个例子，飞机在前，还是飞机的原理在前？他认为"理在事先"，后来他改认为"理在事中"。格物穷理，事物背后有一个所以然者，有一个物理学之上的存在。卡西尔把人定义为"符号的动物"，认为人与其说是"理性的动物"，不如说是"符号的动物"。但是我持否定态度，我认为"人是会自我创造的和合存在"③。我觉得人还是有更高的追求，有对事物本质的追求，不仅需要知道事物，还需要知道事物的本质，人有不断创造新事物的能动性、意向性、主体性。《周易》讲："穷理尽性以至于命"④，"命"乃本质的必然性，即规律性的东西。很多时候，我们没有掌握事物的本质、事物的游戏规则、事物发展的必然性。比如 1958 年至1960 年"大跃进"运动中，提出要赶英超美，全民大炼钢铁，大办公共食堂。当时我们系到四季青公社劳动，提出高产指标，挑灯夜战，挖地一丈五尺深，可是挖出来的土是生土，根本不能高产粮食。尽管出发点是要尽快地改变我国经济文化落后的状况，但由于忽视了客观经济规律，根本不可能迅

---

① 《周易·乾卦·文言传》，（宋）朱熹：《周易本义》第 2 卷，中华书局 2009 年版，第 41 页。

② 《周易·说卦》，（宋）朱熹：《周易本义》第 2 卷，中华书局 2009 年版，第 261 页。

③ 张立文：《和合哲学论》，人民出版社 2004 年版，第 304 页。

④ 《周易·说卦》，（宋）朱熹：《周易本义》第 2 卷，中华书局 2009 年版，第 261 页。

速地改变我国经济文化落后的面貌。这就是没有掌握社会发展规律的表现。因此作为一个人，也要掌握自己的发展规律，即掌握自己的命运，要知己知彼，要知道自己的优点和缺点、长处和短处，将来才会有所成功，扬长避短，选择专业，选择自己喜欢做的事情。

二、思维方式大智慧

在谈了《周易》人文精神的大智慧以后，我们再来讲思维方式的大智慧，即思维的规律性。现在很多人不善于反思，不善于思考问题，这样对人的理论、思维、逻辑、分析能力的提升、作用的发挥，都有很大的阻碍和影响，所以应该吸收《周易》文化中的思维智慧，从小到做人、大到做事，都有很大的帮助。

（一）太极思维

《周易·系辞》说："易有太极，是生两仪，两仪生四象，四象生八卦。"[1] 太极、两仪、四象、八卦，邵雍认为，这便是一分为二。韩国的国旗便是《周易》思想的表现，韩国的国旗被称为太极旗，是以儒教的思想为基础而绘制的。中央的太极象征宇宙，蓝色为阴，红色为阳，万物是由阴阳所构成的。

太极则是由阴阳组成，以表示宇宙调和与统一之意。乾、坤、坎、离四卦位于太极四隅，分别代表天、地、日、月。右下为坤，右上为坎，左下为离，左上乾，则代表天地水火、父母男女之意，也正象征民族的融合与国家的发展。

我国的"一国两制"，是"一个国家，两种制度"的简称，是从太极图（见图）的阳中有阴、阴中有阳得以启发，如果以阴可代表资本主义，阳可代表社会主义，资本主义和社会主义互相包含，社会主义中有资本主义，资本主义中有社会主义，但其比例的大小、轻重、多寡等不一。由于我是经历了很多运动过来的人，在 20 世纪六七十年代，要把私有制全部消灭，农民

---

① 《周易·系辞上》，（宋）朱熹：《周易本义》第 3 卷，中华书局 2009 年版，第 240 页。

太极图

的自留田也被作为资本主义的尾巴割掉。此外还有人说，太极图是中国文化，十字架是西方文化。太极图是封闭的范式，十字架是开放的范式。其实太极图在运动状态中是开放的，相反，十字架在运动状态中是封闭的，而且太极图阴中有阳，阳中有阴，太极思维有阴有阳，有少阴，有少阳，阴和阳是对立的，它是在矛盾和冲突当中达到和合的。我的"和合学"是 20 世纪 80 年代末开始提出的，现在我们说"和平、发展、合作"，可理解为和合。太极思维当中的阴和阳，是对立的，却又相辅相成的。《中庸》里讲："万物并育而不相害，道并行而不相悖。"① 你们亦可看看我的《新人学导论》，生物的生长也不尽然是达尔文的纯进化论的优胜劣汰，更不是社会达尔文主义的消灭落后民族，不同的事物是共同发育，可以并存而不相害的，道理、观念、制度可以不同，但可以并行而不相悖逆。

（二）变通思维

《周易》讲："穷则变，变则通，通则久。"② 穷则思变。20 世纪 60 年代下半期和 70 年代上半期，中国正经历 10 年"文化大革命"，学校停课，我们要求大串联，到全国各地区串联，坐火车、汽车不要钱，吃饭不要钱。而此时，亚洲的新加坡和韩国、中国的香港和台湾推行出口导向型战略，重点发展劳动密集型的加工产业，在短时间内实现了经济腾飞。所谓"东亚模式"引起全世界关注，它们也因此被称为"亚洲四小龙"。"文化大革命"以

---

① 《中庸·第三十章》，（宋）朱熹：《四书章句集注》，中华书局 1983 年版，第 37 页。

② 《周易·系辞下》，（宋）朱熹：《周易本义》第 3 卷，中华书局 2009 年版，第 246 页。

后，我们面对的是百废待兴的局面，故"穷"则思"变"，改革开放势在必行。"变"则"通"，"通"很重要，要想富，先修路。例如北京，地铁经过哪里，房价就暴涨。可见"通"的力量。

再比如"乡校"，现在韩国还有近300多所，是韩国历代传承儒教、祭祀孔子与诸圣贤的地方教育机构。而乡校在我国春秋时期也是很重要的议政地方，《左传》里讲到"子产不毁乡校"，作为乡人聚会议政的乡校，有人主张毁掉，子产不同意，他说："其所善者，吾则行之，其所恶者，吾则改之，是吾师也。"①用今天的话来说，子产把乡校作为获取群众议论政事的反馈信息的场所，而且注意根据来自公众的意见，调整自己的政策和行为，老百姓平时能够通过乡校来向政府提意见或发泄情绪，不会有大问题；如果不满意见积累太久、太多，就会像洪水那样决堤，一发不可收拾。故"通"非常重要。此外，我们来看看《泰卦》，《泰卦》即天地交，万物通也，上下交，其志同也。所以"交""通"很重要。从政事上来说，需要"通"；从自然来说，亦需要"通"。大禹治水，即是疏通，大禹率领民众，与自然灾害中的洪水斗争，最终获得了胜利。面对滔滔洪水，大禹从他父亲鲧的治水失败中汲取教训，改变了"堵"的办法，对洪水进行疏导，体现出他具有带领人民战胜困难的聪明才智。最后，从人的身体来看，也要"通"。比如脑血栓、心肌梗死等都是因为阻塞而形成的病。故"通"才能长命百岁。从理政治国说，"通"才能长治久安；从身体讲，"通"才能长命百岁，才能够保持健康的身心。

（三）道器思维

"形而上者谓之道；形而下者谓之器。"②"形而上"是指万物有形象之前、之上而言，"形而下"则是指万物有形象之后而言。《系辞》又曰："一阴一阳之谓道。"此说似有多重含义。融合一阴一阳而言，则为"形而上之道"，分一阴、一阳而言则为"形而下之道"（器之道），阳为"乾道"；阴为"坤道"，又本"立天之道曰阴与阳"之说，则一阴一阳又为"天之道"。万物皆

---

① 《春秋左传·襄公三十一年》，杨伯峻：《春秋左传注》，中华书局2016年版，第1318页。

② 《周易·系辞上》，（宋）朱熹：《周易本义》第3卷，中华书局2009年版，第242页。

有阴阳，故亦有万物之道。在哲学上，作为本体为形而上问题，实用形器是形而下问题。董仲舒讲"天不变，道亦不变"。到了近代，张之洞写《劝学篇》，提出"中体西用"思想，他举例说，晚上点电灯，白天坐汽车，可以变，这是西用；孔孟之道不能变，这是本体，变器不变道。道器问题困惑了很多知识分子。近百年来，学界提出了各种各样的观点：就如何继承传统文化而言，有抽象继承、选择继承、宏观继承、批判地继承与创造性地发展等；就中西文化的体用关系而言，有中体西用、西体中用、中西互为体用、中西为体与中西为用，以及中西即体即用与非体非用等；就传统文化的创新来说，有现代解释、宏观解释、创造理解、创造性转化、综合创新、分析地扬弃与综合地创造，以及与传统文化彻底决裂论、全盘西化论、复兴儒学论、儒家文化第三期发展、返本开新论等，莫衷一是。这些主张的提出都有其时代与文化背景，有其合理内涵与学术价值。我认为，这些主张都属于传统文化如何实现现代化的方法问题，而问题不能仅仅停留在如何实现现代化的方法的争论上。所以，中体西用，西体中用，中西互为体用，全都是体用问题，亦是道器问题。我在《中国哲学范畴发展史》和《和合学——21世纪文化战略的构想》的《天道篇》和《人道篇》中，讲到文化整合的方法首先受价值观的支配。批判地继承，综合创新，批判什么？继承什么？拿什么东西综合？创什么新？这些都受价值观的支配。如果你觉得孔子坏，那就"文化大革命"时期打到孔老二；如果你认为孔子好，那就现在让小孩子学习《论语》，称之为孔圣人。价值观不一样，对事物的认识、评价也不一样，它支配人的行为价值趋向。不同的历史时期，不同的生活环境，造就不同的价值观，从而价值判断、价值评价都截然相反。价值观犹如一双无形的手，支配着我们的意识和行为活动。从《周易》来看，"道"是形而上问题，"器"是形而下问题，老子讲"道可道，非常道"。道，可道之道，是非常道。非恒道。即可言说的道并不是恒道和常道，是形而下的器世界；恒道是不可言说的，是形而上的道世界。

三、民族精神大智慧

(一) 自强不息，厚德载物的精神

"自强不息，厚德载物"八个字，《乾》卦很刚健，一个人、一个国家、一个企业都要奋斗不息，才能立得住脚。孔子讲："十有五而学，三十而立，四十而不惑，五十而知天命，六十而耳顺，七十而从心所欲，不逾矩。"[①] 古人七十古来稀，三十需要建功立业。比如朱熹 19 岁中进士，做过五任地方官。可想而知古人的要求其实是很严格的。一个人 40 岁的时候应该比较清楚看待周遭事情而不迷惑了。50 岁时对人生道路就应该比较明朗了，对于先天之"命"和可自己掌握的"运"，已经有所觉悟了解了，这样才能够实现自己的人生价值和理想，才能够取得成功。

历代很多伟大的思想家在世的时候都是不幸的，比如朱熹如此伟大，在世晚年时期被卷入当时"庆元党禁"，其学被证为"伪学"，被攻击为"伪学之魁"，定位为"逆党"，认为他抄袭二程与张载之文，深受打击，当时朱熹本想呈上奏折为自己辩白，为此他便算了一卦，结果为《遁》之《家人》卦，便放弃了上奏折一事。王阳明是儒将，也是伟大思想家，他遭受宦官排挤、迫害，假装跳水逃避追杀，在心灰意冷之下，他将精力倾注于讲学反思与著述之中。二程中的小程程颐，在绍圣年间以党论免职，流放涪州（今四川涪陵县）。后来朝廷再度降诏削官罢职，还责令审查其全部著述。诸如此类的名人都历经艰险。但所幸的是，宋代不杀文人、不杀士大夫，宋太祖规定不杀士大夫和上书言事之人。因此作为读书人，生在宋朝还是幸运的。你不仅可以漫步在清明上河图中，吟诵苏轼、欧阳修、李清照等人的不朽篇章，你还可以上书言事，议论朝政，不必担心自己的身家性命。清代文字狱的文化恐怖主义很残酷，所以清代文人钻入故纸堆，没有思想家，只有考据学家。

"厚德载物"，是讲要像大地一样地广阔而负载万物，像海纳百川的大

---

① 《论语·为政篇》，（宋）朱熹：《四书章句集注》，中华书局 1983 年版，第 54 页。

海一样包容一切，人要有博大的情怀，若谷的气度，不要心胸狭隘，嫉贤妒能，这也是做人的要求。譬如韩非和李斯。韩非为战国时期韩国人，出身于韩国贵族世家，曾与在秦国飞黄腾达的李斯同为荀况的学生。韩非有些口吃，不善讲话，但很有思想，李斯自认不如他。韩非曾上书韩王实行变法，不被任用，建议未被采纳，退而著书立说，以阐明其思想，著有《孤愤》《五蠹》《说难》等。他的著作传到秦国，秦王读后大为钦佩，说："寡人得见此人，与之游，死不恨矣！"① 李斯告诉秦王，这是他的同学韩非所作。于是秦王下令攻韩国，韩王只得委派韩非出使秦国。但秦王还是没有重用他，李斯和姚贾出于对韩非才情的嫉妒，就在秦王面前诋毁韩非，秦王下令将韩非关进监狱。不久，满腹经纶的韩非在狱中服毒自杀，而送给他毒药的正是他的同学李斯。故韩非是死于李斯的嫉妒陷害。后来，赵高联合李斯，颁布假诏，逼秦始皇的长子扶苏自杀。到了秦二世时，赵高"指鹿为马"，李斯最后也被杀，故心胸狭窄的人也没有好结果。另外一个例子也是一对学生，战国时期的孙膑和庞涓同为鬼谷子的学生，庞涓因为嫉妒孙膑的军事才能，设计陷害于他，对孙膑实施"膑刑"，剜去了孙膑的膝盖骨，打入暗无天日的牢房，将孙膑囚禁起来。为了脱离苦海，一展毕生的抱负理想，孙膑只有拖着镣铐，装疯卖傻，忍饥挨饿，甚至是长睡于猪圈，将猪粪囫囵地吞下。在若干次的努力下，孙膑终于获救，到了齐国，成为齐国的军师。在马陵之战中，孙膑根据魏军的行动，利用马陵一带道路狭窄、树木茂盛、地势险阻等有利地形，选择齐军中善射的弓箭手埋伏于道路两侧，规定到夜里以火光为号，一齐放箭，并让人把路旁一棵大树的皮剥掉，在上面书写"庞涓死于此树之下"字样。庞涓由于心胸狭窄，最后死于马陵之战中。而孙膑奋笔疾书，写成《孙膑兵法》传颂千秋万代，载入史册。故可以看到，无论是同学之间，还是同事之间，虽然有竞争，但要与人为善，放宽心态，待人包容，这是做人的原则。马丁·路德金的名言是：我有一个梦想；德里达的名言：我要学会生活。我认为首先要学会做人，梦想才会实现，生活才会美满。

---

① （汉）司马迁：《老子韩非列传》，《史记》第 63 卷，中华书局 1982 年版，第 2155 页。

（二）与时偕行的精神

天道运行周而复始，永无止息，谁也不能阻挡，君子应效法天道，自立自强，奋斗不止。"君子终日乾乾，夕惕若厉，无咎。"[①] 这里讲的就是君子要终日勤勤恳恳工作，晚上要随时警惕、反省自己。三省吾身，做人尽管勤勤恳恳，但是不懂得反省，也不能与时偕行。而《乾》卦的上九"亢龙有悔"，亢即到了极点便是与时偕极，物极必反，走向反面了。

当前人类共同面临五大冲突、五大危机，即人与自然的冲突造成生态危机，人与社会的冲突造成人文危机、社会危机，人与人的冲突造成道德危机，人的心灵冲突的信仰危机，文明之间冲突造成价值危机。而哲学是时代精神的体现，所以哲学是动词，是作为标志时代精神精华的哲学核心话题，随"话题故事"不息转生，演变发展。罗蒂认为，应把哲学理解为一种在不同历史时期之间与在文化之间互相联系的诠释行为。其实作为哲学的哲学，其本身也在唯变所适地流变着、反思着。从这个意义上说，哲学可理解为动词，它不是静态的物体及精神生成物的总和，也不是自然科学与人文社会科学固有成果的总和，而是为反思着的思想者所拥有。反思的思想，不是静若止水的思想，静若止水的思想是思想僵化的思想；反思的思想，是会思想的思想。既会顺向地思，亦会逆向地思，这是一个会思的动态的过程。反思是人殊胜地把思想反过来而思，这反过来而思就是追根究底的思，是以思想的思想而思，这个以思想的思想而反思的思想，就是哲学的本真。基于此，和合学哲学曾这样为自己定位："哲学是爱智之学，它的本质在于寻求真知。因此，哲学总意味着'在途中'，和合学亦是'在途中'，它是一种生生不息之途！"这就可以说，哲学作为一个动词，它是寻求真知的智动，是为人类精神而思的神动，是以思想的思想而反思的思动。

哲学诠释为动词，因其本身也在不息地变动、演化之中，不同的时代呈现其不同的理论思维形态、标志其不同时代的时代精神精华的哲学核心话题，依傍其符合时代"话题故事"的诠释文本，适应其唯变所适的不同时代

---

① 《周易·乾卦·九三爻辞》，（宋）朱熹：《周易本义》第 1 卷，中华书局 2009 年版，第 31 页。

的需要。真乃是"为道也屡迁，变动不居，周流六虚，上下无常"①，不可为典要。虽然哲学的爱智之道常存，但是哲学寻求爱智话题却永无完结，和合生生道体也是讲不完的话题。

哲学本身是"为道也屡迁"的，是人拥有哲学，而非哲学拥有人，是人智能创造哲学，而非哲学创造人。然而，哲学一旦成为"哲人王"，人也就被异化了。哲学一旦成为绝对真理，放之四海皆准的理性规定，人就成为哲学的奴婢，若有不同的观点，就被扣上"异端邪说""离经叛道"的罪名；哲学一旦成为统治的意识形态，便成为戴震所说的"理能杀人"的工具，明代的李贽如是，清代的"文字狱"如是，多少人的人头落地！

所以，对人的认识也需要与时俱进，与时偕行。并且做人要做谦谦君子，懂得见好就收。《周易》中的《遯》卦阐释的是隐遁、退避的道理。极端地恒久，必然要引起动荡不安，而小人的势力就会乘动荡之时形成并扩大。君子就应当把隐忍退避作为正当手段，以等待最有利的时机再进行行动。在这里，作为君子应当觉悟和明白，当小人道长、君子道消的时期来临时，要选择有利、有节、有理方式，取得最佳的效果。因此，除了坚定必胜的信念，坚守刚毅中正的思想，不与小人同流合污，就个人而言，当退则退，当隐忍时则隐忍，断然抛弃一切，急流勇退，不迟疑，不顾虑，不犹豫，不留恋，不眷顾，或隐没于世俗之中，或超脱于世俗之外，以等待时机再积极行动。因为识时务者为俊杰，只有知进知退，当进则进，当退则退，才能永远立于不败之地。因为，人生在世，难免遇到挫折、困难等的阻碍。在无法前进之时，若唯有退避才能亨通，就应该果断而有计划地从人生的大战场上组织撤退，以保存和蓄养力量，等待时机再转入进攻。人生好比上战场，有前进也有撤退。君子应该用战略目光看待人生，不要被一时的失败退避弄得灰心丧气。应当清醒地知道，退却和前进一样，都是生活中不可缺少的组成部分。退却可以保存有限的能量，有机会体味生活的另一面，让生命的力量得以积蓄，以便将来可以有更大的发展。但也要善于总结失败的经验教训，立志改革，这样才能东山再起，最后的胜利是完全可以期待的。举个

---

① 《周易·系辞下》，（宋）朱熹：《周易本义》第3卷，中华书局2009年版，第255页。

例子，"飞鸟尽，良弓藏；狡兔死，走狗烹"①。"鸟尽弓藏"，这是古人经常对后人的忠告。讲的便是清楚认识人的范例。范蠡是春秋时越王勾践的主要谋臣。他为勾践策划一切，指挥军事，灭了吴国，称霸中原。他深知"勾践为人，可与共患，难与处安"②，为了避免"鸟尽弓藏，兔死狗烹"的命运，范蠡在成功地灭吴雪耻之后，不恋高官厚禄，功成身退，弃官经商，毅然地离开了可共患难而不可同安乐的勾践，隐名从商，先隐居在齐国，自谓鸥夷子皮，因为艰苦创业，经营渔业、盐业等，财富迅速累积。但后来又为逃避声名之累而散尽家产，随之到了陶地，改名换姓，人称"陶朱公"，很快又重新聚积起远胜从前的财富，得以善终，于是成就了史上最为有名的一大豪富。所以我们认识一个人需要认识他的本质，认识其本质比了解其做的事情更为重要。

（三）忧患精神

《周易》一书，包含着强烈的忧患意识。"作易者，其有忧患乎。"③ 首先，关于它的成书便是忧患意识的体现。《周易》中的卦不是随便来的，它是圣人"仰则观象于天，俯则观法于地，观鸟兽之文与地之宜，近取诸身，远取诸物"的结果。《汉书·艺文志》有"人更三圣，世历三古"④ 之说，讲"三圣"一般指伏羲、周文王和孔子。认为伏羲氏画八卦；周文王演为六十四卦，作卦辞和爻辞；孔子作传以解经。"三古"是指上古、中古和近古。伏羲为上古，周文王为中古，孔子为近古。伏羲作易始为八卦，上古时代，通天之黄河现神兽"龙马"，背上布满神奇的图案，圣人伏羲将其临摹下来，并仰观天文、俯察地理，而作"八卦"；文王究演六十四卦，中古时代，姬昌被崇侯虎所潜，纣王把他囚禁在羑里（今河南汤阴北）。被拘期间，他潜心探究天人之理，将八卦演化为六十四卦，并编纂了卦、爻辞，即"文王拘而演《周易》"；下古时代，孔子喜"易"，感叹礼崩乐坏，故撰写《易传》10篇。因此，我们反观《周易》，研究《周易》，正是忧患意识的体现，正

---

① （汉）司马迁：《越王勾践世家》，《史记》第 41 卷，中华书局 1982 年版，第 1746 页。
② （汉）司马迁：《越王勾践世家》，《史记》第 41 卷，中华书局 1982 年版，第 1752 页。
③ 《周易·系辞下》，（宋）朱熹：《周易本义》第 3 卷，中华书局 2009 年版，第 254 页。
④ （汉）班固：《艺文志》，《汉书》第 30 卷，中华书局 1962 年版，第 1704 页。

是去追寻文明的源头活水，文化的价值所在，人生的安身立命之所。

有很多人知进而不知退，知生而不知死，这是《周易》中"亢之为言也，知进而不知退，知存而不知亡，知得而不知丧"①。解释"上九"中的"亢龙"。《上九》说"亢龙有悔"。"上九"是《乾》卦的最高一爻，飞到极顶之龙，已失去正位，进退两难，有物极必反之势，故以至有悔。"亢龙有悔，盈不可久也。"②《文言》所言："飞龙在天，上治也；亢龙有悔，穷之灾也"③；"飞龙在天，乃位乎天德；亢龙有悔，与时偕极"④，主旨点明的恰是"亢龙"现象的非持盈性："亢"，只知进不知退，只知生不知死，只知得不知失，这是做不到持盈的。所以我们应该做到知进知退，知生知死。唯有"知进退存亡而不失其正者"，才可以做到持盈，这就是说，要居安思危，自为自助，并具有忧患意识。清代顾炎武在《日知录》中讲道："保天下者，匹夫之贱，与有责焉耳矣。"⑤ 在当下，特别是针对我们大学生、研究生、博士生，作为高级知识分子，应该担负起"国家兴亡，匹夫有责"的担子，国家的兴盛、灭亡，每一个人都有义不容辞的责任。

今天我讲的主要目的，是要大家在了解《周易》的人文精神大智慧的基础上，学习其思维方式的大智慧，实践其民族精神的大智慧，从而将《周易》这样一本群经之首的传统经典，从遥远的历史上请到自己的枕边或者书桌前，解开它神秘的面纱，慢慢了解它不可抵挡的人文魅力和延续千年的影响，让《周易》在我们的生活中继续"活着"。如果大家对周易感兴趣，可以参看我关于《周易》的易学著作，如《周易思想研究》《周易帛书今注今译》《周易与儒道墨》《周易的智慧和诠释》等与《周易》相关的著作。

（本文的主体内容原载于《社会科学战线》2013 年第 7 期）

---

① 《周易·乾·文言传》，（宋）朱熹：《周易本义》第 1 卷，中华书局 2009 年版，第 42 页。
② 《周易·乾·文言传》，（宋）朱熹：《周易本义》第 1 卷，中华书局 2009 年版，第 34 页。
③ 《周易·乾·文言传》，（宋）朱熹：《周易本义》第 1 卷，中华书局 2009 年版，第 38 页。
④ 《周易·乾·文言传》，（宋）朱熹：《周易本义》第 1 卷，中华书局 2009 年版，第 39 页。
⑤ 徐世昌等编纂，沈芝盈、梁运华点校：《清儒学案》，中华书局 2008 年版，第 294 页。

国学略说——易、儒、道三句真言

为什么要选择每家的三句真言？我们知道，司马谈在《论六家要旨》时，仅就儒家的书籍就说过："六艺经传以千万数，累世不能通其学，当年不能究其礼。"① 国学方面的典籍浩如烟海，"穷年不得尽其观"，因此我们应该掌握核心的问题。基于这样的考虑，我把每家的思想都概括为三句话，这样概括的标准有二：一是这家的核心思想；二是这些思想对后世的影响是最大的。从这个意义上讲，三句话尽管简约，但并不简单，因为它概括了这家思想的核心话题。

一、《周易》真言

先讲《周易》。为什么从《周易》讲起呢？我们知道《周易》是中华文化的根，也是中国思维方式的活水，它开启了中华学术的一个范式。从这个意义上讲，《周易》是中华思想和民族精神的源头，是一部由巫术包裹着的百科全书。它不仅深刻地展现了中国古代政治、经济、文化结构的特点，渗透在人们的生活方式、伦理道德、风俗习惯、价值观念里，而且产生了世界性的影响，比如说莱布尼兹关于"二进制"的思想，就得到了《周易》的启发；同时，它也开启了儒家、道家和墨家等中国历史上的主要思想流派。

易道广大，乾坤并健，阴阳消长，与时偕行。它的三句真言可以这样概括：第一，生生之谓易；第二，保合太和；第三，穷理尽性以至于命。

---

① （汉）司马迁：《太史公自序》，《史记》第 130 卷，中华书局 1982 年版，第 3290 页。

第一，生生之谓易。

"生生之谓易"包括这样两层含义：一是"富有之谓大业"①，二是"日新之谓盛德"②。

什么叫"生生"？"天地之大德曰生"③，意谓天地最大的品德就是"生"。《周易》各卦产生的过程就体现了"生"的品格。《说卦》上讲："乾，天也，故称为父；坤，地也，故称为母。"父母交感变化就化生了震、坎、艮、巽、离、兑，3 男 3 女，他们与乾、坤两卦合起来便形成了八卦，八卦的不断重叠产生六十四卦，这个过程就是生生不息的过程。这种思想就影响了整个中国的思维方式。

只有变易才能生生，生生才能富有，此谓"富有之谓大业"。每个人都希望自己富有，富有应该包括每人的道德水平、科技知识以及财富积累等，也就是说要成功立业，不仅仅是物质财富的富有，还有精神财富的富有。"夫易，圣人所以崇德而广业也。"④ 就是说要注意道德这个层面的建设。一个人道德的缺失，可能会使他整个的财富化为乌有。中国人讲"富不过三代"，为什么？是因为后继者没有一种创业的意识和道德。生生和富有另一层含义是"日新"。所以它把"日新"作为一个重大的德性。"日新"就是"日日新"，用现代的话讲就是不断的创新。如果没有不断的创新，就不可能"富有"，也不可能"生生不息"，所以《周易》上讲"日新之谓盛德"。怎样才能保持不断的生生和富有？就要依据《周易》乾卦九三的爻辞所讲的："君子终日乾乾，夕惕若厉，无咎。"⑤ 君子终日要勤奋不懈的工作，到了晚上又能够不断地反省自己，这样就不会有灾祸。一个不会反省自己的人是不会进步的。

第二，保合太和。

---

① 《周易·系辞传上》，（宋）朱熹：《周易本义》第 3 卷，中华书局 2009 年版，第 228 页。
② 《周易·系辞传上》，（宋）朱熹：《周易本义》第 3 卷，中华书局 2009 年版，第 228 页。
③ 《周易·系辞传下》，（宋）朱熹：《周易本义》第 3 卷，中华书局 2009 年版，第 245 页。
④ 《周易·系辞上》，（宋）朱熹：《周易本义》第 3 卷，中华书局 2009 年版，第 230 页。
⑤ 《周易·乾卦·九三爻辞》，（宋）朱熹：《周易本义》第 1 卷，中华书局 2009 年版，第 31 页。

"乾道变化，各正性命，保合太和，乃利贞。首出庶物，万国咸宁。"①这里提到了"保合太和"，在太和的"天道"内蕴含着浮沉、升降、动静、相感的性质，因而产生氤氲、屈伸、胜负的变化，变化有一定的规则。在变化的过程中，每个事物都得到了它应有的位置，并"各得其所"，在这种情况下，就可以取得一种协调、和谐。这种思想影响很大。

我们可以看看故宫的建筑。第一个殿就是"太和殿"，第二是"中和殿"，第三是"保和殿"，后面还有三个殿是"乾清宫"、"交泰殿"和"坤宁宫"。故宫6个大宫殿的建筑就是按照《周易》六爻所建。这里有了"太和""保和"，为什么还有一个"中和殿"？如果知道《周易》的既济卦（上坎下离），我们就可以清楚，"既济"卦是"离"卦和"坎"卦的重叠，"离"在下，"坎"在上，"离"是火，"坎"是水，在"既济"卦里面，九五是阳爻，在阳位；六二是阴爻，在阴位。

五是奇数，二是偶数，阴在偶数位，阳在奇数位，称为"得位"，九五为至尊的位置，古代皇帝称"九五至尊"；与其相对应的六二阴爻，是臣位，君臣和谐为"得中"。九五、六二两爻阴阳相应，叫作"和"，既当位又相应，所以称为"中和"。"乾清宫"是皇帝平时办公的地方，"坤宁宫"是皇帝结婚的地方，皇后、太后可以在那里活动，中间是"交泰殿"，"泰"卦是"坤"在上，"乾"在下，这时候，阳气向上，阴气向下，便可以交感。《周易·泰·象》上讲："天地交而万物通，上下交而其志同也"②，天地不交万物就不通，上下不交万物就不成，"交泰殿"就是取《泰·象传》："天地交泰"的意思，也就是"乾清宫"和"坤宁宫"的一个交合，这是故宫仿照《周易》思想的一个排列次序。从这里我们可以知道，"保合太和"实际上是讲"和"的思想。

《周易》六十四卦都是相反相成的，讲和合、和谐的思想，八卦的天地、水火、山雷、风泽，也是融突而和合、和谐。"和"的思想后来得到儒家、道家、墨家等的阐发，成为中国思想上一个核心的范畴和首要的价值

① 《周易·乾卦·象传》，（宋）朱熹：《周易本义》第1卷，中华书局2009年版，第33页。
② 《周易·泰卦·象传》，（宋）朱熹：《周易本义》第1卷，中华书局2009年版，第74页。

观，影响中国的政治、经济、文化、思想。

第三，穷理尽性以至于命。

这句话被看作《周易》中的"易道"。"易"有"三义"，一曰变易，二曰不易，三曰简易。"不易"讲的是"易道"，"和顺于道德而理于义，穷理尽性以至于命"① 就是不易之道。这里提出了三个概念："理""性""命"。这三个概念在后来"理学"开山之祖周敦颐那里做了重要的发挥，他在《通书》中有专门一篇文章叫作《理性命》。"穷理"就是穷"易道"。朱熹讲只有"格物"而后方能"穷理"。王阳明年轻时笃信朱学，依朱子所说格他父亲王华北京官署里的竹子之理，结果未果而中途病倒。"穷理"用我们现代的话讲就是认识事物的本质，认识事务现象的背后是什么。比如桌子的背后是什么呢？背后的东西能不能被认识？也就是"理"能不能被我们"格"出来？大家应该想一想。王阳明按照朱熹的方法没有"格"出来，那么这个"理"究竟在什么地方？王阳明穷尽儒、道、佛之书，后来他找到了"理"就在心中，心外无物、心外无事、心外无理。心就是理。这样他就开出了与朱熹不同的路向，一个是"理学"的路向，一个是"心学"的路向。

何谓"尽性"？首先，"性"就是我们说的人性，对"性"的本性，人们众说纷纭，有人说人性是善的，有人说人性是恶的，也有人说性是善恶混合的。其次，"性"是从哪里来的呢？《中庸》开篇就说"天命之谓性"，《郭店楚墓竹简》里讲"性自命出"。这说明"性"是"天"给我们的，是先天的。孟子讲人性本来是善良的，但是它常常被私欲所蒙蔽，因此才堕入恶。所以我们应该去除私欲，把我们放逐的"本心"找回来，这叫作"求放心"。把原来的"本心"恢复起来，这就得"尽心"，即认识我们的"本心"是什么。所以孟子讲"尽心知性知天"，只有能够"尽心"，才能够"知性""知天"。"穷理尽性以至于命"的"命"，可以理解为"天命"和"命运"。"命"和"运"是两个不同的概念，如果说"命"是"天"赋予的、不可改变的必然性，那么"运"则是可以自己掌握的。人可以在"性"和"命"的互动中来

---

① 《周易·说卦传》，（宋）朱熹：《周易本义》，《朱子全书》第 1 册，上海古籍出版社、安徽教育出版社 2002 年版，第 153 页。

掌握自己的命运。"夫大人者，与天地合其德，与日月合其明，与四时合其序，与鬼神合其吉凶"①，就是说我们只要"穷理尽性"，就可以与天地合德，与日月合明，与四时合序，与鬼神合吉凶，也就是说我们可以掌握它。孔子就说："五十而知天命"，从这个意义上看，《周易》上的"穷理尽性以至于命"，可以说开启了后来的宋明理学以及儒家的理性命话题。

二、儒家真言

《周易》开启了儒家的思想，它是儒家思想的源头活水。孔子读《周易》曾经"韦编三绝"，把用来穿竹简的绳子翻断数次，可见对《周易》做了很深入的研究，所以后人把《易传》归于孔子的名下。儒家讲"天行健，君子以自强不息"，讲"经世致用"。我把儒家的核心精神概括为三句话：第一，以治平为本；第二，以仁为核；第三，以和为贵。

第一，以治平为本。

《大学》中按照朱熹排列次序，第一章就讲"格物、致知、诚意、正心、修身、齐家、治国、平天下"，这叫作"八条目"。不管是天子、庶人，"一是皆以修身为本"。"修身"以上是"内圣"问题，"修身"以下则是"外王"问题，"内圣"也就是"超凡入圣"的问题。这就需要通过格物致知而诚意、正心，修身而后才能齐家、治国、平天下。从这里我们可以看出来，"内圣"可以直通"外王"。现代新儒家熊十力也认为可以直通，而他的学生牟宗三则认为不是直通，而只能"曲成"，需要经过"良知坎陷"，然后才能开出"外王"。换言之，内圣的"心性之学"只有这样才能开出"外王"的科学和民主来，这是他作的一个现代的解释。但是从《大学》来看，"格物""致知"是一个知识论问题，如果把这些做好了，然后"诚意""正心"，其实是可以开出"外王"的。

现在为什么一些人，甚至一些高级领导干部，出现了很多贪污受贿问题？就是因为他们没有格物致知、提高认识，然后正心诚意，去做修身的功

---

① 《周易·乾·文言传》，（宋）朱熹：《周易本义》第1卷，中华书局2009年版，第41页。

夫。只有自己身修好了，才可以管理好家庭，如果连家庭都管理不好，他如何能治国呢？当然会出问题的。现在很多高官倒台，都与此有关系。

治平为本，在政治上看，孔子是主张"德治"的。孔子说："道之以政，齐之以刑，民免而无耻；道之以德，齐之以礼，有耻且格。"① 意思是说从政时，你用政令和刑罚来压服，那么百姓可以做到不犯罪，但是并不能使他有羞耻之心；如果你用道德来教化他，用礼来引导他，那么他就不会犯罪，并且有了羞耻之心。这是两个层面，一个是"自律"的，一个是"他律"的，我想只有把这两者很好地结合在一起，问题才能得到很好的解决。政治上，孔子要求君应遵君德，官应遵官德，为政者要端正，所以说"政者，正也"。如果只发号施令，自己不以身作则，下面也不会执行的。用俗语讲就是"上梁不正下梁歪"，这是很简单的道理，这是治平的根本。

治平为本，从经济上看，就是从"小康"到"大同"的社会目标。小康是"各亲其亲，各子其子"，自己把自己的亲人当作亲人，把自己的儿子当作儿子去爱他。"大同"社会是"天下为公"，那么就不能仅"各亲其亲，各子其子"，而是要把这种亲情也推及至别人或其亲人的身上，"不独亲其亲，子其子"。

治平为本在道德上的要求，是要遵循"孝、悌、忠、信、仁、义、智、勇"这样一些道德条目，这是社会治平的保证。

从教育上讲，孔子主张"有教无类"，也就是说每个人都有受教育的权利，不受等级的限制。譬如周代就有这个限制，要上"国子学"，必须是三品以上的子弟，入"太学"必须是五品以上的子弟，入"四门学"必须是七品以上的子弟。孔子的伟大之处就是打破了这种等级制度，使得每个人都有学可上。同时他打破了学在官府的教育制度，率先私人办学，为广大人民开辟了上学的方便之门。

第二，以仁为核。

"孔子贵仁。"② "仁"，《说文》"亲也，从人从二"。是讲人和人之间的关

---

① 《论语·为政》，（宋）朱熹：《四书章句集注》，中华书局 1983 年版，第 54 页。
② 《吕氏春秋·不二》，许维遹集释：《吕氏春秋集释》第 17 卷，中华书局 2009 年版，第467 页。

系。应该如何处理人和人之间的关系呢？要"仁者爱人"。后来有人讲"仁"是对别人而言的，是重人的价值取向；"义"是对自己而言，重我的价值取向。"义"是你自己要做到的，它由外在的道德行为内化为端正自我；"仁"则要求爱别人，人往往有一种本能的自爱心理，而丧失爱人的意识，所以强调爱人，只爱自己不是太自私了吗？因此，"仁"是由己及人。"仁"包括三个方面的意思：

一是"己所不欲，勿施于人"①。1993年，世界宗教会议通过了一个"全球伦理宣言"，这个宣言提出了四条金规则，第一条是不杀人，也就是不要战争；第二条是不说谎；第三条是不偷盗；第四点是不奸淫，男女是平等的。这四条"金规则"的指导思想就是"己所不欲，勿施于人"。

二是"己欲立而立人，己欲达而达人"，也就是说自己"立"起来了，也要使人"立"起来，自己通达了、发达了，也要使别人通达、发达。就像现在评教授，自己评上了，就不让别人上，这就不对了。还有在国际上，一些发达国家总是制裁不发达的国家，不让不发达国家发展，限制其发展。发达国家自己发达了，也要让别的国家发达，这才是"己欲达而达人"，这才符合孔子的思想。

三是"博施于民而能济众"，就是广泛地给予老百姓以好处，能帮助老百姓生活得好，而且要帮助不发达国家发达起来。

第三，以和为贵。

孔子的弟子有子说过"礼之用，和为贵"。日本资本主义之父涩泽荣一在经济领域中成就显赫，他创办了500多个企业、600多个慈善机构。而且他还很重视中国的传统文化，有一个著名的论点就是"《论语》加算盘"，并在他的家乡立了一块"以和为贵"的碑。"和"是中国哲学当中的一个重要概念，是中华民族精神的体现，也是中华民族伦理道德最高的价值目标。在尧的时候，在中国这片土地上的国家有3000多个，到了周代还有800多个，到了战国还有"七雄"。我在《和合学》中就讲，当时的中国就是一个国际社会，虽然国家小，但毕竟是一个国家。当时如何"协和万邦"？有识之士

---

① 《论语·雍也》，（宋）朱熹：《四书章句集注》，中华书局1983年版，第92页。

就提出了国家和国家之间应该协和、和谐，黎民百姓才能和谐相处。

《诗经》上也出现"和羹"一词，"羹"就是肉汁，"和羹"就是说如何能够让肉汁好吃。晏子和齐景公对话的时候，就讲到了"和同之辩"，他认为要让肉汁好吃，就必须把各种各样的调料，就是我们现在所说的油、盐、酱、醋等，把它们加到一块，又恰到好处，多种元素的和合，才能美味，才是"和羹"。《礼记》中讲"和"的地方就更多。《五经》里面都讲"和"。孔子把"和"与"同"作为区分君子与小人人格的标准，他说："君子和而不同，小人同而不和。"① 从这个意义上讲，"和"在儒家的思想系统当中是一个非常重要的概念。

中国哲学中，关于天地万物是从哪里来的是一个根本的问题。你从哪里来的呢？这个大家好像没有考虑过，而且也觉得不需要考虑。其实，哲学就是对这种问题的追问，他们首先考虑的就是天地万物从哪里来的问题。中国古人对这个问题的回答就是"和实生物"。"和"就是"以他平他"，也就是事物与事物之间是平等的、平衡的。也就是说你和我和他之间，不是你吞掉我、我吃掉你，而是一种平等、平衡的关系。对他者应该尊重。如何"和实生物"？他讲"土与水、火、金、木杂而成百物"②，不同的元素"杂合"才能生成百物。韦昭对"杂"有一个解释，"杂"就是"合"的意思，因此，"杂种"是优生的一种方法。日本人称自己的文化是杂种文化。"杂"能使万物融突和合化生。

我们从这里也可以看出来，中国从思维的源头上，是讲天地、男女、父母等多种元素、事物融突和合而后化生万物的，它不是由一个绝对的、唯一的、全知全能的上帝来产生万物。正因为这样，所以中国的思维就从源头上开创了多元的、包容的、没有独断的这样一种思维方式；西方是由唯一的、绝对的东西产生万物，就开出了二元对立的、独断的这样一种思维方式，就会认为只有我才是唯一的、绝对的真理，其他的东西都不是真理。这种情况下，西方对不同的意见就会采取排斥的方法；而中国思维方式

---

① 《论语·子路》，（宋）朱熹：《四书章句集注》，中华书局 1983 年版，第 147 页。
② 《国语·郑语》，徐元诰：《国语集解》第 16 卷，中华书局 2002 年版，第 479 页。

从源头上便具有包容性。譬如在中国人的宗教信仰里，儒、释、道三教之神可以在一个寺庙里供奉，其他宗教可能吗？所以说，"海纳百川，有容乃大"这是中国思想文化的一个特点，也是中国文化能够包容各家思想的一个原因。

因此，我们可以这样讲，中国文化开出的是一个"和合"的思维方式，而西方开出的是一个主客二元对立的思维方式，从思维源头上讲是完全不一样的。中国的文化之所以伟大，之所以生生不息，确实有它的原因，这就是和合。世界上的四大文明，中华文明、印度文明、古埃及文明、古希腊文明，除了中华文明外，都曾断裂过，现代的欧美文明是有今无古的，唯有中华文明是亘古亘今的，它没有中断过。这是中华文化以和为贵的大化流行、生生不息的表现。

三、道家真言

道家思想属于黄老系统。它的源头之一是以坤卦为首卦的《归藏》。道家是讲"逍遥"的，你们可以看看庄子的《齐物论》和《逍遥游》，那是极富想象力的，庄子能把你的思想带到广袤的宇宙空间去遨游。在宇宙之中，人虽然看起来很渺小，但在道家看来，人也是很了不起的，是"四大"之一。老子说："道大，天大，地大，人亦大，域中有四大，而人居其一焉。"[①]从这里来看，道家并非否定主体人的作用，也不是"避世"的（这一点我可能跟传统的看法有些不同），其实，他是讲如何批判社会的，他从批判现实社会中，提出了自己一套独特的看法，阐发了自己独特的价值理想和超越境界。我把道家核心思想概括为三句话：第一，无为而治；第二，有无相生；第三，道法自然。

第一，无为而治。

为什么讲"无为而治"，这就是道家所探讨的独特的治理世界的方法。

---

① 《道德经·第二十五章》，（魏）王弼注，楼宇烈校释：《老子道德经注校释》，中华书局1980年版，第64页。

他这样讲："为无为，则无不治"①，就是说把"为"当作"无为"，把"无为"当作"为"，这样就可以治理国家，我想这是很有道理的。如果一个领导，事无巨细，什么都管，你想能管得好吗？肯定管理不好，所以，道家就讲"道"常"无为而无不为"。"道"经常是"无为"的，但是它"无所不为"。一个领导，你看他无为，其实他什么都为了，因为他制定方针、政策、战略、策略，制定工作的方案、制度和秩序，按照这个制度的规范去做，就能够做好，对不对？这样，实际上他都为了。对于老百姓来说："我无为而民自化，我好静而民自正。"②百姓自然教化，这里"正"字很重要。过去就讲，皇帝"正"就能够正朝廷，朝廷"正"就能够正百官，百官"正"就能够正天下。宋代理学家们的思想是比较开放的，因为当时赵匡胤有一个"佑文政策"，这个政策重要的特点就是不杀知识分子，这样知识分子就可以大胆地发言。朱熹上奏折的时候，他就大胆地说，皇帝的"心术不正"。

他在奉召当侍讲的时候，朋友们问朱熹给皇帝讲什么？朱熹就说要讲"正心诚意"，朋友说你这样讲不行，皇帝不爱听。朱熹反问，我不讲"正心诚意"，讲什么？他认为如果皇帝的心术不正，百官的心术就不正；百官的心术不正，百姓的心术又怎么能正呢？所以老子讲的"我好静而民自正"，皇帝正了，百姓自然正，不需要一个个地"正"，我们现在就很辛苦！如果你自己"正"了，你自己不贪污、不盗窃、不走后门，我想别人也不敢，这样就可以"我无为而民自化"，人民就可以自己教化自己，自己改恶从善，这就是老子讲的"无为而治"。

中国历史上，有两次是用道家的思想来治理国家的，却获得了两次盛世，这就是"文景之治"和"贞观之治"。"文景之治"我们可能很熟悉，影片《汉武大帝》里有所描述。当时窦太后把儒生辕固生投到了猪圈里面，想让野猪杀死他，结果是猪被他杀了，这看出当时儒道两家斗争是很激烈的。

另外一个是"贞观之治"。唐初受当时"士族"门阀制度的影响，想从

---

① 《道德经·第三章》，（魏）王弼注，楼宇烈校释：《老子道德经注校释》，中华书局 1980 年版，第 8 页。

② 《道德经·第五十七章》，（魏）王弼注，楼宇烈校释：《老子道德经注校释》，中华书局 1980 年版，第 150 页。

李姓当中找一个最有名的人，以提高自己的门阀，他们找到了老子。因此，在唐朝开始的时候，虽然儒、释、道三教并用，但道家的思想是排在第一位的。当时，也是与民休养生息，取得了好的政治效果。

第二，有无相生。

老子不是只讲"无"，他也讲"有"。他说："天下万物生于有，有生于无。"①"有"好理解，物、人类都属于"有"的范畴，但是"有生于无"就不好理解。我们看看老子讲的。他是这样来看待这个问题的，譬如说房子。如果房子是一个实体，你们能在礼堂里听我讲吗？当然不能，所以老子说："凿户牖以为室，当其无，有室之用。"他又说："埏埴以为器，当其无，有器之用。"用泥巴做一个杯子，中间必须是空的，如果中间是实的，那就没有用，不能装水。还有"三十辐共一毂，当其无，有车之用"②，车轱辘中间必须是空的，它才能转动，所以说"有无相生"。从这个意义上讲，我们可以进一步分析《道德经》，"道"就是"无"，是形而上的，是看不见、摸不着的。"德"呢？如果就具体的行为来说，它就是"有"。你待人接物，就是一个具体的事件，是你生活的一种"样式"。从一定意义上说，《道德经》的"道"是讲"无"，"德"是讲"有"，这就构成了道德经。反过来，就像马王堆帛书里面那样，"德经"在前，"道经"在后，这是说它对形而下的人们的道德行为更加重视，所以讲"失道而后德""大道废，有仁义"。《老子》中，在讲"无"的时候，并没有忽视"有"，所以"有""无"相反而相成，两个是互补的、相生的。

第三，道法自然。

"人法地，地法天，天法道，道法自然。"③人是效法地的，地是效法天的，天是效法道的，道是效法自然的。那么"自然"是什么？它是一种自然

① 《道德经·第四十章》，（魏）王弼注，楼宇烈校释：《老子道德经注校释》，中华书局1980年版，第110页。
② 《道德经·第十一章》，（魏）王弼注，楼宇烈校释：《老子道德经注校释》，中华书局1980年版，第26页。
③ 《道德经·第二十五章》，（魏）王弼注，楼宇烈校释：《老子道德经注校释》，中华书局1980年版，第64页。

而然，正因为是自然而然的，所以"道"的最高的境界也就是一种自然境界。老子对自然有一种描述。他举了一个例子："希言自然，故飘风不终朝，骤雨不终日。"① 飘风不终朝、骤雨不终日只是一种自然现象，体现出自然本身的一种状态。它从这样的一个角度来说明，用无为思想"以辅万物之自然而不敢为"②，辅助万物的自然而然。这里我们可以看出来"道"的自然而然的本质是什么呢？第一点，不能加它一点，也不能减它一点，不能加减，不能损益；第二点，"道"是不主宰，既不主宰别人，也不要别人主宰它，它是这样的一种品格；第三点，它不需要刻意超越别的东西，而是自然而然地超越；第四点，它既是万物之母，又不自以为是万物之母；第五点，是相辅相成，双赢互补的，也就是说，"万物负阴而抱阳，冲气以为和"，它背负着"阴"，而抱着"阳"，是这样的一种状态。

你们可以闭上眼睛想象"负阴而抱阳"是一种什么样的状态，它的"和合"化生了第三者，就是"冲气"。

儒道两家正好构成了中国思想当中的两条路向，这两条路向又是互补的。它们又像是中国思想中的两条大河，气势磅礴、亘贯古今，两者既相反相成，又相得益彰，在交融互设中维护着民族精神的平衡。我们人的手心是阳，手背是阴；人的躯体是阳，内脏是阴。任何事物都可以做这样两方面区分。所以中国的思想是非常有生命智慧的，它既讲这一面，也讲另一面，两个又是互补的。这就构成了中国思想的伟大之处，也构成了中国哲学思想的精妙和深刻之处。大家了解这一点，就应该为中国哲学思想的独特性而骄傲。

我今天讲这九句话，就是想让大家掌握三家思想的内在精髓，省去了自己翻书、琢磨的工夫。当然这只是我自己的体会，也可能是错误的，所以请大家来指正。

（本文主体内容原载于《光明日报》2006 年 11 月 14 日）

---

① 《道德经·第六十四章》，（魏）王弼注，楼宇烈校释：《老子道德经注校释》，中华书局1980 年版，第 166 页。

② 《道德经·第四十二章》，（魏）王弼注，楼宇烈校释：《老子道德经注校释》，中华书局1980 年版，第 117 页。

以全球视野和创新思维理解国学内涵

国学一词，较早见于《周礼》："掌国学之政，以教国子小舞。"[①] 这里的国学是指教育机构，或指教乐舞的机构，其教育课程主要是《五经》（《尚书》《诗经》《礼》《周易》《春秋》）和《四书》（《论语》《孟子》《大学》《中庸》）。这些元典文本经后来学者不断诠释，使中华民族 5000 年文脉不仅绵延生生，而且强盛壮大。而国学在现代是指中华民族学术文化与时偕行的创造，是中华民族学术文化的总和。中国近现代国学不是古代国学的断裂，而是在学术意蕴上的传承。

中华民族古代文化，可谓海纳百川，有容乃大，汇聚和凝练了各民族、各地域和各国文化，形成了中华 5000 年光辉灿烂的文明，而屹立于世界。其间有两次外来文化大规模的传入，对中华文化产生了深远影响。尽管中国古代没有把国学完全置于学术视野下来观照，没有把国学本身作为研究对象来诠释，但国学作为教学的基地和管理机构，其教学的课程内容为国学研究提供了文本的依据和诠释的空间及条件。

近代以来，在中西文化学术激烈震荡中，中学蕴含的是以儒学为主的中华固有学术，"中学"或称为"国学"。

"国学"由于章太炎的倡导而成为当时流行的学术话语。1906 年，章太炎出狱东渡日本，接任《民报》主编，8 月成立国学讲习会、国学振兴社，并为上海国学保存会主办的《国粹学报》上撰文。他说："吾闻处竞争之

---

① 《周礼·春官·乐师》，《周礼注疏》第 23 卷，《十三经注疏》，中华书局 2015 年版，第 793 页。

世，徒恃国学固不足以立国矣，而吾未闻国学不兴而国自立者也。"① 国学是国家成立的根本、根基和源泉，国学亡而国必亡，国学兴而国立，国学与国家命运息息相关，存亡相依。他认为："真新学者，未有不能与国学相契合者也。"② 国学与新学并不冲突，而相契合。1922 年 4 月至 6 月，章太炎应江苏省教育会之邀，在上海讲国学。教育会在通告中说："自欧风东渐，兢尚西学，研究国学者日稀"，"同仁深惧国学之衰微，故请章先生主讲国学"。③五四运动后，国学衰微，便引起国人的忧虑，要振兴国学，沟通新旧之学、中西之学，是当时国人的诉求。

20 世纪初，国学之所以得以重新提倡，是一批具有"国家兴亡，匹夫有责"的责任感、担当感的知识精英们，在"欧风东渐、兢尚西学"的忧患中，深惧国学之衰微，为救国图存而奔走呼号，为文脉延传而大声疾呼。尽管西风劲吹，德赛显威，然文明道统，唯变所适，生生不息。现代国学，曾历经磨难，屡遭挑刺。当今，春风徐来，百物复苏，国学亦否极泰来，顺天应人。在国内外新形势、新环境、新格局下，要有全球的新视野、和合的新思维、变通的新理念、生生的新价值、现代的新方法，对国学做出新诠释。

其一，以世界的视野、全球的意识来观照国学。当前，人类共同面临着人与自然、社会、人际、心灵、文明间的五大冲突，并带来生态、人文、道德、精神、价值的危机。如何化解这五大冲突和危机，是人类能否永续发展的问题。在中华国学中蕴含着化解人类五大冲突和危机的独特的资源和智慧，可开出和生、和处、和立、和达、和爱五大原理，这是国学的生命智慧。

其二，以和合的新思维，超越国学在西学的科学和民主价值观视野下的复古、保守、守旧的观念。西学以其固有的二元对立的思维方式、不相容的二值逻辑，影响着当时向西方追求真理的知识精英。从发展看，复古与现代、保守与革命、守旧与先进的二元对峙，不是固定不变、永远如此，而是变动不居、刚柔相易。其实，现代是古代的传承和积累，无古哪有今！任何

---

① 章太炎：《国学讲习会序》，《民报》1906 年第 7 期。
② 章太炎：《国学讲习会序》，《民报》1906 年第 7 期。
③ 转引自刘梦溪：《论国学》，上海人民出版社 2008 年版，第 21—22 页。

现代的文化哲学的创新，都要回到其文化哲学的源头，反思其元文化哲学，以获取新启迪、新灵感、新智慧，在现代与复古的猛烈碰撞中，点亮爱智之光，而建构现代的文化哲学，或曰现代的新国学。

其三，以变通的新理念，超越中西体用、道器重轻的思维模式。中西体用二元论，就把中西体用固定化、僵死化。我们应以"穷则变，变则通，通则久"的变通思维，以通中西体用，道器重轻之变。道有变、易有生，只有变动不居才能适应、适合时代的需求，否则就会被时代所淘汰。通中西体用之变，体用相兼，道器并建，中西之学在冲突中形成新和合体的国学。

其四，以生生的新价值，超越国粹派、东方文化派的国学观、文化观。和合生生是一种蕴含抉择的社会学现象，燮理阴阳变化的疏通万物生机，也是一种自觉而然的文化学现象，参赞天地万物以呵护众生命根。人类的道德觉醒是和合生生的动因，主体的价值创造是和合生生的动力。以生生的新价值观来看以往的国学各派，既有其合理性，可作为化旧国学为新国学的资源，亦要立足于主体的价值创造，建构与时偕行的新国学。

其五，以现代的新方法，超越以往分门别类过细而不能贯通的僵死、呆板的教研方法。国学具有和合的整体性。和合的整体性是中华国学的特点，也是其实际的形态。所以应以和合整体为方法论，不能倚傍西方分科的方法，而要整体地而不是部分地、全面系统地而不是片面支离地呈现国学的事实面相及其内在逻辑。既有纵向的国学的文化流行，各个时期的流行均有其时代特色、风格、方法和性质，构成了那个时期的国学精神，而不能错位和代替，又有横向互相融合，在兼容并蓄方法的观照下进行和合，并凸显其整体的内在逻辑的联系性、整体性，以获得对国学整体的贯通、真切的理解，及思想精神的领悟和新意蕴的开出，在和合整体方法的观照下，使国学之本真得以彰显。

（原载于《中国教育报》2006 年 12 月 11 日）

国学的度越与建构

一、度越"旧国学"

在 21 世纪的今天，为道屡迁，变动不居，大化流行，唯变所适。"国学热"也是唯时代之所适，为道变化之所需。为了使国学热健康发展，必须度越"旧国学"，以建构新国学。如何度越"旧国学"？

第一，度越国粹主义。度越国粹主义，不是放弃忧患意识、自强意识和爱国之心，而是度越以单纯的国粹来拒斥欧化主义的蔓延，度越以复古主义来抵制西方文化的涌入，因为单纯的国粹与复古主义既不符合当时中国社会历史发展的实际，也与当时中国社会时代精神相背离。同时，必须度越以恢复旧"道统"来反对新统，以恢复旧"国统"来反对新国统，因为 2000 多年来的中央集权的君主专制国家的国统已经寿终正寝，建构在农业生产基础上的社会理论思维的道统，在强大的以工业大生产为基础的社会理论思维的新道统的冲击下，特别是在当前智能信息的万物联通时代的激荡下，旧道统不仅败下阵来，而且已不适应社会历史发展的需要。

第二，度越保守主义。度越保守主义，就是立足于发展新国学。既不是复古，也不是国学原教旨主义，原教旨主义已不适应社会发展的需要，甚至阻碍社会历史的发展，而只会成为逆社会历史发展的力量，这会导致国学生命的终结。

第三，度越狭隘民族主义。国学是中华多民族共同之学，但不能仅看作汉民族之学，还应是全世界华人之学。国学不是民族中心主义，不是排外之学，而是容外之学；不是闭门之学，而是开放之学；不是固守之学，而是发展之学。国学只有如此，才能繁荣壮大、生生不息。度越狭隘民族主义，就是要继承和发扬中华民族国学海纳百川、有容乃大的精神，以及厚德载物、日新之谓盛德的精神，使国学不断日新日日新。

第四，度越国学中心主义。国学不是游离于世界多元文化之外的学术文化，而是世界多元文化中的一种学术文化。它遵循"万物并育而不相害，道并行而不相悖"的和生和处、和立和达的原理，绝不搞罢黜百家、独尊"国学"。它既不会妨碍、阻挠、压抑异文化的生长，也不会威胁、扼杀、克制他民族文化的发展，而是"以他平他之谓和"。中华民族国学只是作为世界多元文化中的他文化的一方，与其他文化构成平等、平衡的和谐关系，在他文化与其他文化之间既没有你克服我、我吃掉你的二元对立关系，也没有你贵我贱、我重你轻的不平不等关系，而是并育不相害，并行不相悖的共生共荣、共立共达的关系。

第五，度越国学优越思维定式。在振兴中华、弘扬中华民族文化的今天，往往给人造成中华民族学术文化什么都优越、什么都先进的错觉。中华民族确有5000多年灿烂辉煌的学术文化，曾占世界领先地位。然而，这种自古以来的"夷夏之辨"的思维定式，在近代西方洋枪洋炮对华夏长矛大刀的冲突中，唤起了中华有识之士的文化自觉，提出"师夷长技以制夷"，体认到中华学术文化在近代没有与时俱进，由优势转为劣势，由先进变为落后，由视"夷"为落后而转变为以"夷"为师，向"夷"学习，这是价值观念的大转变。度越国学优越思维定式，才能解放思想，学习、吸收外来的先进科技、制度、观念，以振兴中华。

二、建构新国学

何谓国学？虽见仁见智，但笔者为论述方便，把其规定为中华民族学术文化与时偕行的创造，是中华民族学术文化的总和。近代以来，国学曾被规定为中国已有的学术文化，而与古代有异。国学是中华人的生活方式、行为情感、生命智慧，简言之，是中国心、中华根。心衰即国衰，心亡即国亡；根深即国茂，根壮即国强。就此而言，国学乃中华民族命脉所系、精神所寄。

在度越"旧国学"五大观念后，如何建构新国学？笔者曾在《国学的新视野和新诠释》一文中提出，要有全球的新视野、和合的新思维、变通的新理念、生生的新价值、现代的新方法五个方面，现作几点补充。

第一，国学与社会现实生活。国学就其本质而言，是经世致用之学、生命之学。国学就其源头活水而言，它来自现实，来自社会，来自生活。这就是说，国学离开了现实社会生活，就成为无源之水、无本之木；水无源则干涸，木无本则死亡。这是自然现象，也是社会现象。因此，要建构新国学必须走向现实，走向社会，走向生活。面对21世纪人类所共同面临的严峻的冲突和危机；面对中华民族政治、经济、文化、制度、观念、道德、信仰在其发展中的种种矛盾和问题；面对西方强势经济、文化、科技的冲击下所面临的冲突和融合等，要上下左右地、中西内外地、有机整体地思量求索化解之道，以便开出融突古今中西内外之道为和合体的新国学。

第二，国学与民族精神生命。国学是与民族精神生命息息相关之学。民族精神生命往往在民族、国家、社会面临冲突危机中凸显出来，民族精神生命是一个民族的根本精神和核心价值，一个民族若丧失了精神生命，这个民族必然走向衰落，所以过去的殖民者要征服一个民族，就是要去其民族精神及其核心价值。一个民族的自立、自强、自觉，便体现为这个民族精神的自立、自强、自觉。在当前振兴国学，就是去掉西学的遮蔽，弘扬民族精神生命。然而，在振兴国学的过程中，一些已被时代所淘汰的东西，亦沉渣泛起，他们打着"国学"的旗号，以售其私，为害国学的新发展。因此，为国学者，应不计功谋利，以国学兴亡，匹夫有责的自觉担当意识和弘扬民族精神生命的自觉使命意识，丰富、充实、发展新国学。

第三，国学与民族文化的创新。民族精神生命的生生不息，在于民族文化的创新。民族文化是民族精神的载体和体现，民族文化的创新也蕴涵着民族精神生命的创新，这是大本达道。无创新，是导致民族精神生命衰老、陈旧以致丧失生命力的主因。

国学的创新要先从大本达道着手。所谓大本达道，是指位天地、育万物之道。换言之，是指中华民族自强不息、厚德载物、保合太和、以和为贵、天人合一、知行合一、身心合一、希贤希圣、经世致用的民族精神。这就是说，国学创新的核心价值和基础，是民族精神生命的创新，这是立国之本、立民之体。抓住了此就抓住了事物的根本、大本，而不是首先从"小学"着手。

第四，国学与民族凝聚力。民族凝聚力、向心力是对民族的生命存在和民族的尊严、价值、意义的理解和把握，是对民族价值理想、终极关怀的执着追求，是一个民族在长期共同生活和社会实践中所形成的文化思想、精神灵魂、伦理道德、价值观念、宗教信仰的共同维护、共同信守的生命智慧。

中华民族传统文化（国学），是民族凝聚力、向心力的源泉和载体，是民族凝聚力、向心力的核心价值和基础。在当前经济全球化、科技一体化、文化多元化、网络普及化的新形势下，民族凝聚力、向心力要求作为其源泉、载体、价值和基础的国学，有新的发展，以适应新形势民族凝聚力、向心力的需要，所以建构新国学是时代的理势。

第五，国学与中、西、马。中华民族文化、西方文化、马克思主义文化的互动、交流、对话，开启了中华民族文化思想发展的新时期。中华民族文化在受容、吸收、改铸西方文化、马克思主义文化中丰富、发展了自己，西方文化、马克思主义文化在中国与中华民族文化的融突中而中华民族化，即中国化的西方文化，中国化的马克思主义文化。在中、西、马文化的融突而和合中，必然转生为中华民族新文化形态，即新国学。

这种情境在国学演变的历程中曾出现过。唐和宋初的儒教文化、道教（家）文化、佛教文化互动、交流、对话，并提出兼容并蓄的文化整合方法，但没有融突而和合为一种新的文化形态。经宋明理学家出入佛、道之学几十年，并尽究其说，而后返诸《六经》，终究融突儒、佛、道三教之学而和合为新的理论思维形态的理学，开创了理学的新学风、新精神，体现了时代精神，使中华民族的国学发展到"造极"阶段。当今，我们必须像宋明理学家那样，出入中、西、马几十年，尽究其说，才能融突而和合为一种新的理论思维形态，塑造出中华民族现代的新民族精神。我们期盼中华民族国学发展的一个新的"造极"时期的来临。

（原载于《理论视野》2007年第1期，转载于《新华文摘》2007年第9期）

"经典"的读书生活

读书对于领导干部来说是非常重要的。孔子说过："仕而优则学，学而优则仕。"如果想要当好官，就必须要学习。读书可以给人温暖的阳光，可以激励人的热情，可以消除人的忧虑，可以带给人愉悦。读书不仅是增长知识的一种有效方式，同时也可以使人从历史的经验教训中获得智慧。读书也可以借鉴国外好的经验，作为领导干部克服困难、加强管理的一种方法。

领导干部在读书的过程中，应该掌握一些读书技巧，这样会起到事半功倍的作用。下面我谈谈我的读书体会：一是精读，应该仔细地领会书籍的精神；二是粗读，要有目的地去读，有用的地方我们就读得仔细一点，没有什么借鉴意义的，我们就可以粗读；三是细读，必要的时候我们要一个字一个字地去读，去咬文嚼字；四是超越地去读，不要被书本上的条条框框所限制，应该从书中超脱出来，在借鉴前人的基础上形成自己的看法和意见，要有自己的创造性；五是从字里行间去读，有的书从字面上我们看不到意义，意义隐蔽在字的背后，藏匿在字里行间，这就需要我们从字里行间去读出书中隐藏的含义。

书海无涯，下面我向领导干部推荐几本书。

一是《论语》，它讲的是生活经验、为政治国的经验和处理人与人之间的关系的经验，里面包含了许多为人处事的深刻道理，领导干部应该好好读读，体会其中的真谛。

二是《老子》，领导干部应领会它深邃的思维和形而上的智慧。这本书可以给人深刻的理论思维的启迪，可以帮助人找到自己的精神家园。

三是《孙子兵法》，它教导我们怎么处理危机情况，在困难重重的情况下怎么找到一条解决的办法。

四是《周易》，里面蕴藏着我国古代的思维理论和思维方法，应该从它的思想层面进行阅读，而不是去追求它算卦算命的那一方面。《周易》集结了公元前 12 世纪时中国人的智慧。这本书教导我们要自强不息，要厚德载物，要生生不息不断创新。领导干部如果仔细去读，能够体会很多思想精华，可以知道中华民族的精神形成的过程和中华民族精神的伟大。

（原载于《人民论坛》2009 年第 11 期）

民族服饰与民族人文精神

一个民族的人文精神是该民族对生命存在和民族尊严、价值、意义的理解和把握，以及对民族价值理想、终极关怀的追求，是一个民族在长期共同生活和社会实践中形成的人文思想、精神灵魂。民族的人文精神是这个民族的价值观念、审美情趣、伦理道德、思想方法、行为方式、风俗习惯、宗教信仰的表征，亦是这个民族实践民族自我发展的主导意识的表现。民族的人文精神无形中指导着这个民族的价值取向、为人处事、行为选择、审美导向，指点着人的行止、喜怒、美丑、态度、中和等。

一

自鸦片战争以来，一些人把中华民族的落后、挨打、耻辱归咎于中华民族文化的落后，甚至视儒学为主犯，从而导致民族虚无主义。它虚掉的是中华民族自信、自尊、自立之心，中华民族自强、自达、自律之心，其结果是导致中华民族自悲、自虐、自卑之心、之行的滋长。一些人产生了殖民地意识，崇洋媚外，西方的一切都比中国好，对中华民族传统文化、传统东西弃之犹恐不及。

20世纪初以来，西学铺天盖地而来，给人们造成一种错觉和误导，一切以学西方为先进，以学中学为落后，于是有中西、新旧之争。而这一论争的天秤是向西学倾斜的。因此，西学成为人们追求进步、追求真理的目标，所以，学西方便在中华民族大地上如火如荼地展开了。一切以西方的真理为真理，以西方的范式为范式，以西方的价值标准为标准，无论是政治、经济、文化，不同程度地都存在这样问题。

在西学大潮的强烈冲击下，中华民族传统的政治、经济、文化、艺术等各个层面都被置于西学法庭之下，重新进行价值审判、价值评估。在西学掌握现代性专利权的情境下，中华民族传统的政治、经济、文化、艺术等被视为非现代性的，丧失了其在现代生活中的价值和地位。在西方现代性学术规范的观照下、统摄下，中华民族绵延了5000多年，创造了中华文明的政治、经济、文化、艺术等全面退缩；在学术思想层面，具有生命智慧和智能创造的学术方式、表达方式、言说方式，统统丧失了其合法性，被置于西方学术思想哲学合法性的非法地位。这就是说，在西方价值观念、文化学术、思想哲学为中心主义的话语体系中，中华民族自己的文化学术、思想哲学大化流行、唯变所适、生生不息，并为人类文明做出巨大贡献的文化学术、思想哲学的合法地位却被西学所否定，中华民族传统话语、言说方式被西方话语、言说方式所取代，其独特的学术、思想、哲学问思方式被西方致思方式所代替。这样，中华民族文化学术出现了断裂现象，加上中国现代文化学术、思想哲学和教育的单向化，也加剧了这个断裂的程度。这使中华民族文化学术、思想哲学以至思维和书写方式都被逐渐纳入西方学术规范、思维模式之中，中华民族的文化学术、思想哲学自己也不知道自己的身份了，不知道自己是谁了。

譬如，说我们现在都没有自己的衣服穿了。这不是危言耸听，尽管服装店里衣服琳琅满目、名牌无数；大街上花花绿绿、各式各样，然而我们只要出席重要会议，或接待外国人，都会通知我们要穿"正装"。开始我搞不清楚什么是"正装"？总要问问清楚，后来不问也知道是穿"西装"了。"西装"顾名思义就是西方的服饰，而非中华民族自己的服饰，所以说我们没有自己的衣服穿了。

在这里我并不是反对服饰的多样化，拒斥不同民族、不同服饰的交流、吸收、互渗、互补，但作为代表一个国家的形象，代表一个民族的文化表征，应该有自己中华民族的服饰。这种服饰既吸收古今中外服饰文化之优，又适合现代人需要，暂名之曰"国服"。这是因为一个国家、民族的服饰文化，是这个国家、民族的文化标志和文化符号，通俗地讲就是这个国家、民族的照牌；它是这个国家、民族人文精神的体现；它深沉地蕴含着这个国家、民族的心理、气质、品格、神韵；它是这个国家、民族价值取向、审美情趣、思维方式、风俗习惯，乃至宗教信仰的表现。它给人们以国家的认同感、民族的认同感、文化的认同感，以及宗教的认同感（譬如佛教有和尚和尼姑的服饰，道教道士有道士的服饰）。这种认同感是文化的亲和力、国家的凝聚力、民族的生命力的源泉。假如我们认同"西装"为"正装"，即为中华民族正统的服装，那么，我们就会在不知不觉、潜移默化中认同西方的服饰文化，慢慢地就会对西方文化产生一种亲切感，而对中华民族自己的文化（包括服饰文化）产生一种疏离感。长此以往，中华民族的人文精神、民族的气质、品格、神韵就会丧失，中华民族在世界文化之林中的个性光彩、特殊魅力就会淡化。

二

尽管我们在学习西方文化学术、思想哲学中，以西方的真理为真理、艺术为艺术来剪裁中国的文化学术、思想哲学，但仍然没有获得西方的认同。譬如说中国哲学，虽然我们依照西方哲学之谓哲学来选取中国哲学，西方哲学家仍然认为中国没有哲学。这就是说，中国哲学按西方哲学的样式来剪裁、缝制，自以为穿上了"西装"，但西方哲学并不认同。同理，中国人穿上西装，甚至穿得比西方人还西化，我想西方人也不会说你是西方人，中国人还是中国人。

中华民族服饰文化有无比悠久的历史、光彩夺目的创造、绚丽多姿的样式，在世界服饰文化中无与伦比，具有重要地位，并影响东南亚地区。中华民族的服饰可溯源到旧石器时代，用树叶兽皮遮体。"上古穴居而野处，衣毛而冒皮。"① 用兽皮来缝制衣服，后世圣人用丝麻的织品来替代兽皮，将丝麻织品染成五色，制成服饰，这便是"黄帝、尧、舜垂衣裳而天下治，盖取诸乾〲（坤）。乾〲有文，故上衣玄，下裳黄"②。上衣下裳样式的确立，

———————

① （南朝宋）范晔：《后汉书》第30卷，中华书局1965年版，第3661页。
② （唐）魏徵：《隋书》第12卷，中华书局1973年版，第3477—3478页。

意蕴着深刻的文化思想内涵。这是依据伏羲氏"仰观象于天，俯观法于地"的"观"和"法"，取代表天的乾和表地的坤，即天玄地黄，而分上衣的天、玄与下裳的坤、黄，亦即上为天、为阳，下为地、为阴。这样，上衣下裳之分，体现了中华民族以宇宙天地、乾坤、阴阳的形而上的道理寓于具体的形而下的服饰之中的"天人合一"的民族文化的人文精神。可见，中华民族的服饰一开始，便视为一种文化现象，便是民族精神的表征。

殷周以后，服饰"以五采章施于五色作服"，五色的不同颜色服饰表示不同等级，衣服上不同的纹饰亦体现不同等级："公自山以下，侯伯自华虫以下，子男自藻火以下，卿大夫自粉米以下。"[①] 至周代有所改变，"公侯卿大夫之服用九章以下"[②]。郑玄注："冕服九章，初一曰龙，次二曰山，次三曰华虫，次四曰火，次五曰宗彝，皆画以为缋；次六曰藻，次七曰粉米，次八曰黼，次九曰黻，皆絺以为绣。"[③] 把服饰当作"礼仪"的内容之一。它作为社会政治典章制度、等级名分、贵贱之别的表征，具有稳定社会秩序、巩固社会人际关系的功能，"于时致治平矣"，所以受到历代王朝的重视。

汉以后，历代冕服制度都有所改革，到隋唐而历宋元明清，服饰文化丰富多彩，灿烂美观，既具有深刻的文化意蕴，又具有显明的民族特色，在世界服饰文化中独占鳌头，凸显了中华民族服饰文化无限的魅力，为人们所赞扬敬服。隋唐服饰沿袭汉魏，有所改革，但无论男女都分礼服与便服两种。隋文帝杨坚制定《衣服令》，规定皇帝服饰有衮冕、通天冠、白纱帽等，后又有所增加，皇太子、百官的服饰也各有规定。唐初高祖李渊制定《衣服令》，武德七年（624年）颁行，对皇、皇太子、皇后、妃嫔等都做了规定[④]；官员的常服服色基本按品级为准，分为紫绯、绿、青等[⑤]。宋代天子、后妃、诸臣、士庶之服都有一定之规。"天子之服、一曰大裘冕（《司服》：'王祀昊天上帝，则服大裘而冕，祀五帝亦如之。享先王则衮冕。'）；二曰衮

① （南朝宋）范晔：《后汉书》第 30 卷，中华书局 1965 年版，第 3662 页。
② （南朝宋）范晔：《后汉书》第 30 卷，中华书局 1965 年版，第 3662 页。
③ （南朝宋）范晔：《后汉书》第 30 卷，中华书局 1965 年版，第 3662 页。
④ （唐）魏徵等：《礼仪志七》，《隋书》第 12 卷，中华书局 1973 年版，第 253—278 页。
⑤ （宋）欧阳修等：《车服志》，《新唐书》第 24 卷，中华书局 1975 年版，第 519 页。

冕；三曰通天冠、降纱袍；四曰履袍；五曰衫袍；六曰窄袍，天子祀享、朝会、亲耕及视事、燕居之服也；七曰御阅，天子之戒服也，中兴之后则有之。"[1] 诸臣、士庶人服饰规定："公服，凡朝服谓之具服，公服从省，今谓之常服。"[2] 端拱二年（989年），"诏县镇场务诸色公人并庶人、商贾、伎术、不系官伶人，只许服皂、白衣、铁、角带，不得服紫。"[3] 后禁白衫，只用于凶服，许用紫衫。明代对皇帝冕服、后妃冠服、皇太子亲王以下冠服、文武官冠服、命妇冠服、内外官亲属冠服、内使冠服、侍仪以下冠服、士服冠服，乐工冠服、军隶冠服、外蕃冠服、僧道服色等都做了规定。

服饰文化亦深为历代士大夫、思想家所重视，他们或参与制定，或进行改革，作为其制礼工作的一部分，假如不按规定穿着，便认为是逾僭和非礼的行为。宋时士大夫遵照"君子正其衣冠"，重视衣冠之饰。司马光《涑水家仪》规定，每日早盥漱并"栉总具冠带"；家宴时，"卑幼成服序立"，要求严格。朱熹认为，"夫童蒙之学，始于衣服冠履"。这是为人的初步，"大抵为人，先要身体端正，自冠巾衣服鞋袜，皆须收拾爱护，常令洁净整齐"[4]。甚至对如何着衣脱衣都有规定。朱熹制定的祭祀、冠婚服饰为官方所认可，他又撰《君臣服议》，探讨了丧服问题。

宋时士大夫的审美价值趋向深衣。司马光"依《礼记》作深衣、冠簪、幅巾、缙带。每出，朝服乘马，用皮匣贮深衣隋其后，入独乐园则衣之"[5]。对深衣情有独钟。朱熹撰《深衣制度（并图）》："裁用细白布，度用指尺。""衣二幅不裁，其长过胁，下属于裳。""裳交解十二幅，上属于衣，其长及踝。"[6] 圆袂，方领，曲裾，衣裳皆缘，大带，缁冠，幅巾。庆元时朱熹被打入《伪学逆党籍》，深衣被目为"怪服"。服饰文化亦受政治的影响。

---

[1] （元）脱脱等：《宋史》，中华书局 1977 年版，第 3517 页。

[2] （元）脱脱等：《宋史》，中华书局 1977 年版，第 3561 页。

[3] （元）脱脱等：《宋史》，中华书局 1977 年版，第 3574 页。

[4] （宋）邵伯温：《邵氏闻见录》，中华书局 1983 年版，第 210 页。

[5] （宋）邵伯温：《邵氏闻见录》，中华书局 1983 年版，第 210 页。

[6] （宋）朱熹：《深衣制度》，曾枣庄、刘琳：《全宋文》第 251 册第 564 卷，上海辞书出版社、安徽教育出版社 2006 年版，第 245 页。

　　朱熹把服饰文化作为辨别华夷的标志。他说："而今衣服未得复古，且要辨得华夷。今上领衫与靴皆胡服，本朝因唐，唐因隋，隋因周，周因元魏。隋炀帝有游幸，遂令臣下服戎服，三品以上服紫，五品以上服绯，六品以下服绿，皆戎服也。至唐有三等：有朝服，又有公服，治事时著，便是法服，有衣裳、佩玉等。又有常时服，便是今时公服，则无时不服。"① 公服起于隋炀帝的游幸，唐时改窄为阔，并以此公服为常服，又有省服，作为常服，宋代公服，即宋时省服。隋文帝舍北周服制而采北齐服制，炀帝大业元年（605年），由牛弘等依古制，增删旧合，重新制定服制，唐宋又进行改革。

　　两宋时，道学（理学）成为时代思潮的主流，便流行一种"道服"。崇宁初，衣服尚窄缘，有"褒衣博带"的元祐之风。南宋绍兴时，陈公辅讲程颐之徒"幅巾大袖，高视阔步"②。朱熹认为，道服是参照孔门弟子衣服而来，"看古贤如孔门弟子衣服，如今道服，却有此意。古画亦未有上领者。惟是唐时人便服此，盖自唐初已杂五胡之服矣"③。这种"道服"，随着政治斗争的尖锐化，庆元二年（1196年）申严道学之禁，道学被目为"伪学逆党"的严重政治问题。叶翥和刘德秀奏言："伪学之魁，以匹夫窃人主之柄，鼓动天下，故文风未能丕变。乞将语录之类，尽行除毁。""故是科取士，稍涉义理者悉皆黜落，《六经》《语》《孟》《中庸》《大学》之书，为世大禁。"④ 在这种情境下，"方是时，士之绳趋尺步，稍以儒名者，无所容其身。从游之士，特立不顾者，屏伏丘壑；依阿巽懦者，更名他师，过门不入，甚至变易衣冠，狎游市肆，以自别其非党。"⑤ 以变易家冠，表明与朱熹的"伪学逆党"相区别，衣冠成为一种学说的标志。这种情况，在现在看来似乎费解，但也好理解。在"文化大革命""横扫一切牛鬼蛇神""砸烂封、资、修"，妇女烫发、穿高跟鞋，在街上都要被红卫兵剃成阴阳头和削去高跟的时代，假如穿"西装"，肯定被视为要打倒的资产阶级的孝子贤孙，而必须改穿

①　（宋）黎靖德编：《朱子语类》，中华书局1986年版，第2328页。

②　参见（宋）李心传：《建炎以来系年要录》，绍兴六年十二月己未。

③　（宋）黎靖德编：《朱子语类》，中华书局1986年版，第2326页。

④　（明）陈邦瞻：《宋史纪事本末》，中华书局1977年版，第873—874页。

⑤　（元）脱脱等：《宋史》，中华书局1977年版，第12768页。

"解放服"。辛亥革命以后，虽出现了西式服装，但仍以长袍马褂、旗袍为主，平民多穿衫、袄、裙等。又有所谓"中山装"等。

三

中华民族服饰文化作为民族的人文精神的体现，随中华民族的诞生而诞生，发展而发展，经历了从简朴到复杂再到易简的过程。它广泛地吸收了本土和外来的各民族服饰的特点，在大化流行、融突互补中，不断化生新的服饰，使中华民族的服饰文化在世界服饰文化中呈现绚丽多姿、光彩夺目的独特魅力。

在源远流长的中华民族服饰文化中，形成了鲜明的特点，即唯变所适性、等级制度性、多样并蓄性、民族人文性。在这些特点中，尽管有些需要放弃，有的需要淡化，有的需要改革，有的需要继承，但都是为了创造新的服饰文化的需求。

第一，唯变所适性。中华民族服饰随时代的变迁，服饰的样式有大变、有小变，有大改、有小改，并不时出现新样式。每个王朝建立后，在因袭前朝服饰时，也总要做些改革，以显示新王朝的所新。秦汉时依"五德终始"思想，各朝所尚之色有异。即使是同一王朝内亦不断变化。唐初，士庶不得穿赤黄色；武德四年（621年），下敕定三品以上着紫袍，五品以上穿朱，六品以下直至庶民均着黄袍，而与唐初只许皇帝服赤黄袍衫不同。

服饰即使是祖制，也不是祖宗之法不可变。明嘉靖八年（1529年），世宗对张璁说："'衣裳分上下服，而今衣恒掩裳。裳制如帷，而今两幅。朕意衣但当与裳要下齐，而露裳之六章，如何？'已又谕璁以变更祖制为疑。"对衣掩裳问题，张璁做了回答："臣考礼制，衣不掩裳，与圣意允合。夫衣六章，裳六章，义各有取，衣自不容掩裳。……今衣八章，裳四章，故衣常掩裳，然于典籍无所准。内阁所藏图注，盖因官司织造，循习讹谬，今订正之，乃复祖制，非有变更。"① 世宗同意张璁意见，择吉更正其制，玄衣黄

---

① （南朝宋）范晔：《后汉书》，中华书局1965年版，第1617页。

裳，衣裳各六章，衣六章古以绘，改当以织。服饰改革都是适应当时需要的，并非固定不变。

第二，等级制度性。服饰文化作为礼制的重要内容，故二十四史大都修有《舆服志》，有的置于《礼仪志》中。礼以别，乐以和。礼就是区别贵贱上下的，因此，服饰表现等级的差分，便是其应有之义。隋唐五代时皇帝穿赭黄色袍衫，"隋文帝听朝之服，以赭黄文绫袍"，与贵臣通服，唐高祖亦服赭黄袍，"既而天子袍衫稍用赤黄，遂禁臣民服"①。各品官员亦加区别：紫为三品、绯为四品、浅绯为五品、深绿为六品、浅绿为七品、深青为八品、浅青为九品之服②，并加以固定化和制度化，不得僭越。开元四年（716年），唐玄宗曾颁《禁僭用服色诏》。自唐太宗制定各品服色后，到唐高宗咸亨五年（674年），出现在品服内穿不合自己品服各色衣袄。服色的僭越，造成"贵贱莫辨"。即使是外穿品服，不敢有违礼仪服制，但内衣也被限定于品服之内，亦可见贵贱之辨的严格。

第三，多样并蓄性。中华民族是一个多民族国家，各民族各有自己民族服饰，一直沿袭到现在，凸显了中华民族服饰文化多样性、丰富性。契丹族在后唐明宗时，阿保机已是"被锦袍，大带垂后"，在入主黄河流域后，采用汉、契丹两制并行服饰。皇帝与南班汉官用汉服，太后与北班契丹臣僚用"国服"，兼容并蓄。吐谷浑男女穿长裙缯帽。党项人多服裘褐，后建西夏国，元昊反对其父附宋而衣锦绮，他制定衣冠制度，"始衣白窄衫、毡冠红里"，文武百官服紫衣、绯衣。"便服则紫皂地绣盘毬子花旋襕，束带。民庶青绿，以别贵贱。"③元昊下令国人剃发，不从则杀，以复鲜卑之旧。女真族早年俗好衣白，栎发垂肩，与契丹异，贵贱以布的精细为别，贫富皆衣皮御寒。金建国后仿宋朝舆服制度，《金史·舆服志》有载："章宗时（1190—1208年），礼官请参酌汉唐，更制祭服，青衣朱裳，去貂蝉竖笔，以别于朝服。惟公朝则又有紫、绯、绿三等之服，与夫窄紫、展皂等事。"④官员和士

---

① （宋）欧阳修等：《新唐书》，中华书局1975年版，第527页。
② （宋）欧阳修等：《新唐书》，中华书局1975年版，第529页。
③ （元）脱脱等：《宋史》，中华书局1977年版，第13993页。
④ （元）脱脱等：《金史》，中华书局1995年版，第975—976页。

人"许服花纱绫罗丝绸",又制定衣服通制,以使贵贱有等。

另外西域诸民服,如高昌、于阗接近中原服装,焉耆、龟兹男子剪发,穿锦袍;南方民族众多,各有自己民族的服饰,较普遍是披毡,吐蕃的服饰主要穿毡衣或皮衣。各民族在交往中互相学习吸收,服饰文化得以繁荣。譬如文成公主到吐蕃后,把中原服饰带到那里,学穿中原式服装,也保留自己的服饰。中原亦吸收各民族的服饰,唐初流行"胡服",为窄袖袍衫。唐宪宗元和年间(806—820年),有一种"非华风"的时世妆,即椎髻赭面,嘴唇涂黑,是受吐蕃的影响,又一种"回鹘装"对中原也有影响。各民族服饰在交往中兼容并蓄,共同创造了中华民族的服饰文化,为中华民族服饰文化的发展共同做出了贡献。

第四,民族人文性。中华民族的服饰文化体现了以人为本的精神。它以人的生命、生产、生活为本,使人的生命充满意义,生产更为方便,生活更为美好;它以民族的审美情趣、价值观念,选取适合自己民族生活环境、生产条件所需要的服饰;它以对自己民族生命、生活的深切的关怀,体现自己民族风格、民族精神的服饰,来打扮自己;它是体现一个民族典章制度、宗教信仰、风俗习惯的标志,一个民族在发展中可以历经改朝换代,但作为一个民族的符号标志之一的服饰文化,会传承下来。

四

服饰文化作为中华民族传统文化宝库中闪光的方面,在当代古今中西服饰文化的融突和合中可转生为既体现中华民族的民族人文精神,又体现现代中国人精神面貌的新国服;既传承中华民族服饰文化的独特魅力,又适合于现代中国人审美观念所需要的新国服。

为此,一是要引起政府的重视。虽然不必像以往政府那样颁布《衣服令》,把服饰纳入国家礼制体系,但急需制作代表国家、民族尊严的,凸显中华民族人文精神的新国服(公服)。当我们参加某种重要会议,或代表国家参加某项活动时,当通知我们要穿"正装"时,我们所穿的是"新国服",而不是"西装"。女性是"新式旗袍",而不是西服。据报道:"京城的外国游客以及在此工作的欧洲人，购物时却对中国女性传统服装旗袍情有独钟。被遗忘多年之后，旗袍重新以雅致的风格和独特的东方韵味，令崇尚时尚的人们趋之若鹜……时装设计师认为，旗袍将女性的美丽完全展现了出来，立领会让女性昂首挺胸而非无精打采，侧边开衩令行走更为方便，步态摇曳间更是活色生香……虽然旗袍并未真正走入寻常百姓的生活，但在一些重大场合，它是不可或缺的点缀。在中国的传统婚礼上，新娘总是穿着一袭象征喜庆的红色旗袍，袅袅婷婷地出现在新郎和亲朋面前。在外交酒会和音乐会上，哪怕是样式最简单的旗袍，都会抢尽最妖娆的晚礼服的风头。"① 既然传统旗袍能在外交场合抢尽风头，难道不能设计出在外交场合抢尽风头的男性服装？这就是说，民族的便是世界的，服饰文化尤其如此。凭借中华民族的聪明智慧，一定能设计出华美大度的新国服。

二是国人的广泛参与，这是关系着每个人的穿衣问题。除"公服"外，历代都有"便服"，现代便服可吸取传统种类繁多、颜色各异的便服，以及外国的便服，取长补短，综合创新，设计出体现中华民族风格、韵味的新便服。便服不仅可花花绿绿，丰富多彩，而且有数千种式样、颜色可供选择，也可以穿西装，可以自由自在地穿着。

三是职服。现在，不同职业也设计了表征该职业的服饰，如学生、军人、职员、民警等，但没有中华民族自己的特色和韵味。可综合创新，以便设计出既适宜又方便，可供各职业需要的各种职业服饰。它可分为常服与便服，常服是在从事该项职业所穿的衣服，表征其职业性质，人们从服饰上就知道其所从事的职业，便于维持社会秩序和百姓的咨询，以及社会所关照；便服是不从事该项职业时平常生活中所穿的服饰，以有益生活方式的调节和谐。

（原载于《河北学刊》2006 年第 4 期，转载于

《中国社会科学文摘》2006 年第 6 期）

---

① 《外国人喜欢旗袍》，《参考消息》2006 年 5 月 8 日。

中国传统文化与生态文明

中国传统文化中孕育出的生态文明应该说是世界独一无二的，也是最光辉灿烂的。我们之所以这样说，有三点根据：

第一，中国传统上是一个农业大国，以农为本，农业社会是春种秋收。在这个过程中，人们期望的是风调雨顺，人们的农事活动要与自然相联系，这是一种天人合一的自然。西方海洋民族没有这样一个长期农事活动的过程，所以在他们思想中，没有我们这么强烈的天人合一思想。

第二，西方海洋民族从事的应该说是一种不种只收的活动。他们打鱼的时候，只要征服了狂风恶浪就可以得到鱼。他们只要征服自然、征服海洋，就能够获得丰收。在这种情况下，他们产生的思想就是要征服自然，向自然索取，而不是保护自然。中国人又种又收的思维方式与他们完全不一样。

第三，中华民族的文明是没有中断的。古希腊文明、古埃及文明都中断过，美国只有 200 年的历史，应该说他们的历史是无古有今。从这个意义上看，中国的历史是有古有今，很多关于生态文明的思想和聪明才智对于我们今天是很有启发的。比如中国传统文化中有"和实生物"的思想，没有上帝造万物的思想，认为所有的天地万物都能和合而生；中国传统的思想中没有非此即彼；而西方社会认为上帝造万物，上帝本身是真理，代表绝对、唯一。所以从西方的思想发展出来的是二元对立的思想，中国则讲"和实生物"，这其中包含了和谐。

中国古人知道应当顺应自然的本性发展，因地制宜，因时而节，减少对自然的损害才能够繁荣，只有提高道德水平才能做到对自然的保护。像大禹治水，是在对自然有了一个认识之后才取得成功的。

中国有一本书叫《吕氏春秋》，它分为春夏秋冬四季，每个季节里又按照自然、阴阳、气候、天象、物候的变化，分为孟、仲、季12纪。12纪的纪首对每个时期的气候应该做什么事，政治上采取什么措施，怎么样从事农业活动，都有非常详细的说法。它是根据中国天文、地理的成就总结出来的。像春节是万物生长时期，就不能去砍树、宰杀，包括中央政府的活动也不能耽误农时。从这点看，这本书根据当时的自然条件，将政治、经济、农业其他一切的活动都做了一些归类。我们可以看出，《吕氏春秋》从思想上是保护农业和当时自然环境的一本书。一件事是否具有合理性，在于它能不能符合事物的发展。"和实生物"就是在和谐当中万物才能得到发展，万物的发展并不是你是你、我是我；这点我曾对达尔文的深层竞争提出了批评。"和实生物"是顺应万物并育而不相害的原则，也就是说它是共生、和生的原则。什么叫作和生？和生是"以他平他"。简单地讲，就是人与自然、人与万物、万物与万物之间是一个平等的关系！首先你得承认他的存在，需要尊重他的生存权，这样才能对他有个尊重。人与人的交流也一样，国家与国家的交流也一样，不论大小、强弱都应该尊重他人。中国先秦的时候，"以他平他"谓之"和"。水、土、金、木、火而生万物，各种事物之间、人与人之间、国家与国家之间、民族和民族之间都是平等的，也应该是平衡的。古代中国人所表现出来的智慧应该说是非常之高。

为什么要"平他"？就是说在不同事物之间主张多元，并不主张一元，我们是主张多样，不主张单一。所以我们是承认差别、承认矛盾、承认不同事物之间有差分，这差分正是多元存在的理由。中国古代有一个"和与同"的辩论，伯阳父（史伯）同郑桓公也进行了"和与同"的辩论。"同"就是单一，比如水加水；而"和"就是指多元之间的和谐、和合，只有这样才能使事物得到非常好的发展，得到有生的途径。中国古代思想里的万物构成就是因和而成，我们讲"和"是这样的过程，人类对于自然也应该是这样。

中国古代思想家韩愈，他看到了人与自然的冲突，提出这样一个观点：人破坏自然就像虫危害生物一样。他说人类垦田园、伐山林、挖井等活动，就是把自然破坏得千疮百孔。他提出要减少人的生产，人的自我生产应该是续薄日削，这有功于天地自然。这种认识在当时来说是保护生态的宣言书，但过去我们往往对他进行批判，其实韩愈的这种思想是有一定道理的。当时中国的人口并不多，唐代是 5000 万人左右，但在当时生产力水平低下的情况下，韩愈认为这也会对自然产生一些破坏。

我们应该把自然看作生命体，自然是有生有知的。荀子讲过这样一句话，他说水火有气而无生，草木有生而无知，禽兽有知而无义。人类应该和自然建构一种道德、审美的和谐关系，而不应该是你死我活的关系。

过去我们讲人定胜天，这是一种理想，实际上是做不到的。尽管我们今天的科学很发达，但现在还不能抗拒台风；过去有人发气功把什么灭掉，可能吗？不可能！

人类和自然是共同生活在宇宙中，共生在一个地球上。地球为人类提供了维持生命的空气、水等，提供了一个生存的环境。对人类来说，地球确确实实是一个风水宝地，对于这块风水宝地，人类应该爱护它，同它建构一个道德的关系；而任何糟蹋、破坏它的行为，实际上就是在糟蹋、破坏人类自己的生活环境和自己的生命。人与自然只有建立和谐、协调、和合，才能达到共生、共融、共利、共达这样和美的境界。人的自然生命体也应该采取一种"己所不欲，勿施于人"的态度，应该己欲利己而利人，己欲达己而达人。人类自己发达了，也应该使自然得到了发展、发达；人类自己不愿意的，也不要加给自然。只有这样，人与自然才能形成一个和谐关系。

中国传统文化有这样的一个认识，天地万物与人原本为一体。孟子将万物和人类作为一个整体来思考。但为什么人与天地之间会有一个隔阂？他认为这种隔阂都是小人之心造成的，它的根源就是私欲之利造成了人与自然的分割。以这个思想来检讨自己的今天，就可以看出我们对于天地人还没有一个很好的理解。

人和自然之间，比如小孩往井里爬，人都会有一种恻隐之心；我们听到鸟叫的时候，会有一种喜悦之心；听到动物惨叫的时候，也会有一种怜悯之心。我们与天地万物同是生物体，对生物体我们应该保护它，使它的生命得到成长；如果我们消除它，其实是对于生命的摧残。没有这样的观念，我们就失去了道德心。心之本源是和善，和善之心存在于天地万物为一体的和谐之人身上。

最后一点，天人和爱。儒家有这样的思想，人之所以为爱物，人和自然是一种生命体的统一，自然是生命的父母，是养育我们的父母。如果这样看，我们和自然之间就有一种情感的、亲情的联系和沟通。这种沟通会让我们对自然更爱，我们应以对待父母的爱来对待自然，这一点我们中国古代的很多思想家都认识到了。如果我们能够这样做，就一定能够建构一个和谐、和美的人和、天和的生态文明世界。

（原载于《科学对社会的影响》2006 年第 4 期）

宋元明清道德哲学的五个特征

魏义霞教授的《理学与启蒙——宋元明清道德哲学研究》大著付梓，索序于余。阅读其稿，深有感触。借此机会，结合本书的主题，谈谈我对宋元明清道德哲学的基本看法。大体而言，逻辑的有序性、价值的合理性、话题的显明性、思维的互渗性、启蒙的批判性，是宋元明清道德哲学的五个基本特征。这些内容也构成了该书道德哲学的整体性。

第一，逻辑的有序性。宋元明清道德哲学是时代精神的体现，是现实社会的需求。它不是人的虚拟和杜撰，而是理学家对人与自然（宇宙）、人与社会、人与人、人的心灵之间的融突及其互相交往活动的协调、和合的体认。这种体认构成了中华民族伦理精神和行为规范的重要内蕴，而影响民族的价值观念、伦理道德、思维方式、审美情趣、风俗习惯、形上致思，同时亦影响东亚各国的政治、学术、文化、思想和道德，凸显了理学道德哲学的逻辑力量。

宋元明清道德哲学，尽管各家各派见仁见智，各说齐陈，但都面临着重建"为生民立道"的道德形上学的历史使命和肩负"为往圣继绝学"的历史责任。道德哲学作为一种理论思维形态和伦理精神及行为规范的合理性，是凭借概念、范畴、模型等逻辑结构形式，有序地整合各种信息智能的过程。因此，逻辑的有序性既体现逻辑概念、范畴、模型间的系统性，亦体现其间的演绎性。本书认为，理学通过本体、人性、认知、道德、政治领域的层层印证和推演，建构了一个以天理为核心，以"去人欲，存天理"为基本纲领，以超凡入圣为理想目标的完备的伦理思想体系。这一伦理思想体系是以加强道德教化、安定社会秩序、安顿精神家园为大本达道，这是理学各派所共同认同的。

理学家所面临的课题，是如何把伦理道德从形而下的百姓行为规范的层次，提升为形而上的理论思维形态层次，使百姓的具体道德行为规范获得理论思维形态的支撑和论证。这个论证就是对于百姓道德行为规范理论前提、来源、基础的追究。朱熹说："未有天地之先，毕竟也只是理。有此理，便有此天地。若无此理，便亦无天地，无人无物，都无该载了。"① 理是伦理道德行为的理论前提，无理就无人无物，人的伦理道德行为也就不可能存在和产生。他又说："未有这事，先有这理。如未有君臣，已有君臣之理。未有父子，已有父子之理。"② 君臣、父子的伦理道德行为规范来源于理。理既在君臣、父子之先存在着君臣、父子之道德规范，又在君臣、父子存在之后按照先在的道德规范实行。朱熹又把"三纲五常"纳入理（天理），认为理（天理）"其张之为三纲，其纪之为五常，盖皆此理之流行，无所适而不在"③。三纲五常是天理之流行，理是伦理道德行为规范的出发点和归属点，流行必以此为基础，所适必以此为基地。这样伦理道德就获得了形而上学天理的有力论证，使中国伦理道德思维超越了具体行为规范境域，而跃进到道德哲学、形而上学和人性哲学的三位一体逻辑思维境域。并由天理道德哲学，或曰道德的形上学，进而有序流行，层层展开，而渗透到政治、文化、历史、文学、哲学，以及理气、道器、太极阴阳、动静、天地之性、气质之性、道心人心、王霸、义利、理欲等关系之中，构成了其整体逻辑的有序性。

第二，价值的合理性。中华民族伦理道德哲学的价值合理性，就在于其大化流行、唯变所适中，以其伦理精神价值的合理性适应现实社会的伦理道德诉求。道德哲学作为宋元明清现实社会政治、经济、文化精神之本，本立则道生；现实社会政治、经济、文化精神废，即断裂，则"道"亦废。由于其"道"废，使社会政治、经济、文化破缺而动乱，社会失序，政治失衡，伦理失理，道德失德。北宋所面对的就是经过唐末农民暴动和五代长

---

① （宋）黎靖德编：《朱子语类》第 1 卷，中华书局 1986 年版，第 1 页。

② （宋）黎靖德编：《朱子语类》第 95 卷，中华书局 1986 年版，第 2436 页。

③ （宋）朱熹：《读大纪》，曾枣庄、刘琳编：《全宋文》第 251 册第 5647 卷，上海辞书出版社、安徽教育出版社 2006 年版，第 349 页。

期动乱的烂摊子。欧阳修感叹："甚矣，五代之际，君君、臣臣、父父、子子之道乖，而宗庙、朝廷、人鬼皆失其序，斯可谓乱世者欤！自古未之有也。"①在这种情境下，安定社会秩序和建构政治制度，就迫切要求恢复伦理精神和重建道德价值合理性。否则君臣、父子之道，宗庙、朝廷、人鬼之理都将继续失序。宋代道学家以"为天地立心，为生民立命，为往圣继绝学，为万世开太平"②的博大情怀、人文关切和文化自觉，担当了重建形而上学的可能世界、道德价值的意义世界和百姓日用的生存世界的历史使命。

宋明理学家以为道德价值，是人所普遍认同的、自然合理的。"道者，古今共由之理，如父之慈，子之孝，君仁臣忠，是一个公共底道德。德，便是得此道于身，则为君必仁，为臣必忠之类，皆是自有得于已。"③道作为"公共的道理"，就度越了个人、个别道德行为的局域，它不仅具有人人须共同遵守的必然性和合法性，而且具有社会公共事务的治理性和不可抗拒性，树立了公共道理的绝对权威性。这里的"德"作"得"讲，即获得对道德精神、原则的体认，做到君必仁民，臣必忠君，父必慈爱，子必尽孝，并成为自己自觉的道德行为规范。这样道与德的融合，凸显了伦理精神和道德价值的合理性。

第三，话题的显明性。道德话题的方式体现特定时代的意义追寻和价值创造。北宋的道学家们在社会比较稳定、思想相对开放、文气甚为旺盛的语境中，"先天下之忧而忧，后天下之乐而乐"，着手重建伦理道德。他们出于对佛道二教的"道统"的囿识，在外在形式上采取"攻乎异端"的方法，在内在意蕴上采纳儒、释、道三教融突和合方式，开创了理学新的理论思维形态，其标志性的话题便是程颢所说的"吾学虽有所受，天理二字却是自家体贴出来"④。"天理"话题的"被体贴出来"，便开出了宋元明清时代的新学风、新思维、新理论。它上继孔孟之绝学，下开现代之新儒学。程颢死后，

① （宋）欧阳修：《唐废帝家人传》，《新五代史》第16卷，中华书局1974年版，第173页。
② 按：《近思录拾遗》又作"为天地立心，为生民立道，为去圣继绝学，为万世开太平"，见于《张载集》，中华书局1978年版，第376页。
③ （宋）黎靖德编：《朱子语类》第13卷，中华书局1986年版，第231页。
④ （宋）程颢、程颐：《河南程氏外书》第12卷，《二程集》，中华书局1981年版，第424页。

程颐赞曰："道之不明也久矣。先生出，倡圣学以示人，辨异端，辟邪说，开历古之沉迷，圣人之道得先生而后明，为功大矣。"①百年后，道学集大成者朱熹，推崇二程，"夫此二先生倡明道学于孔孟既没、千载不传之后，可谓盛矣。"②"天理"作为宋元明清理学标志性话题的确立，表明理学新理论思维形态的真正转生。

理学作为时代思潮，有一个酝酿、躁动、生育的历程，唐代韩愈、柳宗元等倡导的古文运动，是借古文之尸，还儒学孔孟之魂，为酝酿期；北宋庆历改革中，欧阳修等掀起的"疑经改经"之新风，横扫汉唐以降的章句注疏之学，打破了"讳言服、郑非"的格局，冲决了"疏不破注"的网罗，学术思想界卷起一股鲜活的、生气勃勃的风气。欧阳修的《易童子问》，疑群经之首《周易》的《易传》非孔子圣人之言③；刘敞的《七经小传》，由疑经而改经；司马光的《疑孟》，李觏的《常语》④，非孟子之言行；苏轼讥《尚书》；王安石非《春秋》为"断烂朝报"等。削去了经典著作的神圣的光环，把人们思想从教条式的经典桎梏中解放出来，扫除了疑经为"叛经离道""异端邪说"的种种罪名，实现了从注疏之学向义理之学的转变。这是理学思潮的躁动期。从被誉为理学"宗主"的周敦颐到张载、二程，为理学的生育、形成、奠基期。

基于此，理学作为时代思潮，不能把司马光的涑学、王安石的新学、三苏（苏洵、苏轼、苏辙）的蜀学等排除在理学思潮之外，甚至斥之为反理学，而应看作相辅相成的主流派与次流派（非主流派）之别。⑤所谓主流与非主流，简言之是指一种社会思潮起主导作用或居主导地位，还是起非主导

---

① （宋）程颢、程颐：《明道先生墓表》，《河南程氏文集》第 11 卷，《二程集》，中华书局 1981 年版，第 640 页。
② （宋）朱熹：《河南程氏遗书跋》，祝尚书编《宋集序跋汇编》第 12 卷，中华书局 2010 年版，第 6 页。
③ "童子曰：'然则《乾》无四德，而《文言》非圣人之书乎？'曰：'是鲁穆姜之言也，在襄公之九年。'"（见（宋）欧阳修：《易童子问》卷 1，《欧阳修全集》第 76 卷，中华书局 2001 年版，第 1107 页）
④ 参见邵博：《邵氏闻见后录》第 11—13 卷，中华书局 1983 年版，第 81—106 页。
⑤ 参见张立文：《宋明理学研究》，中国人民大学出版社 1985 年版，第 17—18 页。

作用和居次要地位而言的，由于其适应社会需要的程度、社会效果、社会作用和影响的不同而有差分。濂、洛、关、闽（周、程、张、朱）、邵雍、胡宏、张轼、陆九渊、王守仁、王夫之等及其弟子为主流派；涑、新、蜀、婺（司、王、苏、吕祖谦）、陈亮的永康之学和叶适的永嘉之学等为非主流派。真德秀认为："二程之学，龟山得之而南传之豫章罗氏（罗从彦），罗氏传之延平李氏（李侗），李氏传之朱氏（朱熹），此一派也。上蔡（谢良佐）传之武夷胡氏（胡安国），胡氏传其子五峰（胡宏），五峰传之南轩张氏（张轼），此又一派也。若周恭叔（周行已）、刘元承（刘安节）得之，为永嘉之学，其源亦同自出，然惟朱、张之传，最得其宗。"① 道南一派至朱熹集其成，湖湘一派至张轼集其成，永嘉一派至叶适集其成，然道南、湖湘最得二程之宗，故作为主流派，永嘉学派为非主流派，但不是反理学派，而是对二程学说诠释有别而已。

尽管各派有别，诠释有异，但都认同天理（理）为核心话题。无论是程朱道学派讲的"万物皆只是一个天理"②，"宇宙之间，一理而已"③，天理（理）是至高的、无二的形上学，还是陆九渊、王守仁心学派讲的"塞宇宙一理耳，学者之所以学，欲明此理耳"④，"心之本体即天理也"⑤，"良知即是天理"⑥，作为宇宙本原的心，即是天理、良知。程朱、陆王之异在于天理（理）的安置，前者安顿于心之外，后者安顿在心之内；前者通过"格物穷理"而体认理，后者以"心外无理"，反省内求理。两者虽体认理的进路不同，但都主张以"去人欲、存天理"为道德价值的合理性。湖湘学派亦以性为最高范畴，理便是性。"大哉性乎！万理具焉，天地由此而立矣。"⑦ 性

① 真德秀：《西山读书记》第 31 卷。"（行已）从伊川、二刘、许、赵继至。"（《刘行已传》，《瑞安县志》）卷 8，清乾隆版。二刘是刘安节、刘安上，许为许景衡，赵应为戴述，误。

② （宋）程颢、程颐：《河南程氏遗书》第 2 卷上，《二程集》，中华书局 1981 年版，第 30 页。

③ （宋）朱熹：《读大纪》，曾枣庄、刘琳编：《全宋文》第 251 册第 5647 卷，上海辞书出版社、安徽教育出版社 2006 年版，第 349 页。

④ （宋）陆九渊：《与赵咏道》，《陆九渊集》第 12 卷，中华书局 1980 年版，第 161 页。

⑤ （宋）王阳明：《答舒国用》，《王文成公全书》第 5 卷，中华书局 2015 年版，第 230 页。

⑥ （宋）王阳明：《答欧阳崇一》，《王文成公全书》第 2 卷，中华书局 2015 年版，第 89 页。

⑦ （宋）胡宏：《知言·一气》，《胡宏集》，中华书局 1987 年版，第 28 页。

即理，"心穷其理，则可与言性矣"①。张载、王夫之的气学派讲气即理，"理
与气互相为体，而气外无理"②，"理即气之理"③。由此可见，宋元明清各家各
派，都是围绕天理（理）这个核心话题而展开哲学形而上学的不同理路的论
证，而有理气心性之辨，彰显了话题的显明性。

第四，思维的互渗性。理论思维不是单向度的、绝对的，而是多向度、
相对的。单向度的思维不仅限制了自身开放，也排斥了与他者的对话、交
流；绝对思维不仅将自身导向独裁、独断，而且也拒绝容纳异在者、他者，
与他者共存和生，并把异在者、他者置于非此即彼的二元对立之中，以消灭
异在者、他者为标的，达到唯我独尊、唯我独霸的状态。这不仅窒息了思维
的生命智慧，而且也把哲学思维导向死亡之路。宋明理学之所以成为中华学
术思想发展史上"造极"时代，就在于思维多样性，由其多样性而有互渗
性，由其互渗性而能融突和合，而转生为新的理论思维形态。首先是汉以
来，印度佛教作为异质文化传入中华，经与中华传统文化的冲突、融合，从
南朝到唐，佛教鼎盛，一跃而为中华强势文化。唐时，儒、释、道三教冲突
融合，兼容并蓄，然而佛盛儒衰，当时中华民族一流的知识人才为佛教博大
精深的般若智慧和微妙难解的涅槃实相所吸引，而致力于佛学的中国化的创
新活动，因而名僧大德辈出，涌现了如玄奘、法藏、慧能等一批伟大的宗教
家；又由于唐代科举考试以诗文为主，为谋仕途，也诞生了一批伟大的文学
家、诗人。而没有培育出致力于融合儒、释、道三教，建构出中华民族自身
的新的形而上学理论思维形态的伟大的哲学家。这是唐文化的缺失，但也留
给后代智者创造新的形而上学理论思维的空间和资源。

宋明哲学家以求真的精神、恢宏的气度、开放的胸怀，接纳儒、释、
道三教。周敦颐一反宋初三先生和李觏等简单化批佛的立场，而受道士陈
抟的《无极图》于穆修，并受教于佛教的寿涯、慧南。张载"访诸释老之

---

① （宋）胡宏：《知言·纷华》，《胡宏集》，中华书局 1987 年版，第 26 页。
② （明）王夫之：《读四书大全说》第 10 卷，《船山全书》第 6 册，岳麓书社 1991 年版，第
1115、1109 页。
③ （明）王夫之：《读四书大全说》第 10 卷，《船山全书》第 6 册，岳麓书社 1991 年版，第
1115、1109 页。

书，累年尽究其说"①。程颢"泛滥于诸家，出入老释者几十年，返求诸《六经》，而后得之"②。朱熹说自己"盖出入于释、老者十余年。近岁以来，获亲有道，始知所向之大方"③。他去参加会试，行李中只带了一本宗杲的《大慧语录》。陆九渊、王守仁亦出入释老，事道还是王守仁的家学。他们出入佛、老，尽究佛老之学，并不出于批佛、老的需要，而是为了求真，为融合三教，建构新的伦理道德精神、价值理想和精神家园的历史使命。在融合三教中，充分显示了思维的互渗性。在宋明理学中，儒、释、道三教之学你中有我，我中有你，圆融无碍地转生为整体性的新理论体系，三教已无你我彼此之别，促进了学术的繁荣和造极。宋明道德哲学思维的互渗性还体现在，理学各家各派之间以海纳百川的心态，探赜索隐、钩深致远地钻研学术。他们以书院为基地，通过会议、会讲、切磋、对话、答问、讲学等各种形式，互相吸收、互相诠释，既致广大又尽精微。在不断互相论辩、互相探索中，不仅激出了智慧的闪光，而且完善自己的道德哲学的体系。一些学者主体不自觉、无意识的问题，经别人或旁观者一点破，使学者主体豁然贯通，或开拓出广阔的思考空间。假如深入细致地体认、理解宋元明清各派各家思想，便不难发现你中有我，我中有你的互渗现象。正由于如此，各家各派思想家、哲学家辈出，可谓群星奎聚，开创了自先秦以来的学术思想的高峰。

第五，启蒙的批判性。启蒙依中华传统的意思是指开发蒙昧。《风俗通皇霸》："足以祛蔽启蒙矣。"是说教育童蒙，使儿童获得初步的、入门的知识，也指使人接受新知识的教育而清除蒙昧。西方的启蒙运动（Enlightenment）是指 17—18 世纪欧洲知识界获得广泛拥护的一种思想和信仰运动。它高扬理性，主张遵守自然法的伦理原则，尊重个人自由，倡导天赋人权，个性解放；在政治上鼓吹改良、革命，经济上主张自由竞争，在历史上反对循环论，主张不断进步，开出民主、自由和科学。

---

① （宋）吕大临：《横渠先生行状》，《蓝田吕氏遗著辑校》，中华书局1993年版，第586页。
② （宋）程颐：《明道先生行状》，《二程集》第 11 卷，中华书局 2004 年版，第 638 页。
③ （宋）朱熹：《答江元适》，《晦翁文集》，王梓材、冯云濠编：《宋元学案补遗》第 49 卷，中华书局 2012 年版，第 2737 页。

中华民族的明清之际，随着商品经济的发展，资本主义的萌芽，市民阶层的诞生，在原有农业社会结构中孕育了新的工商经济势力，冲击着君主专制制度下的社会、阶级结构，推动着文化思想、价值观念、伦理道德的转变，而出现了所谓"异端"的、"离道"的社会思想，反映了新的经济势力、市民阶层的需求，可谓具有中华民族特色的"启蒙"思想。这种启蒙思想的明显特点，是它的反省性和批判性，在社会岌岌可危的强烈忧患中反省，在"天崩地解"的泣血悲愤中反思，在强权高压的前赴后继中批判，他们以头可断、血可流的智勇精神，高举批判大旗，把矛头直接指向了千多年来的君主专制制度。黄宗羲指出："为天下之大害者，君而已矣。"① 君主"以为天下利害之权皆出于我，以天下之利尽归于己"②。这种家天下、我天下，不仅使社会的弊病不能克服，而且使社会失序、道德失落、动乱不断发生，其归根到底是君主为害天下人的缘故。唐甄斥君主为贼："自秦以来，凡为帝王者皆贼也。"③ 譬如："杀一人而取其匹布斗粟，犹谓之贼；杀天下之人而尽有其布粟之富，而反不谓之贼乎！"④ 证明帝王为贼，为天下人之大贼。大将、偏将、卒伍、官吏杀人，其实非也，天子实杀之也，"杀人者众手，实天子为之大手"⑤。这样就把君主置于众矢之的的地位，批判君主专制就是合理的、合法的。

批判君主专制制度，是为了建构以民为主的政治。"古者以天下为主，君为客，凡君之所毕世而经营者，为天下也；今也以君为主，天下为客，凡天下之无地而得安宁者，为君也。"⑥ 黄宗羲以托古之法批判今之君主专制，主张天下以民为主，以天下人之利为利，不以一己之利为利，君臣都应"以天下万民为事"，为人民做事。在经济上，明清思想家主张人各有私，自私、自利是人的自然本性的一个方面，而不能否定，批判理学家主

① （清）黄宗羲：《原君》，《明夷待访录》，凤凰出版社 2017 年版，第 5 页。
② （清）黄宗羲：《原君》，《明夷待访录》，凤凰出版社 2017 年版，第 4 页。
③ （清）唐甄：《室语》，《潜书》下篇（下），上海古籍出版社 1955 年版，第 196—197 页。
④ （清）唐甄：《室语》，《潜书》下篇（下），上海古籍出版社 1955 年版，第 196—197 页。
⑤ （清）唐甄：《室语》，《潜书》下篇（下），上海古籍出版社 1955 年版，第 196—197 页。
⑥ （清）黄宗羲：《原君》，《明夷待访录》，凤凰出版社 2017 年版，第 4 页。

张的"灭人欲"。黄宗羲根据工商经济发展的现实，批判农本商末、重农抑商的国策，主张工商皆本。"世儒不察，以工商为末，妄议抑之。夫工固圣王之所欲来，商又使其愿出于途者，盖皆本也。"① 这种工商为本的主张，反映了当时资本主义经济萌芽的需求，以达到切于民用，"天下安富"的价值目标。

文学是时代思想的"晴雨表"。中华商品经济的发展，工商资本的萌芽，市民阶层的诞生，折射出这种社会变革的思想要求，便会通过文学的形式表现出来。现存最早《金瓶梅词话》，是东吴弄珠客作序的明万历45年（1617年）的刻本。它描绘了中华工商资本积累、经营的特点以及与官府的关系的社会现实，烘云托月式地表现了市民阶层的心理情感、价值追求、生活状况，生动深刻地刻画了社会各阶层、各性别的脸谱形象、内心世界、道德意识，鲜活地反映出批判"灭人欲"的禁欲主义的思想，追求个性解放、人身自由的强烈愿望。它可与西方早期文艺复兴运动的代表作薄伽丘的《十日谈》相媲美，其蕴涵的反对禁欲主义、要求个性解放的思想，在《金瓶梅》中更加直白鲜明，有过之而无不及。

明清之际社会的政治、经济、文化、思想的氛围，都为启蒙思想的萌发营造了社会环境、前提条件。本书从当时主导意识形态、形而上的哲学根基、价值观的新动向，到人的自然本性的还原、道德的重新定位、平等意识的呼声等各个层面，系统地论证了启蒙思想的表现，能发人之所未发，见人之所未见。以上关于本书所论宋元明清道德哲学特点的浅见，是受本书启发后的一些不成熟的想法。以往哲学界有一个不成文看法，以为女性擅长于形象思维，男性善于逻辑思维。作为逻辑思维的哲学，特别是穷一生之力都难以读完哲学家一少部分著作的中国哲学研究，连男性都视为畏途，女性鲜有跋涉者就不难理解了，而在中国哲学研究领域取得显著成绩的女性就更是凤毛麟角。但随着时代的发展，特别是我了解了魏义霞教授的著作以后，这种思维定式被打破了。魏义霞教授好学深思，她取得了中国哲学同龄人中突出的学术成果。我认为，能够将细微的"仰则观象于天，俯则观法于地，观鸟

---

① （清）黄宗羲：《财计三》，《明夷待访录》，凤凰出版社2017年版，第47页。

兽之文"的观察能力和深刻的"以通神明之德，以类万物之情"的逻辑体认能力融合在一起的女性，更具有明显的学术优势。魏义霞教授不仅为女性在哲学领域的翱翔做出了榜样，而且定能为振兴中华民族自己的哲学做出新的贡献。

（原载于《燕山大学》（哲学社会科学版）2007 年第 3 期）

鹤山思想的真精神

魏了翁（1178—1237年），字华父，号鹤山，是南宋著名理学家，也是具有时代精神和创新意识的思想家。黄百家曾经在《西山真氏学案》中说："从来西山、鹤山并称，如鸟之双翼，车之双轮，不独举也。……两家学术虽同出于考亭，而鹤山识力横绝。"① 我们说鹤山的思想、识力横绝在什么地方，这是很值得探讨的。鹤山他自己也说看六经如看树头枝底，方能求得真精神。同时，他又说："不欲于卖花担上看桃李，须树头枝底方见活精神也。"② 所以我们看到这么一点，鹤山的思想的真精神在什么地方，他的活精神在什么地方？这是需要探讨也需要总结的。我的看法是，鹤山的真精神和活精神就在于下面几点。

一、会通精神

《周易》上讲："穷则变，变则通，通则久。"③ 这个通在当代来说，在世界文明对话当中，我们讲要互动、要交流、要对话，所谓交流对话者都是通。所以，通对于学术来讲是非常重要的，只有通才能够互相借鉴，只

---

① （清）黄宗羲原撰，全祖望补修：《西山真氏学案》，《宋元学案》第81卷，中华书局1986年版，第2696页。

② （宋）魏了翁：《答周监酒》，《渠阳集》第4卷，张京华校点，岳麓书社2012年版，第46页。

③ 《周易·系辞传下》，（清）阮元校刻：《周易正义》第8卷，《十三经注疏》，中华书局1980年版，第86页。

有通才能够互相吸收，只有通才能够互相提升，只有通才能构建出新的思想体系。全祖望曾说："嘉定而后，私淑朱张之学者曰鹤山魏文靖公，兼有永嘉经制之粹。"[1] 就是说，鹤山把朱熹的思想、张栻的思想以及永嘉学派的事功思想融合起来。不仅是这样，鹤山对于陆九渊的心学思想也进行了会通。我们知道，朱熹、陆九渊之争，从南宋以来，延续了数百年，这是学术界的大公案。鹅湖会议之后，朱陆两家论辩不休，争执不止。从这个意义上来看，鹤山能够把朱陆两家思想会通，这在当时是一种非常好的、能使学术进一步提升的措施和主张。我们也能看出来，当时他为什么能够把朱陆两家思想会通起来？在鹅湖会议上，陆九渊曾经批评朱熹的思想是支离释义。为什么讲朱熹的思想是支离释义呢？即倾向于格物穷理、道问学，就是一物一物地格，一页一页、一本一本地读，这样才能够格物穷理。而这在陆九渊看来，是非常琐碎的，很支离的。当然，朱熹不会这么看，他在道问学的同时，也讲了尊德性。那么，从这里可以看出来，朱熹思想在当时来看已经传播得比较广，在学术界影响很大的时候，就出现了一些空疏的思想。所以，魏了翁一方面要保留理学以天理治天下的要旨，另一方面又企图把朱熹的一些烦琐的、迂阔的弊端加以改正。所以，他就把陆九渊的思想结合进来。陆九渊的心学认为"心即理"，心就是宇宙的本体。从这点来看，后来的魏了翁接受了这一思想。同时，陆九渊心学"先立乎其大"的简易功夫，从"尊德性"和整顿人心入手。从这点来看，对于当时人心不正，魏了翁提倡正人心，有非常密切的关系。这样来看，魏了翁的思想是会通了当时各家的思想，然后再提出自己的一些独立的见解。这点对于我们现在做学问也非常有启发；同时，对我们怎么样来吸收中西精髓、古今中西的思想来建构我们的新儒家或者说新的中国哲学，都是非常有启发的。

---

[1] （清）黄宗羲原撰，全祖望：《鹤山学案序录》，《宋元学案》第18卷，中华书局1986年版，第2650页。

二、度越精神

我是不用超越这个词的。度越实际上是中国的话。度是普度众生的度。所谓度越就是在继承传统思想的基础上，在传统和当代的理论思维、价值观念的冲突和融合当中，怎样和合成为新的思想、新观念的一种总和。所以，度越不是舍弃，也不是把孩子和脏水一起倒掉，而是在度越的基础上来创新。从这点来看，魏了翁的思想是在会通的基础上来创新的。创新不是凭空的，不是杜撰的，也不是闭门造车，而是说在融通的基础上来创新思想。从这点来看，我们可以看出这么一个思想，也就是说，魏了翁的思想当中，他对于朱熹的这些思想，特别对于经典的这种解说，认为朱熹这些人都是通过注释经典来发挥自己的思想。那么，从这点来看的话，也是中国传统的一种注经。有人讲了，中国也有诠释学，我不认为中国古代已经有了诠释学，但是中国有诠释思想。西方解释《圣经》，到了伽达默尔，一直发展下来有了诠释学。中国早在先秦的时候，就通过作传来解释经典，比如说《易传》就是解释《易经》的、《毛传》是解释《诗经》的。从这里可以看出来，传实际上就是解释。中国从先秦以来有两千多年的解释经典的思想，但是没有建构像西方解释学的那个"学"。我们可以看出来，魏了翁认为朱子通过解释经典来发挥自己的思想，比如说《四书章句集注》就是从理学家的思想来解释。从这里可以看到，魏了翁认为我们可以直接来读古代经典，然后发挥自己的思想。这里就有活的精神和真的精神。我们要发挥经典的真精神和活精神。可以看出，儒家经典是发挥微言大义的。比如说，宋明理学家就是这样来做的，是为了解决当时的问题来做论证的。我想宋明理学之所以能够为后人所继承，能够传承中国 1000 年，主要的问题就在于宋明理学体现了当时的时代精神，而且回应了当时社会的冲突，形成了自己的观点。魏了翁想从中求得真精神。他一再反复强调："于圣贤书中看源流本末，于古今治乱实下工夫。"① 这句话反映出他想通过经典的注释来回应和解决当时社会存在的

---

① （宋）魏了翁：《答杨富顺》，《渠阳集》第 4 卷，岳麓书社 2012 年版，第 46 页。

问题，把注意力放在社会治理和古今治乱上。他认为，从《春秋左传》到《论语》，儒家的经典当中有一种"重民"的思想，通过重民来解决当时的社会矛盾和人们所期望的一些要求，也就是说它需要满足人民的需要和需求。这是非常有意义的。比如说，二程讲过"饿死事极小，失节事极大"，魏了翁则对此有不同的看法。我们知道宋明理学家有个很重要的观点，即"存天理，灭人欲"。"人欲"是恶的，但鹤山认为"欲"有合理的地方，所以他的学生吴泳提倡有生则有欲，人需要生存，生存就要衣食住行，没有衣食住行，怎么能生存呢？所以他认为有生就有欲。从这点看来，他是代表了人们的一些愿望和需求的。这句话也批判了宋代理学家一直讲"灭人欲"的论调。魏了翁对于陆九渊的心学，我们也可以看出来，他是怎么样度越、怎么样创新的。陆九渊主张体用是不分的，也就是说形上形下、理与气是不用分的。从这点来看，尽管魏了翁吸收了陆九渊的思想，但是对这点也是不同意的。他认为应该分形上和形下；当然，他并不主张物理性的下，他主张形上应该和当时的形下之学相结合。我们可以看出来，鹤山的思想确实是在会通的基础上进行了度越，提出了自己的新观点，为当时社会所需要。

三、务实精神

我们知道宋学在当时面临内外交困，社会危机深重。当时社会的冲突可以从这样几个方面来看：一个是价值的冲突，特别是"庆元党禁"以后，用现在的话讲，一流的理学大家、道学家基本上被打成"伪学逆党籍"里的人。"庆元党禁"中涉及的人很多，包括叶适等都涉及了。所以，在当时思想受到"伪学逆党籍"影响以后，我们不要小看，伪学逆党就是叛党，是不得了的事情，所以在当时思想界确确实实是个非常大的冲突。在这种冲击底下，我们可以看出来很多人，比如说朱熹的一些学生，从老师的门前过都不敢进去，甚至服装都改了，不敢穿道学家的服装。在这种情况下，思想界受到非常大的冲击。第二个冲突就是社会冲突。当时的统治者腐败，在这种情况下，统治阶级为了争权夺利而寡廉鲜耻。所以，当时发生太学生运动。南宋太学生的势力也很强，他们请愿，表示对当时统治的不满。当时的外患就是宋金的冲突。宋一直处于弱势，向金称臣。面对价值的冲突和社会的冲突、军事的冲突、土地冲突等，怎么样重新发挥道学的思想，怎么样来确立价值观，重新确立社会的价值理想，重新塑造道德的品质，这就成了当时很重要的课题。鹤山在这上面做了很多工作。鹤山为了传播宋代的道学，在巴蜀传播程朱理学，开启了程朱理学在巴蜀地区的传播和发扬。从这里我们可以得到启示，在这样的冲突面前，魏了翁为了表彰理学，积极确立理学的正统地位，把理学定为一尊。在社会意识形态领域，以理学的天理为标准来统一人们的思想，同时又把叶适称为道学的正宗。魏了翁除坚持理学的立场外，受叶适事功学派的影响，他自己也讲"趋事赴功"。在义理和事功的关系问题上，魏了翁是反对忽视事功，强调本之于义理的事功和客观利害的关系是必须要计较的。所以他讲："众寡强弱何可不计？然本诸义理之是非，则事功之利害从之。"[①] 对于在义理指导下的事功，他是主张充分肯定的，也主张通过赏罚，"欲以振天下趋事赴功之心"[②]。他明确提倡"趋事赴功"，可见其对事功的重视。同时也表明，理学与事功学并不是相互排斥的，而是把事功包括在义理之内。作为理学家的魏了翁，他讲事功，重视功利与实效。他说："一寸有一寸之功，一日有一日之利，皆实效也，事半功倍，惟此时为然。"[③] 正因为魏了翁是以理学思想为指导，所以他对由贪鄙而发的利欲持明确的反对态度，主张"不贪不利"。我们知道，永嘉学派与程朱思想有联系。所以在当时，朱熹思想、陆九渊的思想和永嘉学派的事功思想，包括永康学派陈亮的思想，这些思想尽管互相有冲突，但总体上在维护国家的统一、抗金，主张道德的修养和理想价值都是比较一致的。我们也可看出，朱陆的思想也不是完全冲突的。黄宗羲在《宋元学案》中讲过，他们的思想是大同的，在维护理学这点上是共同的。从鹤山的思想当中，我们可以看出他

① （宋）魏了翁：《虞忠肃公奏议序》，曾枣庄编：《宋代序跋全编》第48卷，文渊阁四库全书，齐鲁书社2015年版，第1309页。

② （宋）魏了翁：《答馆职策一道》，曾枣庄、刘琳编：《全宋文》第310册第7090卷，上海辞书出版社、安徽教育出版社2006年版，第205页。

③ （宋）魏了翁：《奏论蜀边垦田事》，曾枣庄、刘琳编：《全宋文》第309册第7055卷，上海辞书出版社、安徽教育出版社2006年版，第91页。

主张事功的意向。那么，在叶适的思想中，我们也可以看出，他有种重事功、主张为天下先的思想。我们知道，温州人敢打敢冲，做事情能够走前一步，从这些都可看出重事功的色彩。我们现在看来，重事功并不是不好，但是应该在义理的指导下重事功，就是说重义轻利或者义利并举，这就是鹤山的思想，义和利不能偏废。

四、重教精神

在会通的基础上要度越前人的思想，在度越前人思想的基础上要务实，要落到实处。那么怎样落到实处呢？很重要的就是提高人的知识水平和提高人的道德修养，这就要通过教育来施行。所以，我讲的第四点就是他的重教的精神。重教在当时来说，也就说在民族危机、价值理想丧失、道德滑落、统治阶级寡廉鲜耻的情况下，通过教育来提升人们的道德修养、道德水平、道德素质，这是非常重要的。所以，魏了翁每到一个地方就办书院，包括蒲江鹤山书院、靖州鹤山书院。他办书院的成绩很大，学生当中有十分之八能考中，这是很了不起的。他是名师教学，我想鹤山书院当时就是所名校、名书院，他为了教育事业把自己的身心全部投入。鹤山书院所培养的学生，第一爱国，第二爱民，第三为国为民而忧患，也就是忧国忧民的人。从这点来说，我想他是达到了他的目的，正人伦、正人心、正思想、正道德，鹤山在教育方面做出了很大成绩。教育莫大于求仁，先立乎其大，以人为本，以文为末，这个思想实际上就是文以载道的思想，培养人的道德修养、道德水平、知识水平，"文"、知识是其次的。这点对于我们现代教育是个启发。

五、和合精神

我们前面讲了要会通，会通基础上要度越，度越基础上要务实，在务实基础上要重教育、要落实到教育，最后一点就是和合的精神。什么是和合呢？和合就是指源于自然，源于社会，源于人，源于人的心灵之间的冲突和融合，在冲突融合过程当中，来和合成为一种新的事物、新的思想。我们可以从这里来看，鹤山是提倡和的。这个"和"实际上代表了当时人们的期望，在当时宋金不断冲突、社会矛盾不断冲突过程中，人们盼望这个社会、国家要和，所以他讲："人心和平民气乐，日月昭明天宇龠。"① 从这个思想中，我们可以看出来，首先是人与自然和的问题。人类在 21 世纪所面临的问题很多源于人与自然的冲突，不光是中国的问题，而是人类共同面对的问题。鹤山主张保护自然，厚封植，保护竹林。他有的观点，我认为非常重要。他说："慈竹吾父子，义木吾弟兄。……愿言厚封植，岁晚长青青。"② 他认为"慈竹"就像我的父亲，"义木"就像我的兄弟，这个思想相比张载的"民胞物与"而有余也。也就是说，天是父，地是母，天地养育了我们，那么对这些竹木，就应该像父子一样，像兄弟一样来看待、来爱护、来尊重。我想这点是非常重要的，体现了人与万物的和谐。

什么是和？和就是"以它平它谓是和"，它与它是平等的、平衡的，它与它之间、我们和自然之间、我们和竹木之间应该是互相尊重的，应该像尊重妇孺、爱护兄弟一样来爱护它。我们可以体会到鹤山这个思想，是非常好的。现在韩国货币五万元上的头像，就是李栗谷的母亲，叫申氏。申氏很重要的标志就是竹子。乌竹，黑的竹子，乌竹竿，韩国人大都到那里参观，竹子代表了一种生命。我们应该尊重竹子、尊重树木，就像尊重别的生命一样，尊重它的生命就是尊重自己。这样来看鹤山的思想非常重要。第二个方面，人与人之间，人与社会之间，他引用《周礼》的话，"以和邦国，以谐万民"。国家与国家，就应该像人与人之间一样和谐，那么，这个国家就能安定，人就能够安身立命，不然就不能生活下去。再就是人的心灵也应该是和合的，现在人的心灵有很多的冲突，外面的压力，家庭的压力，工作的压力，压得人们站不起来，人的心就不怎么平衡，所以出现人的焦虑、苦闷、焦躁等问题。个别人还走入极端，甚至轻生。所以从这来看，人的心灵问题就在精神危机，精神危机也就是信仰危机。为什么现在人的灵魂没有归属？因为他的价值理想丧失了。所以，魏了翁在当时价值理想丧失的情况之下，

① （宋）魏了翁：《中秋有赋》，《鹤山集》第 6 卷，文渊阁四库全书本。
② （宋）魏了翁：《临川过永叔植慈竹义木于庭乃榜其堂曰慈义索余诗》，《鹤山集》第 3 卷，文渊阁四库全书本。

提出"人心和平"的思想，他能够重新把价值理想恢复起来，拯救人心灵的健康，这是非常重要的。

　　从以上五个方面来看，鹤山不管在哪个方面都有值得我们继承和发扬的精神。我们继承什么？不是继承一些已经形成的物质的东西，就像这个茶杯、电脑一样，被不断地淘汰，新的东西就出来。我们继承古代的东西，实际上是继承它的精神，而不是继承当时的一些物质。物质的东西，很多都已经被淘汰了，随着历史的进步都淘汰了，我们要继承它的精神。我们能够继承和发扬鹤山的五点精神，对于我们建设现代的社会都是非常有价值和意义的。

[原载于《四川师范大学学报》（社会科学版）2011 年第 2 期]

诠释与索隐——傅山评荀子思想的
性质和特征

　　傅山之时，宋明理学仍居统治的意识形态，科举考试以《四书》及程朱等人的注解为标准，程朱道学被奉为神圣不可侵犯的金科玉律，《四书五经》及其思想被奉为正宗和正统，诸子的文本和思想被排斥在正宗、正统之外，以至被视为"异端"。在这种情境下，傅山高扬复兴子学，就把自己置于与正宗、正统相颉颃的异端地位，所以，他以诗来表明自己的心志说"异端辞不得"。为了探究真谛，自把孤舟之舵，航向新境界，开拓新领域，呼唤新学风、新思维、新方法。

　　傅山所以高扬复兴子学，不仅是出于对当时正宗、正统思想的批判，而是基于纠正时人对诸子学的误解、误读。他说："子书不无奇鸷可喜，但五六种以上，经欲重复明志见道取节而已。"① 诸子书蕴含奇与鸷的性格，能够击杀固有的价值观念和思维方法，可以明志、见道、取节，而开出新生面。现就傅山《荀子评注》《荀子校改》，以窥其如何理解、解释子学思想。

一

　　傅山对具有先秦学术思想总结性意义的荀子思想特别关注，屡次研读《荀子》，即使在湿热夏季，也不放松。"长夏蒸溽，闲坐不住，取昔所点荀卿书再一目之。随取其词义之隽永者，略记一半句或数字。吾后有读是书

---

① （清）傅山：《与戴枫仲》，《霜红龛集》第24卷，山西人民出版社1984年版，第653页。

者，置此于前，一位着眼之先，亦一劝也。"① 选取词义意味深长的一半句或数字，进行解释，并说明自己的理解。

（一）取是去非，求索本义为道屡迁，唯变所适

每个时代有每个时代化解冲突和危机的理念和方法，构成每个时代精神和理论思维形态。作为时代精神和理论思维形态，都是每个时代的核心价值、精神理念和道德信仰的表征。时代变迁，时代精神和理论思维形态也随之改变，没有不变的"祖宗之法"和不变的理解与解释。基于此，傅山对于两千年前的先秦子书所存在的时空差距，自觉意识到后来的理解和解释与子书的本义和诸子本意的差分。他说："一双空灵眼睛，不唯不许今人瞒过，并不许古人瞒过。看古人行事，有全是底，有全非底，有先是后非底，有先非后是底，有似是而非、似非而是底，至十百是中之一非，十百非中之一是，了然于前，我取其是而去其非。"② 时空的差距是客观存在的，人不能改变，理解和解释的差分是主观表现，人见人异。

至于傅山区分是非的六种情况，是一种价值判断，什么是是？什么是非？既是认知，又是价值观问题。不同的价值观决定、支配人的认知和价值判断。每个人的价值观千差万别，认知也千差万别，对于什么是是、什么是非的理解和解释也异趣。在这种情况下，傅山所谓的是与非，只能是在其价值观支配下的是非的价值判断。这既与不许今人古人瞒过有关，也无关；既设想贴近子书和诸子本义本意，亦度越了其本义本意。尽管如此，傅山的"取是去非"仍是其理解和解释子书和诸子的原则。依据这个原则，他把《荀子》和荀子思想置于先秦诸子百家的视域中，通过对诸子百家思想的体认和比较，试图尽量缩小时空差距和理解解释的差分。他对《荀子》是这样体认的："《荀子》三十二篇，不全儒家者言，而习称为儒者，不细读其书也。有儒者之一端焉，是其辞之复而啴者也。但少精挚处，则即与儒远，而近于法家，近于刑名家。非墨而又有近于墨家者言。"③ 这是《荀子评注》的《后记》，也是其深入研究《荀子》思想的结论和总体的评价。

---

① （清）傅山：《荀子评注》，上海古籍出版社 1990 年版，第 197 页。
② （清）傅山：《杂记一》，《霜红龛集》第 35 卷，山西人民出版社 1984 年版，第 1001 页。
③ （清）傅山：《荀子评注》，上海古籍出版社 1990 年版，第 272 页。

　　对于荀子思想的体认，历来就有不同的看法。最早评价荀子的信息出自《荀子·尧问》篇中"为说者"的"孙卿不及孔子"。"不及"可以有不同的理解，从同为儒家而言，荀子作为后儒自不及儒家的创始人孔子，谈不上贬抑荀子的问题；从荀子非儒家而言，不同学派人物的思想比较，"为说者"依自己学派立场、价值观点做出高低、优劣的价值判断，也不一定是他把荀子与孔子对立起来。但对"为说者"做出回应的人（也可能是荀子自己）说："今之学者，得孙卿之遗言余教，足以为天下法式表仪。所存者神，所过着化。观其善行，孔子弗过，世不详察，云非圣人，奈何！"①"为说者"与回应者是针锋相对的，但并未表明孔荀为对立学派。后儒如韩愈以《荀子》为"大醇而小疵"②，也并未完全否定《荀子》，然在其"道统"谱系中，却把他排除在外。宋代道学家照着韩愈道统讲，"圣人之道，至卿不传"③，也在儒家道统之外，但并没有给荀子思想定性定位。到了理学家集大成者朱熹，虽然他认为"《荀子》尽有好处"，并不否定荀子，然而却将其定位定性为法家："荀卿则全是申韩，观《成相》一篇可见。"④

　　傅山依自己对《荀子》的反复研究，在作了评注后而做出体认。这种体认是下功夫求索本义所获得的。他认为荀子的思想是复杂的，是先秦诸子思想综合者，也可谓集大成者。各种思想均统摄其中：习惯称荀子为儒家，这是不细读其书而言的，若细读就会发现"不全儒家者言"，但还有儒家之一端，其言辞反复而又迂缓的，便含有儒家的思想；其少而精微诚挚的地方，便与儒远，而近于法家、刑名家。"近于"这种表述方式，意蕴着非就是法家和刑名家，否定了朱熹"全是申韩"的评说；荀子不是墨家，又有近于墨家的言论。这就是说，《荀子》既不是纯粹的儒者，也不是纯粹的法家、刑名家和墨家；既有儒家之一端，而又近于法家、刑名家、墨家。这就使傅山对《荀子》的体认表现上陷入悖论之中。

　　傅山貌似悖论的体认，却是其"取是去非"、求索本义解释原则的贯

---

① 《荀子·尧问》，梁启雄：《荀子简释》，中华书局 1983 年版，第 410 页。

② 参见（宋）朱熹：《孟子序说》，载《四书章句集注》，中华书局 1983 年版，第 198 页。

③ （宋）程颢、程颐：《河南程氏外书》第 10 卷，《二程集》，中华书局 1981 年版，第 403 页。

④ （宋）黎靖德编：《朱子语类》，中华书局 1986 年版，第 3255 页。

彻。"取是"不囿于某家某派，也不以某家某派思想为中心来取舍，把各家各派放于平等的位置，以度越的理性视域来评点各家各派或一家思想，而冲破"习称"的思维定式的束缚，凡是者都采取吸收，所以无论墨、法、名的"精挚处"，均为是者的可取处。"去非"也不限于某家某派，而是一视同仁，去除其非。在这里切忌以某家某派为价值标准来衡量是非，而应该公平公正。只有如此地取是去非，才能达到求索本义的目标。

（二）融会汉宋，实事求是

学术界习惯于将汉宋两家经典解释学看作是对待的，其实，作为后于汉学的宋学，既越汉学而又汲取汉学，在汲取中求度越和创新。无论是王安石的《三经新义》，还是朱熹的《四书章句集注》，都是融会汉宋，兼收两家。朱熹认为，汉宋两种经典文本诠释方法，都有其发生的人文语境和经学文本诠释的内在逻辑，都有其得与失。只有两者融合兼治，才能和合创新，开出新的性命道德之学的新格局。

傅山虽批判程朱理学，但对于子书的诠释却走融会汉宋的朱熹理路。他在《庄子批注》中说明，其诠释的原则是"执古之道，御今之有"，试图会通古今，化解古与今的冲突，即当代所谓传统与现代的问题。傅山以其会通古今的博大胸怀、宽阔视野，提出"餐采"开放的思维方法："无如失心之士，毫无餐采，致使如来本迹大明中天而不见，诸子著述云雷鼓震而不闻，盖其迷也久矣。虽有欲抉昏蒙之目，拔滞溺之身者，亦将如之何哉！"[1]就餐取食，要广收博采，什么都吃而不偏食，不能孤陋寡闻，以至不见不闻大明中天的佛教和云雷鼓震的诸子，自己使自己昏蒙和滞溺。在"餐采"开放精神指导下，在诠释子学中，傅山亦取会通汉宋、训诂义理兼收的方法。

关于《荀子》中"法先王"与"法后王"两种冲突的说法，傅山肯定"法后王"说。他摘录《荀子·王霸》："故国者，世所以新者也，是惮惮，非变也，改王（玉）、改行也。故一朝之日也，（一日之人也），然而厌焉有千岁之国（固），何也？曰：援夫千岁之信法以持之也。"并录杨倞注："惮

---

[1] （清）傅山：《重刻释迦成道记叙》，《霜红龛集》第 16 卷，山西人民出版社 1984 年版，第 476 页。

与坦同。言国者，但继世之主自新耳，此积久之法，坦坦然，无变也。……
自是改一王，则改其所以行之事，非法变也。"然后傅山评注说："荀子每以
法后王为词，而此又言千岁之信法耶？若尔，则后王不必法矣。注：'坦坦
然无变'，亦不必尔。惮即作忌惮之惮，亦可。有国，有国是，国以世新，
国是不以世变。世新者，奉其是，兢兢焉不敢变也。"① 直指荀子法后王与法
先王的思想冲突，一方面每以法后王为词，另一方面又言"千岁之信法"，
国变世新，但法制不变，其变新仅是君臣地位的改变，"国是不以世变"。揭
示荀子思想的不彻底性、矛盾性。

从肯定法后王而言，傅山对《荀子·儒效》篇评曰："篇中谆谆以法后
王为务，亦是当时之习。若今朱子公读之，定大可人。"② 把"法后王"当作
时代的风气。尽管荀子在《儒效》中肯定法后王，但亦有自相矛盾冲突的表
述。他在此篇的"法后王，统礼义，一制度，以浅持博，以古持今，以一持
万，苟仁义之类也"旁批云："每云'法后王'，而又自'以古持今'，此又
自悖。"③ 尽管傅山借评注《荀子》来发挥自己的义理思想，阐述自己独立的
见解，但他也从宏观层面俯察贯通荀子思想，实事求是地指出了其思想中的
矛盾和不完善。可见，他弘扬子学，但并不一味肯定，而是实实在在地研究
学问，下功夫从字里行间发现其逻辑矛盾。这种实事求是地体贴荀子本意的
诠释方法，是难能可贵的。

傅山在《荀子评注》中，时时将训诂与义理结合起来，以求其意。对
《荀子·非十二子》评说："十二子皆持之有故，言之成理"④，从义理上赞同
荀子非十二子之非。《非十二子》："世俗之沟犹瞀儒，嚾嚾然不知其所非也。"
杨倞注："沟，读为佝，佝愚也。犹，犹豫也，不定之貌。瞀，暗也。嚾嚾，
喧嚣之貌，谓争辩也。佝音寇。"⑤ 傅山评说："如此音义，俱不知何谓。儒
字《荀子》屡见，皆与偷儒连言，而此则瞀儒。若儒如本音读，则谓之瞎儒

① （清）傅山：《荀子评注》，上海古籍出版社1990年版，第224页。
② （清）傅山：《荀子校改》，现藏国家图书馆。
③ （清）傅山：《荀子校改》，现藏国家图书馆。
④ （清）傅山：《荀子评注》，上海古籍出版社1990年版，第210页。
⑤ （清）王先谦：《荀子集解》第3卷，中华书局1988年版，第95页。

也。儒真多盲人。沟犹如本音读，则谓如在沟渎之中，而讲谋猷，是瞽儒之大概也。"① 荀子批儒，并不完全否定儒，瞀儒、瞎儒是指儒的末流而言，傅山在这里既指其音义的不准确，又阐发义理，使汉宋之学得以融合。

（三）通子明道，推究演申

要开出子学文本新的生命智慧，必须依据诸子本意而推究。在文本中，诸子的话语是某一思想的萌芽状态，并未给出明确、完整的论述，而需要理解者、解释者在体贴诸子本意的基础上加以推究、演申，从而开出新生面。

评注子书的标的，在于通子以明道。若道理讲得太多，而把己意强置于解释之中，不仅模糊了子书文本的整体性、系统性，而且使诸子之言为"吾说"所主使，以致喧宾夺主。这就是说，明道有时可能产生与通子的冲突。如何保持通子与明道之间的张力？通子作为解通诸子文本，是在于尽量贴近文本的"本义"和诸子的本意。明道是发明诸子文本中所蕴含的道理，道往往不是显现的，而是隐藏的。正由于道是隐藏的，需要依据每个理解者、解释者的个人体贴，而各个理解者、解释者的"前识"、"先见"以及其价值观的差分，体贴亦殊异，这是难以避免的。也正由于此而扩大了理解者、解释者的推究、延伸了活动空间。

傅山认为，荀子"《性恶》一篇，立义甚高，而文不足副之。'伪'字本别有义，而为后世用以为诈伪，遂昧从人从为之义，此亦会意一种"②。他称扬《性恶》篇的立意，有认同性恶的意蕴。《荀子·性恶》开篇就提出："人之性恶，其善者伪也。"人性是恶的，善是人为的。如何改恶从善，使人性发生变化，荀子提出"化性而起伪"的观念，即变化人性的恶，而起兴人为的善。伪是人为之义。傅山认为，后世解伪为诈伪，虽也可以说是文字学中会意一种，但不明白"从人从为"的意思。这就是说，通子必须体认子书的本义和诸子的本意，此本义、本意就是明道。

虽然他赞同荀子的"化性起伪"说，但又认为其"文不足副之"。他说："虽再非孟子性善之论，不过笼统说了依据，却善静修不放箸忌惮，临

---

① （清）傅山：《荀子评注》，上海古籍出版社 1990 年版，第 210 页。
② （清）傅山：《荀子评注》，上海古籍出版社 1990 年版，第 272 页。

了又暗用其'人皆可以为尧舜'义。想其初立言时,要竖一义与孟子争衡以自见,是文章家呵佛骂祖之见解,卒又怕终见不得佛祖,而以可以为善之义申重之,此无他,学不圆而胆小耳。"① 荀子为了建立自己与孟子相争衡的性恶论,而采禅宗"呵佛骂祖"的态势,但又怕见不得佛祖似的,于是暗中用孟子"人皆可以为尧舜"的思想,而讲"涂之人可以为禹","凡禹之所以为禹者,以其为仁义法正也"②。夏禹与尧舜一样都是圣人。如果说普通人可以为禹,那么人性就意蕴有善的方面。傅山说:"则人亦有自然善者"。③ 此自然善与荀子"化性起伪"的善有别,由此傅山严肃指出荀子"学不圆而胆小耳"。孟荀性善性恶之辨,影响深远。作为中华政治、经济、文化、哲学、思想等各领域的人性基础的探讨,都与人性的善恶相关联,而不能回避。傅山由此探索,而体认荀子性恶论思想本意之道。

二

傅山在《荀子评注》结语中说:"非墨而又有近于墨家者言。"④ 就非墨而言,傅山在《富国篇》题评曰:"中有非墨二段,此篇啴不可言。"⑤ 荀子既批评墨子的"非乐",又非墨子的"节用":"天下之公患,乱伤之也。胡不尝试相与求乱之者谁也?我以墨子之非乐也,则使天下乱;墨子之节用也,则使天下贫;非将堕之也,说不免焉。"⑥ 天下的公患是混乱造成的,造成混乱的原因是墨子的"非乐"。荀子认为音乐有移风易俗的功能,能使"民和而不流""民齐而不乱"。两人对音乐的体认相反相对。他们都认同节用的重要性,墨子主张君主与百姓应一样节用,而无差等;荀子强调"节用以礼""裕民以政",要分别差等,按礼规定的享用标准来节用,用政治措施

---

① (清) 傅山:《荀子校改》,现藏国家图书馆。
② 《荀子·性恶》,梁启雄:《荀子简释》,中华书局 1983 年版,第 334 页。
③ (清) 傅山:《荀子校改》,现藏国家图书馆。
④ (清) 傅山:《荀子评注》,上海古籍出版社 1990 年版,第 272 页
⑤ (清) 傅山:《荀子评注》,上海古籍出版社 1990 年版,第 222 页。
⑥ 《荀子·富国》,梁启雄:《荀子简释》,中华书局 1983 年版,第 126 页。

促使人民富裕。他批评墨子的节用是伐本竭源的做法，是造成国家人民贫困的原因。非乐节用所带来的后果是"万物失宜，事变失应，上失天时，下失地利，中失人和，天下敖然，若烧若焦"①的惨苦煎熬的状态。

荀子把儒墨作了比较，认为"儒术诚行，则天下大而富，使而功，撞钟击鼓而和"；"墨术诚行，则天下尚俭而弥贫，非斗而日争，劳苦顿萃而愈无功，愀然忧戚非乐而日不和"。②以法后王、统礼义、一制度的儒术治理国家，天下太平、富裕、和谐，安逸有成效。以墨术治理国家，崇尚节俭反而更加贫穷，反对争斗反而天下争斗，劳苦而无功，忧戚不乐而日日不和谐。尽管墨子"为天下忧不足"，只是他个人的"私忧过计"，而不是天下的公患。因此，荀子批评墨子"蔽于用而不知文"③，被实际功用和节俭所蔽塞，不懂礼乐文饰的作用，而造成"僈差等"的社会弊端。

傅山认为，荀子既有非墨一面，又有近墨方面。他在评注《天论》篇时说："荀卿屡有非墨之论，此篇'大天而思之，孰与物畜而制之？从天而颂之，孰与制天命而用之？望时而待之，孰与应时而使之？'与墨子《大取篇》之语：'为暴人语天之为是也，而性为暴人歌天之为非也。'歌天之为，即从天而颂之之义。道固有至，相左者，而与之少合者如此。"④荀子认为，与其大天、从天而思慕、赞美它，不如畜养而控制它，掌握天的次序而利用它，顺应季节变化而为人服务。傅山认为，荀子这个思想与《大取篇》的"暴人歌天之为非也"相近。傅山注释说："暴犹自暴，暴殄之暴，自暴惰窳，无所事事之人，与之言天生、天杀之道，则是。若任性暴殄，而为歌天下之所为人，亦当如是，不勤不苦，则非也。暴又如残忍之人，自为而不为人，如不肯拔一毛者皆可通。"⑤暴人是指那些自暴自弃、无所作为、任性懒惰、任意糟蹋的人。这种暴人歌天的作为，与"从天而颂之"之人相似，这是墨子所反对的。就此而言，"制天命而用之"的思想，墨荀是近而通的。

---

① 《荀子·富国》，梁启雄：《荀子简释》，中华书局1983年版，第126页。

② 《荀子·富国》，梁启雄：《荀子简释》，中华书局1983年版，第128页。

③ 《荀子·解蔽》，梁启雄：《荀子简释》，中华书局1983年版，第290页。

④ （清）傅山：《荀子评注》，上海古籍出版社1990年版，第237页。

⑤ （清）傅山：《墨子大取篇释》，《霜红龛集》卷35，山西人民出版社1984年版，第968页。

《荀子》有综合先秦各家思想的意蕴，所以傅山借评注《荀子》而指出荀子有"近于法家、刑名家"之处。"《正名》一篇，荀文漫衍处最多。此篇却有精凿坚奥之句，亦由与龙、惠明嘴加几分思力锻炼耶!"[1]《正名》既有其漫衍不严密处，也有其精凿坚奥处，可以公孙龙、惠施的逻辑思想参照研究，以锻炼人的逻辑思力。《正名》篇云："单足以喻则单，单不足以喻则兼；单与兼无所相避则共，虽共，不为害矣。"杨倞注："单，物之单名也。兼，复名也。喻，晓也。……谓单名复名有不可相避者，则虽共同其名，谓若单名谓之马，虽万马同名，复名谓之白马，亦然。虽共不害于分别也。"[2]傅山说："其意以为公孙龙白马非马之说，如马可共谓之马，白马不可共谓之马矣。以其但马而不白之，则既害于白之异，亦害于马之同也。而马，马也。白马仍马也。原可共之，而不必相避者，通称之曰马，何害也。"[3]单名指一个字的名称即马，兼，复名指两三个字的名称，即白马。从名的共与别、同与异来说，马是共与同，白马是别与异。从两者融合来看，马与白马通称为马，共与别、同与异原可共之而不相避、不相害。

荀子说："辨说也者，不异实名以喻动静之道也。"杨倞注："动静，是非也。言辨说者不唯兼异常实之名，所以喻是非之理。"[4]傅山旁批、眉批三条："句颇深沉。""是非不若行止二字。""不异实名，谓辨说之义，不在苦苦分别名实之间，只是要晓喻个可行可止之道。"[5]"辨说"相当于形式逻辑中的推理，推理是人们用同一个概念和事物来说明动静的道理。傅山认为这个表述很深刻，但他不同意杨倞释"动静"为"是非"，认为可释为"行止"。"不异名实"，即名实一致，不在于分别名实之间，而在于说明名实行止动态中把握。

傅山触类旁通，纵横比较，由《天论》而《大取》，由《正名》而名家，由《富国》而墨家的"非乐""节用"等，都很精到而中其肯綮。他对

① （清）傅山：《荀子校改》，现藏国家图书馆。
② （清）王先谦：《荀子集解》，中华书局 1954 年版，第 278 页。
③ （清）傅山：《荀子评注》，上海古籍出版社 1990 年版，第 253 页。
④ （清）王先谦：《荀子集解》，中华书局 1954 年版，第 281 页。
⑤ （清）傅山：《荀子校改》，现藏国家图书馆。

《荀子》中所蕴含的法家思想则取批判态度。荀子认为君王活着时，天下的人只尊崇他一人。"老者，休也。休，犹有安乐恬愉如是者乎！故曰：诸侯有老，天下无老。"杨倞注："诸侯供职贡朝聘，故有筋力衰竭求致仕者，与天子异也。"① 傅山说："果如此呆说，天子岂无巡狩、郊天、祀地、享庙、觐群后之劳乎！且'故曰'两字，是古有此言，而荀卿引之。岂荀卿不知古帝王之皆死耶？即长寿者不几人，而为此无老之说，何所见耶？是必有义。盖谓古有德之天子，如尧舜者然也。然孟子曰：尧老而舜摄，明乎尧有老矣。且又配以饮食起居诸杂事，以证无老之所从来，亦何陋也。"② 这里对"老"字理解有异，荀子以"老者，休也"，"休"是安乐、心神安逸和悦的意思，即诸侯有告老退休，天子没有。傅山释"老"为老死。"然执此以论天子无老，则不伦。然则尧可无死矣。"③ 为什么傅山作如是解？并不是他不知荀子"老者休也"的意思，而是要批评荀子思想中的贵王贱侯，赞扬孟子的"民贵君轻"论，同时为老子辩白。"谓老子有诎而无信，则贵贱之分，此大蔑矣。其义似谓贵者当信，贱者当诎也。己自卑陋矣。且不如老子'善下人'，'不为大'之语，即天道下济而光明之义。'不矜不伐，莫与之争'，《帝典》之言也。'民为贵，君为轻'，岂非昧贵贱信诎之义耶？孟子言之也。"④ 老子认为，"江海所以能为百谷王者，以其善下之"，"是以圣人终不为大"，这就是天道损有余而补不足的下济。傅山认为，由于老子重下，而贵民贱君，与孟子"民贵君轻"同，于是消解了贵贱信诎的差分，批判了法家尊王贱侯、君贵民贱的思想，也是他对《荀子》中法家思想的批评。

傅山对《荀子》探赜索隐，而撰《荀子评注》和《荀子校改》两书，既训诂考证，又发挥义理，深得要旨；同时他又钩深致远，举一反三，旁及诸子各家。他把荀子放在时代思潮中，纵横类比，以揭示其思想本真，见解独到，值得后人珍视。

（原载于《孔子研究》2009 年第 1 期）

---

① （清）王先谦：《荀子集解》，中华书局 1954 年版，第 224 页。

② （清）傅山：《荀子评注》，上海古籍出版社 1990 年版，第 241 页。

③ （清）傅山：《荀子校改》，现藏国家图书馆。

④ （清）傅山：《荀子评注》，上海古籍出版社 1990 年版，第 238 页。

论傅山的人文精神

"号今自我发，文章自我开。"① 傅山父子以恢宏博大的气魄，冲决庙堂成法的网罗，凸显自我开出的新生面，充分展现自我开发的主体性，积极践行自我发号施令的自由性。傅山（1607—1684 年）生当明清变革之际，其为人清风峻节，儒林师表；其为学标新离奇，精神纯粹。他处患难之秋、启蒙精思之时，甘居林下，心怀家国大业，独辟蹊径，志在世人日用，才艺绝佳，情以治病救人。

傅山作为启蒙思想家，是一个卓越的人文主义者，是中华文化中璀璨的人文文化的继承和发扬者。"人文"见于"观乎人文以化成天下"②。"文"的本意是纹理，引申为文明、文化；"化"释为教化。"文明以止，人文也。"③ 人文是化成天下的学问，它在中华文化中是指自然、社会、人际、人自身心灵、不同文明间的关系、序列、秩序得以融突和合的状态，以及人对其体认和把握。人文精神是指对人的生命存在和人的尊严、价值、意义的理解和把握，以及对价值理想、精神家园的执着追求的总和。人文精神既是一种形而上的追求，也是形而下的反思。它不仅仅是道德价值本身，而且是人之所以为人的权利和责任。

---

① （清）傅山：《哭子诗·哭文章》，《霜红龛集》第 14 卷，山西人民出版社 1984 年版，第 383 页。

② 《周易·贲卦·彖辞》，（清）阮元校刻：《周易正义》，《十三经注疏》，中华书局 1980 年版，第 37 页。

③ 《周易·贲卦·彖辞》，（清）阮元校刻：《周易正义》，《十三经注疏》，中华书局 1980 年版，第 37 页。

一、批判精神

傅山在明末"天崩地解"的强烈悲愤中，在商品经济繁荣、市民阶层张扬"人私"和追求个性价值合理性的刺激下，培育了坚韧不拔的个性人格、始终如一的批判精神。他冲破了"书生故纸万重围"的桎梏，投身于救时济世的社会实践；他直刺当时的主导意识形态，凸显"敢把皇帝拉下马"的气魄。他在形而上与形而下的两个层面表现出批判精神。

从形而上层面来体察，哲学追根究底的反思精神就意蕴着批判，批判才能深刻揭示和体认事物的真容。作为当时主导意识形态和士子们科举考试圭臬的程朱理学，已被视为神圣不可侵犯的教条，否则就被视为"判经离道""邪端异说"，李贽更是前车之鉴。傅山以自己的生命智慧，传李贽批判理学之"薪火"，不避"异端"，而只求"有一段真面目溢露于楮墨之间"。

首先辨"异端"。傅山借辨李贽是否为异端，为自己"异端"思想的合法性做论证。他认为李贽批假道学虽自嘲为异端，而非真异端，是乃道学家为自己装饰门面。"明王道，辟异端是道学家门面，却自己只作得义袭功夫。"①傅山认为"义袭"是沿袭，并不晓得率性之道的意思。如果义袭功夫在贫富上证解，恐非圣人语意。揭露了道学家打着辟异端招牌，其实他们自己也并非"圣人语意"的真传。

宋明道学家以"为往圣继绝学"的"道统"者自命。程颢死后，其弟程颐曾说："周公没，圣人之道不行；孟轲死，圣人之学不传。道不行，百世无善治，学不传，千载无真儒……先生生乎千四百年之后，得不传之学于遗经，以兴起斯文为己任。辨异端，辟邪说，使圣人之道焕然复明于世。"②朱熹把程颐这段话作为其《四书章句集注》的结语。这里所说的"得不传之学于遗经"的"遗经"，主要是指《论语》《孟子》《大学》《中庸》四书而言，其次是"五经"。"四书"是道学家"道统"所依傍的文本，也是道学家立论

---

① （清）傅山：《杂记一》，《霜红龛集》卷36，山西人民出版社1984年版，第999页。
② （清）熊赐履：《正统·程明道先生》，《学统》第7卷，凤凰出版社2011年版，第117页。

的文本依据，其内涵包含着"圣人之道"和"圣人之学"。此道此学即道学的本真和"道统"的意蕴。傅山把批判之矛投向不传之学的"遗经"，他指出，"今所行'五经''四书'注，一代之王制，非千古之道统也。注疏泛滥矣，其精处非后儒所及，不可不知"①。尽管程朱等人的"四书五经"的注疏，被钦定为正统意识形态的教科书和科举考试的官方标准，但傅山指出："可惜一本好《大学》，折得乱腾腾地。"②意即程朱等人的注疏并未尽精微，真正体知其精粹意蕴，亦非千古之道统的传承和使圣人之道焕然复明于世的继承者。这就否定了道学家自命辨异端、辟邪说、继道统薪火的合法性，从根基上否定其神圣性。

其次评理学。理学的奠基者程颢，以"天理二字，却是自家体贴出来"的，建构了理学形而上学体系。朱熹说："理也者，形而上之道也，生物之本也。"③傅山与程朱相颉颃，从文字的训诂入手，揭示理的本义，说明理并不具有形而上的性质。"文理密察之理，犹之乎条理之理，从玉从理，义实蕴藉。"④玉的纹理细密，是事物的纹理、条理，不具备形而上学的意蕴。从"五经"到"四书"，均如是。"《书》为帝王治世之本，而不言理字，惟《周官》则有'燮理阴阳'一字。《诗》咏性情，而用理字者，但'乃疆乃理'之类，三四见皆不作道理之理用，岂古人不知有此字耶？看《孟子》理义说心用理字处，傻生动，何尝口龈牙也。《礼记》则理字多矣，亦不觉甚厌人，乃知说理字亦顾其人何如耳！"⑤理为物的"成物之文"，是事物自身所具有的自然文理、自然结构，而非造物主使然；理的结构是从玉从理，里即田与土构成，都属于地，是具体自然物，而非形而上之理。

显然，傅山与道学家对理的诠释殊异。"宋儒好缠理字。理字本有义，好字而出自儒者之口，只觉其声容俱可笑也。如《中庸注》'性即理也'，亦

① （清）傅山：《杂记一》，《霜红龛集》卷 36，山西人民出版社 1984 年版，第 999 页。
② （清）傅山：《杂记一》，《霜红龛集》卷 36，山西人民出版社 1984 年版，第 999 页。
③ （宋）朱熹：《答黄道夫》，《朱文公文集》卷 58，《四部丛刊》本，商务印书馆 1936 年版，第 1044 页。
④ 孙郅旧藏，《傅山手稿照片》，现藏山西人民出版社资料室。
⑤ 《傅山手稿照片》，转引自魏宗禹著：《傅山评传》，南京大学出版社 1995 年版，第 108—110 页。

可笑，其辞大有漏，然其窃则自《易·系》'穷理尽性以至于命'来，似不背圣人之旨，不背则不背其字耳。"① 理有其本义，道学家改其义而为其用，实违背圣人之旨，不违背只是字面上说个理字。傅山的批判实起釜底抽薪之功，在当时看来是有力的。但中华学术、思想、哲学是与时偕行的，作为每个时代精神体现的哲学思想，其所化解的时代冲突亦异，因此适应于时代需要的文本诠释亦大异其趣。理的范畴随时代演变，其内涵亦不断拓展、丰富、引申，而呈"同心圆扩大型"状态。傅山从静态的视域来视察理的本义，有其时代的局限。

傅山对理学的批判，从学理上说是颠倒程朱"有是理，后生是气"的理逻辑在先说。"老夫尝谓：气在理先，气蒸成者始有理，山川、人物、草木、鸟兽、虫鱼皆然。若云理在气先，但好听耳，实无着落。"② 把程朱"理在气先"倒过来说"气在理先"。气的蒸发、缊而有条理、纹理，而后成山河大地、鸟兽虫鱼、草木人物等万事万物。自明以降，程朱理学就受到来自两方面的批判：一是从陆九渊到王守仁"心即理"的批判；二是从王廷相、罗钦顺到王夫之"气即理""理在气中"，"理者，气之理也"的批判。傅山继承后者，认为理在气先，理就没有"着落"了。换言之，理落实在气上，非理在气中，而是气在理先，这种先，实是指气的逻辑在先。

傅山在追究气是什么时，融合儒道，提出"泰初有无"说，而度越"理先气后"说。他认为宇宙的起源是泰初有无的混沌之时。"阴阳交泰之初，何所有乎？有无而已。别无所有，然无而有者，无可得而名，确乎其有一。一只所起，有一而未形，不可闻，不可见。然万物之生者，皆由得此一以生，是之谓德。"③ 泰初无而有，既是无，又是有，是有无融合体的一：一未有形象，听不到，看不见，但宇宙万物都是由此一而化生。傅山进一步追究"一"是什么？他说："泰太异乎？不异也。天为一大，太为大一。一即

---

① 孙郅旧藏，《傅山手稿照片》，现藏山西人民出版社资料室。
② 孙郅旧藏，《傅山手稿照片》，现藏山西人民出版社资料室。
③ （清）傅山：《读子一·庄子》，《霜红龛集》第 32 卷，山西人民出版社 1984 年版，第 864 页。

天一生水之一。一，水也，气也。"① 万物所由生的一，与天一生水的一，就是气，也即是水。这不仅排除了理是万物最终根源的先气说，而且把水和气作为一的实质内涵。这样便在批判理学中度越了程、朱、陆、王。

傅山对《庄子天地篇泰初有无无段解》，与《郭店楚墓竹简·大（太）一生水》篇的意蕴相近。"大（太）一生水，水反辅大（太）一，是以成天。天反辅大（太）一，是以成地。……天地者，大（太）一之所生也，是故大（太）一藏于水……下，土也，而谓之地；上气也，而谓之天。道亦其字也。"② 天地为大一所生，犹傅山万物得一以生；大一藏于水，水为大一的内涵，犹傅山"一，水也"；"大（太）一生水"，犹傅山"天一生水"，水反辅大一成天，天为气，犹傅山"一，气也"。"一是水，土下皆水，水是气。"③这种循环论证，说明一是水是气，一生天地万物，即水或气生天地万物，这与朱熹以理为生物之本，气为生物之具异趣。

从形而下层面来审察，理是社会伦理活动的根据，国家典章制度的终极依据，社会伦理活动、国家典章制度是理的形而下的表现。对当时作为典章制度的礼和作为社会伦理纲常的批判，即是对理的批判。明末社会混乱，亦为礼崩的时代，即傅山所说"礼丧世"之际。"世儒之所谓礼者，治世之衣冠，而乱世之疮也。不知剿刮其根，而以膏药涂之，又厚涂之曰：治疮之礼也。不柄亢锯以足民之耳目，而脂韦跪拜以贪其利禄，曰：治世之礼当如是。礼丧世，世丧礼。礼与世交相畏也，悲夫！"④ 批判世儒把礼作为治乱世疮疤的膏药，虽厚涂之，但不去其病根，这种治标不治本的方法，使世道与礼交相丧失，乱世之疮便成不治之症，世道丧亡。

礼即理也，对礼的批判即是对理的外在表现的批判，也是对礼的行为规范的纲常伦理的批判。譬如为偷孝之美名，"人有父死，而哀毁庐墓，几至于灭性者，而孝之名归焉。邻遂有其母死，而亦效其哀毁以几灭性，盖

① （清）傅山：《读子一·庄子》，《霜红龛集》第32卷，山西人民出版社1984年版，第865页。
② 荆门市博物馆编：《太一生水》，《郭店楚墓竹简》，文物出版社1998年版，第125页。
③ （清）傅山：《杂记三》，《霜红龛集》第38卷，山西人民出版社1984年版，第1077页。
④ （清）傅山：《礼解》，《霜红龛集》第31卷，山西人民出版社1984年版，第829页。

知孝之为美名。"① 为获得孝子美名而孝，是乃非其孝而孝之，便导致"孝丧世，世亦丧孝"的恶果。犹如"非其忠而忠之，忠丧世，世亦丧忠。非其亲而亲之，曰礼也，非礼也，……非其君而君之，曰礼也，非礼也"②。非其孝而孝和非其忠而忠，都使孝与世交相丧和忠与世交相丧，这种孝与忠是伪和非真。

傅山对理学、对时弊的形而上和形而下的批判具有尖锐性、深刻性。这种反常法的批判精神，是其生命智慧的深邃的觉解。

二、主体精神

对当时主导意识形态理学的形而上与形而下的批判，是为了发现主体自我、唤起主体精神的觉醒、定位主体自我身份、重估主体自我价值、挺立主体自我的主心骨。如果说北宋理学思潮的掀起是一种思想解放运动，是转注疏之学为义理之学，是推倒《五经》文本为圣人之言的虚构，那么，经元明两代统治者钦定以"四书""五经"为科举取士的程式，解释以程朱理学家注解为依据，理学成为士子们获取功名利禄的工具，理学的教条化也就丧失了其生命的智慧。士子们独立思考的主体精神被遮蔽，而"只在注脚中讨分晓，此之谓钻故纸，此之谓蠹鱼"③。这种蛀书虫只能靠钻故纸生活，成为书的奴隶。傅山称此种人为奴人或"奴儒"。

傅山借荀子批判思孟等效法先王而不知先王的统领，却又表现出一副很有才华、意向和博学的样子，而影响后世。"是则子思、孟轲之罪也。"④傅山认为，荀子对思孟这个批评有失公允，"而后世之奴儒实中其非也"⑤。所谓"奴儒"，他指出："奴儒尊其奴师之说，闭之不能拓，结之不能觿，其所谓不解者，如结也，如縢箧也，至于才剧志大犹不然。本无才也，本无志

---

① （清）傅山：《礼解》，《霜红龛集》第 31 卷，山西人民出版社 1984 年版，第 828 页。
② （清）傅山：《礼解》，《霜红龛集》第 31 卷，山西人民出版社 1984 年版，第 828—829 页。
③ （清）傅山：《杂记一》，《霜红龛集》第 36 卷，山西人民出版社 1984 年版，第 994 页。
④ 《荀子·非十二子》，梁启雄：《荀子简释》，中华书局 1983 年版，第 64 页。
⑤ （清）傅山：《学解》，《霜红龛集》第 31 卷，山西人民出版社 1984 年版，第 825 页。

也，安得其剧大？本无闻见也，安得博杂也。沟犹瞀儒者，所谓在沟渠中而犹犹然自以为大，盖瞎而儒也，写奴儒也肖之，然而不可语于思孟也。"① 用之描述后世奴儒却中其肯綮。所谓奴儒，是指那些只会鹦鹉学舌，自己束缚禁锢自己，没有一点独立见解和开拓精神，本来无才无志，无闻无见，在沟渠中犹如坐井观天却夜郎自大者。他所刻画的奴儒，或曰瞀儒、瞎儒的形象，真可谓入木三分。

奴儒丧失了主体自我的意志和志向，甚至丧失了知觉，"见而不觉，则风癫死尸也"②。不仅是一具已无鲜活生命力的僵尸，而且是一具没有意志灵魂的死尸。丧失了生命力和灵魂，也就失去了其存在的价值。若如此，奴儒即使存在，也无异于行尸走肉。

傅山认为，奴儒的奴性有：一是"死狗扶不上墙"。"若奴人，不曾究得人心空灵法界，单单靠定前人一半句注脚，说我是有本之学，正是咬人脚后跟底货，大是死狗扶不上墙也。"③ 奴人的奴性就在于自己脑袋空空如也，拣了前人的半句注脚，就以为是有本之学，这样的人是实在没有出息和指望的人。换言之，奴儒当奴才惯了，自己没有脑袋，没有主心骨，像死狗一样扶不上墙。二是"矮人观场"。"矮人观场，人好亦好，瞎子随笑所笑，不差山汉啗柑子，直骂酸辣，还是率性好恶而随人夸美，咬牙掀舌，死作知味之状，苦斯极矣。"④ 矮人在戏台下人群中看戏，根本看不到戏台上表演的演员和演什么戏，自己无真见，随人说好为好，所笑而笑，随声附和。朱熹亦说："如矮子看戏相似，见人道好，他也道好。及至问着他哪里是好处，元不曾识。"⑤ 李贽也曾说："余自幼读圣教不知《圣教》，尊孔子不知孔夫子何自可尊，所谓矮子观场，随人说研，和声而已。"⑥ 傅山又把奴儒比作"山汉吃柑子"，对这种人的奴性以辛辣的讽刺。三是"为狗为鼠"。"不拘甚事，

---

① （清）傅山：《学解》，《霜红龛集》第 31 卷，山西人民出版社 1984 年版，第 825—826 页。
② （清）傅山：《学解》，《霜红龛集》第 31 卷，山西人民出版社 1984 年版，第 827 页。
③ （清）傅山：《杂记一》，《霜红龛集》第 36 卷，山西人民出版社 1984 年版，第 1002 页。
④ （清）傅山：《杂记二》，《霜红龛集》第 37 卷，山西人民出版社 1984 年版，第 1020—1021 页。
⑤ （宋）黎靖德编：《朱子语类》第 116 卷，中华书局 1994 年版，第 2802 页。
⑥ （明）李贽：《圣教小引》，《续焚书》第 2 卷，中华书局 1961 年版，第 67 页。

只不要奴，奴了，随他巧妙雕钻，为狗为鼠已耳。"① 这尤甚于矮子观场：矮子随声附和，矮子仍是人，人还有人格；狗完全服从主人，听从主人的指挥，失去了起码的尊严和人格，而无一点独立尊严可言。

一个社会、国家的士子们若如此，这不仅是个人的悲哀、国家的悲哀，也是社会的堕落。傅山胸怀无尽的悲愿、强烈的忧患、拯救的欲望，涤荡奴性，呼唤民族主体精神，挺立民族主体意识，挽国家民族于既倒。如此，必须采取"扫荡"的激烈方法。"天地有腹疾，奴物生其中。神医须武圣，扫荡奏奇功。"② 以天地喻国家社会，奴性的痼疾生长在国家社会中，既需要神医起死回生的妙手，亦要有武圣的武器来扫荡，双管齐下，才能奏效。

三、大爱精神

爱是万物生长的活水，是人间最纯洁的情感，是人世间最无私的奉献；爱蕴涵着无穷的力量，她把现实的不可能变成了可能，而创造出一个个奇迹；爱是一颗火热的心，她能融化坚冰，攻克艰难险阻，到达目标；爱是最崇高的理想，她以正道指导人们实现梦想。

傅山融突了孔子"泛爱众"和墨子"兼相爱"的理念，以弘扬中华民族大爱精神。他说："推其爱人之实，爱众与爱寡相若若，但能爱寡而不能爱众，不可谓爱也。世谓众之在此世，我俱爱之，不见多与寡之在此世。"③ 爱众就是大爱精神，而不是寡爱，只有爱众，才可称谓爱，反之爱寡不爱众，不可称谓爱，这就把爱的范围、外延作了规定。依据这个规定，他对"爱分"与"爱专"作了分析，"兼爱爱分，一爱爱专，我之于人，无彼此，皆爱与无二爱之专一爱同意也"④。爱众就是不分彼此的爱，若分彼此，便不

---

① （清）傅山：《杂记三》，《霜红龛集》第 38 卷，山西人民出版社 1984 年版，第 1054 页。

② （清）傅山：《读史》，《霜红龛集》第 9 卷，山西人民出版社 1984 年版，第 249 页。

③ （清）傅山：《墨子大取篇释》，《霜红龛集》第 35 卷，山西人民出版社 1984 年版，第 973 页。

④ （清）傅山：《墨子大取篇释》，《霜红龛集》第 35 卷，山西人民出版社 1984 年版，第 985 页。

是"皆爱"。大爱精神就是"矢死以一爱爱人，死而后已也"①。"一爱爱人"而非"一爱爱专"。要始终如一，死而后已地爱人。

爱众就意蕴着爱天下人，非爱己以爱人。"将爱己以爱人也，非圣人之爱人也。圣人则不自爱以爱人，但恶自有疾病不能去爱人，不恶外之有危难也，即有危难，圣人不辞其苦，正其体以济之。"② 一般来说，爱己倍于爱人，但应爱人甚于爱己，"为己不为人，杨子之学也非，不可学以私己"③。杨朱"拔一毛利天下而不为"是傅山所反对的。爱人既不是私己，也不是为获好名声，"爱人非要誉取名也"④。爱人是无私的，非自利的。

爱众的大爱精神，是无亲疏之别、爱无差等的爱。"爱无差等，而爱人之亲与爱自亲无异，如有职官之人。不得背公为私也。"⑤ 爱人之亲犹爱己之亲，这是应有的职责，如同职官不能背公为私一样。傅山认为："爱人者，必实实有爱人之功始可，若但有其志，于人何益，所以志是志，功是功，须辨之，不可谓志即功也。"⑥ 志作为意志，是一种志向或想法，停留在思想意识层面。功是功效，有一定实际效果，这是实践、实行的结果。这就是说爱人要讲实效，不是空喊口号。

傅山从爱众的大爱精神出发，高扬无差等的平等思想，并在爱人要讲实效的思想指导下，提倡男女自由平等，批判不自由不平等礼教"饿死事小，失节事大，如此真有饿不杀底一个养法"⑦。他描写北京酒家女方姬，太

① （清）傅山：《墨子大取篇释》，《霜红龛集》第35卷，山西人民出版社1984年版，第985页。
② （清）傅山：《墨子大取篇释》，《霜红龛集》第35卷，山西人民出版社1984年版，第971页。
③ （清）傅山：《墨子大取篇释》，《霜红龛集》第35卷，山西人民出版社1984年版，第985页。
④ （清）傅山：《墨子大取篇释》，《霜红龛集》第35卷，山西人民出版社1984年版，第985页。
⑤ （清）傅山：《墨子大取篇释》，《霜红龛集》第35卷，山西人民出版社1984年版，第985页。
⑥ （清）傅山：《墨子大取篇释》，《霜红龛集》第35卷，山西人民出版社1984年版，第987页。
⑦ （清）傅山：《杂记五》，《霜红龛集》第40卷，山西人民出版社1984年版，第1142页。

原张生相而美之，请聘而定终身，由于张生往来行沽，期间产生误会，张生不来，方姬病死后张生方至。诗的最后说："黄泉有酒妾当炉，还待郎来作相如，妾得自由好奔汝。"① 向往到了阴间要像卓文君与司马相如那样，两人为争婚姻自由私奔，开一家小酒店，卓文君亲自当炉。通过方姬婚姻的不幸，控诉了现实社会男女婚姻不自由不平等，表现了傅山主张爱情自由、男女平等的思想情感。《采莲曲》细腻刻画了少女追求爱情自由的心理②。《犁娃从石生序》是一篇冲破道学和"老腐奴"的世俗观、度越金钱荣华的缰销、歌颂自由爱情的文章，表现了犁娃"不爱健儿，不爱衙豪，单爱穷板子秀才"的纯真精神。③ 男女相爱，乃人的自然之性，"惷之心动，亦有女怀春，妙字，不必以淫心斥之"④。道学家动辄斥之为淫心，这不符合人性。

爱众的大爱精神，既然爱无差等，那就一视同仁，平等相处。"王侯皆真正崇高圣贤，不事乃为高尚。其余所谓王侯者，非王侯，而不事之，正平等耳，何高尚之有?"⑤ 王侯有真与非真之别，真正的王侯，他们像圣贤那样崇高，与民平等，不用人侍奉；不是真正的王侯，不应侍奉他们。这是真正平等。这是对现实社会不平等的不满，提倡君民平等。傅山从君民平等视域以观国家天下，"后世之据崇高者，只知其名之既立，尊而可以常有。天下者，非一人之天下，天下之天下也"⑥。天下不是君主一人的天下，是天下民众的天下，这种天下意识既蕴涵着天下人平等的理念，亦包含着以担当天下为己任的意思，也是对不平等的君主专制制度的批判。

---

① （清）傅山：《方》，《霜红龛集》第 2 卷，山西人民出版社 1984 年版，第 38 页。
② 参见（清）傅山：《采莲曲》，《霜红龛集》第 2 卷，山西人民出版社 1984 年版，第 32 页。
③ 参见（清）傅山：《犁娃从石生序》，《霜红龛集》第 2 卷，山西人民出版社 1984 年版，第 481 页。
④ （清）傅山：《杂记二》，《霜红龛集》第 2 卷，山西人民出版社 1984 年版，第 1023 页。
⑤ （清）傅山：《蛊上解》，《霜红龛集》第 2 卷，山西人民出版社 1984 年版，第 833 页。
⑥ （清）傅山：《读子一》，《霜红龛集》第 32 卷，山西人民出版社 1984 年版，第 856 页。按："天下者，非一人之天下，天下之天下也"曾见于《吕氏春秋·贵公篇》。

四、餐采精神

"餐采"是指开放思想、冲破偏囿、偏爱，博采广食，获取各种营养，以便茁壮成长。傅山以"餐采"喻作学问，作为做学问的重要理论原则，体现了其理性精神。"无如失心之士，毫无餐采。致使如来本迹大明中天而不见，诸子著述云雷鼓震而不闻，盖其迷也就矣。虽有欲抉昏蒙之目，拔滞溺之身者，亦将如之何哉！"① 餐采是为了"化"佛教思想而视而不见，"解"诸子著作而听而不闻，"抉"那些昏昏蒙蒙者之目，"拔"那些滞溺不觉者之身。当时，思想被作为主导意识形态的程朱理学所禁锢，诠释的依傍文本被作为"新经学"的《四书》集注所桎梏，文风学风被八股文所紧箍。"仁皇夙好程朱，深谈性理，所著《畿暇余编》，其穷理尽性处，虽夙儒耆学，莫能窥测……尝出理学真伪论以试词林，又刊定《性理大全》《朱子全书》等书，特命朱子配祀十哲之列。"② 在这种学术文化专制的情景下，傅山提倡开放的学术文化餐采精神，具有巨大的理论价值和现实意义。

餐采精神不仅要打破学术禁区，开放思想，而且要冲决学术教条，自由选择。我们先不探讨如来本迹的"大明中天"，而来求索诸子学的"云雷鼓震"的热点及其"经子"之争。"经子之争亦末矣。只因儒者知六经之名，遂以为子不如经之尊，习见之弊可见……从孩稚之语，故喃喃孔子、孟子，不称为孔经、孟经，而必曰孔子、孟子者，可见有子而后有作经者也。"③ 批评儒者尊经抑子，只见"六经"之名，是一种鄙陋的思维定式，而不是学术思想的事实。傅山运用其训诂考据的方法，审察经子两字的形和义，两者同源于水，说明经子无尊卑之分，经学与子学是平等的，应予以餐采，不应贵经贱子，或取经舍子。其实，从经子产生的逻辑顺序来看，是先有子而后有

① （清）傅山：《重刻释迦成道记叙》，《霜红龛集》第16卷，山西人民出版社1984年版，第476页。按：有人认为此文非傅山所作，但以他对诸子的体认来看，思想近似。

② （清）昭梿：《崇理学》，《啸亭杂录》第1卷，中华书局1980年版，第6页。

③ （清）傅山：《杂记三》，《霜红龛集》第38卷，山西人民出版社1984年版，第1066—1067页。

经，经是由子整理和撰写的。譬如有孔子、孟子，而后有作为经书的《论语》《孟子》。

明代，经书是统治意识形态的理论依据，是社会伦理道德、三纲五常的根本原则的载体，是人们思维方式、为人处事的标准规范的文本。在这种情景下，以经为正统、正宗，以子为异端。傅山扶植子学，提倡经子平等，实是对经书正统、正宗的冲击。他甚至认为诸子和佛典高于经。"吾以《管子》《庄子》《列子》《楞严》《唯识》《毗婆》诸论，约略参同，益知所谓儒者之不济事也。释氏说断灭处，敢说过不断灭，若儒家似专专断灭处做功夫，却实实不能断灭。"① 这无异于宣扬异端，动摇经书的霸主地位。这样傅山也把自己置于异端的位置上。"道颔光尘妙，心参日月禅。异端辞不得，真谛共谁诠。自把孤舟舵，相将宝筏牵。灶觚垂畏避，薪胆待因缘。吐凤聊庭过，雕虫愧祖先。"② "异端辞不得"表明了傅山的心态，即要顶住种种压力，不避狂风巨浪，"自把孤舟舵"，诠释天地万物的真谛，而不愧对祖先。这种追求真谛的精神，正是餐采所要通达的标的。

傅山认为，在学术思想上应大化流行，唯变所适，不应做昏蒙其目、滞溺其身的迷者，要在餐采精神指导下，以开放而不存偏见、博收而不拒异端，在经子"以他平他谓之和"中走出一条新路子。

五、革新精神

傅山的批判精神、主体精神、大爱精神、餐采精神，都体现了革新精神。傅山认为，为道屡迁，时势日新，今欲复三代之道，是不可能的。理学家以三代为王道之治，天理流行；汉唐为霸道之治，人欲横流，所以要行三代王道，但复古是行不通的。傅山说："腐儒欲行区区三代之道，亦已陋矣，而又往往以其道与时亢，不信其志非不善也，而混沌毕竟不能再活。然而未

---

① （清）傅山：《管子》，《霜红龛集》第34卷，山西人民出版社1984年版，第963页。

② （清）傅山：《览岩径诗即事回复连一百韵示眉并两孙》，《霜红龛集》第11卷，山西人民出版社1984年版，第301页。

始不活也。"① 他借《庄子·应帝王》中南海之帝儵和北海之帝忽为报中央之帝混沌之德，而把混沌按人有七窍而凿之，七窍凿好了，混沌也死了。人类社会历史的发展有其自身的规则，混沌也有其自身的本性行事，违反历史的规则要受历史的惩罚；不按混沌的本性，混沌就要死亡。理学家违反历史发展规则而要复三代之道，只能导致与混沌命运相似的结局。尽管社会历史发展有其继承的延续性，但这种延续是一种革新的传承，是适应社会历史发展需要的继承，在这个意义上说，"然而未始不活也"。

革新就是革故鼎新，不革故的复古，是与时代发展相悖。"世日异，而治日变，时然乎哉！"② 时变而世异治变。时势和社会日新月异，治世的战略策略、典章法规、价值观念亦随之而变，没有万古不变的"祖宗之法"，而只有一个时代的法。譬如说："今所行'五经'、'四书'，注一代之王制，非千古之道统也。"③ 作为圣贤所作的经典文本，也是时代的产物，反映一定社会存在的观念和王制，道统亦非千古不变。今日已非古。复古者以古观今，今犹古；革新者以今观古，古变今。古今日变日新，"昨日新，前日陈；昨日陈，今日新；此时新，转眼陈；大善知识，无陈无新"④。新与陈、今与古，如川流不息，转眼即变。今非古之今，新非旧之新；昨日之新非前日之陈，今日之新非昨日之新。新陈代谢，古今之变，这是宇宙、社会、国家、人生共同的法则，它支配着宇宙和人世间，而不得违背，人只有顺应此共同的法则，才不会被时势所淘汰。他提醒人们，时势瞬息万变，"转眼为陈人"。人生苦短，要与时偕行，才不会使自己转眼已成为陈人。

傅山以这种思想激励自己，使自己思想日新而日日新，不断提出革新的主张，进行革新的实践。一是他提出"反常之论"的革新思想。常是恒常、经常、不变的意思。反常就是反"祖宗之法不变"的常，反传统守旧之

① （清）傅山：《庄子批注·应帝王》，《傅山全集》第 2 册第 50 卷，山西人民出版社 2007 年版，第 1092—1093 页。
② （清）傅山：《庄子批注·天地篇》，《傅山全集》第 2 册第 50 卷，山西人民出版社 2007 年版，第 1110 页。
③ （清）傅山：《杂记一》，《霜红龛集》第 36 卷，山西人民出版社 1984 年版，第 999 页。
④ （清）傅山：《杂记二》，《霜红龛集》第 37 卷，山西人民出版社 1984 年版，第 1040 页。

常。"贫道著编《性史》，深论孝友之理，于古今常变多所发明。取二十一史应在《孝友传》而不入者，与在《孝友传》而不足为经者，兼以近代所闻见者，去取轩轾之……然皆反常之论。不存此书者，天也。"① 说明《性史》是反常的革新之作。二是他主张"法无法"革新论。他说："法本法无法，吾家文所来。法家谓之野，不野胡为哉！"② 这里"法"是指文章的成法、法则，如唐宋法度或八股文，"法无法"是效法未成法的新法，意即冲破像唐宋八股文等的旧法，而创造一种"野"法，即新法。又如作诗，当时有人批评傅山"君诗不合古法"，傅山回应说："我亦不曾作诗，亦不知古法，即使知之亦不用。呜呼！古是个甚！若如此言，杜老是头一个不知法三百篇底。"③ "古是个甚"，道出了革故鼎新的气魄。

从革新的实践而言，傅山是领导反对权贵、反对阉党诬陷山西提学袁继咸、组织学生赴京请愿活动的首领，他执笔写了《因人私记》和《辨诬揭帖》，揭示袁继咸被诬的原委始末。在京期间，傅山深感明王朝危机四伏，岌岌可危，满蒙军兵时至京师附近抢掠。于是有人提议迁都。他反对迁都，认为这会动摇人心，主张要安定内部，富国强兵，其根本在富民，民富才不会发生动乱。为此要"宽徭""缓征"，使农民得以从事生产，并撤各地税监等。其中一些主张，明代一些思想家、政治家就曾提出过和实行过，如嘉靖初年首辅张璁即是。

"学之所益者浅，体之所安者深。"体贴傅山思想之深，才能体认其本真。

（原载于《学术研究》2008 年第 8 期、中国人民大学
复印报刊资料《中国哲学》2008 年第 9 期）

---

① （清）傅山：《文训》，《霜红龛集》第 25 卷，山西人民出版社 1984 年版，第 671—672 页。
② （清）傅山：《哭子诗·哭文章》，《霜红龛集》第 14 卷，山西人民出版社 1984 年版，第 383 页。
③ （清）傅山：《杜遇余论》，《霜红龛集》第 30 卷，山西人民出版社 1984 年版，第 819 页。

结构与诊释——范阮攸《论语愚按》的理学特质

两千多年来，儒学在与越南传统文化的融合中持续发展，形成了具有思辨性、实践性特色的越南民族儒学。在众多的儒学著作中，越南儒学家范阮攸（1739—1786 年）的《论语愚按》，算得上是较有特色的一部著作，值得关注和研究。

一

《论语愚按》一书共分为四篇——《圣篇》《学篇》《仕篇》《政篇》。范阮攸之所以把《圣篇》放在该书之首，是为了表明其希贤希圣之心迹。这也是其价值理想和人生标的。以圣人盛德的事实，以明圣人之所以为圣人，圣人的学问威仪、为人处事、居处服食、应事范物等行为规范、伦理道德、生活方式，给人以感性的圣人形象，而不是虚无缥缈，从而引导人们学做圣人。

圣人之所以成为圣人，首要有学做圣人之心之志。范阮攸认为，孔子从十五自志于学，至七十不逾矩的成圣历程，是一个"积累勉学"的过程。他与俗学务求超越、不按次序不同，是出于至诚之心，而卒有成。从孔子三十而立、四十不惑、五十知天命、六十耳顺可体认到，学不仅是广采博纳知识，重在提升体认水平、道德修养、人格理想，而达从心所欲的自然自由的思想境界。

学习必须自谦。孔子不仅每事问，而且虚心求学，终身学不厌、教不倦，这便是孔子之所以是圣人的缘由。为什么学而不厌？范阮攸体认："加我数年，五十以学《易》，可以无大过矣。"① 他说："盖《易》道无穷，圣心亦无穷……圣心无穷，有以见《易》道之无穷，何厌之有，学者宜深思矣。"② 譬如，《易》六十四卦三百八十四丈，引申之至于千万亿兆，无非道之所在，求无穷之道和圣心，自然不厌；只有不厌，才能坚持不懈，终身事之。

学做圣人之心之志立，进而明如何圣之为圣有三：

一是天即圣、圣即天。一般学者只"知求圣人于圣人，不知求圣人于天"。天作为终极的可能世界，即理想境界，如何与圣人为一？范氏在解释《论语·子罕》"文王既没，文不在兹乎？天之将丧斯文也，后死者不得与于斯文也；天之未丧斯文也，匡人其如予何"③ 时说："圣人既生，道在圣人，圣人之身，斯文所恃以在也。由文王至于孔子，斯文之在孔子必矣。有可必之理于天，匡人虽基，安能以夺天理哉！"④ 圣人是道的体现，圣人之身就是道的载体和安顿处，即是道得以存在的所依恃处。这里道与天理相近，天若不要消灭"斯文"，则天理在孔子，天理未亡，圣人自存，谁能得而害之。

圣人之所以与天融合，是由于天道、天理与圣人相通，作为观念性的天道、天理，必须通过圣人来呈现和显现其生命力、影响力。一次孔子病重，子路请求向天神地祇祈祷？范氏认为："疾病自可以从容而顺适乎理，亦何所事于祷哉！"⑤《论语·子罕》篇又载，孔子病重，子路要成立治丧处，后来孔子病渐渐好转，孔子说："由之行诈也，无臣而为有臣，吾谁欺？欺天乎。"范氏解释说："顺其自然，有则有，无则无，可以对越上帝，又乌用由之行诈哉！"⑥ 无臣而有臣，不仅是欺诈天的行为，而且是逾越礼的行为，因此孔子很生气。如果说天道、天德、天理是外在的、超越的，它需要通过圣人来体现的被动型外输内应交感相合结构，那么，诚意则是内在的、隐藏

① 《论语·述而》，（宋）朱熹：《四书章句集注》，中华书局1983年版，第97页。
② ［越南］范阮攸：《论语愚按》，台湾大学出版中心2011年版，第58页。按：此文的文本根据由越南汉喃研究院提供给中国人民大学孔子研究院的原刻复印本。（下同）
③ 《论语·子罕》，（宋）朱熹：《四书章句集注》，中华书局1983年版，第110页。
④ ［越南］范阮攸：《论语愚按》，台湾大学出版中心2011年版，第91页。
⑤ ［越南］范阮攸：《论语愚按》，台湾大学出版中心2011年版，第89—90页。
⑥ ［越南］范阮攸：《论语愚按》，台湾大学出版中心2011年版，第90页。

的，人以其诚意的主动型内求外应感动相合结构。被动型与主动型两种天与圣感应相合结构形式，既把圣提升到形而上的天地境界，又把圣落实于人间世界，这是圣之为圣的价值理想。

二是圣人纯理无欲。"圣人一饮一食，莫非天理，斯须必谨，毫厘不差，一点人欲之私，不得以动之。学者能即此反之于心，省之于身，逐节而加察焉，虽未造至善之地，亦庶几不失其正矣。"① 范阮攸据孔子的"性相近"和孟子的性本善说，认为："君子小人其初皆具天理之性，保其理则上而为君子，失其理则下而为小人，毫厘一分，天壤自隔"②。人之初虽都具天理之性，但习相远而分别，便自隔为君子小人的品格人性。天理人欲，凡事都要辨别，恭、懊、勇、直本为天理之自然，违之便违反了自然的礼则，就是私欲了。范阮攸在诠释"女为君子儒，无为小人儒"③ 时说："孔孟之后，世之学为儒者多矣，惟其立心伪而不真，故其学只为名誉利禄，不干自己分上事。盖为学则同于君子而操心则入于小人，所争理欲一毫之间，遂有君子小人两样之别。"④ 后世儒者心伪不真，学是为了名誉利禄之私。学圣贤之书虽同，但两者目的不同，理欲之争，君子小人之分。

理欲之间，"私欲日长，天理日消，患害之及其可免乎"！⑤ 理欲、公私处消长变化之中，"一辰蔽锢于物欲之私，固不能以正道自持"⑥。天理为公，人欲为私，人为物欲之私所蔽，便私欲长而天理消。所以，"君子小人，只争公私二字"。范氏在诠释季康子问"使民敬、忠以劝，如之何"⑦ 一段时说："夫康子以'使'字问，有为之私心也。圣人以'则'字答，自然之公理也。为政者诚究乎此心存乎公而不存乎私，则民之化之，不待'使'也"⑧。季康子要"使"人民，这是出于私心，孔子的回答是出于自然的公

---

① ［越南］范阮攸：《论语愚按》，台湾大学出版中心 2011 年版，第 68—69 页。
② ［越南］范阮攸：《论语愚按》，台湾大学出版中心 2011 年版，第 165—166 页。
③ 《论语·雍也》，（宋）朱熹：《四书章句集注》，中华书局 1983 年版，第 88 页。
④ ［越南］范阮攸：《论语愚按》，台湾大学出版中心 2011 年版，第 166 页。
⑤ ［越南］范阮攸：《论语愚按》，台湾大学出版中心 2011 年版，第 169 页。
⑥ ［越南］范阮攸：《论语愚按》，台湾大学出版中心 2011 年版，第 273 页。
⑦ 《论语·为政》，（宋）朱熹：《四书章句集注》，中华书局 1983 年版，第 58 页。
⑧ ［越南］范阮攸：《论语愚按》，台湾大学出版中心 2011 年版，第 358 页。

理，为政者只有出乎公理，而不出于私欲，人民自然受教化。为政者的道德力量对治理国家有重大的影响力和作用力。圣人纯理无欲，这是圣之为圣的标准。

三是中和仁义。范阮攸以《中庸》的"致中和"诠释孔子闲居的心态气象。"中和"就是性情未过中，未过中便是正。"圣人性情之正，哀乐未尝过中。独至于颜氏则坳而不自知，盖拗其可坳，亦中也。"① 朱熹认为："喜怒哀乐，情也。其未发，则性也。无所偏倚，故谓之中，发皆中节，情之正也。"② 孔子最得意的弟子颜渊死了，孔子很悲哀。跟从孔子的人说，您（孔子）太悲哀了。范氏认为未尝过中，坳其可坳亦为中，体现了圣人性情之正。"性情之正，圣人自然而然。"③ 性情之所以中正，是由于圣人无私。"圣人应物之心，常如明镜止水，虚灵而不伪，中正而无私。"④ 以此圣心应物，没有不可弃、不可化、不可为之物、之机、之时。无私便是公，从公出发便能公正。"存之公则施之正，夫好善恶恶，人心所同，理欲分而同者，反相悬隔。"⑤ 唯仁者能公正，能好人，能恶人。

范阮攸又从公私、善恶、义利视域来观孔子的"和同"问题。他在诠释"君子和而不同，小人同而不和"⑥ 时，将义利与和同对应，以分殊君子与小人。君子和而不同，讲义而不讲利，即为公而不为私；小人同而不和，讲利而不讲义，即为私而不为公。君子公开论争交辩而不失和气，小人利聚而冲突，结党营私而离异。君子和而不同的外在呈现是和平见于气。尽管价值观念、风俗习惯、宗教信仰等不同，但可自然顺理、心地和平、气象平和。"其处己接物，温和平易。"

在范阮攸看来，圣人出于仁义之心，仁者爱人，推己及人及物，便"仁民爱物"，能够做到和而不同而致中和。范氏说："仁乃圣人之全德。"⑦ 这

---

① ［越南］范阮攸：《论语愚按》，台湾大学出版中心 2011 年版，第 77 页。
② 唐文治：《紫阳学术发微》第 3 卷，华东师范大学出版社 2014 年版，第 66 页。
③ ［越南］范阮攸：《论语愚按》，台湾大学出版中心 2011 年版，第 69 页。
④ ［越南］范阮攸：《论语愚按》，台湾大学出版中心 2011 年版，第 85 页。
⑤ ［越南］范阮攸：《论语愚按》，台湾大学出版中心 2011 年版，第 301 页。
⑥ 《论语·子路》，（宋）朱熹：《四书章句集注》，中华书局 1983 年版，第 147 页。
⑦ ［越南］范阮攸：《论语愚按》，台湾大学出版中心 2011 年版，第 302 页。

种全德，体现于爱物。"圣人仁物之心，触处发见，岂若禁杀放生，如异端者所为哉！"① 禁杀放生是出于爱物之心的行为活动，犹现代的环保主义者。但爱物与爱人相比较而言，范氏在诠释"厩焚。子退朝，曰：'伤人乎？'不问马"② 时说："爱人重于爱物，仁之心必有等差。观此则知墨之道可辟矣。"③ 在当时，养马人的价值不如一匹马的价值的情况下，孔子问"伤人乎"是人道精神的体现。承认爱有差等，与人的心理及社会交往活动的实际相符合。墨子"兼相爱"的不别亲疏，不讲差等，在当时社会很难实行，也不合实际。

仁作为圣人的全德，"仁常在我"，"仁者本心之固有"，不是外铄的。"仁非自外至也，自然固有之良知也。未有用力而不足者也，由用力自可以进于好仁恶不仁之事。"④ 仁是生而具有的固有良知，它具有先验性和内在性。与仁相关的是义，仁义对称，是对自然、社会、人生的关怀和最高道德原则及人格理想。仁内义外，仁由主体自我心性而外推，由己及人及物；义便是由外在客体需求而内化端正自我心性，要求主体自我道德、人格、情操的修养。仁义相须，便进天地气象境界。

范氏在诠释"放于利而行，多怨"⑤ 时说，效法于利而行动，这是违反义的自私的行为，就会招致很多的怨恨，所以要重义而戒利。又在诠释"死生有命，富贵在天"⑥ 时讲："然以义制命，以人成天，又在乎自修而已矣。盖不安于天命，而为无益之忧固不可，委之天命，而忽自修之实亦非宜。"⑦ 人生百岁亦要死，天既生人，人要在有限生命大限内自修，而实现人生价值。人通过自修而提升道德水准和能量，以人的道德人格力量，达到制约命与成天，弥补了荀子"制天命而用之"无中介环节的缺陷，提出"以义制命，以人成天"的思想，凸显人的道德理性的能动力量，批评了不安于天命

---

① ［越南］范阮攸：《论语愚按》，台湾大学出版中心 2011 年版，第 87 页。
② 《论语·乡党》，（宋）朱熹：《四书章句集注》，中华书局 1983 年版，第 121 页。
③ ［越南］范阮攸：《论语愚按》，台湾大学出版中心 2011 年版，第 86 页。
④ ［越南］范阮攸：《论语愚按》，台湾大学出版中心 2011 年版，第 183、184 页。
⑤ 《论语·里仁》，（宋）朱熹：《四书章句集注》，中华书局 1983 年版，第 72 页。
⑥ 《论语·颜渊》，（宋）朱熹：《四书章句集注》，中华书局 1983 年版，第 134 页。
⑦ ［越南］范阮攸：《论语愚按》，台湾大学出版中心 2011 年版，第 240、241 页。

的无益之忧和委于天命而忽视自修等两种弊病，突出了人的自修的重要性，这样命为义命，天为人天，义与命、人与天互动相资，回融不二，这便是圣之为圣之所在。

二

为圣是人的人格理想，实现理想需要学，学可从格物致知始，即穷至事物之理，而获取知识，以至所知无不尽，然后诚意正心，然后自天子以至于百姓，皆以修身为本。范阮攸认为，为仕为政在人，取人以身，所以不可以不修身，修身以道，修道以仁，孝悌为仁之本，所以修身不可以不事亲，力行孝悌，见贤思齐，成己成物，明德新民。交际能敬，贵善辅仁，友以义合。"无非心得躬行之教，由希贤而希圣，自成己而成人，儒者之学，无余蕴矣。"①

学是为圣的修养工夫，学而优则仕，仕而优则学，学的修养工夫犹道之须臾不可离，学与仕相依不二，仕是学的实践工夫，学持以助仕之替。范阮攸说："'仕'字从士从人，盖非士非人，诚不足以言仕也。"② 作为一定社会中追求人生价值的士人，首要是"君臣大义，原诸天地，本诸人心，士之未仕则学事君之道，既仕则行所学以事君，有志于上，犹得其中，苟志于中，不免于下，又况所志既下，其何以行臣义合人道，俯仰于天地间哉！"③ 仕分上仕、中仕、下仕。人要立志于上，即立志要高，才能得中；立志于中，不免得下；若立志于下，就很难行事君之道之事。圣人的职责是为斯世斯民，在春秋礼崩乐坏之时，圣人心存斯世斯民。"圣人固欲行道以救世，而终不枉道以从人。"④ 这是从上仕而言。

就中仕来说，范阮攸在诊释"子谓子产有君子之道四焉"⑤ 说："夫君

① ［越南］范阮攸：《论语愚按》，台湾大学出版中心 2011 年版，第 244 页。
② ［越南］范阮攸：《论语愚按》，台湾大学出版中心 2011 年版，第 278 页。
③ ［越南］范阮攸：《论语愚按》，台湾大学出版中心 2011 年版，第 278、279 页。
④ ［越南］范阮攸：《论语愚按》，台湾大学出版中心 2011 年版，第 250 页。
⑤ 《论语·公冶长》，（宋）朱熹：《四书章句集注》，中华书局 1983 年版，第 79 页。

子之道,其大于行己、事上、养民、使民,能以恭敬惠义为主,虽其人未必纯乎道,其事则合乎道矣,学者勉焉。"① 行己恭,事上敬,养民惠,使民义,这是君子之道。公叔文子推荐他的家臣僎,他们同时成为国家的大臣。范氏说:"忘分荐贤,顺乎理也。顺理则气象光明,不亦文乎!在上位当存文子之心,而后无遗贤。"② 忘掉名分的分别而荐贤才,这是顺理,顺理就气象光明正大。在上位的人,应存文子的心,所以孔子认为,可以谥文子为"文"了。

下仕是孔子所批评的对象。"子曰:减文仲居蔡,山节藻棁,何如其知也。"③ 范氏诠释说:"《易》所以微显阐幽,推往知来,惟能穷《易》之理以致用,然后可求《易》之神以稽疑。文仲僭礼则悖理矣,悖理何足以用《易》而专务诹龟,岂不惑哉!"④ 既僭越礼,又悖《易》理,专陷于龟,而迷惑不智。他又诠释"减文仲其窃位者与?知柳下惠之贤,而不与立也"⑤说:"文仲罪在知字上,盖天位非己所可私,既知有贤而不与之共,则此位私矣。虽居与盗何异,然举而上不用则奈何,曰要在诚心,不为塞责,诚未有不动。"⑥ 知柳下惠是贤人,就应诚心推荐他,给他适当的官位,不给其位,便是以位为私。孔子曾要弟子对冉求"鸣鼓而攻之"⑦。因为当时季氏富于周公,而冉求替他搜刮财富。范氏按曰:"圣人深责冉求,所以为万世聚敛之臣戒也。夫挟才而不穷理,徒以聚敛而导其君,本借谋国以谋其身,不过适以误国而误身……圣人之道,反而求之心身,则岂至急于求仕而甘为不义之行哉!"⑧ 历代不仅有聚敛之臣,亦有聚敛之君,其结果导致国败人亡,是为君臣戒。

据仕之上、中、下,开出仕之不同范例标准。由《学篇》学为圣的修

---

① [越南] 范阮攸:《论语愚按》,台湾大学出版中心 2011 年版,第 258 页。

② [越南] 范阮攸:《论语愚按》,台湾大学出版中心 2011 年版,第 264 页。

③ 《论语·公冶长》,(宋)朱熹:《四书章句集注》,中华书局 1983 年版,第 80 页。

④ [越南] 范阮攸:《论语愚按》,台湾大学出版中心 2011 年版,第 271 页。

⑤ 《论语·卫灵公》,(宋)朱熹:《四书章句集注》,中华书局 1983 年版,第 164 页。

⑥ [越南] 范阮攸:《论语愚按》,台湾大学出版中心 2011 年版,第 275 页。

⑦ 《论语·先进》,(宋)朱熹:《四书章句集注》,中华书局 1983 年版,第 126 页。

⑧ [越南] 范阮攸:《论语愚按》,台湾大学出版中心 2011 年版,第 272 页。

养功夫，到《仕篇》的为仕实践功夫，为《政篇》如何为政积累了扎实的思想、修养、知识、素质、实践和经验的基础。为政者从事政治管理，首要的是正己。范氏在诠释"政者，正也。子帅以正，孰敢不正"① 时说："为政者当着力在'帅以正'三字，正之外别无所谓政也。帅者其机在我，而不在人也。知所以帅，则先务正己而人自正，不知所以帅，则专欲正人而人亦不可正。公私分于一念之微，而感应之理间不容发。苟有志于政，其无以圣言为可忽哉。"② 政者正，关键在正己，正己才能正人。不正己而正人，人也不得其正。这里的重点是要辨君子与小人。范氏说："才德兼备，所以为大人；苟无其德，而但有其才，则小人而已。故学者必当以理御气，使理胜而气平，则骄吝不生，而所谓才者浑然于德中，有德之实而无才之名矣。"③ 君子德才兼备，小人无德有才，两者用心相反，善恶有别。"君子之心都是仁，苟有一息之间断，则不免于不仁；小人之心都是不仁，虽有一隙之哲明，亦不得为仁。"④ 由君子小人仁不仁之异，而有义利、公私、善恶、和同、周比之别。通过观人而辨识人才，以便尚贤使能。

在《政篇·观人类》中，范氏对孔子的"唯女子与小人为难养也，近之则不孙，远之则怨"⑤，作了独到的诠释："幽阴之气，不可无于天地间，女子小人之类亦不可无于人间。天地不能不养阴，人亦不能不养女子与小人也。惟知其为难，于不近不远求其中，使不逊与怨无由而生，夫然则善养，不见其难。"⑥ 天地既有阳刚之气，亦有幽阴之气，不仅有其必要性，亦有其合理性，无阴便无阳，阴阳互补互济、互渗互存，所以天地不能不养阴，人间亦不能无女子小人，也不能不养女子小人，女子与小人不仅有其存在的必要性和合理性，也有其养的必要性和合理性。"天地氤氲，万物化醇；男女构精，万物化生。"⑦ 有男无女，人类就不能延续下去，天地男女的絪缊构精

---

① 《论语·颜渊》，（宋）朱熹：《四书章句集注》，中华书局 1983 年版，第 137 页。
② [越南] 范阮攸：《论语愚按》，台湾大学出版中心 2011 年版，第 287、288 页。
③ [越南] 范阮攸：《论语愚按》，台湾大学出版中心 2011 年版，第 312、313 页。
④ [越南] 范阮攸：《论语愚按》，台湾大学出版中心 2011 年版，第 317 页。
⑤ 《论语·阳货》，（宋）朱熹：《四书章句集注》，中华书局 1983 年版，第 182 页。
⑥ [越南] 范阮攸：《论语愚按》，台湾大学出版中心 2011 年版，第 334 页。
⑦ 《周易·系辞传下》，（宋）朱熹：《周易本义》第 3 卷，中华书局 2009 年版，第 252 页。

融合，才能化生万物，否则天地人类就会消亡。人们唯知其难，只要在不近、不远求其中，那么亲近的无礼和疏远的怨恨，便无由而生，这样就可变"难养"为"善养"，就无所谓"难"了。从形而上天地幽阴之气存在的合理性，到形而下人间女子小人存在的合理性，其论证有据有力。

礼乐是古代社会的根本大法，是维护社会安定有序的有力方法。孔子对于当时诸侯、大夫破坏、僭越礼乐的行为，予以激烈严正的抨击，"人而不仁，如礼何？人而不仁，如乐何？"① 以仁为指导的礼乐，才合乎人道。范氏在诠释"季氏八佾舞于庭，是可忍也，孰不可忍也"② 时说："一念之敬，敬必无不极其至；一念之僭，僭亦无不极之至。呜呼！圣人制礼作乐，本以维持防范，使上下之分截然，而后世权臣反借其防范维持之具，为僭踰陵偪之资，为政者尚无使至此哉。"③ 对礼的敬畏与僭越只在一念之间，礼乐本具有维持社会秩序、伦理道德，防范社会失序、道德失落的功能，但后世权臣借礼乐制度作为其僭越陵逾的资源。"礼始乎夫妇，而莫重于君臣，一有所失，则名分紊，纲常乱矣。"④ 纲常名分是防范违礼的道德力量。

范阮攸在诠释有子曰"礼之用，和为贵"⑤ 时，按："人皆知礼之严，有子独知礼之和，严其体，和其用也。"⑥ 礼为严体和用。他用《周易·履》的卦象兑下乾上及其《象传》："上天下泽，履，君子以辨上下，定民志"⑦，来诠释"等级截然"的严体，犹乾的刚健。"兑，说也"⑧，说与悦通，"说而应乎乾"⑨。此兑为乾之应和为用，所以范氏释曰："一阴行乎五阳之中，兑说附于乾健之体，此章大意似之。"⑩

---

① 《论语·八佾》，（宋）朱熹：《四书章句集注》，中华书局 1983 年版，第 61 页。

② 《论语·八佾》，（宋）朱熹：《四书章句集注》，中华书局 1983 年版，第 61 页。

③ ［越南］范阮攸：《论语愚按》，台湾大学出版中心 2011 年版，第 342 页。

④ ［越南］范阮攸：《论语愚按》，台湾大学出版中心 2011 年版，第 352、353 页。

⑤ 《论语·学而》，《（宋）朱熹：《四书章句集注》，中华书局 1983 年版，第 51 页。

⑥ ［越南］范阮攸：《论语愚按》，台湾大学出版中心 2011 年版，第 352 页。

⑦ 《周易·履卦·大象传》，（宋）朱熹：《周易本义》第 1 卷，中华书局 2009 年版，第 71 页。

⑧ 《周易·兑卦·象辞》，（宋）朱熹：《周易本义》第 2 卷，中华书局 2009 年版，第 202 页。

⑨ 《周易·履卦·象辞》，（宋）朱熹：《周易本义》第 1 卷，中华书局 2009 年版，第 71 页。

⑩ ［越南］范阮攸：《论语愚按》，台湾大学出版中心 2011 年版，第 352 页。

孔子不仅爱好音乐，而且谱乐曲。《诗》"三百五篇孔子皆弦歌之"①。当他听到《韶》的乐曲时，使他三个月吃肉而不知肉的美味，进入了痴迷于审美情感的艺术心境。范氏说："舜之道发于《韶》而传于夫子，平日默契之于心，忽然触之于耳，徘徊想象，宛然蒲阪泰和堂上精神，此时之乐，亦与斯世同之也软。"② 乐教陶冶性情，提升德操。所以乐是德之形，即其轰现形式。

水能载舟，亦能覆舟，正己、观人、礼乐最终是为了处理好与民的关系。如何临民？一是为政以德。"为政者以德为本领，本领既立，凡事顺理去做……去不正而归于正，禁令刑罚，虚设而不用。"③ 德政的核心是"范其心"，使其"有耻且格"。"治民当范其心，不当束其身。政刑束其身也，德礼范其心也。束其身者但能使民之俱而不敢犯，范其心者乃能使民之耻于不善，而化于善。"④ 这便是王道与霸道的分野。

二是王者以理使民。"王者以理使民，故可使民之由其理，而不使民之知其理。伯者以术使民，故不必使民以晓其术，而但务使民之愚其术，然则使由不使知，其圣人不得已之心耶。夫礼乐刑政，皆使由之具，而性命精微，岂凡民之所能知哉！"⑤ 王瀚之别就在于以理或以术使民，礼乐刑政都是使由之的工具，尽管圣人不得已如此，但以理使民是符合仁政和仁爱之心的。

三是博施于民而能济众。"天地万物皆吾一体，仁者之心也。然必欲无一物之不被，无一处之不彻，虽仁至者，势亦有所不能。古之圣人知此，故皇皇汲汲不自满足，尧舜不自知其为治，夫子不自知其为圣，皆犹病诸之心所推也。"⑥ 仁者之心以天地万物皆吾一体，所以能博施于民。但尧、舜和孔子都以难能做到的"其犹病诸"的心境，不断追求而不自满足。

---

① （汉）司马迁：《史记》第 47 卷，中华书局 1982 年版，第 1936 页。
② ［越南］范阮攸：《论语愚按》，台湾大学出版中心 2011 年版，第 347 页。
③ ［越南］范阮攸：《论语愚按》，台湾大学出版中心 2011 年版，第 355 页。
④ ［越南］范阮攸：《论语愚按》，台湾大学出版中心 2011 年版，第 356 页。
⑤ ［越南］范阮攸：《论语愚按》，台湾大学出版中心 2011 年版，第 361、362 页。
⑥ ［越南］范阮攸：《论语愚按》，台湾大学出版中心 2011 年版，第 360、361 页。

四是恭敬事业。"恭即所谓钦，所谓敬也。是故兢兢业业，无怠无荒，皆钦敬之存，典敦礼庸，服章刑用，皆钦敬之推，一由于天理之当然。"[1] 怠政、荒政是对民不负责，终日乾乾、恭敬兢业，是为政者之职守。

五是节用富民。"为政不知节用，则取民尽锱铢亦不足矣。故王者务富民，不务富国务，生财不务理财。后世惟汉文帝知此义。噫乎！聚敛之臣，相望于世，亦有若之罪人欤。"[2] 民富才能国富，国富才能国强，聚敛之臣，竭泽而渔，民贫国弱，亡国之象。所以，范阮攸在《论语愚按·政篇总说》中云：为政"其本在乎正己，是以古先圣王，惟精惟一，允执厥中，皆是正己底道理。事业著于一辰法式，垂于万世，宇宙赖以主宰扶持，以不人于禽兽"[3]。以正己推之于日用之间，则可知古代及后世盛衰治乱的现象，都不出帝王的正与不正。故为政者当以此为鉴。

（原载于《学术月刊》2008 年第 8 期、转载于人大复印

报刊资料《中国哲学》2008 年第 12 期）

---

[1] ［越南］范阮攸：《论语愚按》，台湾大学出版中心 2011 年版，第 371 页。

[2] ［越南］范阮攸：《论语愚按》，台湾大学出版中心 2011 年版，第 372、373 页。

[3] ［越南］范阮攸：《论语愚按》，台湾大学出版中心 2011 年版，第 374 页。

孔子教育思想对人类的贡献

中国是一个具有亘古亘今教育传统的文明古国。教育造就文明，标志文明。教育形式多彩多姿，然主要形式是兴办学校。《孟子》记载："设为庠序学校以教之。庠者，养也；校者，教也；序者，射也。夏曰校，殷曰序，周曰庠；学则三代共之，皆所以明人伦也。"① 夏商周三代乡里学校名称不同，夏代称校，是教导的意思；商代称序，陈列实物教育；周代称庠，是教养的意思。至于国学，三代都称学而无异。可见，中国公元前 22 世纪已有学校之设，并分乡里的地方学校和国学；其教育目的是阐明和教导人民明白人与人之间的人伦关系及其行为准则规范，对人民进行道德的、知识的、技能的教化。

孔子是儒家学派的创始人，是中国文化的奠基者之一，也是中国古代乃至世界上最早的职业教师和最伟大的教育家之一。他继承三代学校教育，并进行创造性改革，对人类教育事业做出了开创性的伟大贡献。

一、私人办学

孔子首创私人办学讲学之风。孔子之前，"学在官府"，三代的庠序学校的教育都由官府掌管。据载："大司乐掌成均之法，以治建国之学政，而合国之子弟焉。"② 郑玄注谓："董仲舒云：成均，五帝之学。"③ 远在三代之前已

---

① 《孟子·滕文公上》，（宋）朱熹：《四书章句集注》，中华书局 1983 年版，第 255 页。

② 《春官·宗伯下·大司乐》，（清）阮元校刻：《周礼注疏》第 22 卷，中华书局 1980 年版，第 787 页。

③ 《春官·宗伯下·大司乐》，（清）阮元校刻：《周礼注疏》第 22 卷，中华书局 1980 年版，第 787 页。按：五帝指黄帝、颛顼、帝喾、尧、舜。

有成均之学，受教者为公卿大夫的子弟，称为国子。此时教学，口耳相传，所以重声教，由大司乐管理。到了三代，学校已成规模，庠序校的乡学与大学并立。"谨庠序之教，申之以孝弟之义。"① 孟子要梁惠王办好各级学校，反复进行伦理道德教育。

孔子突破教育由政府垄断的格局，开创私人办学之先河。私学不仅补官学之不足，而且促使学校的多元化。官、私办学的多元化，既推进了学术的交流和发展，营造了各国之间游学的氛围和条件，也为各家学派的建立奠定基础，推动了百家争鸣的展开。

私人办学讲学，既打破了官府办学讲学的一定之规，又获得了自由讲学的空间，也推倒了僵化的教学内容、方法和目的，从而取得灵活教学的环境。教师可以依据自己学术的新思想、新观点授课，私学就成为培养、宣传、传播新思想、新观点的基地，新思想、新观点就在此基地上发育、生长、壮大，而成为百家争鸣中独立的一家、百花齐放中鲜艳的花朵。

私学作为新思想、新观点的发祥地，其培养的学生就是新思想、新观点接受者，也成为新思想、新观点的传播者和继承者。薪火相传，于是各自形成学派。这是一个思想自由、自觉，哲学自由、自觉的时代，换言之，即"哲学突破"的时代。

这个时代，东周天子权威旁落，诸侯国林立。众诸侯国为建霸业，在政治、经济、文化、军事、人才等各个方面展开激烈的竞争，在这个争生存、争霸业的非此即彼的兼并战争中，各诸侯国采用了不同的指导思想、价值观念、战略方针、战术手段，以能立足于当时"国际社会"之中，而不被消灭。于是便必须实行改革，富国强兵，如此又必须"尚贤使能"，广纳有知识、有才能的人才。这也激发了"劳心者"去进行哲学思想的创造，构建思想体系的需求。人才的需求，是私学创办的因，私学创办又可满足各方面人才的需求。这就是孔子之所以能够私人办学的原因所在。

孔子开创的私人办学、讲学之风，影响深远，在中国几千年一统的君主专制的政治体制下，公私两种办学形式一直延续到现代，尽管互有交错，

---

① 《孟子·梁惠王上》，（宋）朱熹：《四书章句集注》，中华书局1983年版，第212页。

私学以不同形式不断发展，无论是精舍，还是书院，成为公学所不可替代的一种办学形式。不仅一些大师级的学者致仕官场，成为游学学者，执教私家，招收数百上千弟子，而且一些居官学者，也招收弟子，随其研习，传承学术思想。到了宋代，学院兴盛，即使是穷乡僻壤，亦有私学之设。私学书院自由讲学的风气，往往成为宋代各种新学派酝酿、发育、形成、传播、继承的基地，为中华民族学术思想发展繁荣做出了巨大的贡献，并传播到东亚各国，为其学术思想、教育事业的发展产生重要影响。

二、有教无类

孔子首开教育的平等权利和机遇。如果说孔子首创私学，标志学术下移，在中国教育史上具有划时代意义，那么，孔子首开平民教育，突破等级差别，在中国教育史上亦具有里程碑的价值。孔子高扬"有教无类"[1]。何晏注："类，谓种类。言人所在见教，无有贵贱种类也。"[2] 不分种族、家族、出身和富贵贫贱，都给予教育。这就使每个人都享有受教育的平等权利，打破了"成均之学"为公卿、大夫子弟受教育的限制，使教育普及化、平民化，为出身贫贱家庭子弟的受教育，大开了方便之门。于是贫穷的如颜回、闵子骞、原宪、曾参、冉伯牛，卑贱的如仲弓，卞之野人如子路等，都成为德才兼备的人才。为贫贱的平民阶层通过教育而成为国家栋梁之才创造了条件。

"有教无类"，为什么要收微薄的学费？对学生来说，是为了表示对教育的重视，对老师的尊敬；对老师而言，是表示对学生教育的负责，做到"学而不厌，诲人不倦"[3]。努力学习而不厌烦，为人讲解道理、传授知识而不知疲倦。因此，也要带一点微薄的见面礼。"自行束修以上，吾未尝无诲焉"[4]。十条干肉是中国古代人作为初次拜见人的礼物，这里被作为拜老师的

---

① 《论语·卫灵公》，（宋）朱熹：《四书章句集注》，中华书局1983年版，第168页。

② （魏）何晏注，（宋）邢昺疏：《论语注疏》第15卷，北京大学出版社2000年版，第248页。

③ 《论语·述而》，（宋）朱熹：《四书章句集注》，中华书局1983年版，第93页。

④ 《论语·述而》，（宋）朱熹：《四书章句集注》，中华书局1983年版，第94页。按：修为干肉，一条为脡，十条为束。

见面礼。

孔子之所以具有"有教无类"思想，是基于他"泛爱众，而亲人"① 的观念，"爱众"包括爱平民百姓，不论其贫富贵贱、智愚大小，还是贤良不肖、国籍不同，都给予教诲，平等受教，这便是孔子"泛爱众"的大爱精神。只有爱人的仁者品格，才会激发出诲人不倦的精神，才能喷发出"己欲立而立人，己欲达而达人"② 的为人立、为人达的仁者精神，这是其"有教无类"的思想基础，也是其出发点。

孔子之所以具有"有教无类"的思想，是基于他对人性的体贴。他说："性相近也，习相远也。"③ 人生来的本性是相近的，并不因贫富贵贱和家族、种族、国家的不同而不同。既然人的本性相近无别，就应该人人享有受教育的平等权利，而不只贵族子弟才享有这种权利，因为他们从人的本性上说并没有比贫贱者高贵和优越，所以贫贱者同样享有受教育的权利，则具有合理性和合法性。由于后天环境习染的不同，才相差远了。这就如谚曰："近朱者赤，近墨者黑。"环境给人习染，有着潜移默化的作用，《孔子家语》说："与善人居，如入芝兰之室，久而不闻其香，与之化矣；与不善人居，如入鲍鱼之肆，久而闻其臭，亦与之化矣。"这确是不刊之论。至于孔子所说"唯上知与下愚不移"④，实是指"习相远"而言，"上知"之知，文盲之愚，并非"性相近"的近，而是后天学与不学、知与不知的结果。尽管孔子承认有"生而知之者"，某些人在某个方面智商高，也只有学而不厌地求知，才能通达成功之路。否则如王安石《伤仲永》中所记载的那样，仲永 5 岁能作诗，少时指物作诗立就，但由于不学习，把作诗作为赚钱的手段，到 20 岁就与一般人一样了。

孔子自己就是学而不厌的人，他把学习当作快乐的事情。"学而时习之，不亦悦乎。"⑤ 孔子自己说他生来不是一个聪明的孩子，"我非生而知之者，

---

① 《论语·学而》，（宋）朱熹：《四书章句集注》，中华书局 1983 年版，第 49 页。

② 《论语·雍也》，（宋）朱熹：《四书章句集注》，中华书局 1983 年版，第 92 页。

③ 《论语·阳货》，（宋）朱熹：《四书章句集注》，中华书局 1983 年版，第 175 页。

④ 《论语·阳货》，（宋）朱熹：《四书章句集注》，中华书局 1983 年版，第 176 页。

⑤ 《论语·学而》，（宋）朱熹：《四书章句集注》，中华书局 1983 年版，第 47 页。

好古敏而求知之者也"①，聪明才智是从爱好古代文化和勤奋学习中得来的。孔子讲自己不是生而知之者，实是对此的否定。他强调只有广博地学习传统文化知识，才不会做出违礼的言行，"君子博学于文，约之以礼，亦可以弗畔矣夫"②。孔子在与仲由讲六种美德与六种弊病时说："好仁不好学，其蔽也愚；好知不好学，其蔽也荡；好信不好学，其蔽也贼；好直不好学，其蔽也绞；好勇不好学，其蔽也乱；好刚不好学，其蔽也狂。"③ 好仁、知、信、直、勇、刚六种美德，只有通过好学才能圆满；假如"不好学"，就会转变为愚、荡、贼、绞、乱、狂六蔽。好学与不好学就成为"六言"能否转变为"六蔽"的关键。

"好学"与"不好学"是属于"习相远"的范围，喜好六言美德者通过好学而成为善者，喜好"六蔽"而不好学者成为恶者。孔子从人性的根底追究和"泛爱众"出发，论述了"有教无类"的合理性和合法性。

三、尊师重道

孔子首倡尊师重道，形成中华民族优良传统。孔子说："志于道，据于德，依于仁，游于艺。"④ 立志的目标在道，实现道的目标，必须有崇高道德修养为依据，人人有仁者爱人之心，就不会违戾道。"笃信好学，守死善道。"⑤ 坚强的信念和努力学习精神，才能至死固守善道。他把善道看得比生命还重要。"朝闻道，夕死可矣。"⑥ 这种追求道的只争朝夕精神，是对道的迫切的需求。在"礼崩乐坏"的时代，作为形而上价值理想的道被遮蔽。然道对于人的生命而言是须臾不能离的，离了道人的生命就失去了意义。因此孔子需要尽快拂去对道德遮蔽，而发出"朝闻道，夕死可矣"的感叹。

---

① 《论语·述而》，（宋）朱熹：《四书章句集注》，中华书局 1983 年版，第 98 页。
② 《论语·颜渊》，（宋）朱熹：《四书章句集注》，中华书局 1983 年版，第 137 页。
③ 《论语·阳货》，（宋）朱熹：《四书章句集注》，中华书局 1983 年版，第 178 页。
④ 《论语·述而》，（宋）朱熹：《四书章句集注》，中华书局 1983 年版，第 94 页。
⑤ 《论语·泰伯》，（宋）朱熹：《四书章句集注》，中华书局 1983 年版，第 106 页。
⑥ 《论语·里仁》，（宋）朱熹：《四书章句集注》，中华书局 1983 年版，第 71 页。

道是孔子思想观念至上的原理，伦理道德至极的原则，视听言动最高的规范，以及其最终的来源和根据。"天下有道则见，无道则隐。邦有道，贫且贱焉，耻也！邦无道，富且贵焉，耻也。"① 出来做官与隐居不仕的原则、标准是邦有道与无道；贫贱与富贵、廉耻的规范、标准亦是邦有道与无道。"邦有道，危言危行；邦无道，危行言孙。"② 对于人的富贵利益的获得，也要以道为标准。"富与贵，是人之所欲也，不以其道得之，不处也。贫与贱，是人之所恶也，不以其道得之，不去也。"③ 富贵与贫贱是人人的所欲与所恶，但如果不以道得到或去掉，就不应该去做。孔子要人们处处时时遵道而行，而不违道，体现了孔子重道精神。

孔子"少也贱"，为了生活，他发愤自励，向别人学习各种技艺，"多能鄙事"。因此他非常重视、尊重师教。"三人行，必有我师。"④ 人的知识、技艺都是有限的，要获得广博知识和多才多艺，必须恭敬地、虚心地向别人、老师请教。"子入太庙，每事问。"⑤ 他把向老师请教，作为获得知识、技艺的重要途径。他以甘当小学生的态度，"不耻下问"。孔子学生曾子发挥说："以能问于不能，以多问于寡。"⑥ 知识、财富、技艺多者、能者，要向少者、不能者请教，因为人非全才全能，能者、多者也有其不能的地方，不能者、寡者也有能者、多者所不及的方面，只有"不耻下问"，才能获得更广博的知识和技能。当然孔子的学和问并不是盲从，而是以道为标准，择善而用。这并非不尊师，相反是尊师的一个层面，是真诚求道、重道的态度。

孔子到洛阳问礼于老子，访乐于长弘，问官于郯子，学琴于师襄等。由于他孜孜不倦求学请教，在各个方面的成熟都达到当时最高水准；由于其尊师，所以他甚得老师之学，而成为当时伟大的思想家、政治家和教育家。

孔子以自己尊师重道的实践，对中华民族产生巨大的影响。尊师重道，

---

① 《论语·泰伯》，（宋）朱熹：《四书章句集注》，中华书局 1983 年版，第 106 页。
② 《论语·宪问》，（宋）朱熹：《四书章句集注》，中华书局 1983 年版，第 149 页。
③ 《论语·里仁》，（宋）朱熹：《四书章句集注》，中华书局 1983 年版，第 70 页。
④ 《论语·述而》，（宋）朱熹：《四书章句集注》，中华书局 1983 年版，第 98 页。
⑤ 《论语·乡党》，（宋）朱熹：《四书章句集注》，中华书局 1983 年版，第 121 页。
⑥ 《论语·泰伯》，（宋）朱熹：《四书章句集注》，中华书局 1983 年版，第 104 页。

促进了中华民族文明的发展，使中国成为世界四大文明古国之一，薪火相传5000年而不中断；尊师重道，创造了中华民族灿烂文化、独具魅力的哲学社会科学、四大科技发明、绚丽的文学艺术，而独领世界之风骚；尊师重道，营造了百家争鸣、百花齐放的学术自由、宽容的氛围，使学术智慧、智能创新得到高度的发扬；尊师重道，孕育了中华民族的政治文明、制度文明、道德文明、精神文明，而成为"礼仪之邦"；尊师重道，培养了中华民族一大批政治家、谋略家、哲学家、军事家、文学家、教育家、史学家、艺术家和爱国英雄等，他们"先天下之忧而忧，后天下之乐而乐"，而成为我们永远学习的楷模，并影响东亚和世界各国文化界、艺术界、军事界和科技界。

四、德才兼备

孔子率先制定培养德才兼备人才的教育目的和内容。教育目的与内容，两者相辅相成。教育内容是通达教育目的、实现教育目的的基础和条件；教育目的是指导、制约教育内容的原则和规范。无相应合宜的教育内容，教育目的就不可能实现；无正确的教育目的指导，教育内容就不知如何实施。简言之，教育目的是为培养什么样人才服务的，教育内容是为实现教育目的服务的。

孔子教育目的是培养德才兼备人才，即君子仁人，其在思想境界上要立志于道。孔子认为应有一以贯之的道，譬如忠恕之道。"子贡问曰：'有一言而可以终身行之者乎？'子曰：'其恕乎？己所不欲，勿施于人。'"[1] 恕是推己及人及物，自己不愿意要的，不要施给别人，如我不要痛苦、贫穷、烦恼，不要把痛苦、贫穷、烦恼加给别人；反之，我得到幸福、富裕、快乐，也要使别人幸福、富裕、快乐。这是出于"泛爱众"的"仁民爱物"之心，是一种崇高的心灵道德境界。它融化了人我之间的种种差别，把人我放在平等的平台上，一视同仁，把别人的痛苦、贫穷、烦恼的感受作为自己的痛苦、贫穷、烦恼的感受，才能有"己所不欲，勿施于人"的体认，而有推己

---

[1] 《论语·卫灵公》，(宋) 朱熹：《四书章句集注》，中华书局1983年版，第166页。

及人的行为活动。

忠便是尽己之心以待人。如对上、对人、对友要忠诚。"君使臣以礼，臣事君以忠。"① 君臣是互相、互动的，若君使臣不以礼，不符合君道，臣对无道之君就可不尽忠而离去，隐居不仕。君有过如横征暴敛，亲小人远贤臣等，忠是不迎合君上，阿谀拍马，而要忠心耿耿，"勿欺也，而犯之"②，犯颜直谏，使其改过从善。忠恕之道是一以贯之而可终身奉行的。

德才兼备人才应在国家治理上行德政。"为政以德，譬如北辰，居其所而众星共之。"③ 为政在人，要求为政者具有崇高德性，才能教化百姓。"道千乘之国，敬事而信，节用而爱人，使民以时。"④ 治理千乘兵车的大国，要严肃认真地对待一切政事，讲诚信；节约财用，爱护人民；使用民力，不违农时。这样的人能治理好国家，也是教育所要达到的培养人才的目标。

德才兼备的人在处理人与人、国家关系上讲仁，"夫仁者，己欲立而立人，己欲达而达人"⑤。仁即二人，即讲人与人的关系，推而言之，即人与社会、国家关系。如何处理其间关系，是说自己要想立得住和通达，也要帮助人立得住和通达。这是从积极方面推己及人，使人与我一样立得住和通达。这种立人、达人无私的崇高品德，也会推及社会、国家，为社会、国家的立得住和通达、发达而竭尽心力，体现了孔子教育的目的。

孔子教育内容为培养德才兼备的通才服务，所以包括知识、道德、技能、艺术等各方面内容。"子以四教：文、行、忠、信。"⑥ 教育学生历代文献知识；德行，提高道德素质；对人（包括君、国家、团体、别人）忠心；对人讲信用。忠与信相当于"据于德，依于仁"的伦理道德意识和行为规范的培养。同时，孔子也强调"游于艺"，是指"六艺"，即礼、乐、射、御、书、数等实用知识和技能。"不学诗，无以言。""不学礼，无以立。"⑦ 这是

---

① 《论语·八佾》，（宋）朱熹：《四书章句集注》，中华书局 1983 年版，第 66 页。
② 《论语·宪问》，（宋）朱熹：《四书章句集注》，中华书局 1983 年版，第 155 页。
③ 《论语·为政》，（宋）朱熹：《四书章句集注》，中华书局 1983 年版，第 53 页。
④ 《论语·学而》，（宋）朱熹：《四书章句集注》，中华书局 1983 年版，第 49 页。
⑤ 《论语·雍也》，（宋）朱熹：《四书章句集注》，中华书局 1983 年版，第 92 页。
⑥ 《论语·述而》，（宋）朱熹：《四书章句集注》，中华书局 1983 年版，第 99 页。
⑦ 《论语·季氏》，（宋）朱熹：《四书章句集注》，中华书局 1983 年版，第 173 页。

孔子对他儿子孔鲤说的话，不学诗礼就不懂得如何讲话和立身。因此，学诗是人所不可或缺的。"诗可以兴，可以观，可以群，可以怨。迩之事父，远之事君。多识于鸟兽草木之名。"①学诗可以感发志气情意，可以考察得失，可以群处和而不流，可以怨而不怒。就近讲可以知侍奉父母的道理，就远讲可以知侍君的道理，其余可以多知道一些鸟兽草木的知识，以陶冶高尚的情操，这便是诗教；礼为立身之本，扫洒应对、进退周旋，典章制度、礼仪样式都应依礼而行，要求人的视听言动，都要遵循礼，非礼勿视听言动。提升人们道德自觉，克己复礼，天下归仁。这是礼教。

诗教与乐教往往存在着联系。《史记·孔子世家》记载："《诗》三百五篇，孔子皆弦歌之。"孔子在整理《诗经》时，曾谱了乐曲。他爱好音乐，并有很高的欣赏能力。他不仅订正乐音，使雅和颂恢复原来样子，不相混淆，而且精通乐理、乐曲。当他听到《韶》的乐曲时，美妙动听音乐使他三个月内吃肉而不知肉的美味，使他进入音乐与情感水乳交融的艺术心境，这也是一种最美好的和乐精神境界。

其教育内容涉及射箭、驾车、书写、数学，都是当时社会生活和国家强兵所需要的必备知识技能。使每个学生掌握全面知识技能，体现了《礼》、《乐》《书》《易》《诗》《春秋》等历史文献知识与社会国家实际知识的结合，而不是片面道德教育。只有各方面知识相辅相成的教育，才能培养出对社会对国家有用的人才。晚年孔子讲起他的学生："德行：颜渊、闵子骞、冉伯牛、仲弓。言语：宰我、子贡。政事：冉有、季路。文学：子游、子夏。"②他列举四科代表人物，而非全部。孔子弟子3000人，其中身通六艺的72人。譬如仲由可以担任千辆兵车大国的军政工作；冉求可以担任千户人家的大邑和拥有百辆兵车大夫家的总管；公西华可以穿着礼服立于朝廷接待宾客，交涉一切。孔子根据弟子的特点，培养出各具特长的学生，为教育事业作出了前无古人的贡献。

---

① 《论语·阳货》，（宋）朱熹：《四书章句集注》，中华书局1983年版，第178页。
② 《论语·先进》，（宋）朱熹：《四书章句集注》，中华书局1983年版，第123页。

五、教学方法

孔子创造了灵活多样的教学方法。教学方法是实现教育目的，完满完成教育内容的保证。教育方法要根据教者和学者的实际和其不同特点，进行不同方法和内容的教学。一是因材施教，循循善诱。孔子深知弟子的性格、脾气，如闵子骞"訚訚如也"，正直恭敬；子路"行行如也"，刚强样子；冉有、子贡"侃侃如也"，温和快乐。孔子根据弟子具体情况，冉求做事退缩，就给他壮胆，仲由性格勇猛，就要压压他，做到"因材施教"。颜渊感叹地说："夫子循循然善诱人，博我以文，约我以礼，欲罢不能。"① 博文约礼是每个学生都应该学的，孔子采取按顺序一步步地引导传授，使学生的品德、才能得到很好培养。

二是学思罔殆，不启不发。"学而不思则罔，思而不学则殆。"② 学而不思，只能人云亦云，不能分辨是非、真伪、善恶，容易迷惑；思而不学，不调查、研究，脱离实际，不学习文本，不苦思冥想，容易疑惑。前者不独立思考，照着别人讲，是无我有他；后者不广取博纳，封闭自我，是有我无他。孔子强调学思融合，相辅相成，才能相得益彰。学生的思与学都少不了老师的启发式教育。"不愤不启，不悱不发，举一隅不以三隅反，则不复也。"③ 不到学生想求明白而不得、想说出来而说不出的时候，不启发他；到了学生苦思而不通，想说又说不出来时，学生迫切要求解决问题，经老师启发式的点拨，使之豁然贯通，帮助特大，永记不忘。孔子鼓励学生善于思考，触类旁通，举一反三，自觉解决难题，发挥学生自我创造性。

三是互相答问，教学相长。孔子寓教于"各言其志"的方式之中，通过平等的、自由的答问，互相学习、砥砺，教学相长。在人格和情感上，相互尊重，情如父子、兄弟、朋友，真诚无私。有一次，孔子与子路、曾皙、冉有、公西华一起交谈，子路说：如果一个有 1000 辆兵车的国家，夹在大

---

① 《论语·子罕》，（宋）朱熹：《四书章句集注》，中华书局 1983 年版，第 111 页。
② 《论语·为政》，（宋）朱熹：《四书章句集注》，中华书局 1983 年版，第 57 页。
③ 《论语·述而》，（宋）朱熹：《四书章句集注》，中华书局 1983 年版，第 95 页。

国之间，受外国军队的侵犯，国内又闹饥荒，让我去治理，等到3年，就可使百姓勇敢善战，而且懂得道理。孔子向子路微微一笑。孔子问冉求。冉有回答：一个国土六七十或五六十的小国，我去治理，3年可以使人民丰衣足食，至于礼乐教化，有待于贤人君子了。公西华回答说：不敢说我已有本领了，我只是愿意学习，举行祭祀或诸侯会盟，穿礼服戴礼帽，做一个相礼者。曾皙的回答与3人不同，他说：暮春三月，春天衣服穿定了，我陪同五六个成年人和六七个小朋友去沂水边洗澡，在台上吹吹风，一路唱歌回来。孔子同意曾皙的主张，认为治理国家应讲求礼让，子路一点不谦虚；冉有和公西华说的都是治理国家。① 通过这种无拘无束的"各言其志"，与孔子的评志，引导学生坚定志向，完善道德修养，更好地从政。

又有一次，孔子与颜渊、子路"各言尔志"。子路说：我愿把自己的车马、衣服与朋友共用，用坏了，也不抱怨。颜渊说：做善事不夸耀自己，有施于人不表自己功劳。② 孔子也讲了自己的志向：使老人安逸，朋友信任我，年轻人怀念我。子路"与朋友共"的共同享受，不分彼此的高尚的情操，颜渊立己立人、达己达人的由己及人及物的修为心境，孔子通达仁爱的精神境界。师生自由地畅谈自己的价值理想，是教学相长的一种形式。

孔子教育思想这五大开创，不仅在中国教育史上具有划时代的意义，它影响中国教育几千年，也为人类教育事业的传承发展做出伟大贡献。孔子教育思想的智慧，在今天也是值得人们去汲取的，它对于改革现代教育方针、指导思想、教育内容和方法，都有启迪作用。

[原载于韩国成均馆大学校《儒教文化研究》（国际版）2008 年 8 月号]

---

① 参见《论语·先进》，（宋）朱熹：《四书章句集注》，中华书局1983年版，第129—131页。
② 参见《论语·公冶长》，（宋）朱熹：《四书章句集注》，中华书局1983年版，第182页。

《张立文文集》自序

"子在川上，曰'逝者如斯夫！不舍昼夜'。"① 孔子在晚年的时候，一次在河边，看见河水川流迅速，未尝止息，因而慨叹人生在世，年逝不停。人们总想天老爷能假我岁月，但流逝的时光总不会回来。人们困惑，为什么只有逝去，而不会回来？若能拉回年轮，该有多好！如能真有"轮回"，又该有多好！那么，我会更加珍惜时间，决不虚度年华，消磨学术生命。

一

1984 年，经国务院学位委员会特批我为教授。我对访问者说："人生就在于奋进，生命就在于创造，只要认定了目标，就要不断追求，以达真、善、美的境界。"这是我的心声和理想，是我生命学术的矢志追求，学术生命与生命学术的紧张与融突，构成了我这一生学术生涯的风风雨雨。

生也有涯，知也无涯。以有限的体质生命，追求无限的知识学术，艰也！难也！老子说："人法地，地法天，天法道，道法自然。"② 人的学术生命与生命学术度越不了时代与环境的"天地"生存世界，也度越不出性命与机运的"人"的意义世界，以顺应自然而然的"道"的可能世界。

在社会正常、稳定的环境中，人的学术生命一般是可以"自作主宰"的，但在非常、动乱的情境之下，人的学术生命就非自己所能把握。"祸兮

---

① 《论语·子罕》，（宋）朱熹：《四书章句集注》，中华书局 1983 年版，第 113 页。
② 《道德经·二十五章》，（魏）王弼注，楼宇烈校释，《老子道德经注校释》，中华书局 2008 年版，第 64 页。

福之所倚，福兮祸之所伏。"① 有时莫名其妙地飞来横祸，把你打入十八层地狱，不仅学术生命被剥夺，而且肉体生命也不保，经历过"文化大革命"的人，都会有这种体验。

基于此，我把自己的生命大体分为两个阶段："文化大革命"以前为学术的生命，之后为生命的学术。有生命的存在与开拓，才有学术的追求与发展。生命是学术的体能和智能的支撑，学术是生命的意义和价值。但在"文革"结束前的时代和环境，只能有学术生命，而不可能有生命学术，学术与生命相兼并得，是"文革"后所开出的局面。

依照我的理解和体会，学术生命是以生命投入学术，以求生和求学为宗旨，在求生存中求学术。我经历了炼狱般的煎熬、挤压状的批斗、沉重的政治包袱、发臭的老九的身份，在那视学术为"白专道路"，学术被误读为与要灭掉的资产阶级思想联系在一起的社会氛围中，我却把生命投入学术，尤其是投入哲学社会科学的学术，而被人目为"傻子""书呆子"，然我却无怨无悔。尽管在学术生命道路上，陷阱遍布，荆棘丛生，但我却选择了此，坚持走下去。

求学术的最好途径，最优选择是考大学，这是我学术生命最初目标。学术生命支撑着我度过"红薯当粮草，火炉当被袄，竹篾当灯草"的"三同"岁月，挺过"坦白从宽，抗拒从严"的批斗时日，度过"横扫一切牛鬼蛇神""知识越多越反动"的"革命"春秋。历经种种磨难，而庆幸生命的实存。

学术生命既已开始，就不能半途而废，而只能不断追求。因而我放弃了结束朝思暮想的"牛郎织女"生活和一家四分五裂的祈望，我也抛开了一跃龙门，立即可改变臭老九的身份地位，以能延续着学术生命。在当时确有点生命诚贵、亲情更高、为了学术皆可抛的意味。正由于这么一点精神，所以在"三同"之余、耕耘之后、运动之间、批斗之暇，还能捧书沉潜、自我切磋、偶思所得、喜不自禁。虽然当时狠批"书中自有黄金屋，书中自有颜

---

① 《道德经·五十八章》，（魏）王弼注，楼宇烈校释，《老子道德经注校释》，中华书局 2008 年版，第 43 页。

"如玉"的所谓封建主义名利、腐朽的思想，但我觉得读书不仅给我以知识的海洋，智慧的启迪，人格的塑造，道德的培育，思维的锻炼，观念的构成，而且给我以烦恼的缓解、孤独的消除、痛苦的减少、精神的安抚。因此，读书求学构成我生活的主要内容，学术生命是我身心交往活动的主旨。

二

"文化大革命"后，在我的学思历程中发生了一个显著的变化，学术生命的开展与生命学术的追求交相会通。如果说学术生命是把生命投入学术，生命在学术的交流中转生智慧，生命在学术的交流、游泳的拼搏中获得生命的体验，换言之，即转生命为智慧。然而，主体转生命为智慧，客体并不随之而转。严冬虽已过去，春寒还未退尽。1983年的"清除精神污染"运动，《朱熹思想研究》首当其冲，被批判为与"恩格斯当年批评过的施达克的观点可以说异曲同工"。恩格斯所写的《路德维希·费尔巴哈和德国古典哲学的终结》，论述了全部哲学的最高问题和划分唯物主义与唯心主义的标准，批判了施达克的谬误。于是《朱熹思想研究》就违反了哲学的党性原则，可见"文革"后学术也还是有风雨。

生命是实存主体与生俱来的。荀子认为人有气、有生、有知亦且有义，故最为天下贵。贵的价值就在于人有知、情、义的生命现象，以及道德。[1]但智慧不能与生俱来。人来到这个世界上，无论出身贫富贵贱，无论出生在哪一个国家、民族和家庭，还是出生于天才的哲学家、科学家、政治家、文学家，以及愚夫愚妇之父母，婴儿、孩子的知识均得从零开始学习，在白纸上涂鸦，这就是说，天老爷对每个人都一视同仁，人人平等，把每个人都放在同一起跑线上，而没有任何的优待和偏爱，依靠每个人自己在竞赛场上的拼搏，而获得智慧和成绩。

转生命为智慧，就是在这个赛场上，生命在体验反思学术生命与探索

---

[1] 《荀子·王制》曰："水火有气而无生，草木有生而无知，禽兽有知而无义；人有气有生有知亦且有义，故最为天下贵也。"（梁启雄：《荀子简释》，中华书局1983年版，第109页）

总结学术生命中；在学术生命走近生活、走近社会、走近现实中；在化解人类所共同面临的人与自然、与社会、与人际、与人的心灵、与文明间的冲突中，以及由此五大冲突所造成生态危机、社会危机、道德危机、精神危机、价值危机中，以全球的视野、人类的意识来观照学术生命，转生命为智慧。

智慧之智，见于甲骨文，《说文》："智，识词也。"慧不见于甲骨文，《说文》："慧，儇也。"徐锴《系传》："儇，敏也。""智慧"两字均有聪明、才智的意思。佛教传入中国后，智慧为梵语般若的意译。西方以爱智慧意为哲学，它是对希腊文 philosophia 的翻译。简言之，智慧既是指人体认、辨析、判断的才智和与时偕行的创新发明的智能，也是指度越形相、无形相和超名言之域的理智了悟和觉解。

如何由学术生命向生命学术转生？如何能转生命为智慧？如何由体认才智到理智了悟的超拔？如何把超名言之域的不可能性变为现实的可能性？如此，就不能仅停留在显性的现象层面，如身的求生活动，心的求学活动，以及社会的政治、经济、文化的求知活动和审美经验的求情活动，这都是在探索学术生命是什么之域。生命学术是变是什么为为什么的求索，即变所当然为所以然的探求。"一阴一阳之谓道"，是乃"所以阴阳者，道也"。所以然道体的追求，是德性的观念层面，它具有制约、影响显性现象价值导向的意义。但隐性观念是对显性现象的体悟中了悟的，是为什么对是什么的深层奥秘的觉解，是对打破砂锅问到底的"底"的觉悟。

转生命为智慧，关键在智慧。智慧所关注的是点燃与时偕行的发明创新智能的火花，提出化解当代人类所共同面临的冲突和危机的系统理念，构建体现时代精神的中华民族的哲学理论思维体系。如果说我的《周易思想研究》《周易帛书注译》《朱熹思想研究》《宋明理学研究》《心学——陆象山思想研究》《李退溪思想研究》《正学与开新——王船山哲学思想》《戴震》《儒学与人生》《中国哲学范畴发展史》等，是代古人的发言，画古人思想之画，再现古人精神之风采，就需要遵循求真求善的原则，而不能借古人思想之题，任意发挥。只能依据其本人的著作文本、相关的记载之真，描述其思想形象，阐发其心灵气质，诠释其理想精神，整合其精、气、形，而成研究对象的本真。虽后人、今人与古人存有时空的差距，以及后人、今人在与时偕行的不同人文语境中，不可避免地带有时代的"前见""前识"，而不可能完全再现古人的本真和其思想的本义，但对于实存主体的研究者来说，在其理念层面应力求贴近研究对象的精、气、形，尽量缩短由于时空差所造成的割界。它要求研究者有一种诚实的态度和真诚的诠释。在这里，研究者与被研究对象之间的关系，是一种"我注六经"的关系。

三

如何转生命为智慧？简言之，就是建构独具个性化的、生命智慧的、智能创新的理论思维体系。我的《中国哲学逻辑结构论》《传统学引论》《新人学导论》，就是度越中国传统哲学理论思维形态的探索。《中国哲学逻辑结构论》，根据中国哲学理论思维的实际性质、特点、内涵，度越西方哲学方法，提出中国哲学研究方法论；中国哲学是凭借概念、范畴、模型等逻辑结构形式，以显现生存世界中事物元素的类别，体现意义世界中的真实追求，呈现逻辑世界（可能世界）中的正当原则。依中国哲学自身的概念系统、范畴体系，提出了不同于西方的中国哲学范畴分类法，即象性、实性、虚性范畴三类。以此为基础，以中国历史演变和相应的经济、政治、科技的发展为依托，以中国哲学家提出的范畴演变为对象，考察了中国哲学的本质特征，以便重写中国哲学史。

在 20 世纪 80 年代，出现了"文化热"。提出了种种化解传统与现代紧张和冲突的文化整合方法。但文化整合的每一种方法背后都受其价值观的支配，并依其文化价值观来判断、评价、选择传统文化的资源，决定其文化创造的导向、主宰其传统文化综合、转化的流行、性质和模式。要真正体认传统文化，必须转化视域，改变价值观，度越这些先在的意识、观念，突破原有的思维模式、文化框架，才能对传统做出符合其本真的描述。作为中华民族精神、价值观念、思维方式、审美情趣、伦理道德的塑造者、培育者，传统已潜移默化地融入每个人的思想里、血液中，他支配每个人的价值判断、价值选择、行为方式等，因此我试图从文化学中分离出传统学，把传统作为一门独立的学科来建构。这样就需要按照传统文化、文化学与传统学的自身特点，分别加以规定，把传统学作为独立学科的性质、内涵、特点凸显出来，撰写了《传统学引论》，并从传统的价值系统、传统的心气系统、传统的知识系统和传统的语言符号系统四层面，构建了传统学体系，这四层面相互依存、相互促进，而不可或缺。

人创造了传统和文化，传统和文化亦创造了人。传统和文化的本质，说到底是人化，或人的本质力量的对象化和对象的人化，即外化和内化融突的凝聚结构的延传。从传统学的研究而进入人的探索，是因为传统学的实质就是人学。只有人的自我体认、自我度越，才会有传统的自我体认、自我度越；只有人的自我创造，才会有传统的创新。

人类历史进入经济全球化、科技一体化、网络普及化的新时代，人需要重新发现自己，重审人的身份，重构人的价值，人也需重新规定自己。因此我撰写了《新人学导论》，新人学之新就在于重新发现了人，是在于对人重新做了规定，否定了恩斯特·卡西尔在《人论》中所说的"人是符号的动物"的定义，提出了"人是会自我创造的和合存在"，这个定义体现了现代人的内涵，凸显了现代高科技的创新能力和人类共同面临着人与自然、社会、人际、心灵、文明之间的冲突和危机的化解能力。回答了人对于价值理想、精神家园、终极关切的追求，提出了人生五境说。

人作为"会自我创造的和合存在"，和合因人而生生不息，人因和合而灵昭不昧。和合学从全球的视域、人类的意识，以及中国现代化发展、人类全球化进程出发，殚精竭虑人类所共同面临的五大冲突和危机。和合学提出和生、和处、和立、和达、和爱的五大原理作为化解之道。于是有《和合学——21世纪文化战略的构想》《中国和合文化导论》《和合与东亚意识》《和合哲学论》之作，这是在上述"三论"基础上的提升，是在重建伦理价值、安顿终极关切的根基上，进入和合生生道体的天人和乐境界。这个天人和乐的和合世界，是与儒教的大同世界、佛教的西方极乐世界、道教的神仙世界、基督教的天国世界、伊斯兰教的天堂世界，在其终极的追求上是相贯通的。从这个意义上说，生命学术已度越了学术生命的精、气、形的"我注六经"的学术进境，而跃于和合生生道体的建构中华民族自己的理论思维体系的途中。

转生命为智慧，是转学术生命的照猫画虎式的"照着讲""声一无听"式的"跟着讲"、秉承衣钵式的"接着讲"，而为生命学术的独具匠心式的"自己讲""讲自己"。"自己讲""讲自己"是古希腊哲学"认识自己"恶逻辑延伸。"认识自己"要求直面生命的本来面目，"讲述自己"要求直面"话题本身"或生命学术本身，讲述自己是对"话题本身"或生命学术本身的体贴、发明和创新。传说苏格拉底（Sokrates，公元前469年）为了实证"神谕"，他到处找有知识的政治家、诗人甚至工匠谈话，以证实自己是否比他人更智慧、更聪明，从而证明苏格拉底是人中间最聪明的人的"神谕"是驳不倒的。因此他反躬自问，他觉得自己其实毫无所知，"自知自己无知"正是他的聪明所在。柏拉图说："像苏格拉底那样的人，发现自己的智慧真正说来毫无价值，那就是你们中间最智慧的了。"[①]苏格拉底要求人人都"自知自己无知"，而要人"认识自己"。"自己讲""讲自己"，正是由于自知自己无知，不会"自己讲""讲自己"的哲学，才要求知自己哲学的无知，而激起强烈地求知自己中华民族的哲学的动力，获得自己知自己哲学之知、讲自己哲学之所讲。

如果说苏格拉底教人要"认识自己"，就是说要人认识"真正的我"，那么，"自己讲""讲自己"就是要认识中华民族真正自己的哲学之我，把自己从西方的各种形形色色的哲学、主义的注脚中解放出来，从削足适履地肢解中华民族自己的哲学以合西洋哲学之谓哲学之鞋中超拔出来，才能有中华民族哲学的真正的我，才能"自己讲""讲自己"哲学之真，也才能建构真正适应中华民族与时偕行所需要的自己的哲学智慧，以及化解人类所共同面临的冲突和危机的智慧之学。这样才能真正实现转生命为智慧，使生命学术变为现实。

"人生几何！譬如朝露，去日苦多。慨当以慷，忧思难忘。"[②]人生在世，生命如流星，一闪而逝，数以千万计的流星默默无闻地、无显光芒地消失在广袤的宇宙中，又有谁看得见！谁知道！如果说人生是一种担当、责任和

<hr>

① 北京大学哲学系外国哲学史教研室编译：《申辩篇》，《西方哲学原著选读》上卷，商务印书馆1981年版，第68页。

② （魏）曹操：《短歌行》，《曹操集》，中华书局1959年版，第5页。

使命，那么，就该忧中华民族文化处弱势之忧，忧未真知中华民族自己哲学之忧，忧不能讲中华民族自己的哲学之忧，忧思难忘！人生虽当慨而慷，但慨叹没有这种担当的能力和智慧。既然如此，还是回头以平常心做平常人吧！

[原载于《中国文化》2010 年（春季号）第 31 期]

《国际儒藏》总序

《国际儒藏》缘何而作？儒学乃中华文化之主干，人类文化之财富，而今尚无完整的文献总集。国际儒学文献是儒学在世界传播和发展的轨迹，是思想言说符号的记录，是智能觉解的文字表达，是主体自我超越的信息桥梁。儒学的传承和发展唯有文献，儒学的体认和研究唯有文献，这是中国人民大学孔子研究院和国学研究院之所以编纂《国际儒藏》的因缘，也是前无古人，惠泽后世的创举。

一

儒学源远流长，博大精深，远播海外，影响久远，而成为国际性学问。3 世纪以降，儒学先后传入朝鲜半岛、日本、越南等东亚诸国，16 世纪传入欧洲。在与其所传国本土文化的交流、融合中，形成具有所传国特点的儒学，体认各国文化思想儒学化的特点、性质、作用，不仅能全面系统理解儒学面相，而且能深入、细致体认儒学内涵，并能直面、切近揭示儒学本质。

孔子是儒家的创始人，但"儒""师儒"称谓殷周之时已有，而未成家。儒作为显学，始称于韩非："世之显学，儒墨也。"[1] 儒学连称见于《史记·五宗世家》：河间献王刘德，"好儒学，被服造次必于儒者"[2]。儒学，简言之，为儒家的学问、学说的总称。其主旨是以求索周孔之学发生、发展、演化为

---

[1] 《韩非子·显学》，梁启雄：《韩子浅解》，中华书局 2009 年版，第 491 页。

[2] （汉）司马迁：《史记》第 59 卷，中华书局 1982 年版，第 2093 页。

对象，以探索自然、社会、人生的所当然和所以然为旨归，以仁礼贯通天、地、人为核心，以天人、义利、理欲、心性的融突和合为目标，以成圣为终极关怀的学说。

儒家以"祖述尧舜，宪章文武"为文化使命，以弘扬尧舜、效法文武为历史职责。所以后人把尧、舜、禹、汤、文、武、周公、孔、孟为儒学的道统，以与佛教的法统、道教的道统相对应，若儒学道统始于尧，则据传尧是道家黄老道统黄帝的曾孙帝喾的儿子。① 这便有儒道同源和儒比道后之弊，于是有人将儒学道统上溯到伏羲。相传伏羲为人类的始祖。他"作结绳而为网罟，以佃以渔"，教民渔猎农耕；他作八卦，后周文王因于羑里，据以演为六十四卦，伏羲被属于周孔谱系。按《周易·系辞传下》记载："包牺氏没，神农氏作"，"神农氏没，黄帝、帝、尧、舜氏作"，"黄帝、尧、舜垂衣裳而天下治"。② 伏羲便先于道学谱系的黄帝。

儒学之所以"祖述尧舜"，是因孔子极力尊崇之故，"大哉尧之为君也！巍巍乎！唯天为大，唯尧则之"③。尧的伟大像天那样高大，他给人民以恩惠，使仪礼制度完善，他的功劳不知用什么美好的话语才能表达。孔子称扬虞舜和夏禹富有四海而为天子，却不贪图个人的享受。孔子对周文王、武王不仅推崇其道德，而且自认为继承他们的文化遗产："文王既没，文不在兹乎？"④ 并以文武之治为其政治理想，后人鉴于此，把他们都纳入儒学发生、发展系统，即道统。

周公"制礼作乐"，完善了典章制度，他鉴于商亡的教训，提出"敬德保民"，"明德慎罚"主张，"以德配天"，才能保有周治四方的天命。这对孔子仁、礼思想的形成有很大影响，故孔子说："周监于二代，郁郁乎文哉！吾从周。"⑤ 于是形成由孔子集大成的周孔之学。

自孔子建构儒学学派后，儒分为八。战国时，孟子、荀子两派，"以学

---

① 参见（汉）司马迁：《五帝本纪》，《史记》第 1 卷，中华书局 1982 年版，第 13—14 页。
② 《周易·系辞传下》，（宋）朱熹：《周易本义》第 3 卷，中华书局 2009 年版，第 246 页。
③ 《论语·泰伯》，（宋）朱熹：《四书章句集注》，中华书局 1983 年版，第 107 页。
④ 《论语·子罕》，（宋）朱熹：《四书章句集注》，中华书局 1983 年版，第 110 页。
⑤ 《论语·八佾》，（宋）朱熹：《四书章句集注》，中华书局 1983 年版，第 65 页。

显于当世"。秦始皇焚书坑儒,儒学遭殃,"孟子徒党尽矣"。汉代董仲舒吸收阴阳、名、法各家思想,建立了"天人感应"的思想体系,实现了儒学理论思维形态的转生。魏晋时儒学由两汉重名物训诂的经学向重义理的玄学转化,玄学以道家有无之辩为主旨,会通儒道,融合名教与自然。隋唐时儒释道三教冲突融合,韩愈扬儒排佛,柳宗元"统合儒释",儒学开始由汉学向宋学转变。宋元明清儒学在隋唐三教相容并蓄情境下,而落实到理学上,理学在儒释道三教融突中和合为新的理学理论思维形态,现代新儒学各家是接着宋明儒学讲的,他们参照西学,对宋明理学做了新的诠释。

儒学的旨归,是对于自然、社会、人生所当然的探索。春秋时"礼崩乐坏",社会大动荡,孔子为挽社会秩序的失调、伦理道德的失落、精神家园的迷失,以开放的、担当的精神,求访贤人,搜集、整理古代文献,然后删《诗》《书》,正《礼》《乐》,系《周易》,作《春秋》,而成为"文不在兹乎"的中华文化的代表。其孜孜以求的旨归就是为使社会有序、伦理有范、精神有乐,化解社会政治、制度、伦理、精神层面的冲突,而其化解的理论形式注重于规范型和伦理型,即"应当""应然"方面。但儒学并非不注意所以然的探索。孔子说:"朝闻道,夕死可矣。"[1] 是对"于道最为高"的道的求索。如何追究已发、已见、已行的自然、社会、人生背后的根源而获得道,宋明理学家依据对《周易·系辞传》:"形而上者谓之道,形而下者谓之器"[2] 的理解,认为洒扫应对所以习夫形而下应然之事,精义入神所以究夫形而上所以然之理。应然或然形而下之器或事与所以然形而上之道或理,朱(熹)陆(九渊)曾就此展开一场论争,陆九渊认为,"一阴一阳之谓道",阴阳即道即形而上,犹言器即道即形而上者,这样程朱的形而上之道或理的追究,就失去其哲学智能的价值,所以坚持道是超越阴阳、器的形而上者,"然其所以一阴一阳者,是乃道体之所为也"[3],道是阴阳的所以然者。这所以然者是隐而不显的大全,是阴阳获得此在的根据,此在的根据便是非

---

[1] 《论语·里仁》,(宋)朱熹:《四书章句集注》,中华书局1983年版,第71页。

[2] 《周易·系辞传》,(宋)朱熹:《周易本义》第3卷,中华书局2009年版,第242页。

[3] (宋)朱熹:《答陆子静》,载黄宗羲、全祖望:《宋元学案》第12卷,中华书局1986年版,第503页。

此在。

儒学的核心范畴是仁礼，以仁礼贯通天、地、人三道。孔子在回答颜渊问仁时说："克己复礼为仁"，主体人承载了仁与礼的连接，使礼的外在视听言动获得内在道德伦理仁的支撑。仁的核心讲人，仁是人的哲学升华，其要旨是讲"泛爱众"的爱人。仁者爱人是人的自我觉醒和自我尊重的待人律己的理想价值。孟子由孔子的德治而发为仁政，并以仁义礼智四德发为四端，向内转为从心性上讲仁义。《周易·说卦传》："立天之道，曰阴与阳；立地之道，曰柔与刚；立人之道，曰仁与义。"① 天地人三道相互贯通。宋代理学奠基者张载讲："为天地立心"，天地乾坤犹如人的父母。他们之间是以他平他的，尽管形态有异，但性情之理相通。"民吾同胞，物吾与也"②，乃天地万物一体之仁，但在宗法制度的人文语境下，自然、社会、人生活动都赋予了礼的形式，受礼的制约。

儒学依仁礼而展开天、地、人的理路，也把天、地、人纳入仁礼的范式之中。孟子把仁、礼内化为"人皆有之"的四德之心，由存心—养性—事天，而通贯天、地、人；荀子把仁礼外化为礼法刑政，由亲亲、贵贵而仁、义、礼。理学家以仁有生之意，生生而通自然、社会和人生。

儒学的目标。关注天人、义利、理欲、心性的融突和合，天人是人与自然及超自然力的关系；义利是国家与自我、社会与个体的关系；理欲是道德价值与人欲、私欲的关系；心性是本心与本性、意志与境界的关系，是自然、社会、人生活动的当然与所以然的展开，目标是使天人、义利、理欲、心性的冲突，通过互相协调、平衡、融合，而和合生生不息。

天与人，或曰天道与人道。因它直接与人的社会政治、经济、文化生活与日常生活的价值导向相联系，所以各家各派曾各执轻重，而暗于大理，或"以德配天"、或"畏天命"，或"非命"，或"非所及"，或"明于天人之分"，或"制天命而用之"，或"天人相合"，或与"天地合其德"等。或合中有分，分中有合，天人冲突、融合而和合，成为各个时期儒学所追求的目

① 《周易·说卦传》，（宋）朱熹：《周易本义》第4卷，中华书局2009年版，第262页。
② （宋）张载：《正蒙·乾称篇》，《张载集》，中华书局1978年版，第62页。

标之一；义与利是主体人所追求的两种既相联系又相区别的道德价值导向，是人在追求各种各样目标中，何以为至善、至美的价值求索。"君子喻于义，小人喻于利"，是主体所要求的两种截然相对的价值目标。孟子与梁惠王的义利之辩，把义利对待起来，重义轻利。荀子则认为义利对主体来说是两种必然的存有，但应以利融于义，而非如墨子以义融于利。以"先义而后利者荣，先利后义者辱"①，以义利的先后为荣辱的大分。《周易·干文言》："利者，义之和也。"② 义利既对待又和谐。

饮食男女是人都有的情感欲望，圣人也不例外。如何转化人的自然性为道德性，即转化人的自然情欲为道德理性，需要通过人化或社会化这个中介。孔子认为，"富与贵是人之所欲"，但应"以其道得之"。老子主张使民"无欲"，庄子与其同调稍异，倡少私寡欲。孟子与孔子同调，认为好色、富贵是人的欲望，但要以道得之。《礼记·乐记》天理与人欲对待，"人化物也者，灭天理而穷人欲"③，开启宋明理学家"穷天理、灭人欲"的思想行为，而为其人生理想和道德境界，使物化之人成为道德之人。

儒学的人本精神，其基础是对心性的体认。儒学的人性论、人生论、修养论、工夫论等，都是以心性为依据。孔子只讲"性相近也"，孟子和荀子把性打开，与心相连。孟子以心言性，尽心知性，存心养性，开出性善论的道德主体心性论。荀子以"生之所以然者谓之性"，而建构性恶论的"化性起伪"的心性论。宋明理学家把心性论提升为形而上道德本性，主张"心统性情"。天人、义利、理欲、心性的融突而达和合境界，这是儒学所追求的目标。

成圣的终极关怀。以人的生死来源、根据、归宿之需要为核心，以超越人的生死暂短性、有限为主旨，以通达无限的、永恒的、至善至美的圣人理想人格和境界为标的。所开显的是希望人的终极去处是一个理想的、完美的极乐世界。孔子生死观的终极意义是对道的追求，生命的价值不在长短，而在于生命历程中能否完成和满足道德使命、践行天道和人道的需要。人

---

① 《荀子·荣辱》，梁启雄：《荀子简释》，中华书局1983年版，第38页。
② 《周易·乾卦·文言传》，（宋）朱熹：《周易本义》第1卷，中华书局2009年版，第35页。
③ 《礼记·乐记》，（清）孙希旦：《礼记集解》第37卷，中华书局1989年版，第984页。

的生命价值的根据是宗教性的天命，孔子主张敬畏天，孟子要"生于忧患，而死于安乐"，把安乐作为死的终极需要。儒学慎终追远，"神道设教"，各种祭祀活动，都是对死者生命的尊重和悼念，也使生者获得精神的慰藉和安抚。

儒学此五层面的意蕴，既是对什么是儒学或儒学是什么的回答，亦是对儒学内涵的阐述。

二

鉴于儒学是东亚各国民族精神的源头活水，礼乐文明的重要根据，价值观念的是非标准，伦理道德的规范所依，曾构成东亚各民族的基本精神价值。各民族依据自身的需要和利益吸收儒学，并在与本民族文化的融合中，对儒学作了新的诠释，可谓"再度建构"了儒学。朝鲜半岛、日本、越南都是有将近 2000 年儒学传统的国家，其间曾一度成为其主导意识形态，并实行科举考试制度，选拔官吏培养人才，于是研读、研究儒学，蔚然成风，儒学思想在潜移默化中渗透到其民族的价值观念、思维方法、伦理道德、行为方式、审美情趣、风俗习惯之中，成为其民族气质、心理、品格、神韵的体观，指导着人的行止、喜怒、中和、态度的实现，而成为其安身立命之所。

其间儒学家撰写大量儒学著作。如果说中华学者有感于儒释道三教，佛有《大藏经》，道有《道藏》，唯独作为中华主流思想的儒教无藏，而发愿要修《儒藏》，元有孙羽侯，明有曹学佺，清有周永年，或"欲修《儒藏》与鼎立"[1] 而三，或以编纂《儒藏》为"学中第一要事"，但都无果。那么《国际儒藏》，既前无古人倡导，又后无今人提议，唯中国人民大学孔子研究院于 2002 年首举编纂与研究《国际儒藏》的旗帜，而引起世人的关注，在国内外产生了巨大的影响。

在古代，东亚各国按传统的说法是"汉字文化圈"或曰"儒学文化

---

[1] 曹学佺说："'二氏有藏，吾儒何独无'欲修儒藏与鼎立。"二氏指佛道。（张廷玉等撰：《曹学佺列传》，《明史》第 288 卷，中华书局 1974 年版，第 7401 页）

圈",即具有共同的肤色、共同的文字、共同的气质、共同受容儒家思想。中国与朝鲜半岛山水相连,唇齿相依,自古以来,交往频繁。公元前 4 世纪朝鲜与燕国已有交往,秦末天下大乱,燕、齐、赵人民无法安身,亡往侯准。他们不仅把中国的农耕、工艺、生产技术和商品、货币带到朝鲜。而且把礼乐文化、思想观念、语言文字、风俗习惯带到朝鲜。后卫满朝鲜时,属汉乐浪郡,随汉建制,武帝"独尊儒术",儒术作为主导思想,在乐浪郡得以传授。由于其典章制度、礼仪形式受儒学思想的渗透,礼法的底蕴已由"道之以德,齐之以礼"注重内在道德教化,取代注重外在严刑峻法的单一性,使道德礼仪与政令刑罚相济相辅。

三国(高句丽、新罗、百济)时,儒学得到较全面普遍传授。高句丽在小兽林王二年(372 年)"立太学教育子弟",从中央到地方,都以教授儒学为主,在近 400 年儒学文化与本土俗文化的融合中,两者已一体化。百济温祚王南下马韩而建国,原接受北方"经学儒学"的影响,后又接受南方"玄学儒学"的义理之学,融合两者,发展儒学。"其书籍有《五经》、子、史,又表疏并依中华之法。"① 国家典章制度、伦理道德的教化,都按照中华的法度。新罗与中华文化交流中,其社会典章制度、伦理道德、礼俗生活,深受儒教影响。形成了在社会制度、政治道德层面以儒教为主导,在学术思想层面儒、释、道三教融合,如"花郎道"是以儒教与新罗传统爱民思想相结合为核心,融合佛、道思想的和合新生的一种思维形式。

如果说从卫满朝鲜到三国是儒学的传授期,以实践经验伦理型为其特征,那么,新罗和高丽的统一,是以儒教为旨归融合佛道思想的融合期,以实践经验伦理型向理性经验伦理型转化为其特征。

新罗统一高句丽、百济后,始终与唐王朝保持友好关系,"留学僧"和"留学生"大批赴唐。"留学生"参加唐朝的科举考试,贡科及弟者 58 人,他们稔熟精通儒学经典,对体现儒学精神的国家典章制度有深入的体认和掌握,对儒学的伦理道德身体力行。他们回新罗后推动了儒学在各个领域的实践和发展。682 年,新罗设立"国学",以教授《论语》《毛诗》《尚书》《周

---

① 刘昫等撰:《东夷列传》,《旧唐书》卷 199 上,中华书局 1975 年版,第 5329 页。

易》《春秋》《礼记》等儒家经典，几代国王亲临"国学"听讲，唐玄宗曾称其为"君子之国"，"有类中华"①。新罗于圣王四年（788年）仿唐科举制度，以儒学为标准选拔人才。"国学"中供奉孔子。从中央到地方政府官员都由儒者担任，儒教的政治、伦理得以贯彻和实现。这时杰出儒学思想家有强首、薛聪和崔致远等。

高丽儒学分朱子学传入前后两期，前期儒学思想特点是儒、佛、道三教与本土古神道文化互融，后期儒教朱子学者以崇儒批佛为特征；前期三教互融互补，各尽其用。这在太祖王建的《十训要》政治纲领中有充分体现。他到西京（今平壤）后首兴学校，以教授儒学经典为根本。光宗时益修文教，以儒治国，中央设"国学"，地方建"乡校"，科举考试分进士科和明经科。到成宗时（982—997年）多次派儒学家到北宋国子监学习儒家经典，并于992年建立国子监，培养人才。在"国以民为本""政在养民"儒学德治思想指导下，儒学与儒风大盛。显宗十一年（1020年）将太祖潜邸定为先圣庙。肃宗六年（1101年）在国子监内建文宣王殿。睿宗九年（1113年）亲临国学，献酌于先圣庙，主持讲经，开尊经讲学之风。忠烈王十六年（1289年）安珦把新刊《朱子全书》抄本带回国，并到国子监教授朱子学，以朱子学是"发明圣人之道，攘斥禅佛之学"。从安珦、白颐正、李齐贤、李穀到李穑，儒学具有性理学与经学、修己治人与经世致用相会通的特点。李穑以天、地、人同体，理、气、心一贯和《易》《庸》《学》融合，发展为理性思辨。

高丽曾以佛教为国教，性理学者郑梦周、郑道传批判佛教废弃伦常、费财损国，标榜程朱道行，履行儒教忠孝。由于郑梦周不支持易姓革命被杀，郑道传拥戴李成桂建立朝鲜王朝（1392年），道传确立李朝以儒立国、治国的指导思想，其门人权近为性理学开出新理路。性理学在批佛道、尊儒学中获得独立发展的地位。儒学的纲常伦理、忠孝节义、主张统一、反对分裂等思想，适应了李朝要求国家统一、社会有序、伦常有范、礼乐有规的需要，儒学发展进入高峰期，其特点为性理逻辑思辨的儒学，新儒学的朱子学

---

① 刘昫等撰：《东夷列传》，《旧唐书》卷199上，中华书局1975年版，第5337页。

成为其主导的意识形态，礼乐文化的终极依据，行为举止的规范所依，公私学校的教育内容。尽管朱子学被奉为朝野视、听、言、动的圭臬，但由于性理学者学脉派别、文化背景、情感审美、学养性格、解释方法的差分，对朱子学的体认亦相差甚远。李朝性理学就其学术思想侧重点差别而言，可分为主理派、主气派、折中派、实学派。实学派又有启蒙派、经世致用派、利用厚生派、实事求是派之异。若按性理学演变发展而言，从太祖至成宗百年间，国初有郑道传、权近；成宗时被称为"海东三贤"的金宗直、郑汝昌、金与弼及金时习；燕山君于仁宗为士祸期，有名儒赵光祖、徐敬德等。明宗到英宗二百年间是性理学的兴盛期，有著名性理学家李彦迪、李晃、曹植、奇大奇、李珥、成浑、宋翼弼、金长生、张显光、宋时烈、李玄逸、林泳、金昌协、韩元震等。名儒辈出，学派涌现，互相论辩，钩深致远。其间有退溪与高峰、栗谷与牛溪的理气四端七情论辩，又有李柬与韩元震的人性物性同异论辩。这两次论辩历时几百年，在朝鲜朝的学术思想界产生了很大影响，朱子学获得创造性的诠释，发展了李朝化性理学。从英宗到哲宗百年间是实学派的发展期，他们作为性理学不满于与现实社会民生相脱离的论辩的空疏化，主张在治国的正德、利用、厚生三者中，不应忽视利用、厚生，以恢复朱子学的真精神。著名实学家有柳馨远、李瀷、洪大容、朴趾源、朴齐家、丁若镛、金正喜等。他们关心民瘼，要求改革土地、科举等制度的弊端，提出开化维新方略和学习外国科技的主张，体现儒教性理学的"与时偕行"、经世济民的精神。

在性理学中朱子学独尊的情境下，其他学说、学派受到排斥。即使如此，性理学中的汉学派（或曰古证学派），以尹镌、朴世堂为代表，批判朱子学和朱子学者的经解，重新考辨注解，以求治国安邦大计。阳明学接受者南彦经到阳明学代表郑齐斗，由于受朱子学的排斥，只能以家学的形式得以传授。从哲宗到李王的 60 年间，李朝在外国侵略者不断入侵下，订立了各种不平等条约，如 1876 年的朝日"江华岛条约"、1882 年的"朝美通商条约"等，加剧了朝鲜政治经济危机。虽性理学各派延续着，但日渐式微。

1910 年朝鲜被日本占领，李朝灭亡。此期间朱子学者投身于反日救国斗争，如崔益铉、柳麟锡以及开化派金玉均。1924 年，在上海就任大韩民国临时政府国务总理兼代表大总统的朴殷植的"儒教求新论",推崇王阳明的"致良知""知行合一"之学。儒教从总体上走向衰落。

朝鲜儒学的特点,综合而言:一是强烈的忧患意识。李退溪、李栗谷以儒者经世济民的悲愿,以自己终生的忧患去担当忧道、忧国、忧民。这种君子有终身之忧的范围,他们的己忧即是国忧,两者融合一体。二是精微的逻辑结构思维。从阳村、退溪到南冥,他们依据自己深切的体认、艰苦的领悟,对儒学经典的精神要旨、范畴内涵、性质、功能及其内在逻辑关系,以图式化形式表述,其所构说的范畴逻辑结构的整体性、有序性、层次性、动态性、清晰性,可与中国宋明理学家相媲美。三是深刻的性情论辩。由儒学心性论而深化为性情论的四端七情论,从四端七情的道德心性、道德价值和道德实践而追究到道德形而上下,并深入到道心与人心、天地之性与气质之性、善与恶、性命之正与形气之私、理与气、动与静、未发与已发、内出与外感等问题的论辩,凸显了心、性、情的圆融性。

三

中日两国一衣带水,儒学的传播发展,源远流长。据《日本书记》载:应神天皇十六年,经阿直歧推荐,百济学者王仁应邀携《论语》和《千字文》到日,这是儒学传日之始,之后百济又轮换向日本派遣五经博士,教授儒家经典。日本之所以受容、繁衍、发展,是与日本原有生存环境、文化语境及发展需要相关联。儒学大一统思想、倡导大义名分、维护社会尊卑等级、协调家族人际关系,符合岛国逐渐统一的政治需要;日本民族以崇神敬祖为主旨的神道,与儒学的"神道设教""慎终追远"的天神祖宗崇拜相会通;儒学的"王土王民""德治""仁政",适合日本社会改革的理论需要。因此很快为日本朝野所认同,并在其长期的会通中,形成日本化的儒学。

推古天皇时的圣德太子依儒学德目"德、仁、礼、信、义、智"制度冠位十二阶,又制定《十七条宪法》,对日本社会实行改革。《十七条宪法》的主旨是儒家思想。除第二条和第十条受佛教思想影响外,由第一条至第十六条都源于儒学经典,如"和为贵""上下和睦""君则天之,臣则地之""以礼为本，上不礼而下不齐""无忠于君，无仁于民，是大乱之本也""信是义本""国非二君，民无两主""五百岁之后，乃今遇贤""使民以时"等。此后多次派遣使者、留学生、学问僧来华学习、研究儒学①，他们回国后推动了儒学的传播，在此基础上，推行"大化革新"运动，仿照唐朝的均田制、租庸调制及赋课制度，废除私田私民，在公田公民之上建立以天皇为最高权威的统一的中央集权制国家。这种新体制以唐朝律令制度为蓝本，制定了《近江令》《大宝律令》《养老律令》，而具有儒学道德化特色，如奉行忠、孝、信等道德规范，具有实践伦理性。

日本原无文字、学校，儒学初传时在宫廷中开办学问所，以学习儒学。大化革新后天智天皇时设立学校，在中央设大学寮（相当于唐国子监），地方设国学②，及大学寮别曹和私学，以传授学习儒学经典，市县明经道（儒学科），以"九经"③为教科书，以《孝经》和《论语》为必修。大宝元年（701年）宫廷和大学寮开始拜奠孔子，后仿唐封孔子为"文宣王"。《大宝律令》的"学令"规定的教授科目、考试内容，都以儒学为主。

由儒学传入日本，经奈良时代（710—794年）到平安时代（794—1192年）为日本早期儒学，具有经验实用伦理型特征。12世纪末，日本进入武士掌握中央政权的阶段。他们利用、吸收儒学中的忠、勇、信、义、礼、廉、耻伦理道德观念，作为武士道的重要理念。由于武士出入于生死之门，禅宗的生死如一、立地成佛适合了他们的精神需要。在镰仓幕府中叶，中日两国禅僧在互相交往中，在传播禅学的同时，把宋学的张载、程颢、程颐、朱熹的著作也带到日本，在镰仓"五山"和京都"五山"中④，同时讲授禅学和儒学，主张儒禅和合。禅僧俊芿到宋朝学习天台、禅、律及《四书》，

---

① "开元初（713—741年），又遣使来朝，因请儒士授经。诏四门助教赵云默就鸿胪寺教之，乃遗玄默阔幅布以为束修之礼。"（刘昫等撰：《日本列传》，《旧唐书》卷199上，中华书局1975年版，第5341页）又："贞元二十年，遣使来朝，留学生桔逸势，学问僧空海。"

② "国"是日本当时地方最高行政单位。

③ 《九经》是指《周易》《尚书》《周礼》《仪礼》《礼记》《毛诗》《春秋左氏传》《李经》《论语》。

④ 镰仓幕府北条时代的建长寺、圆觉寺、寿福寺、净智寺、净妙寺；室町时代员利氏将军在京都建南禅寺，天龙寺、相国寺、建仁寺、东福寺。五山文化成为日本中世独特文化。

1211年回国时携日本书籍约2000余卷，儒学256卷。临济宗僧人雪村有梅、中岩圆月等都主张融合儒禅，"治世出世之教虽异，其于心之得失则均矣"①。室町时代，儒学由"五山"走向世间，形成了博士公卿学派，用朱子新注教授儒学，作为"第一程朱学者"的一条兼良著《四书童子训》，是日本最早《四书集注讲义》；萨南学派创始人桂庵玄树吸收歧阳方秀和训方法，改进了"四书和训"。汉籍训读法不仅使一般人大致了解文本意思，而且也使汉文化得以普及；海南学派创始者南村梅轩传播程朱道学，以存心、谨言、笃行为修为工夫。从镰仓到室町，是儒佛融合，儒借佛而发展，特别是宋学由"五山"而得以传播，而至推广，为德川幕府时代的独立发展奠定基础。

德川家康在平定战乱后，为巩固统一，严守尊卑，加强思想教化，宋学的朱子学比之禅学更适应了这种需要。朱子学在德川氏的尊崇下，而具有意识形态的权威性。藤原惺窝及其弟子林罗山、松永尺五等人，是德川幕府初传播和普及朱子学贡献最大者。林罗山师从日本朱子学的开创者藤原惺窝，历任德川四代将军文教官员，协助制定法律制度，起草外交文书，建造了私塾"昌平黄"，成为官方儒学教育场所。他既排佛，亦排耶稣。以智仁勇比附神道教的三种神器，主神儒合一。此后儒学在日本迎来了鼎盛期。②朱子学、阳明学形成不同学派。贝原益轩（1630—1714年）推崇朱子学，他依朱子"大疑则可大进"之意，而具有批判、怀疑精神，使日本朱子学趋向经验合理主义。他以"理气合一"论批评朱熹"理一元"论，以"格物穷理"说接引西方近代自然科学。新井白石（1657—1725年）发扬朱子穷理精神，研究历史，追求历史演变真相，著《读史余论》《古史通》《史疑》《西洋纪闻》等。他给德川家宣讲授《四书》《近思录》《书经》《诗经》《通鉴纲目》等。

江户时，大阪是最大商业中心，形成以"怀德堂"为中心的大阪朱子学派。三宅后庵和中井甃庵创始，尊信朱子，批判鬼神，尊王贱霸，兼收

---

① [日]中岩圆月：《中正子内篇之三·戒定慧篇》，《东海一沤集》第4卷。

② 参见张立文、李甦平主编：《中外儒学比较研究》，东方出版社1998年版；李甦平等：《东亚与和合》，百花洲文化出版社2005年版；王青：《日本近世思想概论》，世界知识出版社2008年版。

诸家。中井其子中井竹山长于历史，中井履轩专研经学，著有《七经雕题》《七经逢原》等，由于倡导自由的学术研究之风，大阪朱子学得以繁荣。

贝原益轩等的思想特点为客体经验朱子学，山崎闇斋则把朱子学向内转为道德化、神学化。他尊奉朱子，视朱子为孔子以来第一人，犹如宗教教主，批判陆王，排斥佛教，以祖述朱子学为宗旨；提倡心身相即，"敬义夹持，出入无悖"的躬身笃行精神；建构"垂加神道"，以儒学来附会日本神统神国思想，以阴阳五行比附七代天神等，把儒学神学化。其弟子佐藤直方、浅见絅斋、三宅尚斋为"崎门三杰"，他们共同严肃尊崇朱子学，不同意闇斋的"垂加神道"说。佐藤直方主张"以理制气"，不为气曲，以静坐存养方法，了知"太极之一理"。浅见絅斋认为，"朱子之学衡天地宇宙"，已成"天下万世之法"，提倡忠义大节。三宅尚斋主张"天地精神之理"，与其所生的人的精神、祖先精神，三位一体，人的精神通过祖先精神与天地精神冥合。

日本理学儒学除朱子学派外，还有阳明学派、古学派、折衷派等。五山禅僧了庵桂悟于永正八年、明正德六年（1511年），奉将军足利义澄之命出使明朝，并会晤王阳明，是与阳明学接触之始。中江藤树是阳明学派的开创者，他始信奉朱子学，后转向阳明学，倡导"天地万物皆在我心之孝德之中"，"良知具于方寸"，方寸即心，心之良知可以"明明德"。良知工夫是要尽孝道，对祖先、天地、太虚神道尽孝德，通过慎独、致知，提升道德修养。

中江藤树后，分为重内省的德教派和重实践的事功派。[①] 熊泽蕃山曾师从中江藤树，后潜心研究儒学，著有《大学小解》《中庸小解》《论语小解》《孝经小解》。他融合朱子重"穷理辨惑"之思和阳明重自反慎独之功，主张"万法一心，天地万物皆不外乎心"，"天人合一，理气合一"，"体用一源"、源于心、性同体的太虚。认为"天地一源"的神道，即"太虚之神道"，把太虚抬至神的地位。佐藤一斋主张"心则天也"，"心之来处，乃太虚是也"。心是气的灵者，是其本体之性。故世人讽他"阳朱阴王"。大盐中斋始学朱

---

① 参见王青：《日本近世思想概论》，世界知识出版社2008年版，第50—60页。

子，后因读吕坤《呻吟语》转向阳明学，著《古井大学刮目》《儒门空虚聚语》《增补孝经汇注》等。力行阳明"知行合一"说。"天保大饥馑"中，他组织饥民起义，史称"大盐平八郎起义"，失败后自焚。其指导思想是阳明学的太虚、良知和孝本论。

古学派是指注重从中国古典经书中探究圣人真意的思潮。①古学派先驱是山鹿素行，他尊信古典，形成"儒学道统论"，主张儒学始于伏羲、神农，盛于孔子，"孔子没而圣人之统殆尽"。他批评宋程朱等道学为阳儒阴异端，主张回归孔子之前儒学，并自命是继孔子之后的道统正传。他倡导武士要明心术，尽忠主君，自觉实践人伦之道，严守日常生活礼仪，以儒学道德伦理解释武士道。他主张惶统一贯"日本主义"，认为日本比万国优越，对后世影响很大。伊藤仁斋学程朱性理之学，著《语孟字义》《中庸发挥》等书，探索孔孟学说古义，对遮蔽经书原义的朱子《四书集注》《四书大全》进行批判，认为宋儒讲心性之学为"虚"，故流于佛圭，背离人伦日用之学的"实"。伊藤仁斋的文献学考证的古义学，实是一种新诠释，标志着以朱子为主流的儒学从武士向城市工商业町人的渗透。如果说伊藤仁斋为"古义学派"，那么，荻生徂徕为古文辞学派。他受明代李攀龙、王世贞古文辞学的影响，而开创日本古文献学。他认为"先王之道"的载体是《六经》，得"先王之道"，必须学习、研究《六经》，这种学问便被称为"古文辞学"。先王们制作的"礼乐之道"，是礼乐刑政等制度文化的总称。"法天以立道"，道体现了天命。徂徕死后，弟子分为二，一是发展其汉诗文创作，二是继承其经学研究，如太宰春台等。太宰春台著有《六经略说》《圣学答问》《论语古训》《诗书古训》等，认为"天地是一大活物"，一切为神所作为；神道是圣人之道的一部分。"所谓神道者，乃是在佛法之中加入儒者之道而建立的"，并否定日本历史起源于神创说。

折衷学派是指朱子学以外的儒学思潮。②片山兼山被称为此派之祖，他搜集秦汉以前的古书，折中朱王（阳明）之学，认为"礼乐之德以诚而成"，

---

① 井上哲次郎以西方哲学方法研究日本儒学，分为朱子学派、阳明学派、古学派。
② 参见王青：《日本近世思想概论》，世界知识出版社 2008 年版，第 61—68 页。

圣贤君子所以成德功业，"皆以诚为本"。天地万物运行变化是天心之诚的体现。井上金峨主张折中诸学说而取长补短，他著《经义折衷》，评点朱子学、阳明学、徂徕学，主张"学问之道，在乎自得"，自得就是自我与《六经》相对照，"折衷仲尼"。冢田大峰延续徂徕学的"先王之道"，认为治国安天下之道，在于经籍。他以文献考证方法独自注解经书。

德川幕府在 1868 年被推翻后，儒学也丧失了其意识形态的主导地位。明治维新掀起的学习西方热潮，儒学被边缘化，造成道德退化、风俗紊乱。元田永孚主张在国民教育中恢复儒教。西村茂树认为要维系国家风俗和人心，就需要儒学的"道德之教"，而著《日本道德论》。在近代日本，"儒教不仅参与了近代国民国家的形成，其对日本的帝国化也起到了重大的推进作用"①。这是"某种近代日本儒教"的特例，而与中国、韩国、越南等国儒教异，也非"近世日本儒教"。

四

越南与中国鸡犬相闻，山水相连。两国人民在政治、经济、文化、思想各方面的交流，源远流长，深受中国影响。秦始皇在公元前 221 年统一 6 国，在岭南设桂林、南海、象郡。象郡即包括今越南北部和中部。秦末天下大乱，南海郡尉赵佗乘机取桂林、象郡，建立南越国，被越南古史列入王统，称赵佗为赵武王。他"以诗书而化训国俗，以仁义而团结人心"②。为儒学传入之始。汉高祖和汉文帝曾先后派遣儒学家陆贾出使南越国。③ 赵佗在南越推行华夏语言文字、礼仪制度、伦理道德，扩大儒学的传播和影响。东汉初，交址太守锡光，九真太守任延，"教其耕稼，制为冠履，初设媒娉，

---

① ［日］黑住真：《近代化经验与东亚儒教——以日本为例》，载《儒教与东亚的近代》，河北大学出版社 2008 年版，第 183 页。

② 黎嵩：《越鉴通考总论》，《大越史记全书》卷首，载黎文休等编撰：《域外汉籍珍本文库》第四辑。

③ "高帝已定天下，为中国劳苦，故释佗不诛。十一年，遣陆贾立佗为南粤王，与剖符通使，使和辑百粤。"［（汉）班固：《西南夷两粤朝鲜传》，《汉书》卷 95，中华书局 1962 年版，第 3848 页］

始知姻娶，建立学校，导之礼义"①。以儒学的伦理道德、礼仪制度、学校教育改造社会，促进社会进步。一些笃学明经之士如张重、李进、李琴（阮琴）等被授各种官职。三国时交址太守士燮治《春秋左氏传》简练精微，赞扬《尚书》兼通古今大义。治理交址期间，"士王习鲁国之风流，学问博洽，谦虚下士，化国俗以诗书，淑人心以礼乐"②，中国士人往依避难者以百数。③儒学家刘熙、袁徽、虞翻在交州期间教授生徒，传经弘道，著书立说，培养人才，振兴儒学。魏晋南北朝时，交州牧陶璜，刺史杜慧度，都由中国任命。唐时在交址设安南部都护府，兴办学校，教授儒学，"用儒术教其俗"，提倡礼仪。唐行科举制度，越南人姜公辅、姜公复、廖有方均登进士第，任唐官职，以至宰相。中原名儒名士诸遂良、杜审言、沈佺期、宋之问、阎朝隐、刘禹锡等都曾流寓越南，他们共秉周家礼，同尊孔氏书。王勃父王福畴贬为交址令，兴教办学，为儒学广泛传播做出贡献。939 年，吴权建立吴朝，宣布独立，后有丁朝和前黎朝，享国短促，改朝频繁，未遑儒学，以佛为主，三教并尊。

李公蕴于 1010 年建立李朝，尊崇佛道二教，佛教尤甚。但为了社会有序、国家安定、尊卑有等，李朝诸帝渐重儒学，重用儒生，推行儒学典章制度、治国之方。圣宗神武二年（1070 年），在京都升龙（今河内）首建文庙，祀周公、孔子，配祀颜子、曾子、子思、孟子。仁宗太宁四年（1075 年），开科取士，诏选明经博学及试儒学三场。次年设国子监，为皇太子、文职官员讲授儒学，培养人才。广佑二年（1086 年），成立翰林院。李高宗时诏求贤良，儒臣被任为高官，批评佛教僧侣的腐败。

陈朝（1225 年建立）沿袭李朝制度、国策，强调尊卑等级，倡导忠孝之道，贯彻三纲五常、忠孝节义等伦理道德，并在儒学指导下，从中央到地方成立国子监、国学院、太学及书院、府学。陈太宗元丰三年（1253 年），设国学院，祀周公、孔子、孟子及七十二贤。"诏天下儒士入国学院，讲四

---

① （南朝宋）范晔：《南蛮西南夷列传》，《后汉书》卷 86，中华书局 1965 年版，第 2836 页。

② 黎嵩：《越鉴通考总论》，《大越史记全书》卷首，载黎文休等编撰：《域外汉籍珍本文库》第四辑。按：古代越南人称士燮为"南交学祖"和"士王"。

③ （晋）陈寿：《士燮传》，《三国志·吴书》卷 49，中华书局 1975 年版，第 1191 页。

书五经"，培养出一批儒士，经科举考试而授官职。与中国异者是行儒释道三教考试，先三教分科考试，后三教综合考试，三教融合。朱文安曾任国子监司业，为太子讲儒经。《越史总论》将其学术思想概括为"穷理、正心、除邪、拒躄"等，著有《四书说约》《樵隐诗集》等，名儒黎括、范师孟出其门下。陈卒后，艺宗首赐从祀文庙，此后赐张汉超、杜子平从祀，张汉超曾主张士大夫"非尧舜之道不陈前，非孔孟之道不著述"，排斥佛道。

黎利在 1428 年建后黎朝，为振兴儒学，制定礼乐，创办学校，享祀孔子。京师国子监、太学院，地方各州、府、县学，以中国理学家朱熹等注释的《四书》《五经》为教材。科举考试第一场经义一道，《四书》各一道，所有考场都考《四书》，每 3 年各地举行乡试、京师会试，参加考试达数千人。黎圣宗设五经博士，亲自会试举人，廷试问"赵宋用儒"，各级官吏由科举考试选用；扩大太学、先圣、先贤、先儒享祀文庙，为政治国、典章制度均以儒学为指导，儒教超越佛道两教。后黎为强化君主制度，实行以儒学伦理道德规范为主的教化措施，将其纳入法律条文。黎玄宗 1663 年即位，即申明教化四十七条："为臣尽忠，为子止孝，兄弟相和睦，夫妻相爱敬，朋友止信以辅仁，父母修身以教子，师生以道相待，家长以礼立教，子弟恪敬父兄，妇人无违夫子。"① 于是儒风大盛，儒学大行，而有独尊之势。其间为满足各级学校、私学学习需要，官方大印儒书，黎太宗刻《四书大全》，圣宗诏重刻《五经》官版，每年颁《四书》《五经》于各府，"学官据此讲学，科举据此选人"；涌现出众多著名儒学家，阮荐以"礼乐闲情道孔周"的胸怀，撰《国音诗集》《平吴大诰》。阮秉谦幼受儒学庭教，师从良得明习《易经》，连中三元，身体力行以三纲五常为核心的儒学政治、伦理原则，著《白云庵诗集》《白云国语诗》等。黎贵惇榜眼出身，博览《四书》《五经》和诸子百家，著有《四书约解》《书经衍义》《易经肤说》《群书考辨》《芸台类语》《圣谟贤范录》等。他深受朱熹影响，著《芸台类语》抄录朱熹关于理气的论述。他主张德治仁政，爱民惠民，薄赋税，宽民力，得民心而国家宁。吴时

---

① 《黎皇朝纪》，《大越史记全书·本纪续编》，载黎文休等编撰：《域外汉籍珍本文库》第四辑。

仕、吴时任，均进士出身，尊崇儒学，兼融佛道，著有《午峰文集》《翰院英华》《越史标案》《大越史记后编》等。

后黎儒教成为其主导意识形态。1802年，阮福映建立阮朝，定都富春（今顺化），改国号为越南。阮朝沿袭后黎，儒教正统独尊地位得到加强。阮朝鉴于后黎末期南阮北郑长期分裂割据，为加强统一的中央集权，安定社会秩序，严格尊卑等级，便大力推崇儒教。发展普及儒学教育，自王室到平民，从通都大邑到偏僻乡村的学校，学习儒学；积极推行以儒学纲常伦理为主旨的社会教化活动。通过科举考试取士，使社会各阶层掀起向慕、学习儒学之风，并通过史学、文学，以至俗文学宣扬孔孟之道和忠孝节义，使儒学深入人心。祀孔更加隆重，尊孔子为"至圣先师"，孔子被神化。在大量印刷儒学经典同时，开展儒学研究，儒学研究著作涌现。阮朝中期后，法国入侵越南。1984年，法国逼迫越南订立《顺化条约》，越南沦为殖民地。法国为消除越南人民的民族意识和思想文化，打压儒学，废科举和祀孔活动，用拉丁化文字代替汉字和南文，儒学衰落。

五

欧美儒学的传播，晚于东亚约10个世纪。13世纪，马可·波罗（Marco Polo，1254—1324年）仕元17年，著《世界珍闻录》，介绍中国地理环境，官城雄宏，城市富庶，施政措施，而未及学术思想，被一无所知中国情况的欧洲人视为海外奇谈。16世纪，西方才接触到中国学术思想，耶稣会士利玛窦（Matteo Ricci，1552—1610年）将《四书》译成拉丁文寄回国，"国人读而悦之"。刊刻《天学实义》（后改为《天主实义》），以儒学思想诠释基督教教义。在《中国国传教史》中，认为孔子是中国最伟大的哲学家。其后，耶稣会士殷铎泽（Prosper interetta，1625—1696年）和郭纳爵（lgntius da costa 1599—1666年）合译《大学》（取名《中国的智慧》）和《论语》。殷氏又将《中庸》（取名《中国的政治伦理学》）译成拉丁文。此3书译文均由柏应理（philippus couplet 1624—1692年）收入《中国的哲人孔子》中，1687年在巴黎印行。导言《中国哲学解说》，阐述儒与佛老之异，儒学性质，典籍注疏，插图孔子画像，上书"国学仲尼，天下先师"。并附有郭纳爵的《孔子传》，在西方产生较大影响。卫方济（Franciscus Noel，1651—1729 年）全译《四书》和《孝经》，《小学》收入他所编的《中华帝国经典》。1711 年，在布拉格大学印行。他著《中国哲学》赞扬孔子，一度遭罗马教皇禁行。《五经》拉丁文译本由金尼阁（Nicolaus Trigault 1577—1628 年）1626 年在抚州刊印后失传。白晋（Jazch Bouvet 1656—1730 年）著《中国现状志》《中国皇帝传》介绍儒学，并把其研究《易经》成果介绍到欧洲，引起莱布尼兹（Gottfried Wilhelm Leibnitz，1646—1716 年）的重视，著有《易经要旨》。刘应（mgr。Claude de Visdelou 1656—1737 年）1728 年出版《易经概说》，译有《书经》及《礼记》中几篇。雷孝思（Tozn-rapt Regis，1663—1738 年）译有《易经》，对其作者、内容、价值作了说明，附有注疏，著有《经学研究绪论》。马若瑟（Jos-Mariz de premare，1666—1735 年）译《书经》《诗经》，著《中国无神思想论》《中国经学研究导论》抄本，他所著《经传议论》曾呈给康熙，与白晋等人合著的《中国古书中基督教义之遗迹》，试图将中国典籍与基督教作比较研究。后由于罗马教廷卷入"中国礼仪之争"，使基督教在华传教中止，失去了进一步文化交流的机遇。这个时期耶稣会士以利玛窦为代表，试图会通基督教与儒学，但亦引起一些人的反对。

"礼仪之争"主要在传教士之间，而未及学术界。启蒙学者从早期传教士大量关于中国报告和译介的儒学典籍中受到启发，从理性主义视域理解儒学，推动了儒学的传播和学术性研究。莱布尼兹向往中国，他在白晋提供的"邵雍六十四卦圆图方位图"（即"伏羲六十四卦方位"）的基础上，探索了《易经》的二进制式算术，他对儒学和理学作了较深入的研究，撰《关于中国自然神学的解释》，批评马勒伯朗士（Oeuvrs de Malebranche，1638—1715 年）的《论神的存在及其本质：一个基督教哲学家与一个中国哲学家的对话》[1] 中的观点。沃尔夫（Christian Woltt，1679—1754 年）继而关注儒学，他的演讲论文《论中国人的实践哲学》，从自然神论视角赞扬儒学，为自己道德论

---

[1]　参见庞景仁：《马勒伯朗士的"神"的观念和朱熹的"理"的观念》，冯俊译，商务印书馆 2005 年版。

超越神学做出合乎理性的说明，而遭到驱逐。另一次演讲论文《论哲学王与治国哲人》，称中国古圣王为"哲学王"，推荐中国为开明专制的最良模范。

法国启蒙思想家孟德斯鸠（de montesguicu，1689—1755年）、霍尔巴赫（Heinrich Dietrich d'Holbacn，1723—1789年）、伏尔泰（F.M.Aroue，1694—1778年）、魁奈（F.Quesnay 1694—1774年）、狄德罗（Denis Diderot，1713—1784年）等人，通过来华耶稣会士的报告和译著，为儒学的无神论的自然观、德治主义的政治观、重农的经济观所展示的新的精神世界所吸引。霍尔巴赫甚至主张以儒学以德治国的政治代替欧洲封建制，以儒家道德替代基督教道德。伏尔泰著《诸民族风俗论》，宣扬儒学的优越，其"五幕孔子伦剧"《赵氏孤儿》等，在欧洲引起轰动效应。有"欧洲的孔子"之称的重农学派创始人魁奈撰《中华帝国的专制制度》，高度赞扬儒学的自然法观念和经济学说。百科全书派的狄德罗为《百科全书》撰写了《中国哲学》条目，称扬儒学思想，为法国启蒙思想提供了新的精神资粮。

标志欧洲中国学作为一门专业学科的形成是雷慕沙（J.P.A.Kemusat，1788—1832年）开设汉语讲座，他的《四书札记》论述了孔子和儒家学说。弟子儒莲（Stanislas Julien，1799—1873年）翻译的《孟子》和《礼记》能严格忠实于原文，其儒学观曾支配法国汉学界半个世纪之久；学生鲍狄埃（Edowzrd Const ant Biot，1803—1850年）著有《中国哲学史大纲》（1844年版），成为读者入门教材，直至1938年才被佛尔克（Otto Franke 1862—1946年）的《新编中国哲学史》所取代。著名汉学家理雅各布（Jzmes Legge，1814—1879年）在牛津大学创设并主持中国学讲座，他著有《中国的宗教：儒教和道教评述及其同基督教的比较》，用25年翻译出版包括"四书五经"在内的28卷经典著作，为西方人理解儒学经典提供更可靠数据。翟理斯（Herbert A.Giles 1845—1935年）撰《儒家学说及其反对派》，福克（Alfred Forcke，1867—1944年）著有《中国人的世界概念》，马克斯·韦伯（Maxx Weber，1864—1920年）著有《中国的宗教：儒教与道教》等。

俄罗斯的儒学经典的翻译有列昂节夫（1716—1786年）的《大学》和《中庸》；东正教传教团领袖尼基塔·雅可会列维奇·比丘林（1777—1853年）的《三字经》，他编译周敦颐的《太极图说》和《通书》，讨论邵雍和朱熹思想；瓦西里·瓦西里耶夫（1818—1900 年）的《诗经》；列夫·托尔斯泰（1828—1910 年）著《论孔子的著作》《论大学》等。

六

《国际儒藏》是世界儒学之"藏"，"藏"有总摄一切所应知之意。儒学曾影响东亚、南亚诸国的价值观念、思维方法、伦理道德、行为方式、风俗习惯，协助建构其国的典章礼仪、为政治国、科举制度、社会理想，塑造其人的为人处世、理想人格、审美情趣、终极关怀。在其历史的各个时期，涌现了一批智慧卓著、名声显赫的立德、立功、立言的政治家、思想家、教育家，他们以修身为本，齐家治国、明德新民、止于至善；他们以智慧创造，融突和合儒学文化与本土文化；以生命智慧，会通转生原儒文化为本国新儒学，曾一度成为其国的主导意识形态。

儒学以其海纳百川的包容性，有容乃大的开放性，几千年来主动积极走出去"取经"，请进来受教，融突而和合了内外各宗各派的学说，使中华民族儒学唯变所适，灿烂辉煌，日新其德，生生不息。

儒学不是独善其身之学，而是推己及人之学。它以"己欲立而立人，己欲达而达人"的仁爱精神，以"礼之用，和为贵""君子和而不同"的和合理念，西涉东渡、北传南播，推进东亚古代意识形态和伦理道德的建立及近代的开放维新，影响西欧近代的思想启蒙，发挥着不可或缺的作用。

"己所不欲，勿施于人。"当今人类共同面临着人与自然冲突而带来生态环境危机，人与社会冲突而产生人文社会危机，人与人的冲突而发生伦理道德危机，人与心灵冲突而带来精神信仰危机，文明之间的冲突而发生价值观念危机。如何化解此五大冲突和危机，如何平衡、协调、和合人与自然、社会、人际、心灵和文明之间的关系，是东西方政治家、谋略家、思想家和学者所不能不思考的首要问题和应然的历史使命。在 2500 多年的儒学文化宝库中，有取之不竭的应对错综复杂冲突之方，有用之不尽化解盘根错节的危机之策。借鉴其方其策，可开出应对化解当代人类共同面临五大冲突和危机的资源，最底线的共同认同的理念。如"和实生物"的和生理念，"和而不同"的和处理念,"己欲立而立人"的和立理念,"己欲达而达人"的和达理念,"泛爱众""仁民爱物"的和爱理念,是当前最佳的一种选择。

"以他平他谓之和。"在五大冲突危机与五大理念之间,是互相尊重他者存在的平等互动、平和对话,是互相敬爱他者存在的平衡协调、平易相处。"万物并育而不相害,道并行而不相悖。"这种"以他平他"的和合原则,在当今仍有其不朽的理论价值和现实意义。

当今世界,经济全球化、科技一体化、政治多极化、文化多元化、网络普及化,人员交往,学术交流,频繁便捷;思想探讨,相互理解,更显迫切。《国际儒藏》是世界古近代儒学者"旧学商量加邃密,新知培养转深沉"的学术结晶,是他们"致广大而尽精微,极高明而道中庸"的思想荟萃,共同丰富和发展了儒学的理论思维形态,上达形而上者之天人之际,下蕴形而下者之百姓日用。上下求索,明理达用,变动不居,为道屡迁,革故鼎新,生生不息。国际儒学是人类文化宝藏中具有生命智慧和智慧创新的瑰宝,是世界思想之林中具有凤凰涅槃和化腐为神的魅力,是应对人类所共同面临五大冲突和危机的化解之道,是 21 世纪人类生存下去所必须吸取的聪明智慧。《国际儒藏》以其普遍的有效性、实践的资治性、理论的思辨性、历史的继承性,曾"为天地立心,为生民立命"。《国际儒藏》为今人开启了"继往圣之学"之法门,儒学"责我开生面",各国儒学家、儒教家终日干干,与时偕行,而开出人类所需要的新生面的新儒学。

《国际儒藏》依各国原仿《四库全书》例,分经、史、子、集,虽仍其旧,但立足于创新,所编纂的文献原均无标点校勘,按照"古籍校点条例"进行整理、标点、校勘,对收入《国际儒藏》每本书的作者生平思想、著作内容、版本源流、后世评价及影响进行研究,撰写简明提要,为读者理解提供方便。

整理国际儒学典籍,成兹《国际儒藏》,纵可观各国儒学演化的踪迹,横可览各国儒学化特色文化的异同。"辨章学术,考镜源流",继往开来,推陈出新,愿国际儒学,再创辉煌,是所至祷。

(原载于《国际儒藏》,华夏出版社、中国人民大学出版社 2010 年版)

和合学篇

和合学——全球化时代的中国哲学

当代中国哲学，以现代新儒家为代表，大体都是接着讲，是在宋明理学的基础上的继承和发展。从程朱理学到冯友兰等的新理学，从陆王心学到熊十力、贺麟、牟宗三等的新心学，都是承继前人，在前人理论的基础上与时代背景相结合，更深入地思考和发展自己的学说。当下，我们正面临着经济全球化、网络普及化的快速发展，中国当前所面临的问题已然不再仅仅是中国的问题，而同世界紧密相连、不可分割。中国问题也就是世界的问题，亦即全人类的问题。面对这样一个全球化时代大环境，中国哲学应该是怎样的？中国哲学如何现代化、世界化？这是值得我们深思的。

一、哲学是什么

文化的核心是哲学，那哲学又是什么呢？所谓哲学，是时代精神的精华。那么什么才是时代精神的精华？如何界定及体现时代精神的精华？这是作为当代学者，无论是从事文化、哲学抑或是心理学的研究者都应当思考的问题。所谓时代精神，是人们对于自然社会、人生的冲突和矛盾的化解，和构建一种与时偕行的化解的理论思维体系，并在这一过程中所体现的一种价值追求、一种对于终极关怀的价值导向。

以汉代为例，汉初面对长期战乱，采取休养生息、发展经济的政策，因而以黄老的清静无为作为其指导思想，其结果导致诸侯势力膨胀，进而同中央形成对抗。汉武帝掌权后，首先面对的是如何统一思想、巩固国家政权的问题。有鉴于此，董仲舒以《春秋》"大一统"的思想来解决当时的矛盾，进而提出"天人感应"思想，以"天"来制约至高无上的皇权，从而使皇权得到部分限制，这在当时具有深刻意义。从中可以看出，董仲舒以《春秋公羊传》的思想来回应汉武帝时期的大一统及天命垂久的问题，能够合理地应对当时的时代矛盾，体现了当时的时代精神及核心问题。

无论是从邓小平提出的和平与发展，还是现在的和平、发展、合作、共赢，不仅是中国的时代主题，同时也是整个世界的时代主题，进而体现着时代的精神，简单概括起来就是"和合"，和平与发展之"和"，合作之"合"，因而"和合"文化不仅体现着时代精神，同时也是大家共同的愿望，是化解各种冲突的方法及措施。从和合学的角度讲，亦是建构人类自己安身立命之所在。

二、哲学如何创新

随着时代的发展，中国提出要建立创新型国家，与之相伴，哲学也应当创新。就中国哲学而言，创新是要讲求其内在规定性的，也就是说创新也是有自己的游戏规则的，不能脱离客观规律，否则就不是真正的创新。中国哲学的创新，在先秦、两汉、魏晋、隋唐、宋明的发展阶段，各具不同的时代特点，同时不断地完成着哲学的"转生"。这一过程实际内含着这样几个标准：第一，体现时代精神的核心话题是变化的；第二，哲学的核心话题所依傍的经典文本是变化的；第三，人文语境是变化的。

结合中国哲学发展史来看：

1. 先秦时期——道德之意。体现当时的时代精神的核心话题是道与德的问题。正如老子说："道可道，非常道。名可名，非常名。"[①] 孔子也说："朝闻道，夕死可矣。"[②] 周公也不断告诫："皇天无亲，惟德是辅。"[③]《周易》

① 《道德经·一章》，（魏）王弼注，楼宇烈校释：《老子道德经注校释》，中华书局2008年版，第1页。

② 《论语·里仁》，（宋）朱熹：《四书章句集注》，中华书局1983年版，第71页。

③ 《尚书·蔡仲之命》，（宋）蔡沈：《书集传》第5卷，华东师范大学出版社2010年版，第215页。

中将道概括为"天、地、人"三道："立天之道曰阴与阳，立地之道曰柔与刚，立人之道曰仁与义。"① 当时，如果说儒家所讲为人道，道家所讲即为天道，而兵家所讲即为地道。就这个意义上讲，所谓核心话题，就是众家都围绕其展开、讨论的中心话题。

2. 两汉时期——天人之际。由于其社会背景已由周王朝的诸侯争霸转为中央集权的君主专制的大一统的国家，因而其面临的主要问题也转为如何统一思想、巩固维护其政权的问题，就此董仲舒提出"王道通三"，即王道贯通天、地、人三道。因而，两汉时期的核心话题转为天人的问题，包括天人感应的问题。当时的哲学家，无论董仲舒、扬雄、王充都讲王道，进而天人问题取替了道德问题，体现着时代的精神。当然这并不意味着当时不讲道德，而是其在关注道德的基础上更凸显了天人问题的核心性。

3. 魏晋时期——有无之辨。曹魏集团与司马氏集团争权夺利，使社会动荡，人命只在旦夕之间，因而人们关注的问题即从天命与皇权关系问题转化到人生价值如何实现上来，相应的讨论的中心问题也转向有无问题，究竟是有还是无？人生价值到底是存在的？还是不存在的？围绕有无而展开本末、名教和自然的问题。

4. 隋唐时期——性情之原。伴随佛教传入中土，且佛教文化逐步占据强势地位，此时，寺院经济占到国家经济的 70%—80%，人们的关注点也逐步转向对终极关怀的追求，渴望得到精神家园，因而被佛教的般若智慧及涅槃奥妙所吸引。在这一时期出现了许多一流的宗教家、大和尚，所以这一时期所讨论的主要问题是佛性问题，即能不能成佛，怎样成佛，成佛的依据在哪里？禅宗讲"明心见性"，这里的"性"，也就是佛性，即成佛的根据。人可以成佛，那么墙壁、石头等无情的事物能否成佛？答案是肯定的，一切事物包括有情之物与无情之物皆可以成佛，这里不仅涉及"性"，还涉及一个"情"的问题。由此可见，当时主要讨论的核心话题也就是"性情"问题。

5. 宋明时期——理气心性。唐末藩镇割据，五代社会动乱，伦理道德沦丧，价值理想丧失，同时，隋唐佛教作为强势文化，虽然中国化了，并与

① 《周易·说卦传》，（宋）朱熹：《周易本义》第4卷，中华书局2009年版，第262页。

中国的心性论相结合出现了禅宗这种完全中国化的宗教，但其毕竟是外来宗教，其道统毕竟在印度，如果过度信奉，中国传统文化便面临着缺失。因而，韩愈在《原道》中提出，中国的道统在"尧舜禹汤文武周公孔孟"之后便断裂了，并且主张接续中国的道统。为了重建道德价值理想，承继中华文化之"道统"，正如众人皆知的张载"四句教"中所言："为天地立心，为生民立命，为往圣继绝学，为万世开太平。"① 宋明理学家大都继承了韩愈的道统说，其中很重要的一点在于：如何将中华 5000 年的传统文化延续下来，并且在不消除佛教的基础上如何传承中国自己的文化？宋明理学家志在树立传统文化的权威，因而理、气、心、性便成为当时宋明理学的核心话题，体现着时代精神。

而现时代，我们又需要什么样的哲学？纵观中国哲学发展史，有一个重要的问题需要摆正，即体现时代精神的核心话题是变化的，因而哲学也要随之创新，往往经历三五百年，哲学思想就要经历一次"转生"。而从宋明理学发展到现代新儒家，"和合"正是体现了当前的时代精神的核心话题。从中国哲学的发展来看，这是同以往发展的各个阶段都不同的。这里我们可以看到哲学是什么？哲学实际上就是人的观念、意识发展的历史。

另一个重要问题是，每一个理论提出来都要回到轴心时代的文化、哲学的源头，寻找经典的依据，中西方的文化、哲学发展亦都如此。就中国哲学发展阶段来看，先秦时以《五经》为依傍，《五经》中又以《周易》最为重要，孔子虽然"述而不作"，但还是整理了《五经》；汉董仲舒以《春秋公羊传》的理论为依据，用公羊学来解决大一统的问题，以"春秋三世说"阐明了汉武帝改制的合理性；魏晋时以"三玄"，即《周易》《老子》《庄子》为依傍的文本，据《世语新说》记载，当时许多清谈名士都以此为依据进行辩论；隋唐时则以佛经如《华严经》《金刚经》等为各自依傍的文本；宋明理学时期所依傍的是《四书》，现代新儒家在继承宋明理学基础上所依傍的文本也有些许争论，以牟宗三等为代表，认为陆王心学为正统的学说是以《论语》《孟子》《中庸》为主要依傍文本，而以陈荣捷为代表，认为朱熹为正统

---

① （宋）张载：《张载集》第 14 卷，中华书局 1978 年版，第 195 页。

思想的一派则以《论语》《孟子》《大学》为依傍文本；和合学所依傍的文本是《国语》，又称为《春秋外传》。由此可见，中国哲学在不同发展阶段都要依傍一定的诠释文本来发展自己的哲学思想。

再者，随着时代的变化，人文语境也随之发生了很大的变化，这实际上也体现着人们的生活、思想、价值观念也在同样发生着变化。因而，要进行中国哲学的创新，首先要掌握这些规律性的东西，要懂这其中的"游戏规则"，否则，创新便不大可能。所以要成为哲学家，首先要成为哲学史家，掌握中、西哲学的发展历史、通史才可能创新，如黑格尔有《哲学史讲演录》，罗素有《西方哲学史》。但这并不意味着年轻人就不可能创新，以魏晋时期的王弼为例，他去世时不过 24 岁，但却被后世视为哲学大家。可是需要注意的是，他在世之时就已经对《周易》《老子》《论语》等做过注解，在注的过程中对主要史料已经烂熟于心，所以才能进行自我理论的创新。因而，和合学的发展还有待年轻一辈来继承和发扬。

三、和合学是什么

"和合"一词最早出自《国语·郑语》："商契能和合五教，以保于百姓者也。"①《管子·兵法》《墨子·尚同》也讲和合。所以说要有依傍的文本，要有根据。当初有这个思想的时候，我去跟张岱年先生请教，他问有什么根据，我就说《国语·郑语》上和合说法。佛教有一个非常重要的理论"缘起论"，认为万事万物都是"因缘和合"而成，所以佛教经典中讲和合的很多。现在寒山寺讲寒山拾得为"和合二仙"，这是依据民间传说。从这个意义上说，和合学有文本、有根据。

"商契能和合五教"，所谓五教，即"父义、母慈、兄友、弟恭、子孝"②。我们现在讲和合学，有人会说和合思想古代就有，还需要你讲什么？虽然和合思想早就有，但却没有成为系统的理论，所以重要的在于一个

---

① 《国语·郑语》，徐元诰：《国语集解》第 16 卷，中华书局 2002 年版，第 466 页。
② 《国语·郑语》，徐元诰：《国语集解》第 16 卷，中华书局 2002 年版，第 466 页。

"学"字，就是要建构一个理论思维体系出来。唐代是一个文化非常昌盛的朝代，儒释道三家各显其长，又冲突又融合。到了武则天的时候，佛教成了强势文化，这里面有个原因：本来唐代建国的时候道教居首，唐代的建立者为了提高自己的门第，于是追述老子为先祖。到了武则天当皇帝的时候，她也要找一个理论支撑，中国儒、道学说中找不到女人当皇帝的根据，但是在佛教《大云经》中找到了这个根据，所以她把佛教提到了第一位。佛儒道三家也就在这不断的冲突中逐渐融合，这就是文化整合的一种方法——兼容并蓄。

但是怎么整合？首先遇到的是价值观、价值判断、价值选择的问题。如果这个问题不解决，就谈不上继承什么的问题。比如我们中华人民共和国成立后曾经有一段时期要打倒"孔家店"，现在却提倡继承儒家文化，这就说明价值观变了。所以怎么样创新，创什么新，都是一个价值判断的问题。20世纪80年代讨论"传统文化现代化"，中体西用也好，西体中用也好，中西互为体用也好，综合创新、创造性转化也好，所有的问题都是一个文化整合的方法问题。唐代是儒释道三家融合，我们现在是中西马的融合，中国文化、西方文化、马克思主义文化如何才能在融合的基础上创造出一种新的文化出来，这是一个很大的问题。宋明理学家程颢说："吾学虽有所受，天理二字却是自家体贴出来。"[1] 也就是说，他把儒、释、道三家兼容并蓄方法落实到"天理"上，创造出理学。"天理"二字早就有了，《礼记·乐记》中就有"天理人欲"之说，但程颢却说这两个字是自家体贴出来的，原因是他构建了一个体系。所以，给"和合"加上一个"学"字，就大不一样了。

和合学讲人与自然、人与社会、人与人、人的心灵、不同文明之间的冲突和融合。只有在冲突、融合的动态过程中，才能生成新事物、新生命。把当前人类所遇到的五大冲突和危机纳入和合学的范围当中，这就体现了"和实生物"的思想。《周易·系辞传》说："天地氤氲，万物化醇；男女构精，万物化生。"天地、男女就是阴阳两极，就是矛盾、冲突的两个方面，氤氲、构精，男女结婚、融合以后，新生命便孕育而出。也就是说，有冲

---

① （宋）程颢、程颐：《河南程氏外书》第12卷，《二程集》，中华书局1981年版，第424页。

突，有融合，然后有新生命。这个新生命就是一个和合体。然后从自身推至天地万物的化生，所谓"近取诸身，远取诸物"①，王充也讲"天地合气，万物自生；犹夫妇合气，子自生矣"②。所以，构建和谐，我们要科学地分析矛盾，和合是包含矛盾的，但是如果说只讲对立，就不能产生新事物。

四、为什么要讲和合学

现代社会，人们在享受便利的生活条件之余，却并没有体验到比往昔更多的幸福感。这是因为，随着地球村落化的进一步发展，人们也面临着越来越多的冲突与危机，包括人与自然、人与社会、人与人、人的心灵及不同文明之间的矛盾和冲突，并由此而产生相应的五大危机。

1. 人与自然的冲突——生态危机。环境问题现在已经很严重了，世界变暖，冰川融化，自然灾害频发。过去讲人定胜天，只是一个理想化的说法。实际上人胜不了天，即使科技再发达，也有一些灾害无法避免，诸如美国的飓风，俄罗斯的大火、地震。资源是有限的，而人的欲望是无限的，二者之间存在冲突，所以就需要一种理论来化解。

2. 人与社会的冲突——社会危机。随着社会的发展，怎样协调好个人利益和公共利益，这是我们每个人应该思考的问题，实际上也就是古已有之的公私之辨问题。我们现在提倡公私分明，不只是一味地讲求个人大公无私，而是社会应该确实做到保障个人发展、关注民生的问题，这样，个体才会反过来真正为社会做贡献。

3. 人与人的冲突——道德危机。我们看到的大千世界，灯红酒绿，有的人完全把目光盯在物质利益的追逐上，成为金钱的奴隶，这样当自己的利益与他人的利益发生冲突时，他就只想到自己，这是很可悲的。儒家讲推己及人——己所不欲，勿施于人，在今天来说尤为重要，只有能转换视角，能从他人出发进行思考，我们才能在冲突之后走向和合，才能真正摆脱那副自

---

① 《周易·系辞下》，（宋）朱熹：《周易本义》第 3 卷，中华书局 2009 年版，第 246 页。
② （汉）王充：《论衡·自然篇》，黄晖撰：《论衡校释》第 18 卷，中华书局 1990 年版，第 775 页。

己戴上去的枷锁。

4.人的心灵冲突——精神危机。过去我们不大重视，现在发现从小学生、中学生、大学生到研究生都有或多或少的心理问题，甚至心理障碍。比如每年都会有学生轻生的情况发生。究其原因，就是他们对生活的意义、生命的价值没有一个明确的认识，他们在错综复杂的现实生活面前关上了自己心灵的窗户，找不到一种让心灵得以宁静和安顿的方法。

5.不同文明冲突——价值危机。尽管像过去一样的世界大战没有了，但是冲突却从未间断，目前许多的恐怖活动和局部战争就是源于不同文明、不同宗教信仰之间的冲突。世界文明发展至今，衍生出了众多文明，影响较大者，诸如基督教文明、伊斯兰教文明、儒教文明和佛教文明等。西方有些学者过分强调了文明之间的冲突，而忽视了文明间的相互融合。由此，更凸显了和合学的重要价值。

五大冲突所产生的五大危机，与每个人的切身利益息息相关。我们必须认识到这不仅是中国的问题，也是人类共同的问题。人类存在共同利益，拥有共同话题，也就说明人类能够达成某种限度的共识。而和合学，正是我们从中国传统文化出发回应目前冲突和危机的应对之策。

1.和生原理。和生，就是对自然生命的尊重。人与自然、人与人、民族与民族、国家与国家、种族与种族之间，都是和合共生的。和合是共生的基础，没有和合就共生不了。物种之间的生存竞争并不一定是你死我活的。"生存竞争、优胜劣汰"的理论到了第二次世界大战时，成了希特勒屠杀犹太人的理论工具。他把人分成优等的、劣等的，认为不好的就理应被好的消灭掉，这是天经地义的。所以达尔文的生存竞争学说其实有它的片面性。

2.和处原理。人与万物如何相处，人有生命，自然界也有生命，即使石头也有生命感，所以儒家讲和而不同，虽有不同但可以和平相处，不是走向你死我活。曾经有一句话："不是东风压倒西风，就是西风压倒东风。"现在有人以此形容西方文化和东方文化的碰撞，一味强调斗争，其实是不准确的。原来讲西方文化中心主义，现在有人讲东方文化中心主义，我们反对前者，也不提倡后者，应该坚持"君子和而不同"。

3.和立原理。孔子讲："己欲立而立人"，自己站起来，成功的立住，也要希望别人能够站得起、立得住。现在竞争很激烈,例如就业问题,为了获取同一职位,是否就有必要打压排挤对手呢?1984年的时候,我被特批为全国哲学学科教授,人家知道了就真诚地祝福我。后来我们评审教授,我就告诉大家千万不要说别人坏话,按照条件一个个评。要适可地竞争,不要总想着让别人不得翻身,这样做其实既害人又害己。企业竞争也是这样,竞争是必须的,但不要总想把别人打倒,竞争对手可以成为你技术创新、制度创新的推动力;互相促进,实现双赢。所以说应把竞争看作是推动创新的动力。

4. 和达原理。达,通达的意思。"己欲达而达人",自己发展了、发达了,你也要让别人发展、发达。现在我们国家在自己发展的同时也去帮助支援其他国家,这就是和达的意思。反之,如果一个国家贫富差距悬殊,社会就不会安定,更谈不上和谐。世界上南北发展差距的拉大,也是造成世界动乱的原因。所以不能自己发达了,反而去制裁别人,要互利、互达,大家共同发达。

5. 和爱原理。爱是一切的基础,和爱是和合的基础。各个宗教都很讲爱,佛教讲慈悲,基督教讲博爱,儒教讲仁爱,"泛爱众,而亲仁"①。所以,尽管说各个宗教的教主、教团、教规、教义、教仪不尽相同,但是爱人的精神是一样的,所谓大爱无疆。可以说爱就是一种普世的东西。比如说邵逸夫,他是个商人,但有爱心。他把自己的钱捐给各所大学,在好多学校建起了逸夫图书馆。每天进出图书馆的学生都会记住他的名字,他也因此可以流芳百世。过了几十年,你这个人可能没有了,但是逸夫图书馆还在,所以说一个企业家成功了要不忘回报社会。相信随着文化的普及,企业家素质的提高,慈善事业也会发展得越来越好。最后说一下我对苏州这个城市的认识。我认为苏州是具有深厚和合文化底蕴的城市,苏州应该主打"和合文化"牌,这有助于提高苏州的文化品位,提升文化内涵,扩大国内外影响。每个城市文化的兴盛是支持这个城市发展的基础;"和合"应该成为苏州文化发展的方向,同时也是苏州人民的道德修养、文化诉求的一个重要体现。

[原载于《苏州科技学院学报》(社会科学版)2011年第1期]

---

① 《论语·学而》,(宋)朱熹:《四书章句集注》,中华书局1983年版,第49页。

和合与对话

在世界经济全球化、网络普及化、万物联通的情境下，人们生存世界的信息空间和时间愈来愈缩小，其所面临的冲突和危机的共同性、普遍性在增长，其所化解冲突和危机的认同性、共识性在加强。尽管如此，各国、各民族、各地区强弱贫富、价值观念、宗教信仰各有不同，以至矛盾重重，势不两立，但互相交流、对话、理解，以达和合，则是化解各个国家、民族、宗教、文明之间冲突和危机的有效方法和最佳选择。

所谓和合，是指自然、社会、人际、心灵、文明中诸多形相、无形相的互相冲突、融合，与在冲突、融合的动态变易过程中诸多形相、无形相和合为新结构方式、新事物、新生命的总和。和合学是指研究在自然、社会、人际、人自身心灵及不同文明中存在的和合现象，并以和合的义理为皈依，以及既涵摄又度越冲突、融合的学问。

和合之所以是化解各种冲突和危机的有效方法和最佳选择，是因为和合是中华人文精神的精髓和首要价值，是传统文化思想的精粹和生命智慧，是中华民族 5000 年来形成的价值观念、精神理念、道德信仰，并渗透积淀在大众的日常生活之中，而成为中华心、民族魂，同时，还因为和合在以下五个方面体现了中华民族的基本精神。

一是人道。孔子说："己所不欲，勿施于人。"[1] 这是普遍运用于化解自然、社会、人际、心灵、文明的冲突和危机的指导原则。子贡说："我不欲

---

[1] 《论语·卫灵公》，（宋）朱熹：《四书章句集注》，中华书局 1983 年版，第 166 页。

人之加诸我也，吾亦欲无加诸人。"① 指出了人与人之间的人道主义原则。国家、民族、种族、宗教、集团、个人，都应该得到人道的对待，这是人所应具的尊严。无论是他人、他家、他国，还是他民族、他宗教、他文明、他集团，都应该是我所不欲的，也不欲加给他者，譬如我不希望人加给我战争，我亦不把战争加给他人；我希望幸福，我亦希望他们幸福。因为战争使人民家破人亡，遭受失业痛苦、衣食无着、卖儿卖女的苦难。如果战争发动者换位想一想，你家人亲戚由于战争而陷入悲惨的情境，那么，你有无感想！战争的发动者，便是以"己所不欲，要施于人"的非人道主义，对待他国、他民族、他宗教、他种族，其结果是害人害己，既损害了他人，亦害了本身和本国人民。

二是差分精神。和合首先承诺差分，尊重差分，有差分而有冲突，有冲突而有融合，有融合而有和合。《易传·系辞下》说："天地絪缊，万物化醇；男女构精，万物化生。"② 天地男女是阴阳二极，是矛盾冲突的，冲突并不一定导向非此即彼的二元对立，而可以导向"和而不同"的和平、合作。絪缊、构精就是天地、男女的阴阳两极矛盾对待的融合、结婚，然后化生新事物、新生儿等和合体，即构成了冲突—融合—新生儿的和合体诞生。这便是中华民族对于天地万物从哪里来的思议。这个思议说明"和而不同"地对待各方是互相承认并尊重其不同的。不同的价值观、宗教观、道德观、人生观、习俗观，在世界多元文化情境下，可以互相了解、交流、互动。换言之，不断谈判、互动，互相谅解、妥协，而达到互信、合作的结果。合作而产生新成果，怀胎而诞生新生命，差分是成功之母，无差分就无所谓双赢。

三是包容精神。尊重差分，包容多样，才能海纳百川，有容乃大。百川是差分，是矛盾，是冲突，百家争鸣，百花齐放。包容不同的价值观念、宗教信仰、社会制度、生活习惯，必须建构在"以他平他谓之和"的基础上，即他与他之间是平等的，建立一种互相理解、互相信任、互相尊重的关系，要像尊重、关心、爱护自己一样，尊重、关心、爱护他者。他与他之间

① 《论语·公冶长》，（宋）朱熹：《四书章句集注》，中华书局1983年版，第78页。
② 《周易·系辞传下》，（宋）朱熹：《周易本义》第3卷，中华书局2009年版，第252页。

互利共赢，和衷共济，才能共同渡过急流险滩，否则社会之船，就会被礁石碰得粉身碎骨。只有合作、合力，才能共克时艰。包容就要消除对他者的成见、偏见、误见，或先入为主之见，或善恶的先见，或先在的破见，要以一种清净心、平常心、不迷心来看待、理解、谅解他者，唯有如此，才能取得和的成果。

四是生生精神。《易传·系辞》讲："天地之大德曰生"①，"生生之谓易"②，生命是天地万物之所以存在的基础。张载说："为天地立心，为生民立命。"③ 天地作为自然界哪有什么心！天地以人之心为心，天地由于人的存在，才显示其价值；无人的生命存在的需要，天地的价值就无所谓价值。当人未发现火的时候，不知道火的价值。当人生活在刀耕火种的时代，石油对人就无所谓价值，作为自然资源石油的价值是人赋予的。《国语·郑语》说："先王以土与金木水火杂，以成百物。"④ 韦昭注："杂，合也。"金木水火土相生相克，杂合而成天地万物。推而可知自然、社会、人际、国家、民族、种族、党派、宗教，都是融突而和合的生命体，生生精神的最低限度是尊重生命，自然、社会、民族、宗教都有其生存的权利。各个生命自我主体与他者生命主体，如何才能保障生生不息？唯有和合。和合是保障、保护和养育各生命体的最佳途径。"致中和，天地位焉，万物育焉。"天地自然、人类社会、国家政党、宗教团体都有其自身生长、演化的规则，尊重其生生不息的生命，就要像尊重人的自我生命一样，尊重自然、他人、他国、他家、他宗教。如此，世界才能生生不息，大化流行。

五是和爱精神。孔子曰："泛爱众，而亲仁。"⑤ 墨子亦云："兼相爱，交相利。"⑥ 人道精神、差分精神、包容精神、生生精神，其基础是和爱精神。大爱无疆，和爱是人类的生命智慧、智能创造的火焰和力量，是各个生命主

---

① 《周易·系辞传下》，（宋）朱熹：《周易本义》第3卷，中华书局2009年版，第245页。
② 《周易·系辞传上》，（宋）朱熹：《周易本义》第3卷，中华书局2009年版，第228页。
③ （清）黄宗羲原撰、全祖望补修：《宋元学案》（一），中华书局1986年版，第664页。
④ 《国语·郑语》，徐元诰：《国语集解》第16卷，中华书局2002年版，第479页。
⑤ 《论语·学而》，（宋）朱熹：《四书章句集注》，中华书局1983年版，第49页。
⑥ 《墨子·兼爱中》，吴毓江：《墨子校注》第4卷，中华书局1993年版，第159页。

体与他者生命主体之所以大化流行、生生不息的根源，是他与他者互相尊重的因缘所在，也是世界文明以及他与他者之间对话、互动之所以达到和平、合作价值目标的前提。其实世界各大宗教都讲爱，爱是其共识，基督教讲博爱，佛教讲慈悲、普度众生，伊斯兰教讲普爱草木人物，儒教讲泛爱众。爱是普遍价值。和合的和爱精神是他与他者之间对话、理解、谅解、互信、互济、合作、共赢的价值基础。和爱像甘露，滋润人的心田，使人平静、理性，使人解谜自悟，以营造安身立命之所。

文明对话的生命活力只有在和合的怀抱里孕育，只有在和爱的氛围里成长，只有在互相尊重中壮大，只有在"以他平他谓之和"中结果。当前人类共同面临着人与自然、人与社会、人与人、文明与文明之间的冲突和紧张，以及由此带来的生态危机、社会人文危机、道德危机、精神危机和价值危机。换言之，当下的自然、社会、人际、心灵、文明都处于病态之中，这种病态严重损害着每个人的身心健康，损害每个国家、民族的持续发展，以致损害我们的子孙后代的健康。人类所共同面临的严重威胁，是对于这种病态的恐惧。环境的污染、战争的恐怖、人际的疏离、信仰的危机、文明的紧张、生存环境的恶化，严重威胁每个人的心身，引起人们的恐惧。恐惧是各宗教的缘起之因。佛教恐惧生老病死等痛苦，为解脱苦海红尘，通达阿弥陀佛净土，而敬畏佛祖，崇拜佛教。基督教恐惧思恶、作恶而激怒上帝，上帝降洪水毁灭一切有生之类；为解脱再次作恶犯罪，便要不断忏悔、救赎自身，以便到达天国。伊斯兰教恐惧不信道而犯罪，不义而不敬畏真主，就会得到真主的惩罚，到不了天堂乐园。为化解威胁，拯救恐惧，这是每个宗教的缘起。任何宗教都是对生命拯救的一种形式。

当前化解人类所共同面临的各种冲突与危机的最佳选择，拯救病态而获得人与自然、社会、人际、心灵、文明健康的道路，便是和合。和合是一种终极的关切，是人类共享的精神家园。

天地和合则美，万物和合则生，人身和合则康，人人和合则善，心灵和合则静，家庭和合则兴，社会和合则安，国家和合则强，世界和合则宁，文明和合则谐。

（原载于《文史哲》2011 年第 4 期）

和合管理学与人文精神

中国传统文化因心性善恶推定与行政管理未能科学化、技术化地连锁融合，所以，管理科学理论和管理实践均十分落后，但仍有许多值得继承的管理举措、管理思想、管理原理和原则。

一、和合管理学原理

人的行为和人性善恶，对管理的影响和作用均很重要。然而管理有其自身的原则和原理。它是管理对象自身的必然性的所以然的呈现，是管理者在管理活动过程中的活动依据。

(一) 整体与部分原理

系统的管理方式包括系统与外部环境的双向关系管理，以及系统与内部各组成部分之间的双向关系管理。描述这后一种双向关系的管理，是管理学中整体与部分的关系。整体是系统的最基本的特征。整体并不是各部分相加之和，各部分的特征和功能之和也不就是整体的特性和功能。整体所获得的特征和功能，是各部分作为各自单独存在时的特性和功能所不具备的。因此，整体的特性和功能是一种新生，它犹如和合学的各元素、要素冲突融合而和合新生。

管理系统的整体与部分，是各管理活动从而实现的载体，离开整体与部分，管理活动亦无从进行；整体与部分亦是各种管理活动的依托，是实现最优化目标的必具的形式。比如现代管理的整体组织系统是由相互联系、相互作用的子系统组织部门、环节、单位组成的有机整体，包括物的生产和为了物的生产所需的技术手段，以及经营管理部门、服务部门、情报部门等。前者可称为"硬件"，后者可称为"软件"。"物"与"事"融突组合为企业管理系统。

行政的、企业的各种管理系统都具有投入产出功能。虽然各管理系统的性质差分，如国家机构、工业企业、商业贸易、学校医院、法院军队等，管理组织需有不同的投入与产出，但从其相同方面来看，亦具有一些共性。①

整体的投入产出功能，是整体与部分关系协调、优化的表征。只有管理者在管理活动中从整体的最佳化出发，促使管理系统发挥最大的整体功能，即目的性、集合性、相关性、适应性等功能。

管理系统的整体与部分原理，可称为"桶形原理"。古代的桶是由多块木板围成的，假设木板有长有短，所容水的高度不是依最长的木板，而是依最短木板。这一原理要求构成整体的各部分都要发挥最佳状态，才能使整体进入最佳状态。当然，部分优化，不等于整体优化；反之亦然。两个和尚抬水吃比一个和尚挑水吃要优，但一个和尚挑水吃比三个和尚相互推诿无水吃要优。这就要求管理者在处理整体与部分的相互关系时，必须关注其双向运动的管理关系。

（二）差分与融合原理

动态的整体管理系统，可看作"太极"，太极即整体之一。太极分为两仪，即阴阳，又分为四象、八卦、六十四卦等，这便是不断地差分。这种分，既指分工，亦指分层，管理组织工作无分工，就无责任。只有合理分工，才能责任明确，从而发挥其主动性、积极性。在管理组织系统中，分为子组织系统，子组织系统下又有各级部门。西蒙认为："复杂系统的组成差不多普遍存在着分层现象。"② 之所以需要分层级，是因为分层结构的各部分都是稳定系统；分层等级系统各部分之间所需要的信息传输量要比其他类型系统少；从分层等级结构来看，一个组织的复杂性，从组织中任一特定位置

---

① 参见刘余善等：《实用管理系统工程》，浙江人民出版社 1983 年版，第 26 页。

② ［美］赫伯特·A. 西蒙：《管理决策新科学》，中国社会科学出版社 1982 年版，第 47 页。

来观，几乎与其总规模无关。① 管理者即使能力、精力都很强，但总是有限度的。当他直接领导和协调的下属组织机构与人员超过一定的限度或数量，就需要分层级管理。

管理系统中的这两种差分，都需要在整体目标所要求的范围内，为了整体目标最佳化的实现而进行差分。离开了统一的、整体的目标以及为实现目标的差分（分工、分层级），就是盲目的、不合理的差分。它会使组织分工不明、职责不清，多头领导、层级重叠和混乱，使整体管理组织系统离散或破坏。这种整体管理系统统一目标下的分工、分层级，可称为为融合而差分，即合而分。

分必有合，差分需要融合。融合就是把分工、分层级的各部门、各层级、各人之间的关系相互协调、融合起来，使其间的种种冲突、摩擦、矛盾，不要变为相互牵制、消耗、内讧的因素。差分不免要出现冲突、摩擦、不协调，这就必须通过融合手段，把握整体、明确目标，分工协作，融为一体，以实现目标。

（三）开放与封闭原理

任何社会有机体的社会组织或管理组织都是一种开放系统，这个系统内部与外部环境存在着物质、能量和信息的交换，假如一个管理系统与外部环境的相互联系、交换、作用关系中断了，这个管理系统就无法生存下去，管理系统的生命就要终止。任何管理系统要生存、要生命，就必须不断输入材料、人力、能量、信息、货币等，以及输出产品、劳务、货币、废物等。这种双向的物质、能量、信息交换，使管理系统具有充足的生命力。就此而言，管理系统是一个开放的系统。封闭自己与外部环境的相互联系，就等于扼杀自己的生命。这是开放性原理。

就管理系统内部的信息而言，又具有相对的封闭性。指令信息和监督反馈信息使管理系统构成相对连续的封闭回路，以形成有效的管理活动。这是相对封闭性原理。

---

① 参见［美］赫伯特·A. 西蒙：《管理决策新科学》，中国社会科学出版社 1982 年版，第 97—98 页。

管理系统一般可分为指挥中心、执行机构、监督机构、反馈机构。指挥中心发出指令信息，在执行机构、监督机构的中介作用下，反馈机构将信息反馈给指挥中心。反馈机构对信息处理、比较效果（实施效果）与指令的情况，反馈信息返回指挥中心，指挥中心分析综合各种信息，而发出新指令，构成管理系统相对的封闭回路。管理活动在封闭回路中不断振荡、冲突、融合，使管理系统在运动中不断趋向完善。

管理系统封闭回路之所以不可或缺，是由于信息反馈的需要和管理机构运行的相互制约、促进的需要。这两种需要是封闭回路的依据。实现依据的可能成立，就要创造使可能性变为现实性的条件：1. 独立性。管理组织系统具有相对独立性，以实现管理组织的自主性，对人、财、物等必要资源具有调节运筹的权利和改组机构内部设置的自主权。2. 环形性。管理组织设置环形运动方向，使相互之间具有制约、促进的关系。3. 完善性。管理组织系统能及时传递信息，灵敏地捕捉信息，使信息纯度提高。信息准确化的高效能分析系统是使信息放大并强化输出的放大器。

管理组织的封闭回路的封闭性表现在：一是管理的目标、计划、组织、控制及规章制度等，具有相对的独立权限，以保证管理指令畅通无阻地下达；二是不允许、不接受干扰、破坏管理活动正常运动的内在因素的存在，否则就不能保证有效的信息反馈。

管理系统的开放性与封闭性，既冲突又融合。就与外部环境和系统的投入产出关系而言，开放是保证管理系统的生存、生命所必需的；就管理系统内部的运行机制而言，封闭是保证管理系统不受外界各种影响、干扰，而能进行正常运动所必需的。因此两者相反相成、不离不弃。

（四）弹性与动力原理

弹性原理是指管理系统在外部环境影响、作用下，为实现预定目标的应变、变常能力。这种应变、变常的含义，相当于中国传统管理学中的"权"与"变"的概念，而与"经"与"常"的概念相对称①，即"经常"与

---

① 张立文：《中国哲学范畴发展史》（天道篇），中国人民大学出版社 1988 年版，第 115—135 页。

"权变"相对应。"管理者了悟'经权'之道，便可以永远适合时代的需要，所以中国管理以及中国管理现代化，都是以'经权'为主要精神，都可以正名为'中国的经权管理'。"① 在儒家管理学中，推己及人的忠恕之道是"一以贯之"的基本原理。因此，正心诚意，成己成人，修齐治平，便是儒家管理学的根本精神，即是"经"。

"权"，孟子解释说："男女授受不亲，礼也；嫂溺，援之以手者，权也。"② 中国古代的礼教是，男女之间不能亲手递接，这是恒常的礼的规范，嫂嫂掉在河水里，伸手去拉她，这是权变、变通。这就是说在实行男女授受不亲这一礼制时，必须依据具体时间、地点、对象、状况，有一定弹性。如果人在处理嫂溺这一具体问题时，完全照搬礼制，而丝毫不变通，一点没有弹性，那么，正如孟子所说"嫂溺不援，是豺狼也"③。只有变通、弹性，才是合乎人道的。

管理活动的弹性、权变性原理，包括局部弹性和整体弹性。它是指：1. 管理活动自身与其所处的环境涉及多种多样的因素，各因素均有机联系，相互作用于管理活动，管理者不可能完全掌握，而做出十分完善的决策，这就需要留有余地，具有弹性。2. 管理活动是一个复杂的、活生生的现实活动，是各种因素的融突和合的力量，需要综合平衡，但管理活动的实践难于达到最佳平衡，需留有协调的弹性。3. 管理是动态过程，内外各种因素都处在瞬息万变中，会发生意料以外的突然变化。若不留有余地，具有弹性的权变，就不能应付突变的情况，以至功败垂成。4. 管理系统是综合学科，需要不断学习提高的过程，特别是管理对象包括人，包括竞争对手，在一定意义上说管理是一动态的博弈，只有弹性管理，才能成功。

弹性原理是为管理争取活动空间，动力原理是寻求管理活动的生存活力。活力是管理的能源，也是制约因素。按照管理活动的管理者与管理对象的融突结构，其动力主要有物质动力、精神动力和信息动力。

物质动力既是对个人的物质刺激，也是组织的经济效益。经济效益需

① 曾仕强等：《中国的经权管理·序》，国家书店 1984 年版，第 2 页。
② 《孟子·离娄上》，（宋）朱熹：《四书章句集注》，中华书局 1983 年版，第 284 页。
③ 《孟子·离娄上》，（宋）朱熹：《四书章句集注》，中华书局 1983 年版，第 284 页。

要对参与管理活动的投入、产出各方利益都有所兼顾，使在管理活动中所做出的贡献与其所获得的利益紧密结合。这样，管理经营组织的经济效益便成为企业生存和发展的动力。

精神动力是指管理系统及其成员的观念、信仰、理想等。譬如中国和合精神、中国《周易》的高度冲突融合的"保合太和"精神、日本的团队精神、美国的权力契约团体精神。协调各方面的关系，是推动中国社会管理、经济管理长期有序发展的动力。第二次世界大战后，日本掀起的效法美国管理的热潮，并没有使日本企业管理有所进步。他们发现美国企业文化中的价值观是以个人为本位的能力主义，这与日本传统的团队主义相悖。于是日本在企业的组织、人事、雇佣、作风等管理软件上保留日本自己的传统特色，形成日本自己的管理精神或企业精神。20 世纪 80 年代，美国企业界学习日本企业管理时，主要是学习其企业文化，特别是团队精神，但美国亦没有照搬日本式的家族主义的团队精神，而是依据美国的传统精神，重建美国式的团队精神，其基本内涵是保障个人权力，满足个人需要和提供个人实现的机遇。因此美国的企业团体精神可称为权力契约团队精神。在现代管理活动中，精神动力愈来愈受到重视。

信息动力是指智能信息传递所构成的联通和反馈对管理活动的生存和发展的动力。它超越物质的、精神的动力，对管理活动起着全面的、整体的推进作用。在信息网络冲击下，在世界竞争大潮中，信息网络不通畅，就会成为落伍者、失败者，智能信息的压力可以转换成竞争，化为企业转生的动力。

这三种动力不可或缺，由于各有差异，往往会产生冲突。因此需要依据和合学"融突论"的原理，使三方面的动力求得协调，在同一管理系统中随时间、地点、条件、内容的变易，随时协调、调整此三种动力比重，使之有机组合，并正确处理个体动力与团体动力以及刺激量的适度，即与它所承担的使命相适应。

管理原理使管理活动有所依据和遵循，使管理活动成为管理者与被管理者的自觉活动，避免盲目性和偏执性，以更有效地实现管理目标。

二、控制理论与管理信息系统

科学化的管理模式及其模拟技术，是西方近现代管理革命的产物，特别是信息技术和计算机技术在管理方面的推广与应用。它将计算机的软硬件、网络、数据库等信息高科技运用于企业管理，使企业的经营、计划、产品设计、加工制造、销售、服务等环节和人力、财力、设备等资源集成起来，既能充分发挥自动化的高效率、高质量，又具有充分的灵活性，以利于经营、管理和工程人员发挥智能。它可以根据激烈变化的市场需求及企业经营环境，灵活地、及时地改变企业的产品结构和人力、物力、财力等生产要素的配置，实现全局优化，从而提高企业在激烈的全球竞争中的生存能力，并赢得稳定的高效益。

如果管理学是用科学的方法研究如何做到系统化、整体化、调配化、决策化及效绩化的学问，那么，它不仅是工商企业的发展学、政府机构的行政学，也是现代人生活的组织学。这种所谓科学的方法，中国主要是经验的方法。经验以历史承传的方式，积累了丰富的管物理财、治国经邦、人事组织、战争艺术等方面的管理经验。

这种经验的承传与血缘宗法制相结合，便发展出"祖宗之法不可变"，往圣道统必须继。因而讲简易、变易之学的《周易》，也加上"不易"的含义，以不变应万变，这样具有讲变的文化传统的国家，却面临"变法"难、"维新"要付出血的代价的严酷事实。意义标准上以"守成""稳定""太平无事"为尺度。单从管理理论上讲，商鞅、王安石、"六君子"之功不可没，但对于现代管理学而言，又是过去了的历史。

祖宗之法、先圣道统之所以不可守成，不能沿袭因陈，原因在于管理是依天、地、人多种制约因素而权变的社会和合控制。生物控制论研究表明，生物、生命有机体的控制都是信息反馈、随机选择的控制系统。社会和合是高度复杂的类有机体，具有比生命过程和生物活动更复杂的过程、更高级的机制和更随机的行为。

从社会管理系统来看，控制是管理活动的重要环节和职能。所谓控制是指通过信息传递，对控制对象施加有目的的作用行为，使系统的特征和变化维持在规定限度内的活动。管理控制是控制理论在管理中的运用，是指按照企业经营的计划目标，对其经营活动和成果实行监督，以促进目标实现的管理活动。[①] 从社会有机体的管理而言，它是社会主体（包括个体与团体）通过一定的协调机制，在改造对象过程中实现自身某种目标的管理实践活动。

控制，简言之，是一种行为，是一种施控者施诸于受控者的有目的的并导致受控者发生合乎目的变化的行为。社会主体的行为、受控者的行为是多样的，控制就是在多种多样的可能中进行选择，即施控者选择其中最有效的手段，以作用于受控者，使受控者的行为合乎施控者目的的变化。

施控者对最有效手段的选择，实际上具有随机性。譬如飞行中的飞机，随时间变化的气流状态是系统（飞机）的一种随机性输入作用，它所引起的机翼应力变化，是一种随机性输出变量。这些随机因素是飞机设计者和操作者（施控者）必须注意选择的。各种随机因素使系统（飞机）运行具有统计不定性，针对这种不定性做出最佳化的选择，便是随机选择；依据这种不定性所制作的设计和操作系统的控制器，便是随机控制。这种随机选择和随机控制随着高科技信息公路的发展，会愈来愈凸显其重要性。

从社会控制来分析，社会和合管理过程，是不断选择行为规则、校准价值尺度、更正意义标准的随机控制过程。要实现因天时而制宜、因地利而制宜、因人和而制宜的随机选择，就必须重视管理信息，完善信息技术手段。

管理创造价值，因而，社会和合管理是使社会生活感受最真实化、价值最完善化、意义最优美化的价值增益工程，即价值融突和合工程。

管理之所以能够增益价值，主要在于管理信息系统是管理的心灵。它

---

① 对控制的基本定义，由于各人考察的角度不同，有不同的定义。如：齐振海：《管理哲学》，中国社会科学出版社 1988 年版，第 276—277 页；[美] 戴维·R. 汉普顿：《当代管理学》，陈星等译，新华出版社 1986 年版，第 495 页；王雨田：《控制论·信息论·系统科学与哲学》，中国人民大学出版社 1986 年版，第 36 页；苗东升：《系统科学原理》，中国人民大学出版社 1990 年版，第 170、245 页。

通过高效、高速处理信息，使社会的各种正性效益指标都达到最大值，各种负性耗损指标均趋于最小值。信息的价值在于它能够参与创造，并使价值融突和合工程最优化。

信息，从各个角度都可以给信息以定义，一般把信息作为给人带来新知识的消息、情报、资料、数据等来理解。中国唐朝李中在《碧云集·暮春怀故人》中有"梦断美人沉信息，目穿长路倚楼台"[①]句，此处信息有消息之意，从某一侧面描述了信息的特点和功能。如美国申农认为信息是用以消除随机不定性的东西，把信息度量归结为对消除了不定性的度量，信息度量可以用被消除了的不定性的大小程度来衡量。有研究认为，信息可以提高系统组织程度，正如熵是组织解体的度量，消息集合所具有的信息，则是该集合组织性的度量。[②]

从社会和合管理视野来探讨信息，是指自然、社会中一切事物的状态、特性及其相互间关系的表征或标志。一切事物都是作为信息源而存在。考古学发现的化石，传递着上古时代物类存在、分布、进化程度的信息；柳芽桃花，带来春天来临的信息。除这种自然物的信息外，还有人工信息。信息传递必须借助于一定的中介。语言的出现，促使信息处理器官大脑的发展；文字的发明，突破了信息传递的时空局限；电磁波的利用，为信息时代的到来奠定基础，现代的信息网络使地球成为一个村。

信息具有可识别性。自然、社会所携带的各种信息的信号，直接、间接地刺激人的感官，使神经冲动，由而转化为神经脉冲信号，神经脉冲信号沿着神经通道把信息传递给大脑，大脑对信息进行分析综合加工处理，而形成认知。所谓认知是对客观的反映，是获得和处理信息的过程，此其一。其二，信息具有可存贮性。从结绳记事到文字记录、留声机录音、电影的声像、电脑中心，信息的存贮技术以及取用技术愈来愈进步。其三，信息的共享性。信息与其他物品不同，不因分享人数多寡而使各自得到的信息量有增减，在传递中不遵从守恒定律，反而由合作而趋强。现在全球最大信息资源

---

① （唐）李中：《暮春怀故人》，载（清）彭定求等编：《全唐诗》第 748 卷，中华书局 1960 年版，第 8519 页。

② 参见 ［美］维纳：《人有人的用处》，商务印书馆 1978 年版，第 12 页。

网——互联网络（Internet）已经把全世界紧密地连在一起，使用户之间互通信息，共享计算机和各种信息资源，成为进行科学研究、工商业管理活动和共享信息资源的重要手段，已然成为"信息高速公路"。

管理活动过程，就是接收、加工和传输信息的过程。管理信息是指以计划、指标、命令的形式传递信息给决策执行者，促进执行者进行有目的和协调的行动，以实现管理目标。它是一种有自身特性的信息，譬如它产生于社会管理活动之中。这就是说，管理信息是信息在管理活动领域的展现。它是人与人之间传递社会各种信息，以输出者和接受者共同理解的数据、文字、符号等形式，标示管理对象和管理过程的各个方面。管理信息作为媒介协调着人与自然、社会、管理与环境之间的相互关系，使管理活动有序地进行。

管理信息活动是主体自觉的活动。信息的输出和接收都是一种人为自觉活动，这种活动具有目的性，表现在明确地标志管理活动的变化特征，直接、间接地为管理目的服务，它具有智能功能、技术功能和管理功能。①

信息的目的在于应用，其价值在于把各方面、各种信息迅速传递给社会管理、工商企业管理者，以便及时地、灵活地调整各种关系，作出决策，获得目标的实现。因而，信息具有时效性、时机性。失去时效、时机，信息便失去价值。所以，善于捕捉先兆性的信息，即预示发展趋势的信息，是既重要又反映管理者全面素质的问题。

总之，管理信息系统以电子计算机为枢纽，以智能技术为支柱，以数据处理、图像模拟为手段，使社会和合管理达到自动化、信息化和智能化。

三、和合管理学企业文化精神

管理信息系统，是指对管理信息进行收集、加工和传递的总和。它是由各种各样的管理信息加工处理过程构成的有机整体。管理信息系统的价值目标是增益化、最优化、科学化。

不断增益各种价值量，提高管理行为的效益，使社会和合体全局最优

---

① 齐振海：《管理哲学》，中国社会科学出版社 1988 年版，第 109—111 页。

化。因此，管理信息系统具有效益价值的管理加和效应（＋）。

但管理信息系统毕竟是管理的工具与手段，若管理者素质不高，人—机功能不能和合匹配，那么，管理信息系统将会反其增益之道而行，反向演变为管理减差效应（－）。软件系统一条指令的语法错误或操作系统一次键入行为失误，就有可能毁掉耗资十几亿美元的航天发射试验。

反之，若管理者素质高，不断创造新的、更高效的硬件系统，不断完善软件系统，提高接口技术水平，那么，同数的资源，可创造出倍积的社会效益和价值数量。这是管理乘积效应（×）。

管理的整体和合效应，可加和或减差，亦可乘积。究竟实现哪种效应，主要看社会和合系统的管理目标是否协调，是否适应社会完善和发展的目标和合要求。

目标管理是管理信息系统的最高职责。只有目标系统内在协调，和合相适，社会和合系统的管理才达到了自己的目标。

系统理论及系统科学技术，是管理目标系统和系统管理工程的理论依托。现代管理系统论是管理学的理论前沿，亦是中国管理系统走向现代的必经之路。

中国传统管理系统如何走向现代管理之路，除以开放的、无偏执的态度，积极、认真、严肃地吸收东西方各国先进的管理理论、方法、技术，以改进中国的社会管理系统、企事业的管理系统外，还必须与中国传统的人文管理精神相结合，才能形成自己的管理理论、方法。照搬西方管理的某些理论、方法、技术是能够做到的，但照搬西方管理精神是很难做到的。正如二战后日本学习美国企业管理文化和 20 世纪 80 年代后美国企业学习日本企业管理文化的情况一样，都不能照搬，而只能根据本国的企业管理文化的人文精神，吸收东西方企业管理文化中的优质成分，融突而和合，建构中国自己的社会、企事业管理文化精神。笔者提出和合管理学或和合管理文化精神。

如果说日本企业管理的文化精神是家族主义的团队精神，美国是个人为本位的能力主义精神，那么，中国是整体本位的"保合太和"精神，即整体主义的和合精神。这就是三国企业管理的文化人文精神的差分，也是企事业文化的价值和意义。其实这也是三国社会管理，以及其他方面组织管理系统文化精神的差分。

中国整体主义的和合精神包括这样一些内涵：

（一）融突而和合精神

中国管理文化精神是以人为管理核心，追求人与自然、人与社会、人与人的冲突融合，从而达到整体的和谐、协调，即和合，以使事业生生不息。任何事物均有差分，然后有冲突，譬如人与自然之间有阴与阳的冲突，人与社会之间有刚与柔的冲突，人与人之间有仁与义的冲突。有冲突然后有融合，这便是所谓"天人合一""理事无碍""天人合德""知行合一""情境圆融""经权合一"等，陈述了管理主体与对象、管理道德与行为、管理理性与感性、管理人性与管理方式、管理知识与素质等之间的融突关系，以及由融突而达到"和合"的管理系统的最优化境界。

（二）整体与个体的相依相存精神

天地间的一切事物都存在于相互关系之中，并在这种关系中获得自己的本质及其价值和意义，由关系才构成了整体与个体。换言之，整体与个体只不过是关系存在的一种形态。任何关系都有分有合，犹如管理组织系统的合的整体性和分的子系统的个体性。分是为了合的整体管理系统，合是为了分的责任和实现目标的合力。太极而有阴阳，是分；阴阳合气，而为太极，又是合。分中有合，合中有分，整体中有个体，个体中有整体，如阴中有阳，阳中有阴。这便是一种整体与个体、合与分、冲突与融合的相依相存精神。

未来管理模式、形式千变万化。譬如我们必须重新思考组织契约的问题，包括企业组织的定义，我们对企业的企望，以及我们打算为组织付出什么。社会整体再也不能指望新型公司与旧企业一样，提供每个个体生活和生计所需一切，或指望支付退休金；办公室、工厂不再是每个个体每日离家前往的固定整体工作场所；生活的意义不再是由组织内顺着职位阶梯往上爬；个体也不再期望自己把一生十万个小时卖给同一个整体机构；个体不仅是企业组织的"雇佣者"，也是"组织者"等。① 随着现代高科技的发展，将变

---

① 参见 ［美］查尔斯·汉迪：《虚拟的办公室：解构的组织形式》，《参考消息》1995 年 6 月 30 日。

动不居。但整体与个体相依相存的和合精神，可以延续传承下去。

（三）无为与无不为的互补互济精神

无为是无，无不为是为、是有。"为无为，则无不治。"[①]"为"是目标，"无为"是实现目标的原则，或达到目标的工具和手段。"无不治"是管理的效应。以"无为"作为工具理性，"是以圣人无为，故无败"[②]。这就是"无为之有益"[③]。"无为"具有空间最广大的拓延性和时间最大的变易性，以及最佳的效果，就因为"无为"最能适应"自然"。

管理组织活动，能否适应"自然"，是衡量管理活动成败的尺度。譬如日产汽车英国工厂总裁吉布森曾对伦敦商学院毕业生说：我习惯于使用科学家的观点来思考问题——以探讨组织问题而言，是以结晶体与无定形非结晶体结构的差异来进行思考。辨认结晶体结构最简单的途径是观察钻石；泥巴则可能是最普通的无定形物质。典型的西方式的管理组织是结晶体，棱角清楚明确，每一个面各有其形状，面与面之间有明显的连接处。犹如英、美企业管理组织都把角色和责任规定得相当明确，组织内不同单位界限划分清楚，各单位之间关系明白固定。日本的企业组织像泥巴，它们结构模糊得多，责任与功能划分不明确，经常处于变动状态，可轻易塑造及改变形状，对于外来力量与外在环境具有弹性调适与反应能力。如果说，英美企业管理是"有形"，那么日本企业管理为"无形"。在当前市场竞争激烈的时代，前者应变、调适能力显然比后者要差。

中国在"钻石"与"泥巴"的基础上，以"无为"与"无不为"互补互济精神，而能"功成事遂，百姓皆谓我自然"[④]。以"道法自然"的管理组织原理，而使管理组织具有最高的适应能力和最优化的组织协调关系网络，

---

① 《道德经·三章》，（魏）王弼注，楼宇烈校释：《老子道德经注校释》，中华书局2008年版，第8页。

② 《道德经·六十四章》，（魏）王弼注，楼宇烈校释：《老子道德经注校释》，中华书局2008年版，第166页。

③ 《道德经·四十三章》，（魏）王弼注，楼宇烈校释：《老子道德经注校释》，中华书局2008年版，第120页。

④ 《道德经·十七章》，（魏）王弼注，楼宇烈校释：《老子道德经注校释》，中华书局2008年版，第40页。

达到管理目标。

（四）日新和生生的精神

任何管理组织系统只有日新日日新，才能成"大业"，否则只能成"小业"，甚至破产。社会管理、工商企业管理组织的兴衰取决于日新，日新就意味着生生，即产生新的事物、新的成果、新的生命或新的管理组织系统等，这是 21 世纪社会管理、工农商学兵管理系统生存和发展的圭臬。

中国管理系统走向现代有其企业文化精神和管理的特色。它是中国传统文化中人文精神在管理系统中的体现，并形成适应中国在 21 世纪发展的独具特色的管理科学。

[原载于《青岛科技大学学报》（社会科学版）2011 年第 2 期]

和合学的价值观

和合是中华文化的首要价值，"和合起来"的和合学是当代中华学术理论思维形态"自己讲""讲自己"的首要选择，也是应对人类所共同面临的五大冲突和危机的化解之道。20世纪是价值冲突、价值破碎的时代；是传统价值观、价值定式在大化流行、变动不居中，被不断抽掉的时代。21世纪人类所面临的日益严峻的五大冲突和危机，归根到底是价值的冲突和危机。这是因为价值观问题，是文化、政治、经济的核心问题，它是社会文明发展的动力和成果。换言之，价值观构成了人、国家、民族选择活动的依据和取向，人的行为方式的最基本动力和趋向。就此而言，一切价值问题，本质上是人的问题，并围绕人而展开。作为人类在实践交往活动中所建构的各种方式和成果总和的文化，其内核的灵魂是价值，体现为文化价值。这便是人—文化—价值三维的融突和合。从这个意义上说，价值创造的本质在于和合。

和合价值观，是中华民族学术文化的核心价值，它表现为：

一、生生价值观

"生生"从古汉语语法结构上看，是动—动结构，后一个"生"字是状态动词的名词化用法，特指生态系统的天然生机或天地万物的生长化育。即《周易·系辞传》所说的"天地之大德曰生"[①]里的生字。前一个"生"字是

---

① 《周易·系辞下》，（清）阮元校刻：《周易正义》第8卷，《十三经注疏》，中华书局1980年版，第86页。

不及物动词使动用法，即"使……生""让……生"的意思。"生生"中的两个"生"字，在语词结构上位于不同的逻辑层次；单纯的"生"，是一种自然而然的生物学现象，也是中国古代思想家所描述的生理学现象。复合的"生生"却是一种蕴涵抉择的社会学现象，燮理阴阳变化以疏通万物生机，也是一种自觉而然的文化学现象，参赞天地化育以呵护众生命根。在这种双重的"生生"里，才有本真意义上的和合。因此，人类的道德觉醒是和合生生的动因。主体的价值创造是和合生生的"动力"，而人道从天道、地道中的意义分化出来，则是和合生生的起始。

"和合起来"的和合体是生生的呈现，如何生生？怎样才能生生？生生的形式是什么？天地、男女在古人心目中被认为是乾、坤、阴、阳，是差分的、对立的，就可能发生内在的矛盾或外在的冲突；阴阳紧密地互相交感，男女相感媾合，这都是融合的意思；天地、阴阳凝聚气化而成新事物的和合体，男女阴阳媾合而诞生新生命的和合体。①

"和合起来"的和合体之所以生生，是由于其变易性、流变性、开放性。阴生阳，阳生阴，阴阳转化变易无穷，而生生不绝。生生的变易，在中国古代也被看作"流"，"子在川上曰：逝者如斯夫！不舍昼夜"②这种"流"是前后相继，永不止息的。孔子在这里所说的川（河流），不是指某一特定的川，如泗水等，而是一般川的概念，指河水在不断地流的川；这里川不是绝对静止的，而是流动的。朱熹注释说："道体"不是天地变化、川流不息的主宰，而是自然而然的本然状态，这便是生生变易的和合体的形而上的品格。③

如果从状态描述的视域来考察古希腊赫拉克里特（HeraKleitos，约前504—前444年）的流变学说，其最通常的表述是"万物皆流（pantarhei）"（在现存的赫氏残篇不见此表述，见于辛普里丘对亚里士多德《物理学》1313.11的注释中，但柏拉图、亚里士多德讲到赫氏时都使用了流变及相似

---

① 参见《周易·系辞传下》，（清）阮元校刻：《周易正义》第8卷，《十三经注疏》，中华书局1980年版，第88页。
② 《论语·子罕》，（宋）朱熹：《四书章句集注》，中华书局1983年版，第113页。
③ 《论语·子罕》，（宋）朱熹：《四书章句集注》，中华书局1983年版，第113页。

的表述）。这与孔子的表述有相似之处，孔子虽以形象的比喻讲川的流，但已蕴涵了"万物皆流"的意思。他们的思想基本相符。在这里《周易》、孔子和赫氏的变易、流变学说，是一种天才的智慧洞见，而不是一种理论的论证。但作为对事物现象根本性质的一种探索和把握，揭示了存在世界处于永恒变易、流变之中，任何事物都即在即逝。

这种变易、流变学说，在东西方社会文化环境中的机遇截然有异。对赫氏的流变学说，苏格拉底（Sokrates，前469—前399年）、柏拉图、亚里士多德都采取批判、拒斥的态度。他们认为，若一切都在流变之中，就不可能说有知识的存在。知识本身应保持不变，知识的形式一旦改变，知识也不存在，真实的标准也将失效。这对于信仰真实不变的知识的苏氏、柏氏、亚氏来说，无疑是不能接受的。

在东方中国，这种变易、流变学说不仅没有被排斥，而且被普遍运用和获得高度的评价。《周易》、孔子所讲变易、流变自身是一实实在在的，是永恒真实的，不需要在其外去寻找某一永恒的观念或东西以支撑关于真实世界的信念。变易、流变虽以其动态性、相对性、相关性而排斥、批判静态性、绝对性、独断性，但变易、流变本身却是常在的，在变易中也存在着某种确定不移的事物所共同认同的标准。就此而言，其中就蕴涵着对变易、流变的形而上学的肯定。由其变易性、流变性，人世间才会生生不息，不断创新和新生，使"和合起来"的和合体相继不绝。就此而言，生生的变易性、流变性是其动力和源泉。

为什么会变易、流变？赫拉克里特对此没有做出深入的探究，在中华哲学中做出了解释，"易以道阴阳"①。一切事物都可看作是由互相对立、依赖、渗透、转化的阴与阳构成的，阴阳是每一事物本身所具有的性质。它包含交易的对立，即阴阳的相互冲突，也蕴涵阴阳的互相渗透、包容，如"太极图"，白代表阳，黑表示阴，各个相对，而阳中有阴，阴中有阳。由于阴阳的互相作用、相感，而产生阴阳两极的互补、协调和融合。阴阳所具有的这种动态功能，是由阴阳自身所具有既对立又依赖的本性决定的，这便是变

———————————
① （清）郭庆藩：《庄子集释》，中华书局1985年版，第1067页。

易主动因。变易、流变着的和合体世界是多样性的世界。

和合学消除了战国后期以来以阴阳二气解释和合的二分思维定式，而为多元融突和合，但可以接纳阴阳变易和阴阳开出的生生的三种原理：一是阴阳互根原理。当多元的存在物充分展示自身的相异性时，其发展的路向、结果及其总体，会显现其互根性。周敦颐说："太极动而生阳，动极而静，静而生阴。静极复动。一动一静，互为其根。"①据其意可理解为阳极而阴，阴极复阳，一阴一阳，互为其根。这个互为其根的"根"，可称之为"道"，即"一阴一阳之谓道"的道，亦即和合生生道体。二是阴阳和谐原理。具有一定质的规定性和一定形式的存在，在一般情境中，可置于阴阳两极的协调、均衡、和谐之中。阴阳两极的冲突、紧张，往往是阴阳两极协调、均衡、和谐的打破。中华中医药理论认为，健康的身体就是阴阳的协调、平衡、和谐，一旦阴阳失调，如阳亢或阴虚，就会发生疾病。辨证施治就在于调理阴阳，使阴阳恢复协调、和谐。三是阴阳互渗原理。人世间的事物都不是完全单一的、纯粹又纯粹的绝对物，而是多种元素、多样性质和合。这种和合，一般来说都是阴中有阳，阳中有阴，你中有我，我中有你。当称其为阳物时，阳占有主要、主导因素，反之，便是阴占主要、主导因素。阴阳两极或多极的互相渗透、包容、吸收，是和合开放性的体现，避免了单极的独裁性、独断性。阴阳多极的互根、和谐、互渗等原理，体现了和合如何生生，怎样生生，以及生生形式是什么的生生价值观。

二、多元价值观

多元融突和合的智能创造，才能生生不息。多元、多样是"和"，单一、一元是"同"。和、和合一词，通常被误解为调和、折中、和稀泥等，而与矛盾、斗争、原则性等相对应，按非此即彼的二元对立的原理，和合便作为要批判的思想观念，而被排除了。其实，"和合"是中华文化传统的价值理念。在先秦元典中已成为重要哲学语汇，最早使用"和合"一词的先秦

---

① （宋）周敦颐：《太极图说》，《周敦颐集》第 1 卷，中华书局 1984 年版，第 3 页。

典籍是《国语·郑语》。《国语》是记载西周中期到春秋末年的一部重要史书，相传为春秋时期鲁国史官左丘明所作，或说是左丘所作。各篇写作年代不一，周、鲁、晋、郑、楚五语为当时人所记，年代较早；齐、吴、越三语为后人追记。《国语》与《左氏春秋》(《左传》) 内容多有相同或相关的记载，两相比较，《国语》多保存原文和原始思想，《左传》已经修整。① 两汉经学时，《国语》不在《五经》之列，这反倒有利于保存文本的原貌，避免了被章句支离的厄运，使我们能在当今也可理解古人围绕"天时人事"的对话，感受其对"礼崩乐坏"时代精神及其生命智慧的深沉忧患。

周幽王时，郑桓公与史伯在讨论国家兴衰的原因和死生的道理时，讲到"商契能和合五教，以保于百姓者也"②。"五教"是指父义、母慈、兄友、弟恭、子孝。商契作为商代的祖先，他能了解民情，因伦施教，百姓和睦、和合，皆得保养。周幽王之所以衰败的原因，就在于"去和而取同"。什么叫作和？什么称为同？和就是"以他平他"，在这里"他"与"他"之间是相互平等的互动者，互相尊重的对话者和互相谅解的交往者，他们和而不同，相异而融合，和合而成新事物、新生命。他与他之间不是你死我活，一方主宰一方，一方吃掉一方的关系，这便是"和"。这种和的观念与西方非此即彼的二元对立思维异趣。

金木水火土五行是人生天地之间日用的五种差异性的元素，具有多元性价值，多元价值之间又按照"以他平他"的原则，融突和合，就能化生、育成百物，这便是一种万物丰长、生机勃勃的景象。与此多元和合生物相反的便是"同"，"同"便是毁弃多样，以同裨同，不仅不能使人类继续生育，而且毒害生灵，导致危亡。五声和谐，才是美声，一种声音就是杂音了；五色才有文采，一种颜色就显单调了；五味才有美味，一种味道就不是美食；一种事物就不能比较或融合了。幽王抛弃多元和合价值和法则，而搞一元的同一，上天夺去了他的聪明才智，要想不衰亡，也办不到了。③

① 参见徐元诰：《国语集解·附录》，中华书局 2002 年版，第 604 页。
② 《国语·郑语》，徐元诰：《国语集解》第 16 卷，中华书局 2002 年版，第 466 页。
③ 参见《国语·郑语》，徐元诰：《国语集解》第 16 卷，中华书局 2002 年版，第 472—473 页。

综观西方哲学史，可以惊奇地发现，凝聚着人类智慧的哲学，竟然是对"一"的追求。从古代哲学寻求"万物的统一性"到"理念的统一性"，以至"原理的统一性"；从近代哲学寻求"意识的统一性"到"逻辑统一性"，以至"人性的统一性"；从现代哲学寻求"世界的统一性"到"科学的统一性""语言的统一性"；等等。从所谓的"始基""基质""存在""理念""共相""上帝""本体""实体""物质""概念""逻辑""符号"等，为其核心的、终极的形而上学观念，并以其形上智慧追求这个一元性的、同性的"一"，而与中华古代史伯所批判的"一"有相似之处。由于寻求"一"，而导致处处"去和而取同"，或"同而不和"，排斥多元而求一元；并以这个"一"为天地万物的创造者，真理的化身，与此"一"相异、相反的便是异端邪说，叛经离道，便属于消灭、打倒之列。这就导致"同则不继"，窒息了生命的延续、新事物的化生。《易传》说：以女禆益女，这是同，同居不能生育新生儿，人类就不能延续下去。① 中华民族提倡多元和合价值观，就具有开通性、宽容性、包容性，而与闭塞性、独霸性、同一性相反。正由于中华民族具有和合生生精神，富有多元和合价值观，所以能海纳百川，有容乃大，而没有在历史上发生宗教战争，甚至在有些寺庙里儒、佛、道三教可以平等地供奉，人们也不分彼此或厚此薄彼地礼拜。这是在其他国家、民族的宗教寺庙里所罕见的。

三、贵和价值观

如何生生？这就需要有一个和谐的自然、社会、人际、国际的环境，才能生生不息。中华民族是一个贵和的民族，贵和也是中华民族的民族精神。和是民族的最高价值之一，也是指导人们身体力行的原则。和是心情愉悦的体验。《周易》说："鸣鹤在阴，其子和之。"② 鹤在树荫下欢快地鸣叫，

---

① 参见《周易·革卦·象传》，（清）阮元校刻：《周易正义》第 5 卷，《十三经注疏》，中华书局 1980 年版，第 60 页。

② 《周易·中孚卦·九二爻辞》，（清）阮元校刻：《周易正义》第 6 卷，《十三经注疏》，中华书局 1980 年版，第 69 页。

小鹤应和着，比喻我有一杯美酒，愿与你亲切地共饮。

《尚书》(《尚书》意即上古之书，是我国现存最古老而完整的史书，原称《书》，汉代改称《尚书》，由上古各朝史官记录，非成于一人之手，后由孔子编订，成于春秋末战国初）讲和，是对如何处理社会、国家、人际间关系的众多冲突现象的体认。各邦族或诸侯国之间要协和无间，天下百姓在尧的教导下，和睦相处。西周初，周公代表成王发布命令，告诉殷遗民和四方诸侯，如果你们之间不和睦，那你们应该和好起来；如果你们的家庭不和睦，你们的家庭也应该和好起来。你们如果为臣民做出了表率，那你们的邦族或国家就能够和睦愉快地相处。① 假如不尊重天的命令，不和睦相处，天就要惩罚你们。这样，"和"被作为天的意志而赋予特殊重要的价值。

《诗经》(《诗经》是中国最早的诗歌总集。分为"风"、"雅"、"颂" 3 大类共 305 篇。大抵从西周初至春秋中叶的作品，对中国 2000 多年的文学发展有深广的影响）讲祭祀时要用"和羹"。和羹就是五味调和得度，食之于人，心平性和。以一片诚心进献于神灵，人人肃敬，寂然无争。和犹如和羹，用水火醋酱盐梅等调料，来烹鱼和肉，厨师在烹饪的过程中，要使酸咸适中，如不够，则加盐梅；若多了太酸太咸，则加水减酸咸。这样经过主体—人智慧地加工和合，而成鲜美的食品。晏婴（约前 585—前 500 年，春秋时期齐国人，政治家）认为，君子食了和羹，就会心平气和。②

晏婴把"和"的思想运用到政治上，体现他的政治智慧。他认为一个君主提出的意见有合理的地方，也有不合理的地方，臣民应该指出其不合理的地方，帮其改正，而使其更完善；君主认为不可行的意见，而其中有可取可行的地方，臣民应指出其可取、可行的方面，而去掉其不行的方面，使其由不可行而转为可行。这便是政和，可说是当时的政治文明。"同"就是君主讲可以的，你亦讲可以；君主说不可行的，你也说不可行。唯君是从，做君主的驯服工具和传声筒，这便是同。水加水，不成美食，琴瑟只有一声，

① 参见《尚书·多方》，（清）阮元校刻：《尚书正义》第 17 卷，《十三经注疏》，中华书局 1980 年版，第 229 页。
② 参见《春秋左传·昭公二十年》，杨伯峻：《春秋左传注》，中华书局 1981 年版，第 1419 页。

不成音乐，这就是"同"。① 晏婴比较"和"与"同"，认为和可以得到心平性和，使人的精神获得愉悦的享受，使主体道德行为得到培养而变得和谐，并能取得政治平和，人民和谐相处。

"和"的思想被老子、孔子、管子所继承和发扬，并开出三条路向：一是万物生成的形而上路向。老子说："道生一，一生二，二生三，三生万物。万物负阴而抱阳，冲气以为和。"② 由一到三，有次序的化生，三是多的意思，多元的要素化生万物。换言之，万物肩负着阴、怀抱着阳。阴阳的冲突融合而达到和的境界。和是万物本质以及万物化生的基础，这是老子思想的形而上学的探索。知道和是经常的、永恒的，就可以明白道。和是老子形而上之道的永恒的常态。

二是人格理想的人世间的路向。孔子说："君子和而不同，小人同而不和。"③ 君子能够接受不同的意见，而获得和谐；小人只认同相同的意见，而不能接受不同意见，因此不和谐。换言之，君子没有乖戾的思想，他能包容不同意见，海纳百川，和谐相处；小人结党营私，党同伐异，同而不和谐。这就是说，和谐、和合是在不同冲突中求得的，同是排斥和合、和谐的。这也体现了两种不同的处理人际、社会、政治关系的方法，也意蕴着两种不同的理想人格、道德情操和思维方法。显然，孔子是赞成"君子和而不同"的，所以《论语》记载他的学生有子的话：礼仪的作用，以和为最宝贵的价值。过去圣君明主，治理国家，最可赞美的地方就在这里，无论大事小事都要做得恰到好处。知道和的价值而求和，还需要遵循一定礼仪制度的规矩，否则也是行不通的。说明以和治理国家的可贵，可以保持社会安定，人人安居乐业，但也不能违背社会秩序，不以礼仪规矩约束自己的行为。

三是道德修养的伦理论的路向。管子说：蓄养道德，人民和合。④ 道的含义丰富，既指万物存有的根据、本体，也指人类社会生活根本的原理、原

---

① 《春秋左传·昭公二十年》，杨伯峻：《春秋左传注》，中华书局 1981 年版，第 1420 页。

② 《道德经·四十二章》，（魏）王弼注，楼宇烈校释：《老子道德经注校释》，中华书局 1980 年版，第 117 页。

③ 《论语·子路》，（宋）朱熹：《四书章句集注》，中华书局 1983 年版，第 147 页。

④ 参见《管子·幼官》，黎翔凤撰：《管子校注》第 3 卷，中华书局 2004 年版，第 176 页。

则，亦指人的精神境界和学说。德既指天地万物的本性、属性；也指人的本性、品德。道与德可以通过人的积蓄和修养而达到。道蓄民和，德养民合，人民有了道德蓄养，便和合，和合所以能和谐共事，和谐共事所以团聚，尽到和谐团聚，就不会受到伤害。① 在这里，和合是蓄养道德的目标和对于这种目标的追求。蓄养道德是因，人民和合是果，这种因果关系在管子看来是一种必然关系，但和合在这里还不是对人的终极关怀，而需要郊祀天地神祇。

墨子认为和合是人与家庭、国家、社会伦理关系的根本原理、原则。家庭内父子兄弟不和睦，互相怨恨、使坏，推及天下百姓，亦互相伤害，家庭、国家就会离散或灭亡。② 和合使家庭、社会群体凝聚在一起，形成不离散的社会整体结构。和合是社会和谐、安定的调节剂。君、臣、士之间要和合，国家才会富有强大，和合也是家庭、社会、国家不动乱、不分裂的聚合剂。

贵和的价值观是中华民族源远流长的、根深蒂固的根本价值之一。直到当前，仍然在人与自然、社会、文明、国家、人际、家庭的关系中体现出来，并奉为处理一切关系的指导原则之一。这就是说：要熟悉天地自然和社会冲突所在，依据对象的本性，加以协调，以达到和谐；要顺其自然，尊重天地自然和社会的运行规则，达到和谐；要掌握差分，差分而使其各得其所，各安其位。万物及各行各业并育而不相害，道并行而不相悖，而繁荣发展；要增强人类的生产能力，播种百谷，培育蔬菜、丰衣足食，人人和乐；要加强教育，提升人的道德水平、文明程度，百姓和睦，皆得保养，以建构和合社会，以至和合世界或曰世界和合。

四、日新价值观

和合生生需要日新、创新，只有日新日日新，和合生生才有不竭的生命力和生命智慧。《易传》讲："日新之谓盛德。"③ 日新可以讲是最大的德性

---

① 参见《管子·兵法》，黎翔凤撰：《管子校注》第 6 卷，中华书局 2004 年版，第 323 页。

② 参见《墨子·尚同上》，孙诒让撰：《墨子间诂》卷 3 卷，中华书局 2001 年版，第 73 页。

③ 《周易·系辞传上》，（清）阮元校刻：《周易正义》第 7 卷，《十三经注疏》，中华书局 1980 年版，第 78 页。

或本质。德的日日增新，便是德的极盛。这里德既可以做德性、道德性讲，也可以做得讲。得即"内得于己，外得于人"。内得就是要不断地提高自己的文化水平、教育素质，加强道德修养、人格培养，顾及他人，使别人有所获得，自己也才会有所得到。

外得于人，应该像孔子讲的"己所不欲，勿施于人"①。你自己不想要战争，也不要把战争强加给别人；你自己不要贫穷，也不要把贫穷加给别人，扼制不发达国家的发展；你自己要幸福，也希望别人得到幸福。这样别人就不会把战争、贫穷加给你，你便得到安宁、幸福。假如你不要恐怖活动，而把恐怖加给别人、别国，结果是愈反恐，却愈反愈恐，这也是"外得"。因此，"外得"必须与"内得"的道德修养相融合，内外兼修，才是"盛德"。"盛德"必须有日新的支撑，日新就是不断创新。人生在于奋进，生命就在于创新。人的生命价值是在日日新中实现的，只有真正做到日日新，才能使天地万物无限富有，而成就其千秋大业，既促使天地万物的日新月异，吐故纳新，而呈现其盛大的德行；也促使人类社会恒常变通，不断创新，而出现繁荣和发展。

和合生生必须日新、创新，日新、创新必须变通；不通就不能变，不变就不能日新创新。"穷则变，变则通，通则久。"② 事物发展到一定的极限，就会停滞不能发展，必须随时而改变，以适宜于时代的变化。从社会发展的经验来看，也是这个道理，发展到一个极限，一定要变，变就会通，通才会长久，这里的变通就蕴涵着创新、日日新。

"通"是变易、日新过程中能够开放地吸收各式各样信息、经验、英才，而能保持长久发展机制的一种重要途径和方法，是日新的必要前提条件；变通日新另一重要前提条件，是"与时偕行"，即变通趣时，现代表述为"与时俱进"。这是说，君子终日勤勉不懈，就能与时俱进；假如不能与时变通、日新，到了极限就亢龙有悔，走向衰亡。阴阳互补，刚柔相济，才能使万物生长繁荣，国家安定发达。

---

① 《论语·卫灵公》，（宋）朱熹：《四书章句集注》，中华书局1983年版，第166页。
② 《周易·系辞传下》，（清）阮元校刻：《周易正义》第8卷，《十三经注疏》，中华书局1980年版，第86页。

五、笃行价值观

和合生生讲求效用和实用，讲求实践和笃行。在实践笃行中获得日新、创新的资源，获得新事物、新生命化生的动力。《中庸》(《中庸》原是《小戴礼记》中的一篇。旧说《中庸》是子思所作。其实是秦汉时期儒家的作品，它也是中国古代讨论教育理论的重要论著) 讲广泛地学习，详细地询问，慎重地思考，清楚地分辨，踏踏实实地实行，而且实行了就要见成效，不见成效不罢休，这种笃行的精神，培育了中华民族坚韧不拔的意志。

如何笃行？分内圣与外王两个层面。内圣层面是："物格而后知至，知至而后意诚，意诚而后心正，心正而后身修。"[1] 即格物—致知—诚意—正心—修身。这是人的伦理道德、人格理想的培育过程，也是君子、圣贤修身养性的进程，这是实行外王的基础或根基。有了这个基础或根基，便可以开出外王事功层面："身修而后家齐，家齐而后国治，国治而后天下平。"[2] 修身—齐家—治国—平天下。但无论是内圣层面，还是外王层面，都是一种整体的笃行活动。和合生生价值观、多元价值观、贵和价值观、日新价值观，都要落实、安顿在内圣外王的笃行活动中，只有笃行，和合价值观才是生气勃勃的、不断创新的、生生不息的，才能体现齐家、治国、平天下的效用价值。

笃行体现效用，效用彰显笃行。和合价值观塑造了中华民族的理论形态、思维方式、伦理道德、审美情趣、价值理想、行为方式等。它影响人与自然、社会、人际、心灵、文明的关系，它指导家庭、国家、民族关系的处理，以及经济、政治的关系等。在人与自然关系上，讲究"天人合一"，"和实生物"，与自然圆融无碍，和生共荣，万物并育而不相害，而不是片面地征服自然、"人定胜天"。在人与社会关系上，要讲"和而不同"，和处共富，尊重个性，鼓励创新，营造实现人生价值的良好环境，建构公平、公正、自由、平等的公共机制，使人与社会融为一体。在人与人关系上，要己欲立而

---

[1] 《大学·第一章》，(宋) 朱熹：《四书章句集注》，中华书局 1983 年版，第 4 页。

[2] 《大学·第一章》，(宋) 朱熹：《四书章句集注》，中华书局 1983 年版，第 4 页。

立人，和谐相处，和衷共济，团结互助，和立互信，讲求恭、宽、信、敏、惠，与人为善，和以处众。在心灵上，要胸怀大度，海纳百川，清心寡欲，中和养心，宁静致远，和谐和乐。在文明之间的关系上，因为各文明对人类进步和发展都做出过贡献，而没有多少之分，因此各文明间应互尊互重，互谅互解，互信互帮，互好和爱，"道并行而不相悖"①，各文明均有其不同的宗教信仰、价值观念、风俗习惯、生活方式，这便是"道"的不同，不同"道"可并行不悖，共同进步。在国与国关系上，要"协和万邦"，以邻为伴，亲仁善邻，诚信修睦。国不分大小、贫富、强弱，平等交往，互相协商，友好合作，互利共赢，和达共富。在民族与民族关系上，要与人为善，友好往来；互相尊重，信仰自由；一旦矛盾，互谅互爱；团结互助，共同发达。在家庭、国家内部关系上，家和万事成，国和万事兴。家和便父义母慈，兄友弟恭，入孝出忠，明礼诚信。国和便安居乐业，上下团结；政清民和，公平公正；以人为本，内和外顺。

在当今经济全球化、科技一体化、网络普及化，万物联通化，以及民族文化的全球化、全球文化的民族化的情境下，和合价值学有益于人类所共同面临的冲突和危机的协调和化解；有益于人类各民族文化哲学个性化的长久持续发展；有益于各民族、国家的社会、政治、经济、科技、文化的交流、学习和繁荣；有益于人类各民族、国家、文明的价值观、理论思维、伦理道德、终极关怀的建设和需求；有益于人类精神和共同理想的建设和发扬。以此五个"有益于"为标准，度越种种中心主义、保守主义、狭隘民族主义、民粹主义、霸权主义、单边主义，解构种种政治的、经济的、宗教的、观念的、文化的隔阂、冲突和分歧，自己解放自己，自己拯救自己，在这个"地球村"上，营造一个不杀人、不偷盗、不说谎、不奸淫的现实世界，建构一个天和人和、天乐人乐、天人共和乐的和合天下。

（原载于《哲学家 2006》，人民出版社 2006 年版）

---

① 《中庸·第三十章》，（宋）朱熹：《四书章句集注》，中华书局 1983 年版，第 37 页。

和合、和谐与现代意义

　　21世纪人类所共同面临的挑战和冲突，概言之，有人与自然、人与社会、人与人、人与心灵和不同文明之间的五大冲突，并由此而引发了五大危机，如生态危机、社会危机、道德危机、精神危机、价值危机，它关系着人类的生命存在和利益。为了求索化解此五大冲突之道，追求人类文化的出路和前景，东西方学者从各个层面提出了各种各样的理论、学说和设想，组织了各种机构，做出了许多有益的努力，但效果与价值理想相去甚远。

　　如何化解生态危机？治理环境污染，防止臭氧空洞，整治土地沙漠化，解决资源匮乏，控制人口生育，防治疾病肆虐。如何解决社会危机？协调国际社会南北贫富不均，东西发达与不发达失衡的冲突；解决逃离经济困境，以及民族冲突战争所造成的难民、移民浪潮带来的紧张、冲突和暴力；制止和预防国际和地区恐怖组织的恐怖活动、黑社会组织、拐卖人口以及钱权交易、政治腐败等社会问题。如何解决人与人之间的冲突？化解道德失落、行为失范、社会失序、人际疏离等社会问题；制止尔虞我诈、坑蒙拐骗、假冒伪劣、见利忘义、谋财害命、强暴妇女、杀人放火等危害人际关系的种种丑陋现象。如何消除心灵的苦闷、痛苦、烦恼、焦虑、悲哀、愤怒、压抑等的紧张，获得精神的愉悦、舒畅和快乐？如何化解各文明之间的冲突，使不同文明间能相互理解，宽容地接纳，平等地对话，互爱地尊重，不搞对抗、杀戮和战争？

　　鉴于此人类所共同面临的五大冲突和危机，世界上任何地区、国家、民族、宗教以至个人，都已深受其害。世界上有远见、有理智、有胆识的思想家、谋略家、政治家面对此情境，都应以全人类的福祉和未来的幸福为担当，以孔子的"己所不欲，勿施于人"的人类良知为准则，以和合学的和生、和处、和立、和达、和爱为指导原理，打破狭隘的地区、地域、国家、民族、宗教等为中心的观念，以自觉的全球意识来观照、筹划、设计全人类的生存和发展问题，化解五大冲突和危机，使人人安身立命，享有和乐、和爱的生活。虽然各思想家、谋略家、政治家及各集团的思维方式、价值观念、政治立场、宗教信仰等存在诸多殊异，但由于其面临的冲突和危机是共同的，其价值理想大体相似，便存在着取得各方面大致认同的共同基础。有了这个大致的认同的共同基础，便有可能早一些围绕化解五大冲突和危机的基本原则、原理达成共识。

中华民族是一个以共和、和谐、和合为贵的民族，它既是民族精神的体现，也是民族的价值理想。和谐、和合的思想在中华传统文化中有着深厚丰富的资源。《尚书·尧典》在说到当时天下各个诸侯国之间应该怎样协调彼此关系时，以"协和万邦"作为指导思想，认为这样黎民百姓才能变恶为善、和平共处。《诗经》说"亦有和羹，既戒既平，鬷假无言，时靡有争"①，借"和羹"为例来讲多样性的融合。《易经》讲"鸣鹤在阴，其子和之"②，相互鸣叫。《周易·乾·彖传》讲"乾道变化，各正性命，保合太和，乃利贞。首出庶物，万国咸宁"③。就是说，天道变化，社会与时协行，原有的政治、经济关系和人的等级地位都发生变革而有冲突，就需要各自端正其符合现实的性命，各正其位，各得其所，这样才能"保合太和"，只有保合太和，万物才能发育生长，万国才能和谐安宁。中国古代，都把"保和太和"作为一个重要思想来弘扬，故宫就有太和殿、中和殿、保和殿。和合一词较早见于《国语·郑语》："商契能和合五教，以保于百姓者也。"④ 商契是商代的祖先，他能了解民情，因伦施教，父义、母慈、子孝、兄友、弟恭、百姓和睦，皆得保养。这一思想是西周末年，幽王纵情逸乐，郑桓公为幽王司徒，

---

① 《诗经·商颂·烈祖》，（清）阮元校刻：《毛诗正义》第 20 卷，中华书局 2009 年版，第 1341 页。

② 《周易·中孚卦》，（宋）朱熹：《周易本义》第 2 卷，中华书局 2009 年版，第 211 页。

③ 《周易·乾卦·象辞》，（宋）朱熹：《周易本义》第 1 卷，中华书局 2009 年版，第 33 页。

④ 《国语·郑语》，徐元诰：《国语集解》第 16 卷，中华书局 2002 年版，第 466 页。

他与史伯纵论如何"成天下之大功"，使社会和谐，人民安居乐业，以及如何协调人与天地、社会的冲突，使和合社会的建构得以实现时说的。史伯还列举"虞幕能听协风，以成物乐生者也。夏禹能单平水土，以品处庶类者也"①，以及"周弃能播殖百谷蔬，以衣食民人者也"②。史伯认为这样的人才能"成天下之大功"，周幽王不能以和的思想来治理国家，用同弃和。史伯认为，和使国家兴盛，剚同使国家灭亡，这就是"和实生物，同则不继"③的意思。那什么叫作和呢？就是"以他平他谓之和"，即承认他者的存在，他者与他者之间应相互尊重，是平等的互动者，相异而融合、和合而成新事物、新方案。也就是说，他与他之间不是一个服从的关系，不是一方主宰一方，一方吃掉一方的关系。这种思想不同于西方主客二元对立的一方吃掉一方的思维。"和"何以能生万物？《国语·郑语》说："先王以土与金、木、水、火杂，以成百物。"④"杂"即"合也"，是多元（五行）因素的和合。这与西方上帝造万物，以及柏拉图的理念、黑格尔的绝对观念等不同，上帝、理念、绝对观念是绝对的唯一正确的、全知全能的，体认了它就等于掌握了绝对真理，与此相反的都是异端，都是要批判的，因而上帝、理念、绝对观念等具有排他性、独裁性。中国不然，它没有设计一个唯一的、全知全能的造物主，所有不同的事物尽管是相对、相反的，但相反才能相成，才能生万物。剚同即是指唯一的、相同的、绝对的东西。《周易·革·象传》中举例："二女同居，其志不相得。"⑤ 相同因素的简单相加是不能化生新事物、新生儿的。就此来观，中华民族从思维源头上就是主张多元、多样的，这也可以说明为什么中国思想有很大的包容性，可以海纳百川，这也是为什么中国没有发生宗教战争。犹太人到中国来可以被同化，清代满人入关以后，基本上被同化，其原因也在这里。在中国的有些寺庙里，共同供奉儒、释、道三教的教主，这在其他宗教寺庙里是不可想象的。

---

① 《国语·郑语》，徐元诰：《国语集解》第 16 卷，中华书局 2002 年版，第 466 页。
② 《国语·郑语》，徐元诰：《国语集解》第 16 卷，中华书局 2002 年版，第 466 页。
③ 《国语·郑语》，徐元诰：《国语集解》第 16 卷，中华书局 2002 年版，第 470 页。
④ 《国语·郑语》，徐元诰：《国语集解》第 16 卷，中华书局 2002 年版，第 479 页。
⑤ 《周易·革卦·象传》，（宋）朱熹：《周易本义》第 2 卷，中华书局 2009 年版，第 177 页。

和合一开始是作为一种调整人和人关系的重要思想提出来的，但是又不限于此，至少还应包括以下几个方面：一是要熟悉天地自然和社会矛盾冲突所在，依据对象的本性，加以协调，达到和谐。二是要顺其自然，尊重天地自然和社会的运行规则，达到和谐。三是万物有高下，有高下而有差分，有差分而各得其所，各安其位。万物并育而不相害，和乐繁荣生长。四是增强人类的生产能力，播种百谷，培育蔬菜，丰衣足食，人人富裕。五是提升人的道德水平、文明程度，百姓和睦，皆得保养，以建构和合的社会。此五个方面就是古代中华民族化解人与自然、社会、人际、心灵，以及国家与国家、民族与民族冲突的设想和指导思想。

当然人和人的关系是基本的，它调整好了可以维护社会的安定，如果对人和人的关系处理不好，整个社会也不得安定。人们最重要的生活场所是家庭，这就是我们中国人为什么重视家庭的原因。比如说五伦，由家庭的父子、夫妇、兄弟三伦，然后由父子推到君臣，由兄弟推到朋友两伦。修身、齐家、治国、平天下就由此推衍出来。《左传》昭公二十年，齐景公与晏婴讨论"和"与"同"的问题，晏婴把和的思想运用到政治上，他认为一个君主提出的方案、意见有合理的地方，也有不够合理的地方，那么对一个臣子来说该怎么办呢？不能因为君主说好就说好，君主说不好就说不好，那就剿同了，应该是君主认为行的而其中有不行的，臣指出它的不行之处，而使其行更加完善；君认为不行而其中有可取之处的，臣指出它行的方面而去掉它不行的方面，这就是和的政治智慧，相当于我们现在所讲的政治文明。和的思想被老子和孔子所继承，孔子述而不作，他继承了《五经》中的思想，把和与同作为区分君子和小人的一个标志和尺度。这一尺度既是人格的尺度，也是道德的尺度，"和而不同"是君子的人格，也是君子的道德；"同而不和"是小人的人格和道德行为。孔子的学生有子说："礼之用，和为贵。"先王都以此作为最好的道德。在孔子的思想中，礼实际上是外在的表现，是等级的典章制度，是维持社会稳定的秩序。如果没有礼，手和脚都不知道往哪里放。礼体现了伦理精神和道德行为规范的价值合理性。礼的作用和功用，其所要达到的目标，就是和。

道家和墨家都强调和。道家把和不仅看成是人与人之间协调、和谐的关系，而且从万物生成和本体上讲和。"道生一，一生二，二生三，三生万物。万物负阴而抱阳，冲气以为和。"从整个宇宙的生成来看，三生万物，三就是多的意思，万物蕴涵着阴阳对待的关系，从而构成冲气，冲气就是和。

墨子认为和合是和谐、协调个人、家庭、国家、社会关系的根本原理、原则，是家庭、社会、国家不分裂的聚合剂。他说："是以内者父子兄弟作怨恶，离散不能相和合，天下之百姓，皆以水火毒药相亏害，至有余力不能以相劳，腐臭余财不以相分，隐匿良道不以相教，天下之乱至若禽兽然。"①他认为，国家、社会动乱的原因就在于"不相爱"，只要做到"兼相爱"，天下就能协调、和谐而治。

由和的思想就可以看出中西思维的差分：西方泰勒斯的水、赫拉克里特的火、德谟克里特的原子等，都是实体的，不可以入的，具有绝对性；中国的思想则是多元的、可入的，具有包容性。

和合思想强调融突的多元性，主张生生。《周易》讲"天地之大德曰生"，"生生之谓易"，易是天地万物的变化、国家制度的变迁，中国古代讲变化思想往往与生生相联系，也就是说，只有生生才是可以不断发展的，所以说生生是中国哲学的本质特征。

在上古汉语系统中，"和"字有两种左右组合造型：一种是从龠禾声的"龢"，最早见于甲骨文，它的本义是指从三孔（或六孔、七孔）定音编管内吹奏出来的标准乐曲，以便调和各种音响；另一种是从口禾声的"和"或"口禾"字，最早见于金文。其本义是指音声相和，旋律合韵。"合"字是上下组合造型，从亼从口，在甲骨文和金字文里，"合"字像容器与盖子合拢之形。许慎的《说文解字》认为："合"的本义是"合口"，有覆盖的意思。"合"字的总体意象是：广泛采集众多元素，汇合纳入口中，覆盖发酵，酝酿出新生态。《周易》讲："夫大人者，与天地合其德，与日月合其明，与四时合其序，与鬼神合其吉凶。"②就是说，人与天地、日月、四时、鬼神是相

---

① 《墨子·尚同上》，（清）孙诒让撰：《墨子间诂》第3卷，中华书局2001年版，第73页。
② 《周易·乾卦·文言》，（宋）朱熹：《周易本义》第1卷，中华书局2009年版，第41页。

互符合、相互匹配的。中国人把天地看成是有德性的，人、社会也是有德性的，人道与天道是相符合的。人以其明察与日月光明相符合。四时有顺序性、规律性，国家、社会也有规律性、次序性，不能朝令夕改，人和人之间也有次序，没有次序就乱套了。人的赏罚与鬼神福善祸恶相合。孟子把这个思想发挥为"天时地利人和"，这个人和，是和天时地利相对应的，人不和的话，天时地利再好也无效用。构建和合社会不是单一的社会问题，而是在天地人冲突、融合中达到和谐、协调、和合。孟子进一步追究了和谐、和合内在的心理基础和人性基础，那就是恻隐之心，一个小孩往井里爬，不管认不认识这个孩子，都会救他，既不是为了名誉，也不是为了地位，更不是为了讨好孩子的父母，而是一种内在的不忍人之心使然。这种"不忍人之心"是人的本性，它不是外在的他律，若人人具有这种善心，社会就会和谐。

和谐有协调、谐和、调和、和合的意思。谐，《说文》："谐，洽也，从言皆声。"《六书统》："谐，洽，从言从和，合众意也。"每一件事情、方案、措施若符合大众的意见，便是民心所向，就能协调、和谐。《玉篇》又训："谐，和也。"和谐主旨是和。《左传》襄公十一年记载："八年之中，九合诸侯，如乐之和，无所不谐。"[1] 诸侯国之间取得和谐、协调。《晋书·挚虞传》："施之金石，则音韵和谐。"[2]

和谐是指人与自然、社会、人际、民族、种族、国家、宗教、心灵、文明间各种错综复杂关系的协调、谐和、和合。和谐既具有理想价值，也具有实践价值。它不仅是个人自由与社会公正、公平价值的融突，也是个人、家庭、国家、社会的富裕、发展与合理、合法、诚信、明德、友爱等社会公德的价值取向的融突，又是普遍理性与特殊情感的价值状态的融突。此三者融突的价值导向是和谐、协调、和合。所以就和谐的自身内容及形式而言，是和谐而不是动乱，是和合而不是分裂，是协调而不是冲突，动乱、分裂、冲突只是和谐、和合、协调中出现的一种负面的、暂时的状态，是有待被化解的状态。

---

① 《春秋左传·襄公十一年》，杨伯峻编著：《春秋左传注》，中华书局 1981 年版，第 993 页。

② （唐）房玄龄等撰：《挚虞传》，《晋书》第 51 卷，中华书局 1974 年版，第 1425 页。

　　和合、和谐是中华民族传统文化思想的重要命题与核心价值，是心灵关怀与价值理想，是精神家园与终极关切。它不仅具有现实的意义，而且具有普世价值。从实践价值而言，和谐、和合需要人格物、致知、诚意、正心、修身，意诚而后心正，心正而后身修，心正、身修而止于至善；人人有一颗和善的心，即"不忍人之心"，推之家庭，家庭和爱，不仅要父义、母慈、兄友、弟恭、子孝，而且要全家遵纪守法、廉洁奉公，杜绝后门，这样才能家和万事成；由家庭推及人际，人与人之间要讲诚信，诚是真实无妄，它是五常之本，百行之源。信是诚实不欺，遵守诺言。孔子的学生子贡问如何治理国家政事，孔子认为可以"去兵"、"去食"，但不能"去信"，自古以来人都免不了要死，"民无信不立"。人讲诚信便能立于世，国家讲诚信，人民就拥护它，诚信使人际关系得到和立。由人际推及社会，社会关系复杂，贫富差距愈来愈大，资源分配不均，强势与弱势群体对立，而出现动乱战争、恐怖活动、谋财害命等。社会需要和达，人民需要安居乐业。"道并行而不相悖"，这是化解社会冲突的有效选择。不能以冲突化解冲突，以恐怖反对恐怖，以战争反对战争，其结果是反恐愈反愈恐，战争愈演愈烈，冲突愈来愈深，应通过对话、谈判、谅解、和解的通达途径来消除冲突。《荀子·王制》主张"和解调通"①，通过协调、会通、和谐，而获得和解；由社会和谐而推及世界，世界要和平，要"和而不同"。《国语·周语下》："声不和平，非宗官之所司。"②《管子·正》："致德其民，和平以静。"③施德于民，秩序安定。当今世界，各国、各民族、各地区的社会制度、宗教信仰、价值观念、伦理道德、行为方式、风俗习惯差分、不同，但可以达到和平共处；由世界和平推及宇宙自然，人类参与宇宙空间及自然开发的活动愈来愈频繁，冲突亦凸显出来。人类应与宇宙自然和美相处。"夫大人者，与天地合其德，与日月合其明，与四时合其序，与鬼神合其吉凶。"④ 人要与天地、日

---

① 《荀子·王制》，梁启雄：《荀子简释》，中华书局 1983 年版，第 101 页。

② 《国语·周语下》，徐元诰：《国语集解》第 1 卷，中华书局 2002 年版，第 112 页。

③ 《管子·正》，黎翔凤撰：《管子校注》第 15 卷，中华书局 2004 年版，第 893 页。

④ 《周易·文言传》，（宋）朱熹：《周易本义》，《朱子全书》第 1 册，上海古籍出版社、安徽教育出版社 2002 年版，第 150 页。

月、四时、鬼神相配合、和合，这样便构成了人心和善（不忍人之心）→家庭和爱→人际和立→社会和达→世界和平→宇宙和合的逻辑结构，体现了中华民族的民族精神和中华民族传统文化的精髓。

和合、和谐之所以是中华民族传统文化的精髓，就在于：

第一，超前性。先秦是一个诸侯争霸、社会动乱、战争频繁的时期，所以孟子讲春秋无义战，诸子从人与自然关系、社会制度、人的道德乃至人性的层面，凝练出和谐、和合的思想。汉代，和谐、和合思想被运用到社会典章制度、医学、农学、天文、算学，以及外交、生活的各个方面，从而培育了中华民族包容平和的精神，而具有超前性，他们在动乱的残酷社会现实中看到了中华民族必须走向和谐，这样人们才能安居乐业。孟子讲要有恒产，不然的话生命无法保障，所以《周易·系辞下》就讲"天下同归而殊途，一致而百虑"①，尽管你有百虑、殊途，但最终要同归、要一致。这个一致就是要和谐、和合。

第二，深刻性。当时哲学家探讨的一个重要的问题，就是人和万物从哪里来，到哪里去？轴心时代的哲学家都面临这样一个问题，但不管是古希腊的水、火、原子，还是古印度《奥义书》所讲的地、水、火、风，以及古埃及所讲的冷水，都具有直观性，都是在寻找万物背后统一性的根源。中华民族在先秦时就提出"和实生物"的思想，"和实生物"强调新生事物的化生是多元和合。所谓和，是"以他平他谓之和"。多元要素、事物的融突和合是"他"与"他"者的关系，承认他者的存在，就要对他者尊重，而且是平等、平衡的关系，而不是一方吃掉、克服另一方的关系。所以"和实生物"就是"土与金木水火杂，以成百物"，杂就是杂合。《周易》中也对"和实生物"有所解释："天地絪缊，万物化醇，男女媾精，万物化生。"② 天地、男女是阴阳冲突两极，絪缊、媾精是融合，冲突、融合而形成新事物的和合体。讲得比古希腊、古印度、古埃及深刻、完善。

---

① 《周易·系辞下》，（宋）朱熹：《周易本义》，《朱子全书》第 1 册，上海古籍出版社、安徽教育出版社 2002 年版，第 139 页。

② 《周易·系辞传下》，（宋）朱熹：《周易本义》，《朱子全书》第 1 册，上海古籍出版社、安徽教育出版社 2002 年版，第 141 页。

第三，适应性。和合思想所依据的是中华民族社会的现实、深厚的文化资源，以及人内在的思维方式。《周易·系辞下》讲："为道也屡迁，变动不居，周流六虚，上下无常，刚柔相易，不可为典要，唯变所适。"[①] 天道变迁，阴阳刚柔变易，社会发展日新，理论思维也要与时偕行，以适应社会发展日新的需要。理论思维只有关怀社会、关怀现实、关怀生活，才能生生不息，日新而日日新，而适应社会的需要。

第四，效用性。和合思想具有很强的操作性，我在《和合学概论——21世纪文化战略的构想》一书的下卷，形上和合的和合自然科学、道德和合的和合伦理学，人文和合的和合人类学，工具和合的和合技术科学，形下和合的和合经济学，艺术和合的和合美学，社会和合的和合管理学，目标和合的和合决策学等用的层面做了论述。当今世界，无论在政治、经济、制度、文化、道德、观念、生活、审美、交往等各个方面，中华民族的和合精神、和谐理念，具有重要的理论价值和实现意义。

（原载于《江汉论坛》2007年第2期）

---

① 《周易·系辞下》，（宋）朱熹：《周易本义》，《朱子全书》第1册，上海古籍出版社、安徽教育出版社2002年版，第143页。

中国语境下的中国哲学形式

中国哲学要"自己讲""讲自己"。中国哲学自身经历了先秦百家之学，秦汉经学，魏晋玄学，隋唐儒、释、道三家之学，宋元明清理学和近代新学，有着源远流长的哲学传统。但在现代学习西方的过程中，以西方的真理为真理，以西方的哲学为哲学，又经历了"照着讲""接着讲""对着讲"的阶段。在当前中、西、马之学的冲突融合而和合中，我们不是对着讲，而是比着讲、参着讲、化着讲，讲自己，也就是说化"洋魂西话"为"中魂汉话"。在这个情况下，我们还需要经过艰苦的努力。

一、中国哲学的语境和中国哲学的形式

我们要突破"洋魂西话"对"中魂汉话"的遮蔽，重新发现"中魂汉话"，重建中国哲学的形式。中国哲学实是中国的哲学，它不是西洋的哲学，所以它必须具有中魂。中魂也就是中国哲学的精神、价值和方法。汉语是中国哲学表现的一种载体、工具和方式。在这里，"中魂汉话"不是胡言乱语，而是正言正语。

首先必须搞清楚的是，"中魂汉话"到底是什么？

1.中国哲学是为道屡迁，为变所适的，也就是说中国哲学是在不断适应时代需要和发展中演化的，它本身就是一个开放的体系。它在与本土的、外来的各种文化的融突中，不断吸收内外文化来充实、完满自己的体系。所以，它在为变所适过程中，化解了当时时代的冲突，并且取得一定的体认，也就是一种觉解（佛教讲佛者觉也，觉是一种觉悟，也是一种智慧）。当代

人类面临着五大冲突和五大危机。五大冲突是指人与自然、人与社会、人与人、人的心灵、文明之间的五大冲突。它所带来的是五大危机，即生态危机、人文危机、道德危机、信仰精神危机和价值危机。对此五大冲突、五大危机的体认和觉解，并化体认觉解为智慧，就是建构当代中国哲学形式的方便法门。这也是中国哲学走向世界，被世界哲学界所认同的一种有效途径。

我们现在所遇到的问题、所面临的冲突，说明中国哲学如果要自己讲、讲自己，就必须自己要把中国哲学究竟是什么、不是什么搞清楚。中国哲学到底是不是一种哲学？东西方哲学界就存在不同的认识。从黑格尔到德里达，就持否定态度。2001 年，德里达到中国来讲学，他仍然讲中国没有哲学，只有思想。尽管德里达讲这些话的时候，并没有贬低中国思想的意思，但是他在讲中国没有哲学的时候，实际上他已经设定了一个哲学是什么的问题。也就是说，德里达在讲这句话的时候，他的思想中对哲学已有他自己的标准和定义。在这种情况下，如果我们自己对自己的哲学都搞不清楚，那只有照着别人讲，连比着讲都不太可能。中国哲学自己讲、讲自己，实际上是一种"知己"，"知己"也就是为了更好地"知彼"，在知己知彼的互动当中，才能够化彼为己，转彼之智慧为己之智慧，以发展中国的哲学，也更能够认清自己的哲学。

譬如说在唐代，儒释道三教冲突融合，提出了兼容并蓄的文化整合方法，但是唐代 300 年到宋初的 60—70 年之间，儒、释、道三教如何融合？如何兼容并蓄？这个问题一直没有解决。兼容并蓄用现代话语表达是讲综合。20 世纪 80 年代，在讨论中国传统文化与现代化的时候，也提出这个问题，如中体西用，西体中用，中西互为体用，中西为体、中西为用这样 4 种方法。我还补充了一点，中西即体即用、非体非用。还提出了创造性转化，创造性诠释，儒学第三期发展，以及综合创新等。这些文化整合的方法同唐代儒释道三教所遇到的兼容并蓄的方法是类似的。我们今天所遇到的是中、西、马融突而和合的问题，也可以讲是中西文化怎么样综合创新的问题。唐代 300 年并没有把三教文化融合起来，也没有把兼容并蓄的文化整合方法落到实处、安顿下来，为什么？一是没有"知己"的自觉，人们被佛学深邃的般若智慧所遮蔽；二是时代风气之弊，一流的知识分子趋之若鹜地学佛，或应科举而重诗文，所以涌现出一批伟大的佛学家和诗人、文学家，但没有融突而和合三教的伟大的哲学家；三是中国哲学没有找到可以安顿三教兼容并蓄的文化整合方法的新的核心话题，而无法超越原有的哲学核心话题，只能接着讲性情话题。

2. 我们今天讲中国哲学自己讲的时候，必须认真了解、研究西方的哲学。怎样才能把中西马这三者的融突和合落实下来？为什么要安顿下来？这是因为每一种文化整合方法的背后都有一只无形之手，这个无形之手就是价值观。每个人和每个时代的价值观不一样，那么对问题的判断就完全不一样。譬如批判的继承，到底批判什么？继承什么？这个问题本身就受每个人和每个时代价值观的支配。过去我们曾要打倒孔老二，现在我们看到孔子思想中还有合理的东西。"五四运动"和"文革"的价值观和我们现在的价值观有着截然不同的改变，我们对儒家的认识也可能不一样。所以要批判什么？继承什么？随着人和时代的不同，价值观不同，就有不同的判断。

程朱之所以能够把儒释道三教融突而和合起来，是因为他们在出入佛道中返诸《六经》，换言之，在出入佛道中，发现了中国哲学的自我。出入佛道，尽究其说是知彼，发现自我是知己。知己知彼才能自己讲。程颢说："吾学虽有所受，'天理'二字却是自家体贴出来。"[1]"天理"二字实际上在《庄子》中就有，在《礼记·乐记》中就讲到天理和人欲的关系问题。大程之所以讲"'天理'二字却是自家体贴出来"，他并不是说这个词过去没有，而是说他找到了化解当时社会、人生的冲突，体现时代精神的核心话题，即用"天理"来建构自己的理学体系，把儒释道三教兼容并蓄的文化整合方法落实到"天理"这个核心话题上。

鉴于我们跟西方哲学频繁的对话中，对话、交流的前提是我们必须先要明确了解自己究竟是什么，我们必须把自己的哲学搞清楚，所以我提出要自己讲。在这种情况下，我们自己有没有哲学？到底是什么样性质的哲学？中国哲学的特殊性和普适性关系究竟是什么？这些问题都应该进一步搞清楚。中国哲学实际上是"以他平他谓之和"，也就是说中国哲学是把他者的

---

[1] （宋）程颢、程颐：《河南程氏外书》第12卷，《二程集》，中华书局1981年版，第424页。

哲学和自己的哲学平等对待的。但我们现在所遇到的西方哲学是强势哲学，我们是弱势哲学。

记得 1988 年我在日本东京大学讲学，那时东京大学还有一个中国哲学研究室，后来就取消了，改成中国社会思想研究室。这也可以看出中国哲学的弱势地位和西方不承认中国有哲学的现象，所以西方大学哲学系当中根本不讲中国哲学，甚至讲印度哲学的时候也不讲中国哲学，把中国思想放在东亚系里面讲。

在这种情况下，中国哲学怎样和西方哲学对话？也就是说在西方不承认中国有哲学的情况下，我们和西方哲学对话的地位是不平等的，对话就处在非哲学或者异哲学的地位。这种情况下我们必须先认识自己的哲学，认识中国哲学的个性、特点、风格、神韵，以及中国哲学个性、特殊性与世界哲学共性、普遍性的关系，这样才能比较好地与西方哲学对话。我为什么提出中国哲学语境下的中国哲学自己讲？自己讲并不是要排斥西方哲学。有些人可能误解为中国哲学自己讲，讲自己就是排斥西方哲学。自己讲、讲自己是基于我们要更好地跟西方哲学对话。为此必须把自己的哲学建构好，这样才有平等对话的资格。现在不是汉语淡出的时候，应该汉语汉说，也就是中魂中说。

3. 中国哲学在洋魂西化的过程中，实际上是用洋魂取代中魂，以西语取代汉语，以西规排斥中规，以西理来否定中理。搞得中国哲学只能洋魂西说，中魂中说被边缘化，甚至被遮蔽，所以逐渐使中国哲学丧失了自己的主体性，沦为洋魂西话的注脚，甚至削足适履的照着洋魂西话讲，说明西魂西话是放之四海的真理。在这种情况下，中国哲学本身丧失了合法性和主体性，所以中国哲学要自己讲、讲自己。

如果中国哲学的中魂都丧失掉了，那中华民族的哲学也就丧失了本来的性质、价值和方法，也就失去了中国哲学本来的面目。没有中国灵魂的中国哲学还是中国哲学吗？换言之，没有中国灵魂的中国文化还是中国文化吗？现代以来，我们为了适合于西魂西话，把蕴涵中魂汉话的中国哲学的文本基因打散。如把朱熹哲学思想按照条块分割开来，用本体论、认识论、辩证法、历史观等几大块将其分解。也就是说，把我们中国哲学按照西方哲学之所谓哲学的东西选出来，然后装进西方哲学的框架当中去。在这种情况下，中国哲学的灵魂、精髓就没有了。就像《庄子·应帝王》里讲的，北海和南海之帝按照人的样子把中央之帝混沌凿成七窍的时候，混沌也就死掉了。如果把中国哲学按照西方哲学之谓哲学来装配的话，那么中国哲学的灵魂也就死了。

二、中国哲学语境下如何讲中国哲学的形式

1. 在中国哲学语境下，哲学的中魂就是中国哲学形而上与形而下、道与器、天与人、有与无、理与气；价值观念、精神家园、终极关怀，以及哲学致思的途径、路向、特点、性质，以此来界定中国哲学之谓哲学。

胡适的《中国哲学史大纲》和冯友兰的《中国哲学史》中讲过，西方关于哲学的定义从来就不是一定的，每个人根据自己哲学及对哲学的理解做出了不同的规定，因此，中国哲学也可以以自己多年来哲学的演化加以规定。我们可以回顾一下，20世纪30年代，胡适和冯友兰依照西方哲学之谓哲学开拓了中国哲学这样一个学科，本来中国哲学没有成为一个学科，胡适、冯友兰使中国哲学成为一个学科，这是具有开创之功的。他们对哲学下的定义不一样，这就说明西方哲学本来就没有一个统一的哲学的定义，每个人都有自己的定义，没有一个一致的标准。既然这样，为什么我们一定要遵照西方哲学的某一定义，来讲中国哲学，为什么我们不能根据中国哲学的实际自己下定义？

20世纪以来，就中国来说，就有多种哲学的定义：谢无量是第一个作《中国哲学史》（1916年中华书局出版）的，他以中国哲学的内容来定义，说中国"古有六艺，后有九流，大抵皆哲学范围所摄"[①]。九流就是九家，都是中国哲学所包含的。六艺是"儒家之秘要，哲学之统综"[②]。他实际上是以儒家为主，基本上以传统儒家的史观来写哲学史。

---

① 　谢无量：《中国哲学史》，中华书局1916年版，第4页。
② 　谢无量：《中国哲学史》，中华书局1916年版，第46页。

第二是胡适的《中国哲学史大纲》，商务印书馆 1919 年 2 月出版，时值五四运动前夕，所以有开风气之先的作用。冯友兰教授在听了胡适的讲课以后，觉得耳目一新，对他的影响很大。胡适此书一出来，在当时具有轰动效应。他给哲学下的定义是这样说的："哲学定义，从来没有一定的。"[①] 我觉得这句话很重要，他把哲学的统一定义基本上否定了，"没有一定的"，就是说每个人可以有自己的定义。他说："凡研究人生切要的问题，从根本上着想，要寻一个根本的解决，这种学问，叫作哲学。"[②] 他是按照实用主义的思想为指导来下这个定义的，他讲的是研究人生切要的问题，从根本上解决人生切要的问题就是哲学。这跟古希腊哲学的定义就不太一样。

第三是冯友兰，他在《中国哲学史》绪论中讲："哲学一名词在西洋有甚久的历史，各哲学家对于哲学所下的定义亦各不相同。"[③] 胡适说从没有一定的，冯友兰讲哲学的定义也是各不相同的。他说："为方便起见，兹先述普通所认为哲学之内容，知其内容，即可知哲学之为何物，而哲学一名词之正式的定义，亦无需另举矣。"[④] 知道哲学的内容，就知道哲学的定义是什么。哲学的内容是什么？他说按照西洋哲学来看，第一是宇宙论，是对于世界的道理；第二是人生论，对于人生的道理；第三是知识论，对于知识的道理。即哲学就是宇宙论、人生论和知识论。

第四种是辩证法和唯物论。贺麟在《当代中国哲学》中这样说："九·一八前后十年左右，有希望的青年都受此思潮影响，翻译过来的辩证法唯物论的书籍充斥坊间，占据了一般青年的思想。"[⑤] 从 1931 年以后，唯物论和辩证法在中国青年当中传播很广，影响很大，当时认为是新思想、新知识，大家都倾向它。在这样的情况下，李石岑作《中国哲学十讲》，世界书局 1935 年出版。他认为应以什么是物质的回答来决定哲学的性质，也就是以精神和物质来划分唯心和唯物，他按照这样的划分来讲中国哲学。他还认

---

① 胡适：《中国哲学史大纲》（卷上），商务印书馆 1947 年版，第 1 页。
② 胡适：《中国哲学史大纲》（卷上），商务印书馆 1947 年版，第 1 页。
③ 冯友兰：《中国哲学史》（上），商务印书馆 1944 年版，第 1 页。
④ 冯友兰：《中国哲学史》（上），商务印书馆 1944 年版，第 1 页。
⑤ 贺麟：《当代中国哲学》，胜利出版公司 1947 年版，第 72 页。

为中国的儒家提出十足的唯心论,这与其以"拥护封建组织为职责"相适应。当时李石岑提出按照唯心唯物讲中国哲学。

范寿康当时在武汉大学讲《中国哲学史通论》,开明书店1936年出版。他在《绪论》中认为,对于人类社会的历史来讲,所谓生产诸力及生产诸关系,可以说是两种最根本最一般的对立物,所以我们一定要把社会发展看作是这两个对立物斗争的历程,这样才能对社会发展有所理解。所以唯物论根本要旨,是主张我们的意识,乃是外界的存在加以反映而成的。他是以意识是存在的反映来讲哲学。

以上几种哲学的定义,对中国哲学的看法就不一样,今天我们何必要拘泥于西方哲学的定义?如果拘泥于西方哲学定义,也不符合胡适和冯友兰的意思。根据中国哲学的发展历史和中国哲学的实际,我把它定义为:"哲学是指人对宇宙、社会、人生之道的道的体贴和名字体系。"体贴有体悟、反思、反省的意思,名指概念,字义是指对概念、范畴意义的解释。道的道是指一种道理、原理的所当然的所以然之故。

2. 中国哲学语境下,怎么讲中国哲学的形式。换言之,中国哲学在其大化流行中,是如何唯变所适的,在当代语境下建构中国哲学的形式,需要探索、掌握五千多年来中国哲学的游戏规则。是遵循哪些游戏规则?这对于现在中国哲学自己讲、中国哲学的创新,是非常重要的。

中国哲学基本上经过了从先秦百家之学—汉经学—魏晋玄学—隋唐佛学—宋明理学,这样几个阶段。中国理论思维形态的转化,大概是300—500年之间,它的转化有这样几个规律性的东西:

一是核心话题的转变。每个时期的核心话题代表这个时代的精神,也就是说是这个时代精神的体现。先秦时期的核心话题是讲道,天道、地道、人道,三才之道,这是当时各家都探讨的问题。不管是孔子讲"朝闻道,夕死可矣",还是老子的《道德经》,墨子、韩非都讲道。道是一个核心话题。道分天道、地道、人道。到了两汉时期,董仲舒专门作了一篇文章,叫作《王道通三》。三才之道在《周易》上是三横,代表天、地、人。王道通三,王字把三横贯穿起来。这篇文章反映了一个问题,这时候的核心话题是天人问题,对于董仲舒的天人感应论,我们过去有个误解,认为是神学唯心论,其实董仲舒的天人感应思想的用意是非常深刻的。中国在中央集权的、君主专政的制度底下，怎样限制王权，也就是说怎么样监控王权，是一个很重要的问题。皇帝当时的权力很大，谁去监督他？董仲舒说有天，以天的权威来限制王权，皇帝作为天子，应听从天父。所以他提出天人感应论。皇帝如果第一次干坏事，天就要警告他；第二次再做坏事，天用灾异警告他；如果第三次还不改正，天要惩罚他，这个皇帝就要下台。他是用天的权威来限制皇帝的权力。所以他提出天是人的曾祖父，这样的思想也包含了当时中国的祖宗崇拜的宗教信仰。这时期不管是司马迁讲的"究天人之际，通古今之变"①，还是后来王充尽管反对董仲舒，但是他也作《天论》，这时候的核心话题是天人关系问题。魏晋时期，核心话题是有无问题，它与如何实现人生价值相联系。到了隋唐时期，核心话题是佛性，你能不能成佛，怎样成佛，成佛的根据是什么，是有情有性还是无情有性，引申为性情问题。到宋明理学时期，核心话题是天理，探讨理气心性问题，这是核心话题。

从这里我们可以看出，每个时期的核心话题是要变的，但现代新儒家的核心话题是接着宋明理学讲的，没有变。冯友兰讲的很明确，他的《新理学》是接着程朱讲理气问题。熊十力、牟宗三这一派基本是接着陆、王讲，讲心性问题，他们的核心话题依然是宋明理学的。核心话题随着时代的变化，体现每个时代的精神，现代新儒家已不能体现当代的时代精神。

二是诠释文本的转换。每次核心话题的变化，诠释的文本随之而变。过去我们很少注意到这个问题。在我主编的《性》中，我提出了"和合解释学"，当时我就讲诠释文本的问题。每个时期核心话题所依傍的诠释文本都不一样。我们知道先秦是《五经》，充当当时所依据的诠释文本。特别是《周易》，太卜掌三易之法，而开启了儒道墨，孔子研究《周易》，韦编三绝，《易》中的《归藏》对道家影响很大，《连山》开启了墨家。

两汉时期，董仲舒所依傍的诠释文本是《公羊春秋学》。当时汉武帝召集文学贤良之士，包括《书》博士、《诗》博士这些人，他提出了如何"大一统"和"长治久安"等很多问题，要他们回答。汉武帝所提的问题实际上

---

① （汉）班固：《司马迁传》，《汉书》第 62 卷，中华书局 1962 年版，第 2735 页。

是当时时代所面临的冲突，怎样化解这些冲突，当时《诗》博士、《书》博士并没有解决。董仲舒以《公羊春秋》作为诠释文本，撰写了《天人三策》，化解了汉武帝所提出的问题和面临的冲突。

魏晋时期是"三玄"，诠释文本就是《老子》《庄子》《周易》。到了隋唐的时候，其所依傍的诠释文本是佛经，不管是《华严经》《楞伽经》《法华经》，基本是佛教经典。宋明理学所依傍的诠释文本是《四书》，《四书》在唐代并没有这个称谓，宋明理学家把《论语》《孟子》和从《礼记》中抽出的《大学》《中庸》两篇合为《四书》，现代新儒家的诠释文本也是《四书》，没有变。冯友兰讲的新理学这一派是从《论语》《孟子》到《大学》，牟宗三讲的新心学这一派是从《论语》《孟子》到《中庸》。尽管牟宗三他们把朱熹看作别子为宗，陆王是正宗，但其基本诠释文本并没有变化。

三是人文语境的变化，随着时代的发展，人文语境是变化的。各个时代有各个时代冲突和社会需要，要化解的时代冲突不一样，语境也不一样，其所建构出来的理论思维形态亦不一样。

根据中国哲学自己对自己哲学所下的定义和中国哲学转生的三条游戏规则，我们可以发现在当代的中国语境下，中国哲学应该怎么讲，讲什么。显然，我们现在和20世纪三四十年代救亡图存的情况完全不一样，也同牟宗三、唐君毅50年代在香港"花果飘零"的情况大相径庭。在这个情况下，中国哲学应该心怀世界，以全人类的视野，在新的理论思维指导下，讲出自己的新形态来。也就是说中国哲学必须适应当代的需要，以中国哲学的生命智慧和智能创造，化解当代人类的冲突和危机，来提出我们的新思维、新哲学。

在当代，中国学人不能仅仅看到中国自己，而应该以全人类的思维，以全球的意识来关照人类的问题。也就是说在全球化的情况下，中国所面临的冲突和危机、中国所遇到的问题也是全人类所共同遇到的问题。在这种情况下，应该以人类的观念、全球的观照来构建中国的哲学。也只有这样，中国哲学才能够在世界哲学中占有一席之地，中国哲学才能走向世界。能不能走向世界，不是我们一厢情愿的事情，需要取得世界同仁和世界哲学家的认同，取得他们的认同，就需要我们自己的实力，我们自己需要拿出真正的东西来，这样才能够取得他们的承认。

三、中国语境下的中国哲学形式是什么

1. 根据当代中华民族的人文语境变化的状况，依据中国哲学发展的规律，它的游戏规则就是核心话题的转换、诠释文本的转变以及人类语境的转化。按照这个规则，在中国哲学的当代氛围中，应该提出什么样的化解人类五大冲突和危机的理论思维体系？我提出了"和合学"的理论思维体系。我的这种体系还不完善，希望大家提出更好的设想。

"和合学"是我生命的体验。它与我生命的心路历程紧密相连，我从15岁参加工作，经历了土改、剿匪、反霸、镇反、"三反五反"、互助组、合作社，以及粮食统购统销、三大改造运动等，在农村与农民"三同"了6年。1956年号召向科学进军，干部可以考大学。当时大学排名是人、北、清、师，所以就考人民大学。人民大学是单独招生，考不上还可以参加全国统一考试。我是浙江人，先到杭州考人大，然后回到温州参加全国统一考试。全国统一考试前两天，《浙江日报》公布人民大学录取名单，结果我被录取了。1956年入大学，1957年"反右"，1958年"大跃进"，下乡搞人民公社化，1959年"反右倾"，"双反交心""红专辩论"，1964年下乡参加"四清"运动，1965年下农村半工半读，1966年"文化大革命"开始。我的生命是从斗争中过来的，我也不时成为斗争对象，1951年，我16岁时被怀疑参加了"托派"组织，就过起了天天被斗争、"坦白从宽、抗拒从严"的生活，后来平反是因为参加了党领导的进步组织。所以我体会到，以"阶级斗争为纲"不会带来中国的富强。

"和合学"是对中国哲学智慧思维的体认。在目前，中国实现了从"以阶级斗争为纲"到以经济建设为中心的战略性转变。国际格局也从冷战到后冷战的转化。在国际国内形势的转变下，我们又遇到了人类所共同面临的五大冲突和危机，以及中国现代化的问题，这给我们提出了思考问题的空间。怎样化解？我便从中国哲学丰富的资源中，寻求化解的理念和原理。我依据我长期从事中国哲学教学的体认，撰写了《中国哲学范畴发展史（天道篇）、

（人道篇）》，我把中国哲学概念作了全面系统的梳理，发现了"和合"概念是符合当代的时代精神，是化解五大冲突和危机的最有魅力的概念；可以把中、西、马的融突创新，安顿在"合和"这个核心话题上。

中国哲学家都有这么一个历程，很多哲学家都是从中国哲学出发的。胡适先写中国哲学史，冯友兰也先写《中国哲学史》两卷本，然后才写《新理学》《新事论》《新原道》等"贞元之际六书"，经历了从照着讲到接着讲的过程。后来冯契也走这个路子，他先写了《中国古代哲学的逻辑发展》，然后再写他的"智慧三论"。只有通中国哲学，而又通西、马，才能和合创新，建构中国新的理论思维体系。

2."和合学"是什么？我在"和合学"中建构了三个世界。按照我的《新人学导论》的思想，把卡西尔的"人是符号的动物"加以否定，提出了我对人的新的规定，即"人是会自我创造的和合存在"。从人是会自我创造的和合存在出发，建构了三个世界。三个世界也是根据《周易》的天、地、人三才来建构的。一是和合生存世界，就是地的世界，是人类获得生存的必要条件，它包括自然的、社会的、经济的、文化的、精神的生存环境。生存的环境怎样，这个世界也就怎样，我们要求一个美好的生存环境、更好的世界，这是第一个世界。二是和合意义世界，就是人的世界。人为什么活着？人活着是追求有意义的，意义世界就是价值世界，这是第二个世界。第三个世界是和合可能世界，就是天的世界，这是一个理想世界，或终极精神境界。

在每一个世界中，我提出两个概念，和合生存世界中是境和理的概念；在和合意义世界中提出性和命的概念；在和合可能世界中提出道与和的概念。在每个世界中有八维，构成了48个概念。

三个世界最终要达到人和、天和，人乐、天乐，天人共和乐的世界。世界各个宗教在其终极世界上都是殊途同归的，也是理一分殊的，所以天人共和乐的世界实际上也是各个宗教的终极境界，不管是基督教的天国，还是佛教的西方极乐世界，或者是儒教的大同世界或道教的神仙世界，在那个世界中都是没有杀人的战争，也没有说谎、偷盗、奸淫的世界，是富裕、快乐、幸福、和谐、和乐的世界。

3."和合学"提出了化解人类当代五大冲突和危机的五大原理：第一是和生原理，中国讲和实生物，人、社会、心灵、国家、民族、文明，都是生命体，自然也是生命体，所以应该是和生，大家共同生长。所以日本人提共生的思想。共生必须有一个条件，要和谐，所以称和生。第二是和处原理，和而不同地相处。第三是和立原理，就是己欲立而立人。第四是和达原理，己欲达而达人。第五是和爱原理，也就是说要普遍的爱，儒教讲泛爱众，基督教讲博爱，佛教讲慈悲等，爱是基础、出发点，只有爱人类，才能为人类造福。

[原载于《深圳大学学报》（人文社会科学版）2007 年第 2 期，
转载于《高等学校学术文摘》2007 年第 3 期]

哲学自觉与哲学创新

哲学自觉是时代的诉求，哲学创新是历史的使命，时代与历史的赋予，令人应做出回应和诠释。如果说过去时机不允许的话，那么，当今机遇大好，应自强不息，振兴民族精神。

一

哲学是时代精神、智能创造、生命智慧、终极关切，这些对于每个哲学家而言，虽是共性，但无个体精神、自由创造、智慧洞见、独特关切，难以实现哲学创新；哲学家须有独具匠心的价值理想的设计，要有对以往哲学理论思维形态转生的"游戏规则"的把握，及对宇宙、社会、人生自我反思的体认和新研究方法的运用，若无此，亦不可能实现哲学创新，而只能"照着讲"。

中华民族是一个富有"日新之谓盛德"的创新精神的民族，半个多世纪以来，中国没有诞生建构独立哲学体系的真正哲学家，这对于一辈子从事哲学教学和研究的人来说，是一种使命意识和担当意识的缺失，换言之，是"哲学自觉"的迷失。"哲学自觉"是指民族时代精神的自觉，是对于宇宙、社会、人生所面临的冲突和危机的自觉反思与其化解之道的求索，是对于生存世界、意义世界、可能世界的自觉觉解，是对于价值理想、终极关切、精神家园的智慧设计。

然而，在"世道人心""天理良知"沦丧的"文化大革命"中，中华民族五千多年辉煌的文化被横扫，灿烂的文脉被斩断，重要的文本被焚烧，珍贵的文物被破坏，活泼的文风被扼杀，这是"哲学自觉"迷失的因；又遭社会政治体制的干扰，意识形态的封杀，极"左"思潮的摧残，这是"哲学自觉"迷失的缘。因缘结合，吞噬了半个世纪以来哲学体系创新的自觉意识。因此，在"文化大革命"中，只有"红学家"，而没有哲学家；只有照本宣科者，而没有智慧创造者。这是哲学的悲哀，也是时代的悲剧。

在中国，中华民族"哲学自觉"的迷失，是同民族精神自觉的迷失分不开的，是与彻底与传统思想意识决裂相联系的。五四运动以来，学术界掀起向西方学习的热潮，这个热潮是以批判、打倒民族精神文化的代表——孔子为先导的，是与西洋文明为主动的、积极的、独立的、创造的、进步的、科学的，东洋文明为主静的、消极的、依赖的、因袭的、保守的、艺术的价值评价为思想导向的。在这种情境下，向西方学习被认为是进步行为和先进思想的表现，一切以西方的真理为真理，以西方的规范为规范，以西方的原理为原理，换言之，一切照西方的办，这便是先进，否则就是保守和落后。对于传统的政治、经济、文化，不分青红皂白，统统打倒，以此为革命行动。后来又以苏联为"老大哥"，"一边倒"倒向苏联，把苏联奉若神明，青年学生据实说了一句对苏联不敬的话，就被打成右派分子，一切以苏联的政治、经济、文化、思想、意识为衡量是非、真伪、美丑的标准，凡稍有一点不同的看法、相异的理解和相殊的解读，就被上纲上线为反马列主义、修正主义、反动思想等，扣上反革命分子、修正主义分子等帽子。中国传统思想都被戴上是反动奴隶主阶级或地主阶级思想的反映，对历史上的思想家、哲学家也戴上奴隶主、地主阶级代表的高帽，对于他们均被目为反动的、被打倒之列。这样，民族精神被否定，"哲学自觉"的迷失便是必然的了。

"哲学自觉"的迷失，还与社会风气思想导向相联系。在批判"成名成家"的资产阶级名利思想，在批判"走白专道路"和打倒"反动学术权威"的社会氛围中，把一切的一切都磨平了、剃光了。在学术上枪打出头鸟，谁冒尖谁遭殃，不要有学术；思想上批字当头，谁有创见谁倒霉，不要有思想；在文化上考零分光荣，还到处宣扬，大批"学而优则仕"的"读书做官论"；在经济上要割资本主义的尾巴，不准农民种自留地、改善生活。扼杀了一切的所谓冒尖、创造、领先和先富及其可能性，使人们处于无学术、无思想、无文化、无生活的环境中，以"做驯服工具"的美称取代人格的尊严、学术的民主、思想的自由和哲学的创新；以"舆论一律""公共意见"的权威取代个人的意志、不同的信念、独立的选择、自己的爱好。个人无须有思想、见解和意志，人既不需要也不可能对任何事件、人物做出自己的判断、评价以及自己行为的选择和视听。此情此景，犹如海德格尔所说是"此在的沉沦"，在个人失去自己本真的在的状态下，"哲学自觉"自然迷失了。

二

"哲学自觉"的回归或觉醒，是在"着眼于新的实践和新的发展"情境下，解构"文化大革命"的政治体制、意识形态、文化氛围，"自觉地把思想认识从那些不合时宜的观念、做法和体制的束缚中解放出来，从对马克思主义的错误的教条式的理解中解放出来，从主观主义和形而上学的桎梏中解放出来"①，只有从这三个方面解放出来，才能有"哲学自觉"，才能有哲学理论体系的创新，学术观点的创新和研究方法的创新。虽然"哲学自觉"之路还会有艰难曲折，但只要努力不懈，这三个创新的目标是能达到的。

中国"哲学自觉"，实现中国哲学的这三个创新，既不是把黑格尔头脚倒置的哲学重新颖倒过来，也不是像海德格尔把传统哲学的认识从现象到本质的运动倒过来，而是要跃入中国哲学深渊谷底去求索，去体认中国哲学的本真，把握中国哲学运动在每个时期理论思维形态转生的"游戏规则"，界定中国哲学性质、内涵、特色、风格、神韵，凸显中国哲学的普遍性和特殊性。

中国哲学要创新，创什么新？如何创新？换言之，中国哲学创新有其自己创新的定规，有其内在逻辑演化的规则，只有遵此创新的规则，才符合其创新的要求，才算是中国哲学的创新。否则就很难说是真正意义上的中国哲学的创新。

这个哲学创新的规则是什么？以往似乎没有发现，我在 45 年的中国哲

---

① 《全面建设小康社会，开创中国特色社会主义事业新局面》

学的教学与研究中，体贴出三条中国哲学创新的"游戏规则"，即核心话题的转换、诠释文本的转变、人文语境的转移。这是中国哲学的创新标志，以此来衡量中国哲学的创新，中国哲学的创新便有了一定之规和标准。

这三条规则的确立，其合理性和合法性就源于中国哲学本身和中华民族深厚的文化土壤，以及哲学家对生命的觉解和追求智慧的品格。这些都需要回到中国哲学的元创期的先秦来考察。雅斯贝斯说："人类一直靠轴心时代所产生的思考和创造的一切而生存，每一次新的飞跃都回顾这一时期，并被它重燃火焰，自那以后，情况就是这样，轴心期潜力的苏醒和对轴心期潜力的回归，或者说复兴，总是提供了精神的动力。"① 他所说的"轴心时代"，相当于中国的东周（春秋战国），即公元前 770 到前 256 年之间。这个时期周的统摄力、控制力的削弱，众多的诸侯国为争霸主地位，而东征西讨；为争图存强兵，而广罗人才；为能出谋制胜，而百家争鸣。这时士人人格独立，学术未成禁区，思想自由发挥，意识日益觉醒，道德精神觉解。各家各派各自依据自己对当下宇宙、社会、人生、国家所面临错综复杂的紧张关系和冲突的体认，而设计和谋划种种化解之道，从而建构了自己的思维理论体系，营造了百花齐放、学术繁荣的环境。

虽这时《庄子·天下篇》有"百家"之称，《韩非子·显学篇》有儒墨"显学"之说，但都没有像司马谈《论六家要旨》那样明确分殊为阴阳、儒、墨、名、法、道德六家，班固《诸子略》增纵横家、杂家、农家、小说家为十家。形成了"道德不一，天下多得一察焉以自好"② 的多元文化。尽管此"六家""十家"只是一种概括的、大体的说法，但从学术思想的影响和作用而言，比较认同司马谈的概括。从此以后，中国哲学每一次新的飞跃、理论思维形态的转生都回归这一时期，并被重新燃起智慧的火焰。换言之，中国哲学的基本格局，由此奠定。

在先秦，中国哲学实现了"哲学的突破"，为以后中国哲学的转生提供

---

① [德]雅斯贝斯：《历史的起源与目标》，魏楚雄、俞新天译，华夏出版社 1989 年版，第 14 页。

② 《庄子·天下》，（清）郭庆藩：《庄子集释》第 10 卷下，中华书局 2002 年版，第 1069 页。

了多元的、可选择的精神动力。如果说西方哲学是柏拉图的注脚①，那么，中国哲学也可以说是先秦六家哲学的注脚。春秋战国500多年，天下大乱，诸侯分裂，学术不一，然天下大势是殊途而同归，百虑而一致，同归一致是各家各派终极追求的目标。这个终极追求的目标，终于由地处西北方的、实施以法家思想为指导的秦国实现了。秦以法为教，以吏为师，富国强兵，统一六国，实现了书同文，车同轨，度同制，行同伦，废封建、立郡县，建立了一统的中央集权的君主专制的国家秩序，实现了既定的目标，完成了同归一致的历史使命。但由于在这种社会大转变中，秦统治集团虽然地位变化而不知变更、与时偕行，反而固守以"马上打天下"的法家思想来"治天下"，严刑峻法，焚书坑儒，强秦统一天下只14年，便在人民反抗的洪流中覆灭了。历史的事实证明，以法家思想为指导来治理天下是不适宜的。

秦的统一战争和接踵而来的秦末社会大动乱，由于秦的指导思想的错误，统一并没有给人民大众带来利益，相反横征暴敛，陷人民于水火。陈胜说："天下苦秦久矣"②，接着又苦于大规模的战争，社会经济陷于破坏。汉王朝建立之初，统治集团的知识精英们在检讨、反思强秦速亡的教训时，他们依据自己思想立场，做出各不相同的诠释。以儒家思想为主导的陆贾、贾谊认为，一言以蔽之，仁义不施者也，主张以儒家思想来治理国家。但当时统治者的要务、急务是与民休养生息，迅速恢复生产，安定社会秩序。人民大众在经历长期战争的种种痛苦后，也不希望继续动乱，而期盼安居乐业。顺应这一现实的需要，统治者便选择了以道家思想为主而融合各家思想的黄老之学。据载："天下初定，悼惠王富于春秋，（曹）参尽召长老诸生，问所以安集百姓，如齐故俗。诸儒以百数，言人人殊，参未知所定。闻胶西有盖公，善法黄老言，使人厚币请之。既见盖公，盖公为言治道贵清静而民自定，推此类具言之……其治要用黄老术，故相齐九年，齐国安集，大称贤相。"③萧何死后，曹参为汉相国，萧规曹随，无所变更。太史公评曰："参

---

① 参见［英］怀特海：《过程与实在》，中国城市出版社2003年版，第170页。按：张立文：《和合哲学论》第35页，误以为这句话的意思是海德格尔说的，特此更正。

② （汉）司马迁：《陈涉世家》，《史记》第48卷，中华书局1982年版，第1950页。

③ （汉）司马迁：《曹相国世家》，《史记》第54卷，中华书局1982年版，第2029页。

为汉相国，清静极言合道，然百姓离秦之酷后，参与休息无为，故天下俱称其美矣。"① 曹参开清静无为政治，以黄老之学为主潮，取代"法家之学"换来了"文景之治"②。

然而，黄老清静无为于社会的礼乐教化、伦理道德和政治制度的建设乏力，中央政权的凝聚力、统摄力的权威性缺失，助长了地方诸侯国势力的增长，终于在景帝时暴发了吴楚七国之乱，动摇了大一统帝国的稳定。同时，北方匈奴势力的强大，也不时成为汉帝国的威胁。黄老清静无为之学在内外冲突的紧张中，已不适合于社会发展的需要，重新选择指导思想便成为时代的诉求，这一历史时代的使命就由汉武帝来担当了。汉武帝自觉意识到黄老之学在加强国家典章制度、伦理道德、大一统建设中的缺陷，而选择德刑并重的儒家之学，却遇到以窦太后为首的黄老学派的阻挠，而儒家的《诗》学学者申公、赵绾、王臧、辕固生等未能沟通学术与政治、古（传统）与今（现代）的关系，未能建构新的理论思维体系以回应黄老之学。元光元年（前134年），汉武帝举行贤良对策，以对策方式"垂问天人之应"，如何长治久安？何施何行能彰显唐虞、戍康、先帝的"洪业休德"？董仲舒以《春秋》公羊学"大一统"思想回应了汉武帝的策向，并提出"不在六艺之科孔子之术者，皆绝其道"的建议③，得到了汉武帝赏识，于是儒学经学被立为官学。

秦汉时期，学术思潮三变，三次回归先秦六家，而被重新燃起智慧之光，由法家—黄老—儒家为主，而统摄其他各家，其依据的经典文本亦有《韩非子》④《老子》和《春秋》公羊学之变换。

如果说秦汉学术思潮三变，是以适应如何治理国家、安定社会，如何建设国家典章制度为宗旨的话，那么，魏晋玄学思潮，是以冲决"独尊儒

---

① （汉）司马迁：《曹相国世家》，《史记》第54卷，中华书局1982年版，第2031页。

② "窦太后（文帝皇后，景帝母亲）好黄帝、老子言，帝及太子、诸窦不得不读《黄帝》、《老子》，尊其术。"（司马迁：《外戚世家》，《史记》第49卷，中华书局1982年版，第1975页）

③ 参见（汉）班固：《董仲舒列传》，《汉书》第56卷，中华书局1962年版，第2498页。

④ "秦王见《孤愤》、《五蠹》之书，曰：'嗟乎，寡人得见此人与之游，死不恨矣！'李斯曰：'此韩非之所著也。'秦因急攻韩。"（《史记》第63卷《老子韩非列传》）

术"的网罗，而走向学术多元为其特征的。玄学从求索学术思想的新出路中，追究多元学术思想的共相依据或终极本体。这种形上学的玄远的寻求是对于当时社会长期分裂动乱的不满和抗议，是对现实政治腐败的痛心和绝望的解脱和超越，以便在精神世界里获得慰藉和安宁。《老子》的"玄之又玄、众妙之门"，"道法自然"；《庄子》的"逍遥之游"；《周易》的"穷理尽性以至于命"，便成为玄学依以诠释的经典文本。"三玄"取代汉代儒家经典而成为主流学术思潮的依傍；"有无之辩"及与此相关联的"本末之辩""自然名教"之辩，取代汉代的"天人之辩"，成为学术思潮的核心话题。

东晋南北朝时，佛学渐盛，玄佛合流。梁武帝时，佛教几成"国教"，玄学被边缘化了。隋唐时，佛教无论在经济上，还是在学术上，均达鼎盛，而成为强势文化和主导思潮，儒道文化被弱势化。如果说玄学的多元学术思想的共相依据或终极本体的追究，疏离和玄远了主体精神的需求，那么，佛教的众生能否成佛，如何成佛，成佛的根据的佛性的追究，这种对人的终极关切，是人的主体精神的特殊价值，它是佛教般若智慧的民族化的会通和结晶。推本性情之原，参悟人生本来面目，弥补了玄学"祖尚浮虚""口谈浮虚"之弊，满足了人对终极价值理想的追求。

外来的佛教哲学文化成为强势文化，"民间佛经，多于《六经》数十百倍"[1]。这种强势文化得到了其强大的经济的支撑，"十分天下之财，而佛有其七八"[2]。相反地，中华民族传统哲学文化被边缘化。尽管中华民族哲学文化具有海纳百川、有容乃大的恢宏的气度，佛教哲学文化被中国化或曰中国化了佛教哲学文化，但被中国化了的佛教哲学文化仍然是佛教，而不是中华民族文明的延续和弘扬，那么，中华民族自己的哲学文化是什么？

在佛教哲学文化的强烈冲击下，一些儒家知识精英深感中华学术的危机，痛觉中华民族传统文脉断裂的威胁，忧患中华哲学文化将成为"绝学"的危险。韩愈说："周道衰，孔子没。火于秦，黄老于汉，佛于晋魏梁隋之

---

[1] （唐）魏徵：《经籍志四》，《隋书》第 35 卷，中华书局 1982 年版，第 1099 页。

[2] （后晋）刘昫：《辛替否列传》，《旧唐书》第 101 卷，中华书局 1987 年版，第 3158 页。

间。其言道德仁义者，不入于杨，则入于墨，不入于老，则入于佛，入于彼，必出于此。入者主之，出者奴之，入者附之，出者污之。噫！后之人其欲闻仁义道德之说，孰从而听之。"①孔子以来的仁义道德之说听不到了。"原道"之"原"，意为回归孔子和《六经》之本，从那里获取精神的动力，以原孔子先王之教道。"夫所谓先王之教者何也？博爱之谓仁，行而宜之之谓义，由是而之焉之谓道，足乎已无待于外之谓德。"②仁义道德便是中华民族文化的精髓，也就是韩愈所谓的中华文化的"原道"，而非佛老之道。

为了使中华民族哲学文化、学术思想大化流行，薪火相传，永流真传，生生不息，也为了与佛教世代衣钵相传的"法统"相颉颃，韩愈提出了"道统"论。他说："尧以是传之舜、舜以是传之禹，禹以是传之汤，汤以是传之文、武、周公，文、武、周公传之孔子，孔子传之孟轲，轲之死不得其传焉。"③为什么及如何在孟子以后"道统"就不得其传而断了呢？是由于秦始皇的焚书坑儒，汉初黄老之学而排斥儒学，以及稍后佛教的传入，佛盛儒衰，所以儒家的仁义道德不得其传，"道统"中断。尽管韩愈在与佛教抗争的方法上采取"人其人，火其书，庐其居"，有其偏颇和过失，但"道统"论却是中华民族学术文化主体精神的觉醒，是继中华民族传统学术文化之绝学的努力，是重新恢复和弘扬中华民族传统学术文化价值的创造，是中华民族学术文化源远流长、屹立于世的表征，是中华民族学术文化自我生命智慧、智能创造的体贴。

基于此，宋代道学家便大声疾呼："为天地立心，为生民立道，为去圣继绝学，为万世开太平。"④这就为两宋的道学家指点了历史的使命与时代的职责：一是要建构形而上的道体，作为天地的价值来源和终极根据；给人提供可能世界的价值理想和精神家园，使天地之心得以安立。二是要重建仁义

---

① （唐）韩愈：《原道》，刘真伦、岳珍校注：《韩愈文集汇校笺注》卷1卷，中华书局2010年版，第1页。

② （唐）韩愈：《原道》，刘真伦、岳珍校注：《韩愈文集汇校笺注》卷1卷，中华书局2010年版，第4页。

③ （唐）韩愈：《原道》，刘真伦、岳珍校注：《韩愈文集汇校笺注》卷1卷，中华书局2010年版，第4页。

④ （宋）张载：《近思录拾遗》，《张载集》，中华书局1978年版，第376页。

道德价值体系、社会伦理道德规范，以及社会典章制度机制，安定社会秩序，使生民安居乐业。三是要继承和发扬尧、舜、禹、汤、文、武、周公、孔、孟的圣人的道统，以及其学术思想，否则异端邪说横行，天理湮灭。伊川曰："周公殁，圣人之道不行。孟轲死，圣人之学不传。道不行，百世无善治；学不传，千载无真儒。无善治，士犹得以明夫善治之道，以淑诸人，以传诸后；无真儒，则天下贸贸焉莫知所之，人欲肆而天理灭矣。"① 要继圣人之道和学，并要行和传圣人之道和学，否则天下便无善治和真儒。在当下如何行和传圣人的道和学？必须"辨异端，辟邪说"，才能使"圣人之道焕然复明于世"。四是要健全社会、政治、经济、文化机制，人人安身立命，社会长治久安，从而开出万世的太平、和谐、幸福的生活。宋明理学家基本上完成了历史所赋予的使命和责任。

如果说韩愈面临唐时儒、释、道三教冲突融合，既未能将三教兼容并蓄的文化整合方法落到实处，实现理论思维形态的转生，亦未能如朱熹所说"于本然之全体"② 上有所睹，这样怎能"据以为息邪距诐之本"③。那么，宋明理学家无论是张载、二程，还是朱熹、王守仁，都是出入佛道几十年，而后返求诸《六经》，对佛老可谓"尽究其说"，然后融突儒、释、道三教，而后归宗于儒。不仅落实了 300 多年来的兼容并蓄三教的文化整合方法，而且实现了从"本然之全体"上建构了和合三教的新的理论思维体系，开创了理学儒学的新时代、新学风、新视野，也使中华民族的学术文化登上当时世界的高峰。

三

从先秦百家之学，秦汉法、黄老、儒三家之学，魏晋玄学，隋唐佛、儒、道三教之学，到宋元明清理学，每一次新的哲学理论思维形态的转生，

---

① （宋）《明道先生墓表》，《二程集》，中华书局 1981 年版，第 640 页。

② （宋）黎靖德编：《朱子语类》第 64 卷，中华书局 1986 年版，第 1568 页。

③ （宋）朱熹：《答周益公》，曾枣庄、刘琳主编：《全宋文》第 245 册第 5503 卷，上海辞书出版社、安徽教育出版社 2006 年版，第 420 页。

都回归其源头先秦六家，并各依其时代的需要，以一家为主而融合各家，或回到印度佛教元典那里，而被重新燃起火焰，闪烁新的光辉，同时也是一次新的"哲学自觉"或"哲学的突破"。

每一次新的哲学理论思维形态的转生，其所面临的宇宙、社会、人生的冲突是不同的，其所回应和化解的冲突和危机亦不一样，因而有各自相异的、彰显时代精神的理论思维形态，形成各具特色的学术思潮。尽管如此"百虑""殊途"，但从纵向观哲学思潮发展史的逻辑理路，其内在蕴涵着"一以贯之"的逻辑思维脉络和体现中华民族对宇宙、社会、人生冲突和危机体认的深化，以及依时代精神所赋予的哲学创新的历史使命，构成了中华民族一幅与时偕行、特色鲜明的理论思维形态转生演化的画卷。

中华民族理论思维形态转生、演化的过程，从先秦到两宋，每次转生大体是 300 年到 400 多年之间，唯独宋元明清理学（或曰宋明新儒学），一直接着讲到现代新儒学，却延续了近 1000 年，而没有实现中华民族理论思维形态的转生，其原因是值得追究的。文明冲突与价值危机是其重要原因之一。在宋元明清时期，在广袤的中华大地上，文化发展的水平和程度有异：西北方的边远地区，主要生活方式是游牧，居无定所，随草而徙，可谓之草原文明；中原地区，其主要生活方式是耕织，聚族而居，耕读兴家，可谓之农业文明；东南城镇地区，工场作坊，贸易发达，可谓之工商文明。三文明之间，时有紧张和冲突，但一般能维持"和而不同"地和谐共处。

宋代经济繁荣，商业发达，科技发展，学术"造极"。作为国家经济之本的农业经济，耕田在新的租佃关系中不断扩大，有"区田""圃田""围田""柜田""架田""涂田""沙田""梯田"等，农业增产，但也发生争水的冲突。手工业分工细密，规模扩大，信州铅山等地的铜、铅矿，"常募集十余万人，昼夜开采，得铜、铅数千万斤"[1]。在自由手工业者中出现了"富工"，即手工作坊主，他们采用新的自由雇佣形式，这便在传统生产关系中潜藏了资本主义生产方式的"萌芽"。手工业的发达程度超过同时期

---

[1] 洪迈四：《乞从余栗议置局增价治炼铅铜奏》，曾枣庄、刘琳：《全宋文》第 222 册第 4914 卷，上海辞书出版社、安徽教育出版社 2006 年版，第 4 页。

欧洲著名手工业都市米兰、威尼斯及其他意大利手工业中心地区。① 商业的繁荣冲破了周秦以来市场专设地区和交易时间的限制，商业资本取得了在市场上自由活动的权力。商业经营方法如预买、赊卖已普遍实行，诚信在商业活动中得以贯彻。科技上的四大发明的完成，居世界领先地位，成为促使西方资本主义发展的因素。学术思想上在宋王朝"佑文"政策的推动下，思想自由，学派林立，切磋论争，大师辈出，在世界学术之林中独占鳌头。②

北宋 160 多年的发展，于 1127 年被北方女真族建立的金朝所灭，淮河以北广大中原地区被金所占。宋金战争，社会经济遭破坏，学术文化受摧残，金统治中原百余年（1125—1234 年），经济没有发展到宋的水平。1206 年成吉思汗建立大蒙古国，作为一个游牧文明的政权，开始了掠夺中原农业文明和工商文明的道路，蒙古铁骑所到之处，大肆杀掠。贞祐元年（1213 年），保州（今河北保定）陷，"下令老者杀"，"后二日，令再下，无老幼尽杀"③，"尸积数十万，磔首于城，殆与城等"④。所到之处，雉堞毁圮，室庐扫地，市井成墟，千里萧条，阒其无人。"数千里间，人民杀戮几尽，其存者以户口计，千百不一余。"⑤ 杀戮之余，大肆虏掠人口，以为私属驱口，诸王、将校、大臣所得驱口"几居天下之半"⑥。中原一带，荒芜塞路，人烟杳绝。蒙古将校跑马圈地，变农田为牧场，社会经济遭毁灭性的破坏，宋代繁荣的景象荡然无存。

①　参见《马可波罗游记》第二册（三）中有关中国城市部分（[意] 马可·波罗口述，鲁思梯谦笔录，曼纽尔·科姆洛夫英译：《马可波罗游记》，陈开俊等译，福建科学技术出版社 1981 年版，第 81—196 页）。

②　参见张立文等：《中国学术通史·宋元明卷》，人民出版社 2004 年版，第 1—8 页。

③　（元）刘因：《孝子因君墓表》，李修生主编：《全元文》第 467 卷，凤凰出版社 1998 年版，第 442 页。

④　（元）郝经：《须城县令孟君墓铭》，李修生主编：《全元文》第 134 卷，凤凰出版社 1998 年版，第 421 页。

⑤　（元）刘因：《武强尉孙君墓铭》，李修生主编：《全元文》第 467 卷，凤凰出版社 1998 年版，第 449 页。

⑥　（元）苏天爵辑撰：《中书耶律文正王》，《元朝名臣事略》第 5 卷，中华书局 1996 年版，第 80 页。

蒙古军在烧杀中，"学校尽废，偶脱于煨烬之余者，百不一二存焉"①，文化典籍焚毁几乎殆尽。士子儒生大量死亡或被驱为奴，"大夫、士、衣冠之子孙陷于奴虏者，不知其几千百人"②。元代近90年对中国经济、政治、文化的破坏，既没有恢复到宋代的水平，也把中华民族拖向落后，丧失了在世界经济、文化格局中领先的地位。在元统治中国的13—14世纪，欧洲的英、法、意大利等国经济长足发展，城市工商业繁荣，从事商品生产和交换的行会手工业普遍建立，货币地租取代劳役地租和实物地租等。在学术文化思想上只求恢复和接着两宋讲，不可能有理论思维体系的创新和转生。

元朝在大众的反抗中覆灭，明于1368年建立。社会秩序稳定，商品经济发展。"一条鞭法"的实施，折银代税又有助于商品经济的活跃。农业技术的改进，产品质量数量的提高，综合型经济模式的实施，农产品的商品化，雇佣劳动的经营方式的变化，与此相关的棉织业、丝织业、果品加工业、蔗糖业以及其他手工业得以迅速发展。农工相互促进，如嘉定盛产棉花，棉田一万余顷③，棉花就地加工成布，出现了"比户缉纺缕之具，连村扎机杼之声"④的手工业盛况，并形成了自己的品牌，如紫花布、药斑布、棋花布、胜花纹布、丁娘子布等⑤，畅销全国，"富商巨贾，积贮贩鬻，近自杭歙清济，远至蓟辽山陕，动计数万"⑥。可谓百货填集，市声浩浩，市镇繁华，有如通都大邑。嘉定商品经济的发展，商人资本转而投资棉织手工业，两者结合，萌发了资本主义生产方式。⑦像这样的市镇，遍布全国，特别

---

① （金）段成己：《河津县儒学记》，李修生主编：《全元文》第59卷，凤凰出版社1998年版，第215页。

② （金）段成己：《创修楼云观记》，李修生主编：《全元文》第59卷，凤凰出版社1998年版，第217页。

③ 如万历年间的《嘉定县志》记载："堪种花豆田地一万三百七十二顷五十余亩。"（张应武撰：《（万历）嘉定县志》卷7《田赋考下》，明万历刻本）

④ （明）张应武撰：《（万历）嘉定县志》卷6《田赋考中》，明万历刻本。

⑤ （明）张应武撰：《（万历）嘉定县志》卷6《田赋考中》，明万历刻本。

⑥ （明）张应武撰：《（万历）嘉定县志》卷6《田赋考中》，明万历刻本。

⑦ 参见陈学文：《中国封建晚期的商品经济》，湖南人民出版社1989年版，第30—58页。

是东南一带尤为发达。海上丝绸之路的开辟，嘉靖间浙江丝绸、江西陶器、松江布、广东蔗糖均远销海外①，福建漳州一带经常往来吕宋贸易商人数千人②。商品的交换，也促进了国际间文化的交流。

随着商品经济的发展，城镇市民阶层的壮大，手工工人和雇佣劳动者的增加，万历时期便发生一系列反抗矿监税使的斗争，如临清、武昌、景德镇、苏州和北京西山等地手工业较集中的地方都发生了民变。各地民变的实质，说到底是争利益的斗争，这就在思想上、价值观念上发生了重大的转变，承认利益的合理性、合法性，承诺人的私利是符合人性的，如李贽公开宣扬"人必有私"，批判宋明理学家的"灭人欲"的桎梏；"平生不愿属人管"，"不肯依人脚迹"，作"辕下之驹"，要求个性解放，张扬人身自由。在文学艺术上被称为四大奇书之一的《金瓶梅》，便是反对禁欲主义，呼唤"食色性也"的奇书；是批判伦理纲常，追求自然情爱的大作；是揭示市民心理，凸显中国式商业资本特色的名著。它对于社会的警示，人心的震撼是前所罕有的，它可以与西方文艺复兴时期的《俊友》《十日谈》相媲美，它催生着中国启蒙主义的人文思潮。

在启蒙主义的人文思潮中，一批具有"国家兴亡，匹夫有责"的使命感和担当感的知识精英，他们结社立派，立志改革救世，成为当时社会的持不同政见者。为了实践自己的主张，抛头颅也在所不惜。黄宗羲父亲作为东林党人被杀害后，他继承其父未竟事业，抨击君主专制制度，尖锐地指出："天下之大害者，君而已矣"③，"今也天下之人怨恶其君，视之如寇仇，名之为独夫，固其所也"④。他公然指斥君主为独夫民贼，批判2000多年的君主

---

① （清）顾炎武：《天下郡国利病书》第69卷，《顾炎武全集》都13册，上海古籍出版社2011年版。

② （明）许孚远：《疏通海禁疏》，（明）陈子龙辑：《明经世文编》第400卷，中华书局1962年版，第4332页。

③ （清）黄宗羲：《明夷待访录·原君》，《黄宗羲全集》第一册，浙江古籍出版社1985年版，第3页。

④ （清）黄宗羲：《明夷待访录·原君》，《黄宗羲全集》第一册，浙江古籍出版社1985年版，第3页。

专制制度，酝酿民权思想的诞生，"天下为主，君为客"①。做官是"为天下，非为君也；为万民，非为一姓也！"②做官为臣的目的是为天下、为万民服务，非为君主一姓之官。这种对传统政治体制、社会体制的批判和新的制度的设想，蕴涵着近代民权思想和启蒙思潮的跃动，意蕴着新的理论思维形态转生的可能。

然而，这种可能的机遇又丧失了，它是与满清入关分不开的。这是一个"天崩地裂"的时代，清顺治二年（1645 年），清军攻入扬州，史可法殉难，多铎下令屠城十日，屠杀人民 80 万人！③一座工商业繁荣的城市，顷刻成废墟。5 月攻下南京，烧杀抢掠，繁华南京顿成萧条。江阴城破，清兵下令"满城杀尽，然后封刀"④，屠杀 172000 人，全城仅活老小 53 人。⑤嘉定城破之日，进行三次屠城。⑥昔日经济繁荣、工商发达的城市，顿成尸骨遍野的焦土，这便是史称的"扬州十日"、"嘉定三屠"。满清继元的草原文明又一次破坏中原的农业文明和东南城镇工商文明；由明代所复苏的宋代商品经济中所蕴含的资本主义因素，又一次被夭折。对工商繁华城镇的屠城，便连同掌握先进生产技术和文化载体的士、农、工、商统统被埋葬，这便很难恢复了。

清还实行严酷的海禁政策，其时间之长，地区之广，祸害之深，实属空前。顺治十三年，令"沿海一带，严禁商民船只私自出海……不论官民，俱行奏闻正法，货物入官……地方文武各官不行盘诘擒缉，皆革职从重治罪，地方保甲通同容忍、不行举首者皆论死……不许片帆入海，一贼登

① （清）黄宗羲：《明夷待访录·原君》，《黄宗羲全集》第一册，浙江古籍出版社 1985 年版，第 3 页。
② （清）黄宗羲：《明夷待访录·原臣》，《黄宗羲全集》第一册，浙江古籍出版社 1985 年版，第 4 页。
③ 参见（清）王秀楚：《扬州十日记》，载夏允彝等：《扬州十日记》，广文书局有限公司 1978 年版，第 229—248 页。
④ （清）韩菼：《江阴城守纪》，荆驼逸史本。另见许重熙：《江阴城守后记》，荆驼逸史本。
⑤ 参见（清）韩菼：《江阴城守纪》，荆驼逸史本。另见许重熙：《江阴城守后记》，荆驼逸史本。
⑥ 参见朱子素：《嘉定屠城纪略》，载夏允彝等：《扬州十日记》，广文书局有限公司 1978 年版，第 249—268 页。

岸"①。并令浙江、福建、广东、江南（江苏）、山东、天津各督、抚、镇实行。顺治十八年到康熙年间，令广东、福建、浙江、江南、山东五省沿海居民内徙距海30里的地方。王至彪描述迁界之苦难说："严令遣徙，余从闽回，尚未至家，闻限十日为居民搬运蓄储，才至五日，兵丁拥集，抢掠一空。余家悬磬，无可运，儿辈仅携书籍数筐，半途遇兵丁，截路遍搜，无当意者，遂翻书入水，掠空篋而去。"② 浙江平阳项永生《十禽言序语》记述："平阳蒲门奉徙，清兵翌日抵蒲，尽驱男女出城，三百年之生聚，一日俱倾，十（一）万户之居庐，经爇而尽。"老弱妇子，无生可求，辗转沟壑。沿海膏腴之地，悉成废墟，海上丝绸之路断绝，对外经济文化交流尽失，延缓了工商资本经济的发展。③

清代屠城、海禁、抢掠、破坏，为中华民族的落后种下了祸根。当清代从低水平经济恢复到明代水平时（有的是不能恢复的），西方此时（17、18、19世纪）经济突飞猛进，资产阶级革命成功，资本主义制度逐渐完善。中华民族逐渐沦为西方列强殖民的、挨打的、奴役的对象。中国近代的落后，是政治、经济、制度、文化等各方面原因促成的，不能单方面归咎于中华民族的传统文化或儒家文化，那种文化决定论是片面的，对清代帝王和政绩过分的歌功颂德也是不符合事实的。清代在学术思想上实行文化恐怖主义的文字狱，他们寻章摘句，任意引申字形字义，罗织罪名，滥杀无辜。文字狱数量之多，株连之广，处罪之酷，以清为最。康熙年间的庄氏《明史》案，戴名世的《南山集》案，究治之广，杀戮之惨，朝野震惊，气氛恐怖。雍正在位13年，文字狱有案20多次，如吕留良文字案等。乾隆一期，便达高峰，其在位60年，文字狱总计不下100余起，平均年年都有一二次。乾隆以编修《四库全书》为名，行禁书、焚书之实，以达钳制思想、扫除异端的目的。乾隆三十九年八月五日颁禁书令："应将可备采择之书开单送馆，其或字义触碍者，亦当分别查出奏明，或封固进呈，请旨销毁；或在外焚

---

① 《清世祖实录》顺治十三年六月癸巳。

② （清）王至彪：《失书叹诗序》，《玄对草·言愁集》，温州图书馆藏抄本。

③ 参见张宪文：《论清初浙江沿海的迁界》，《仰云楼文录》，天鸟图书公司2000年版，第40—51页。

弃，将书名奏闻，方为实力办理。""有诋触本朝之语"，"尽行销毁，杜遏邪言，以正人心而厚风俗"。"若此次传谕之后，复有隐讳存留，则是有心藏匿伪妄之书目，后别经发觉，其罪转不能逭，承办之督抚等亦难辞咎。"①

乾隆编纂《四库全书》虽有"副在石渠，用储乙览"之意，但这道谕令清楚表明要销毁"字义触碍者"，"诋触本朝之语"，以达"杜遏邪言"的目的。禁书的范围由明清之际，上溯至宋元明，宋时涉有"斥金"、"斥元"字样书籍，皆遭查删。如王锡侯的《字贯》案，因"将圣祖、世宗庙讳及朕御名字样悉行开列"，而遭斩首，子孙连坐，王氏托名已故大臣史贻直、钱陈群作序，不问青红皂白，两家子孙均遭查问。徐述夔的《一柱楼诗》案，卓长龄等《忆鸣诗集》案，戴移孝、戴昆父子的《碧落后人诗集》《约亭遗诗》案。其中很多是冤案，根本不是对清的不满，而被无中生有地扣上"悖逆"之名。如山西灵石县训导王尔扬为人父作墓志铭，被认为"于'考'字上擅用'皇'字，实属悖逆"②，江苏廪生韦玉振为父刊刻行述，内有"于佃户之贫者赦不加息"句，被认为"身为廪生，乃敢竟用'赦'字，殊属狂妄"③。捕风捉影，层出不穷。凌迟杖毙，株连缘坐，亲朋好友、师生读者，在所难免。其残酷荒诞，令人发指。在这种文化恐怖主义的氛围中，告讦之风盛行的环境下，文人学士惶惶不可终日，对现实的、政治的、敏感的、大众的，以至思想的、哲学的问题，避之犹恐不及。一个学者、思想家、哲学家为自己的观点负责，为坚持真理而牺牲自己并不可怕，但株连父母兄弟九族，以及师生朋友，这对于一个人来说，心理的、情感的压力太大了。因此，有智慧、能创造的知识精英们，只得泯灭智慧，紧闭思想，或死啃八股时文，以求科举入仕；或埋入故纸堆，只求文字、音韵、训诂。所以有清一代，只能唱程朱理学的老调子，而不敢有一点走板，否则便是异端邪说，离经叛道，其后果就是斩首处决。这样哪能有理论思维形态创新和转生！清代

---

① 《办理四库全书档案》，乾隆三十九年八月五日谕。
② 上海书店出版社编：《清代文字狱档》（增订本）第3辑，上海书店出版社2011年版，第186页。
③ 上海书店出版社编：《清代文字狱档》（增订本）第7辑，上海书店出版社2011年版，第431页。

只有伟大的考据学家，而没有伟大的哲学家，这是时代的理势使然也。

元清两次以草原文明对农业文明、工商文明的破坏，两次对学术思想的严酷的摧残，封杀了思想创新，窒息了"哲学自觉"。因而，宋元明清理学理论思维形态历 1000 年而没有根本转生，其原因是显然的。以致现代新儒学的"新三学"，仍然接着宋明理学（新儒学）的"旧三学"讲，而没真正超越宋明理学的核心话题和依以诠释的文本，建构新的理论思维体系，而实现其转生。

（原载于《船山学刊》2006 年第 3 期）

弘扬和谐文化，构建和谐世界——
中国传统和谐思想的当代价值

为什么要讲和谐、和合？我们可以从以下几个方面来看。第一，从国际格局来看，在冷战以后出现了后冷战时期，也就是从两个阵营的两极对立到多元的政治格局。在这样的情况下，指导整个世界发展的思想应该是怎么样的？第二，从国内格局来看，从以阶级斗争为纲转变为以经济建设为中心。在这种情况下，需要有安定的国内和周边环境，我们的指导思想是否应该有所变化？第三，我们过去思考的都是一个地区或一个国家的问题，而在经济全球化及高科技发展以后的万物联通的智能信息时代，我们思考的是全人类、全球问题。那么我们的全球战略、世界战略应该是怎么样的？第四，在从工业文化向智能信息文化的转变中，我们应该思考什么问题？第五，我们的民族文化和世界文化的关系问题，也就是我们如何在保持自己文化的主体性同时与世界接轨。在这种情况下我们的指导思想应该怎样转变？20世纪80年代，邓小平同志提出世界的主题是和平与发展。后来胡锦涛同志提出和平、发展、合作。我在20世纪80年代提出和合学，当时有人还不太理解，现在才得到大多数人的认同。党的十七大报告指出："和谐文化是全体人民团结进步的重要精神支撑。"今天，我们要构建和谐社会、建设和谐世界，就需要倡导和谐理念，弘扬和谐文化。

一、中国传统文化中的和谐思想

从中国古代来看，和合是史伯与郑桓公对话时提出的。史伯说："商契能和合五教，以保于百姓者也。"① 就是商的祖先契首倡和合五教。五教即父义、母慈、子孝、兄友、弟恭，以此来教化百姓，使百姓能安身立命。这一思想是非常重要的。我们怎样来看"和"字？过去我们往往把它理解为折中、不讲原则。实际上"和"是指差异事物有冲突矛盾，然后融合。《周易》讲："天地细缊，万物化醇。男女构精，万物化生。"② 天地、男女是对立的两极，细缊、构精是对立两极的融合，冲突而后和合万物才会化生。在中国哲学思想中，天地万物从哪里来的？是"和实生物"，是"土与金木水火杂，以成百物"③，五行杂合而生成百物。中国思想中没有一个绝对的唯一的上帝来创造万物，而是多元的五行，多元的、冲突的、性质差异的事物杂合而成万物，可见中国思维是多元相冲突的思维，所以能够海纳百川，而不是二元对立。世界不应该是一元的，而应该是多元的。《国语·郑语》这样解释"和"："以他平他谓之和。"他与他是平衡的、平等的、公平的。从"平"字看，各个元素没有高低贵贱之分，在生成万物时其价值和地位是平等的，这在现在看来是非常宝贵的。我们现在认为要承认他者的存在，只有承认他者的存在，在多极的世界格局内，国与国才能不分大小贫富，平等相处。和谐或和合是中国传统文化中的首要价值。

中国一直讲阴阳，阴在阳之前，是重视女权的。从《周易》中看，坤在上的基本都是好卦。如《泰卦》，坤在上，乾在下。所以中国主张各种事物平等地共同发展。同时我们可以看出"和"的思想不仅是中国思想文化中的宇宙观，而且也是价值观。中国是以"和为贵"作为最终的价值追求目标。这可以从中国的古代文献中找到根据。《周易》中说："乾道变化，各正性命。保合太和，乃利贞。"到过北京故宫的人都知道，进入故宫，三大殿首先是太和殿，然后是中和殿，最后是保和殿。名称就是来自《周易》中所说的"保合太和"。而"中和"来自《中庸》。《中庸》说："喜怒哀乐之未发，谓之中；发而皆中节，谓之和。中也者，天下之大本也；和也者，天下

---

① 《国语·郑语》，徐元诰：《国语集解》第 16 卷，中华书局 2002 年版，第 466 页。

② 《周易·系辞传下》，（宋）朱熹：《周易本义》第 3 卷，中华书局 2009 年版，第 252 页。

③ 《国语·郑语》，徐元诰：《国语集解》第 16 卷，中华书局 2002 年版，第 479 页。

之达道也。致中和，天地位焉，万物育焉。"①《周易》卦画有六爻，如既济卦，上卦是坎，下卦是离。九五爻是至尊，过去象征皇帝的位置。与九五爻相对应的是六二爻。九五爻是阳爻，六二爻是阴爻，阳位得阳爻，阴位得阴爻，这就是得位，也就是得中。九五和六二相对，正好是阴阳相和，这便是中和。故宫的后三殿是乾清宫、交泰殿、坤宁宫。"清"指清廉、清正。坤宁宫是皇帝结婚或太后活动的地方，"宁"指安宁。坤在上，乾在下，这是泰卦。阳气上升，阴气下降，阴阳交泰，便是交泰殿。这六大宫殿象征《周易》六爻。故宫虽是皇帝统治权力的地方，但作为古建筑和文化遗产，是劳动人民的智慧创造。我们从《周易》中可以体会到当时中国追求的是和谐。

再看《尚书》，其中《尧典》中有"协和万邦"。夏商时期大约有 3000 个国家，周代有 800 个诸侯，所以中国当时可以说是一个国际社会。在这样一个国际社会中，必须要协和万邦。周代周公代替周成王发布命令说，你们不和谐的邦国应该和谐起来，你们不和谐的家族也应该和谐起来。如果不和谐的话将会受到天的惩罚，这里将"和"作为天的意志来加以强调。《诗经》中讲和奏、和乐、和羹，美食都是各种佐料协调和谐的结果，才能成为美味。然后看《周礼》，《周礼》把和谐贯彻在周代典章制度之中，各级官员的职责就是要怎样和谐，如太宰要以和邦国，以谐万民，大司徒要化解君臣、父子、兄弟之间的不和谐，和谐是他们职责追求的价值目标。

和谐思想在中国源远流长，郑和下西洋，并不是像西方那样去追求金钱，去搞殖民地。郑和下西洋并没有占领其他国家一寸土地，也没有把当地的劳动力作为劳工，同时也没有剥夺当地的财富。所以我们到世界各国并不是去征服、去掠夺，而是使他们成为我们友好邦国。郑和下西洋后，各国到我国来的使者也非常多。从中我们可以知道，当时我们对内对外都是以和合作为价值追求目标。

和合的核心思想是：冲突——融合——和合成新事物。前面讲的天地、男女是冲突，是阴阳两极，构精、绸缪是融合，新生儿的出现是新事物的产

---

① 《中庸·第一章》，（宋）朱熹：《四书章句集注》，中华书局 1983 年版，第 18 页。

生。中国传统思想的目的和追求是生生哲学，就是事物不断地生生。我们现在讲的和谐、和合并不是否定冲突、否定矛盾。和谐、和合是在讲冲突、矛盾中怎样化解矛盾、冲突，经融合达到和谐、和合，新生的事物不断创生。

二、和谐理念的现实运用

和谐、和合是指人与自然、社会、人际、心灵、文明之间的多样性的差分、冲突的协调、平衡、融合，是天地万物间千差万别的冲突融合的模式或状态。和谐文化是中华民族一以贯之的核心观念、核心精神理念和道德情操的文化精神，是人与自然、社会、人际、心灵、文明之间冲突融合的互相协调、和合的文化理念、文化实践和理想追求的总和。和谐文化理念如何在现实中运用，需要注意以下几方面问题。

（一）硬实力和软实力问题

中国的经济发展、综合国力增强是硬实力。在硬实力增强的同时，引起一些国家的猜测：中国成为经济大国后会不会成为军事大国？一些国家感到害怕，制造了各种各样的威胁论，如经济威胁论、军事威胁论、环境威胁论、文化威胁论等。在这样的情况下，我们必须大力宣扬我们的软实力。如果我们不使世界了解中国文化，很可能产生各种误解。现在我国在世界各国开办了很多孔子学院，尽管孔子学院主要从事汉语教学，但文字是文化的载体和标志。之所以采用孔子学院为名称，是因为孔子是世界四大名人之一，孔子思想在世界的影响很大。我们在输出硬实力的同时也要宣传软实力，使世界了解我们，知道我们的过去，才能知道我们的现在和将来。中华民族传统文化是以"和为贵"为最高价值目标，现在仍坚持和平共处五项原则，倡导和平、发展、合作、共赢。发展软实力，这是一个重要的战略思考。

（二）经济发展和民族精神的问题

党的十七大报告提出，要"弘扬中华文化，建设中华民族共有精神家园"。这一点我们过去很少提。什么是精神家园？精神家园就是灵魂安顿的问题、终极关怀的问题。什么是中华民族精神家园？这是中华心、民族魂的问题。精神家园就是要归根到我们中华民族5000多年灿烂文化，它是中华民族文化尊崇的基础，是民族精神之根之魂、之体之用的载体，是民族生命智慧、智能创造的源泉。民族精神是一个民族对于生命存在和民族尊严、价值、意义的理解和把握，是对民族的价值理想、终极关怀的执着追求。西方社会学家马克斯·韦伯写有《新教伦理与资本主义精神》一书，他认为资本主义的发展、资本主义事业的成功，背后的精神支柱是新教伦理。新教伦理有两条：一是苦行僧精神；二是从牛身上榨油，从人身上榨钱。新教伦理这两点是支持资本主义发展的精神力量。中华民族的儒教伦理与此不同，它强调仁者爱人，儒家讲要博施于民而能济众。马克斯·韦伯还写了另一本书——《儒教与道教》，他认为中国资本主义的发展不是原创性的，而是传输性的，中国是不能发展出资本主义的，这是因为中国的儒教伦理和西方新教伦理不一样。但是日本"资本主义之父"涩泽荣一有一句名言："《论语》加算盘。"他认为日本经济没有振兴，就是因为没有学好《论语》，没有懂得儒家伦理。日本经济要振兴必须按照儒家伦理、《论语》的圣谕来做事。儒家伦理成为日本资本主义经济发展的精神力量，如果没有精神力量的支撑，经济发展是不能持久的。每个国家都一样，它必须在发展自己经济的同时追寻文化的根源。

（三）主体文化和客体文化问题

中华文化是主体，中华文明源远流长。而其他文明，如古希腊文明、古埃及文明、古巴比伦文明、古印度文明，都中断过。只有中华文明延续下来是亘古至今的。元代草原民族进入中原后被中原文化同化了，至正年间他们就将朱熹的理学作为科举考试的标准课本和答案。清兵入关后，满族也被汉族同化了，清入关后的文化基本就是儒家文化，当时主要是程朱理学。草原游牧民族可以战胜中原农业民族，但在文化上却被同化了。中华文化具有强大的生命力、向心力和凝聚力，所以它才没有中断。五四运动以来，我们学习西方文化，以西方的真理为真理，以西方的规范为规范，认为西方是进步的，东方、中国是落后的，西方是创新的，东方、中国是保守的，这样兴起了一股批判传统文化的风潮。这是有历史的客观原因的，中华民族受帝国主义侵略蹂躏，中华民族必须变革。清王朝统治的思想观念、政策制度已经不能适应形势的需要，所以需要五四运动来批判旧的道德、旧的文化，发起道德革命、文化革命。但是它没有对传统文化作理性的、全面的理解，只是简单地将传统文化打倒。直到"文化大革命"，批判的激烈程度和行动的野蛮程度大大超过了五四运动。我们对自己的文化采取了前所未有的粗暴的不理性的行为。世界上没有哪一个国家，对自己的传统文化采取这样全面否定的态度。我们把自己的主体文化作为彻底批判的对象，使之边缘化，搞得一些人不知道自己的身份是什么。所以，必须搞清楚主体文化和客体文化。我们现在学习西方的经验、西方的管理学，很少有自己的东西。经济学也是照搬西方的，很少有自己的创新。在清之前我国经济在世界上处于领先地位。西方的思想家、经济学家在鸦片战争前，基本上是异口同声地赞扬中国的经济、社会，甚至认为中国就是天堂。到了鸦片战争之后，中国的国际地位一落千丈。中国的四大发明是西方资本主义发展的基础。我们应该重视自己的主体文化，在学习西方文化的同时，应该以自己的主体文化为主体，去消化、去利用西方有益的东西，而不能主客倒置，喧宾夺主。一个民族必须有自己的文化主体性。一个丧失文化主体性的民族，就会任人摆布，听从于人。当今民族文化的世界化，世界文化的民族化，这才是我们文化的出路。这也是为什么中央提出建设有中国特色的社会主义，坚持中国化的马克思主义，要建设创新型国家的原因所在。我们在考虑这一问题时，应该把重点放在中国化上。

（四）刚性文化和柔性文化的问题

现在西方非常害怕中国龙。龙在西方文化中是恶的象征。龙文化是刚性文化，熊猫文化是柔性文化。刚性文化和柔性文化应该结合起来。柔性文化是容易被别人接受的，是别人喜欢的，比如熊猫，它就像一位"公关大使"，是很好的形象。但我们不能以西方人所好为好，西方人所恶为恶。中华文化有自己的传统，自己的价值观念。龙文化代表了我们民族自强不息的精神，也是中华民族的象征，但我们也必须有柔性文化。柔能克刚，老子讲水是最柔的，但是水能容纳百川。我们在对外和对内时，柔性文化的作用并不亚于刚性文化。我们在处理事情时要刚柔相济，中国古代在打天下时往往是以刚为主，治天下时就需要宽猛相济，刚柔互补，不能只以刚性文化来处理问题，这样容易过头。现在经济发展过程中也有这个问题。在中国传统文化看来，我们需要中庸，也就是度的问题。过去讲中庸往往理解为不讲原则。实际上中庸是无过无不及、不偏不倚，要把握好度。我们做事要恰到好处，这个恰到好处就是中庸。做事不要太刚，也不要太柔，而要刚柔结合。

（五）文化输出和文化吸收问题

现在中华文化吸收的多，输出的少。电视文化、快餐文化都是从外输入的。输出的短缺，对中国的形象和世界对中国的了解都是不利的。文化的输出不是文化的侵略，有人却有片面的理解，认为搞孔子学院就是文化侵略。德国的歌德学院、法国的法兰西学院都是在世界各地进行语言教学。我们搞孔子学院是帮助外国人学习汉语，帮助他们做生意，帮助他们培养中国通，也使他们了解中国。文化不是自己关起门来自我欣赏，而是要走出去，供世界人民欣赏，这也是对世界文化的贡献。这五个问题处理好了，对于建设和谐世界也是一个贡献，会促使世界通达和谐之境。

三、和谐文化的决策

决策有战略性决策、战术性决策。从战略上看，要注意整体和个体关系。我们应该以世界为整体，用世界的眼光和全球意识来思考文化战略问题，也就是说要胸怀世界，吸纳各国有益的文化和先进的科技。这就是说，思考问题不是只从本地区出发，而是从全中国、全世界出发。只有这样才能对问题有比较全面正确的理解。从战术性决策上看，有以下几方面：

（一）天、地、人三才之道

《周易》上说："立天之道，曰阴与阳，立地之道，曰柔与刚，立人之道，曰仁与义。"① 在决策时要考虑到天道、地道、人道三个层面，缺一不可。孟子讲天时、地利、人和。地是资源，人是指人才，天则指大环境。天时层面有好的方面，也有坏的方面。决策时就要考虑如何把坏的方面转化为好的方面。在科技快速发展的现代，人才是首要的。人处于天地之间，张载

---

① 《周易说卦传》，（宋）朱熹：《周易本义》，《朱子全书》第 1 册，上海古籍出版社、安徽教育出版社 2002 年版，第 153 页。

有句话："为天地立心，为生民立命。"① 天时地利都是由人来支配、人来运用的，人顶天立地，是中间环节。如果没有人，天道无所作用，地道资源也得不到开发。在决策时要考虑到人才，人才就是生产力，人才的竞争是经济竞争的焦点，是高科技的竞争焦点。也要考虑到人才的道德品质方面，一个人是重义轻利还是重利轻义，这是值得考虑的。中国有句古话"孝子出忠臣"，考察人才时也要注意到仁义这一层面。地道是指地理环境、交通设施、产销条件以及资源问题，它有刚柔两面。我们应该变弱为强，将不利方面，如资源缺乏、没有好的品牌等，变为有利方面。这就是三才之道。天地人三者主要由人来实现，要发挥人的主观能动性和创造性。这也就是实现人的人生价值。天地人三才之道是通过人的能动性和创造性来实现，并向有利于我们的方面转变。

（二）阴阳五行决策

阴阳是天道的两个层面。在中国传统思想中，阴阳是天地、乾坤的象征，是互相对立的两极，又是可以平衡的、互衬的，同时阴阳也是辩证的。阴中有阳，阳中有阴。比如现在我们的"一国两制"，有社会主义制度和资本主义制度，社会主义制度中有资本主义，香港资本主义制度中也有社会主义因素。过去我们在与西方思想比较时，认为"太极图"阴阳鱼是封闭的，西方的十字架是开放的。其实从动态过程中看，阴阳鱼是不断开放的。西方思想中，阴就是阴，阳就是阳，两者是对立的，互相排斥的。从思维的源头上看，上帝造万物的时候，也造了亚当和夏娃并在伊甸园中生活。上帝告诉他们，伊甸园中东西都可以供你们吃和用，但智慧树上的果实不能吃。夏娃在蛇的诱惑下吃了智慧果，也给亚当吃了。上帝来的时候，亚当和夏娃躲起来了，因为他们知道了羞耻，违背了上帝的旨意，吃了上帝不准吃的果实，于是上帝把他们逐出了伊甸园，永远不准他们回来，惩罚亚当一辈子劳苦，夏娃生孩子时受到痛苦。西方人认为违背上帝的意志就是异端，上帝是真理的代表和象征，违背上帝就是谬误，必须克服。所以西方思维发展出两极对

---

① 按：《近思录拾遗》又作"为天地立心，为生民立道"，见于《张载集》，中华书局 1978 年版，第 376 页。

立、非此即彼的思维方式。印度思维重视空，既没有阴，也没有阳，一切都是空。佛教讲因缘和合，不同的因缘，也就是不同的条件组合成事物，但是事物没有自性，是空的。按中国的思维方式，阴中有阳，阳中有阴，思考问题，就可以相反相成，化不利因素为有利因素，这一点在中医中可以看得更清楚。人体分为阴阳两个层面，阴阳应该平衡，这是健康的条件。一个人生病，不是阴虚就是阳亢。文化也一样，阴阳两方面应该互补平衡，文化才能健康发展。从五行层面来看，五行是相生相克的。中国思维中有相生相克，也有相反相成。过去我们认为相反的两者必然是一方战胜、消灭另一方，这不是辩证地看问题。相生相克、相反相成是中国重要的思维方式。我们在考虑社会问题时要考虑多方面矛盾、多方面因素，这样我们在工作时才能符合实际状况。

（三）冲突与融合的决策

如何把冲突、对抗的两者转变为可融合对话的双方，如何把竞争的两者转变为共赢的双方。当我们看到两者冲突对抗时，应该怎样寻找融合点、共同点。二元对立思维往往只看到矛盾对立点，而没有看到共同点。在各种谈判中找到大家都能认同的融合点、共同点是大费脑筋的，但却是谈判成功的重要因素。以二元对立思维来观照时，往往把竞争双方看作是势不两立的，为了自己的利益，往往采取征服与消灭对方的办法。如果转换一种思维方式，从双方互利共赢的融合点来观照，在决策中，就可以思考如何把"市场"这个共同的蛋糕做大，从而分到的就多。在竞争中要达到共赢，关键就是要把蛋糕做大。同时也要看到，竞争的对象也是推动自己技术创新、制度创新的关键。有竞争对象的存在，才会时时有危机感，才能不断创新，竞争对象的存在是一个促进的力量。

四、贯彻运用和谐理念的思维方式

思维是人的思想观念、行为方式的指导。贯彻运用和谐理念，我们应有怎样的思维方式？可以从以下几方面来看。

（一）单一思维和多元思维

西方传统思维方式的理念倾向于追求"一"。此"一"是建构、判断、诠释、评价"在"与"不在""是"与"不是"的根据、支点的标准和尺度，是一分为二的起始，它将事物或社会结构均分为对立的双方，通过一方消灭另一方而达到"一"。这就忽视了事物错综复杂的多样性，而产生如荀子所说的蔽，就需要解蔽。从中国古代来讲，就是"以水济水"，"同则不继"。什么是同？同就是指单一性。《周易·革》卦中说："二女同居，其志不同行。"① 两个女的在一起就不能生育后代。这就像以水加水，仍然是水。和则不一样，是不同的差异因素融合起来，而产生新事物、新结构方式。人的思维也不能单一化，如果单一化，我们考虑复杂问题都会简单化，认识不到事物的复杂性和互相之间的交错性，也听不得不同意见，在处理问题时往往会出偏差。

（二）对立思维和互济思维

对立思维也可以说是冷战思维。亨廷顿提出文明冲突论，认为伊斯兰文明和儒教文明联合起来威胁西方文明。这是冷战思维的继续。冷战思维是把两个阵营、两个制度对立起来的思维。过去我们曾沿用这种思维，用二元对立的思维来分析社会问题。这种认识是最简单、最粗浅的思维，而现实社会的矛盾都是很复杂的，并不是二元对立的。中国传统思想并不是没有这种二元对立的思想，比如名家讲"一尺之棰，日取其半，万世不竭"②。这是二分的思维。这种思维是对矛盾最简单的认识，但没有看到互相之间的复杂性。处理问题时也往往比较简单化。现在我们的经济制度、所有制、分配制度、劳动就业制以及利益的多元化，就不能按二元对立思维来处理问题。文化问题更复杂，我们有 56 个民族，有不同的宗教信仰，有不同的价值观念，有不同的风俗习惯，等等。文化的多元性更复杂，对于复杂性认识，就需要多元互补互济的思维来化解，在吸收多元互济的基础上，形成最佳的选择、方案。

---

① 《周易象下传》，（宋）朱熹：《周易本义》，《朱子全书》第 1 册，上海古籍出版社、安徽教育出版社 2002 年版，第 101 页。

② 《庄子·天下》，（清）郭庆藩：《庄子集释》卷十下，中华书局 1961 年版，第 1106 页。

（三）独断思维和双赢思维

齐景公和晏婴有一段对话。齐景公问晏婴如何区别奸臣和忠臣，晏婴回答：君主认为好的，其中有不完善的地方，忠臣应该指出来，把它完善；反过来，君主认为不好的，其中也有好的因素，忠臣应该发扬好的因素来弥补不好的层面。宋代的思想比较解放——"文人不以言获罪"，因为宋太祖不杀知识分子，宋代成为中国文化登峰造极期。当时的知识分子都有"国家兴亡，匹夫有责"的历史使命感和责任感，为了富国强兵，他们要正君心。君正就能正朝廷，朝廷正就能正百官，百官正就能正万民。这就需要民主的决策，双赢的思维。

（四）保守的思维和创新的思维

《周易》上说："富有之谓大业，日新之谓盛德，生生之谓易。"① 富有不仅指物质的、经济的富有，科技的富有，还指精神的、道德的富有，价值的、文化的富有。富有才能成大业。怎么样才能成大业？这就需要日新。穷则变，变则通，通则久，所以必须要创新。只有创新才能富有，才能成大业，才能生生不已。这也就是与时俱进，或者如《周易》中所说的"与时偕行"。《周易·乾卦·九三爻辞》："君子终日乾乾，夕惕若厉，无咎。"② 君子整天勤勤恳恳，晚上不断检讨反省自己，才不会有灾害，这样才能保证与时偕行。保守思维就是不与时俱进，死抱过时的教条不放，固守"祖宗之法不可变"，保守就会落后，落后就会挨打，就会被时代所淘汰。

五、建构和谐世界的五大原理

"我们主张，各国人民携手努力，推进建设和平、共同繁荣的和谐世界。"但是，当代世界有很多不和谐的因素，概括起来讲，当代人类共同面临着五大冲突和五大危机，在我国也同样面临此五大冲突和危机。

---

① 《周易系辞传上》，（宋）朱熹：《周易本义》，《朱子全书》第 1 册，上海古籍出版社、安徽教育出版社 2002 年版，第 127 页。
② 《周易·乾卦·九三爻辞》，（宋）朱熹：《周易本义》，《朱子全书》第 1 册，上海古籍出版社、安徽教育出版社 2002 年版，第 31 页。

第一是人与自然的冲突。这是目前遇到的大问题，环境污染，气候变暖，自然灾害频繁，威胁人生命财产的安全，它产生生态危机。第二是人与社会的冲突，造成社会危机、人文危机。从世界范围内来看，贫富差距的拉大，这是世界动荡的根源。恐怖活动的产生有政治、经济、宗教多方面的原因。中国历史上改朝换代也是因为社会到了"富者田连阡陌，贫者无立锥之地"，贫富不均，两极分化，社会动乱。我们应该总结这一历史教训。人与社会的冲突必然产生社会危机，中央采取措施，西部大开发，缩小东西差距。东西差距拉大，也是社会不安定的因素。解决三农问题以及再就业等，都是为了实现社会和谐。第三是人与人的冲突，产生道德危机。现在有些人拜金主义思想严重，为了自己的利益，不择手段，谋财害命，药品、食物都搞假冒伪劣。第四是心灵的冲突，造成精神危机和信仰危机。第五是文明的冲突，也就是不同文明类型的冲突，它导致的是价值危机。

如何化解这些冲突和危机？中国思想中有丰富的可供解决这些冲突和危机的资源。和谐文化理念从人类共同面临的冲突和危机以及共同利益出发，根据中国传统思想提出五大原理：

一是和生原理。天地万物都是生命体，自然界也是生命体，人类不能采取掠夺征服的手段，而是要互相共生。在经济发展的同时不能破坏生态环境。人类征服自然，酿造的苦酒最终还是人类自己喝掉。自然会报复人类，带来各种自然灾害。即使科技再发达，人类也不可能完全化解这些自然灾害，所以要和生。

二是和处原理。既然天地万物都是生命体，就要和平相处，和而不同。不能以战争来解决冲突，而应"以他平他谓之和"的方式，承认尊重他者的存在，以达到和处。

三是和立原理。孔子讲三十而立，立就是站得住、成功立业。我们希望自己能立住、成功立业，也应该希望别人能立住、成功立业。这就是"己欲立而立人"。用和立原理反对霸权主义。

四是和达原理。孔子讲"己欲达而达人"。达可以解释为通达，也可以解释为发达。自己发达了，也应该让别人也发达起来。现在的八国集团都是发达国家，除加拿大外，过去都是靠侵略别国而发达起来的。今天他们就应该去帮助不发达国家来共同发达。中国主张国家不分大小、贫富，一律平等相待，并在自己发展的情况下，不断帮助不发达国家，以求共达。

五是和爱原理。爱是生命继续的动力，爱是激发人实现自己价值目标的一个重要精神力量。不管是哪个宗教，它都讲爱。儒家提倡"泛爱众、而亲仁"，基督教讲博爱，佛教讲慈悲，伊斯兰教讲安拉爱每一个人和生物。1993 年，芝加哥宗教大会通过了"全球伦理宣言"，提出四条不可取消的金规则：不可杀人，不可说谎，不可偷盗，不可奸淫。其实这四条金规则的核心理念就是孔子所说的"己所不欲，勿施于人"。孔子讲"仁者爱人"，朱熹说，仁是"爱之理"，就是说，"仁"是儒学具有自己特殊内涵的爱，是爱的法则。以"和爱"为原则的世界必将是和平、幸福、富裕、快乐的世界，必将是一个和谐的世界。

（原载于《中国井冈山干部学院学报》2008 年第 3 期）

西方的误读是对"和"的不理解

从北京奥运会开幕式中我们可以更加清晰地看出，所有中国文化的元素都巧妙融和成一个"和"字。"和"是中国文化的核心和内涵，也是中国文化的首要价值。中国"和"的思想体现在各个层面，比如国画中的色彩和谐，生活中我们提倡"家和万事兴"等。我们可以从以下几个层面理解"和"的思想。

和合是一种和平

中国文化是"以和为贵"作为价值目标的。在《尚书》中提出要"协和万邦"，把"和"作为"天的意志"，即最高的原则。劳动人民创造的故宫中的太和殿、中和殿、保和殿等，也是"和"的思想的体现。《诗经》之中也可以看出"合奏、和乐"的思想。中国自古以来即主张要"和"，把它作为价值追求的目标。

"和"也体现了一种和平，和平也是"和合"精神的体现。奥运会期间要停止战争，这本身是一种对和平的期待，也是人们的共同理想。中国文化历来主张和平，而不是主张战争。从墨子的"非攻"中就可以看出来，孔子是讲"君子和而不同，小人同而不和"。这里可以看出，不管中国的儒家也好墨家也好，都是主张和平，不是主张战争，战争只能给人民带来痛苦。郑和下西洋并不是要占领别的国家，把它们作为中国的殖民地，而是带给各个国家以物质和精神财富。单就航海事业来说，我们和西方的目的是完全不一样的。

中国把"和"作为自己的世界观

中国不信奉神创造万物，而是主张"和实生物"。中国的世界观是主张多元的事物的融合，不是主张单一的东西去产生世间万物。从中可以看出中国的思想具有包容性、宽容性、开放性，而不是主张独断性。北京奥运会开幕式很明显地体现了"和"的思想，这是中华民族根深蒂固的世界观。在国际事务中，我们一贯坚持主张和平共处。

中国的思想是主张"和合"，从开幕式中我们可以体会到一种精神："有朋自远方来，不亦乐乎。"一万多人的合作表演可以体现出什么精神？就是合作和融合的精神。这种思想体现了我们中国同其他国家共赢的精神。开幕式上打太极拳的节目，核心思想就是体现"和"的思想。太极拳并不是"强力"的思想表现，而是求圆，圆融、圆通、融合。

"和达"思想——彰显世界主义的民族主义精神

北京奥运会的成功举办，更加凸显了中国传统文化和现代文化的融合，体现了中国在自己发展过程中的"和达"。孔子主张"己所不欲，勿施于人"，换句话讲，我希望自己幸福，也希望别人获得幸福；自己发达起来，也希望别人发达。奥运会正是这样一个向世界展示中国文化的契机。

奥运会的举办有一个连续性，中国人应该从近代中国的发展中汲取经验，学会居安思危，让自己逐步发达起来。奥运会的举办能够展现中国人自强不息的精神，也表现出中国人对全人类幸福的热切期盼。我们举办奥运会，并不仅仅是为了传承自己的精神，同时也是为了完成人类共同的事业，实现人类共同的理想，推动全人类体育事业的进步。西方现在对北京奥运会有一种误解和误读，其实是对中国"和"的思想的不理解。在看待中国在奥运会上表现出的精神时，他们往往认为表达的是一种狭义的民族主义精神。实际上中国一直以来表现出的是一种世界主义的民族主义精神。

我们希望通过奥运会在中国举办，让更多人理解中国的发展是对世界的一种贡献。如果中国自己不发展，对世界来说也不是一件好事。中国人自己能发展，能实现温饱并向小康迈进，本身就是对世界的贡献。希望更多的西方人能够看到并认识这一点。

"和爱"——理解他人的基础

开幕式也体现了中国人"和爱"的精神。不管是姚明作为中国体育代表团的旗手领着抗震救灾小英雄出场，还是我们对来自各大洲的各国运动员热烈欢迎，都是要实现"爱"这个梦想，就是和平、合作、发达的爱。只有人类是相爱的，才能够更好地理解别人，认识自己。人类只有爱，才能使自身更加发展、更加美好。

中华文明在人类四大文明当中是唯一延续至今的。西方的学者有些不理解，他们认为一个民族的凝聚力、向心力是由宗教来维系的，而中国是个无神的国家。这有政治、经济等各个方面的原因。但中国的文化就是中国的魂和中国的心，中国文化能够源源不断地发展，就是中华文化的核心——"和"。抓住了这一点，就可以更好地理解中华文化的精髓。

（原载于《人民论坛》2008 年第 16 期）

文化创新篇

中华文化再辉煌的八个理由

　　中华优秀传统文化是中华民族的心和魂，是民族强大的动力所在。就像胡锦涛总书记在建党 90 周年大会的讲话中说的那样："中华民族也一定能够在弘扬中华优秀传统文化的基础上创造出中华文化新的辉煌。"下面我想谈谈中华文化再辉煌的理由。

　　中华民族素有创新精神。民族精神是一个民族对于生命存在和民族尊严、价值意义的理解和把握，民族精神生命的生生不息，在于民族文化的创新。民族文化是民族精神的载体和体现，民族文化的创新也蕴涵着民族精神生命的创新，这是大本达道。无创新，是导致民族精神生命衰老、陈旧以致丧失生命力的主因。一个无心的民族必然会走向神衰体亡；一个无魂的民族势必成为一具行尸走肉；一个无根的民族将会变得枝枯叶黄；一个无体的民族只能任人宰割。而正因为我们有了这种可贵的创新精神，我们的文化也就必然会创造出新的辉煌。

　　中华儿女共有一个精神家园。中国文化和实力是中国各民族共有的精神家园，是中华文明的自豪、自信、自立、自主的发展，能够唤起华夏儿女自强不息的创新精神。中华民族 5000 年灿烂辉煌的文化，是民族生命智慧的源泉，是民族安身立命的支撑，是中华民族团结奋进的精神支柱，也是中华民族繁荣昌盛的智能创新的活水。中华儿女必定会不断发展中华文化，令其达到再辉煌。

　　中华文化既开放又包容。中华文化的核心，即是融开放性、包容性、融合性于一体的哲学文化，有利于推动中华文化的再辉煌。和谐、和合是中华人文精神的精髓和首要价值，也是传统文化思想的精粹和生命智慧。所谓和合的"和",是指和谐、和平、祥和;"合"是结合、合作、融合。和合是指自然、社会、人际、心灵、文明中诸多形相、无形相相互冲突、融合,与在冲突、融合的动态过程中各形相、无形相和合为新结构方式、新事物、新生命的总和。这种哲学文化促使中华民族进行文化创新,使其海纳百川,有容乃大,为中华文化再辉煌提供哲学基础。

中华文化的价值观为"和合"。中华文化自古倡导"和为贵",认为天地万物是"和实生物,同则不继",即要求多元发展,百家争鸣,求天下大同而殊途。从中国来看,我们是一个很讲"和"的国家,它的文化也贯彻着这样一个"和"的思想,我们没有占领别的国家一寸土地,古人讲的"协和万邦"就是表达了这样一种思想。这就是"己欲立而立人"的立己立人的精神的体现。这种和立意识,就是孔子所说的"己所不欲,勿施于人"的精神。这种精神是以开放、宽容、同情的胸怀,接纳自然、社会、人际、心灵、文明按其适合于自己特性的生存方式、模式而立于世界之林,并按适合于自己实际的发展道路而建立自己的制度,不搞一个模式。只有世界的多元化与多元化的世界,才能进行多元文化的交流和文化多元的互补,并发展为多元的和生、和处、和立,这便是和立意识或和立原理。这是中华文化再创新再辉煌的价值基础。

中国人讲究人生境界。我们中华儿女都有一种与生俱来的忧患感和后乐感、责任感,国家兴亡、民族盛衰与每个人利益相关,每个人都担当着自己的义务。儒学忧国忧民的忧患意识,是对于国家和人民生命生存的关怀,是对个体和整个人类生命存在的命运、变化的责任和使命意识的表征。中国忧患意识之所以孕育,是基于宗教的人文化、圣王的分裂和士的自我觉醒。忧国忧民之心是责任意识、承担意识得以生发的活水,是自我关怀和群体关怀的博大情怀,与民同忧同乐。"乐民之乐者,民亦乐其乐;忧民之忧者,民亦忧其忧。乐以天下,忧以天下,然而不王者,未之有也。"[1] 以百姓忧乐为自己的忧乐,百姓也会以国王的忧乐为自己的忧乐,和普天下人同忧同乐,就可以达到圣王的境界。这种忧患感和后乐感,是保持中华文化生机的

---

[1] 《孟子·梁惠王下》,(宋) 朱熹:《四书章句集注》,中华书局 1983 年版, 第 216 页。

不竭动力。

中国人有崇高的道德感。和合观的道德观，对道德水平的追求，是创造先进文化的一个重要基础，道德的最高追求就是和谐。人与人的关系问题、不同群体间的关系问题、不同人际间的关系问题都与道德息息相关，而且道德的作用不仅仅局限在人与人的层面，同样也在人与自然的层面起着作用。提高全社会国民素质，塑造高尚人格，营造文明生活方式，是创造中华文化新辉煌的道德基础。

中国人有文化自觉和文化自信。中华民族是一个有文化自觉与文化自信的民族，这是民族精神觉醒的表征。近代以来，在批判传统文化的过程中，往往丧失了文化自我，或文化自我身份。文化自觉是中华文化的再发现，是文化自我身份的认同感、归属感、亲和感的体现。文化自觉是中华民族文化创新、发展的内在动力，是民族不畏艰险、团结奋进、科学创新的精神力量，是民族为道屡迁、唯变所适、革故鼎新的生命力。只有文化自觉，才有文化自信；有文化自信，才有文化自尊。只有文化的自觉、自信、自尊，才能知己知彼地更有效吸收外来的、异质的文化资源，而创造中华文化的新辉煌。

中华文化具有普适性。《中庸》讲："中也者，天下之大本也；和也者，天下之达道也。"① 中和是中华民族交通、沟通天下各地、各国的普适道理和原则。不偏不倚、无过不及的公正、公平、合理、合法地处理和包容各个国家、民族之间的冲突，坚持"以他平他之谓和"的原则，平等地尊重他者、他国、他民族，融突地和合、和谐各种矛盾。倡导"己欲达而达人"，自己发展、发达了也帮助别人发展、发达；主张各国间平等协商，互利共赢，合作互利，包容发展。在外交事务中主张"泛爱众"的博爱精神和人道主义原则。在与世界各国和平、发展、合作中走向世界，世界也走向我们，在中华文化新辉煌的基础上，也促进世界文化的辉煌。

（原载于《人民论坛》2008 年第 16 期）

---

① 《中庸》，（宋）朱熹：《四书章句集注》，中华书局 1983 年版，第 18 页。

文化强国——宏观微观路径

　　建设社会主义文化强国，我们首先要明确中国文化的源泉。我认为，这个源泉在人民大众当中，在社会生活当中，在人民的创造活动当中。

　　从宏观看，应注意到三个方面：

　　首先，上下结合。"上"指政府、领导。政府在正确的思想指导下进行文化改革，包括文化体制、组织、结构等，通过全面的文化改革，创造一个宽松的文化环境，给文化人"松绑"，让人敢想、敢做、敢于创新。只有这样才能够激发起作家、艺术家、文化企业家自主创新的积极性。文化是文化人主体的创造，如果有过多的束缚，就很难创作出传世经典的文化作品。"上"应宽容，宽容比自由更重要。

　　从"下"来说，文化创造主体应有社会责任感和历史使命感。我们今天的文化创作是为弘扬中华文化、为文化大繁荣大发展而肩负重任。如果没有这种责任感、使命感的话，就很难创作出好的文艺作品、高水平电影、高质量电视，很可能沦为粗制滥造。文化人应该沉下去，沉到人民群众中去，细心体会群众心声，真正领会时代精神。只有这样，才能创作出好的作品。

　　其次，雅俗结合。现在因为工作生活压力大，大家都喜欢看些通俗的、流行的、娱乐的东西。如果听任俗文化泛滥而不重视雅文化的话，我们从文化作品中所受到的启发意义就会越来越少。现在很多文化作品只是单纯地搞笑，比如有的地方看到的文艺表演，已经到了粗俗、庸俗甚至色情的程度。这样就失去了文化真正的性质和价值，已经不是一种精神的创造而沦为庸俗的表现。这种文化实际上是对社会对人们不负责任的表现，也是对中华五千多年灿烂文化的一种亵渎。

雅文化应该是"正俗文化"而不"邪俗文化"。我们应该大力发展雅文化，加强雅文化的教化作用，提升人民群众的道德水平和价值观念、审美情趣，进而提升中华文化的质量，展现中华文化应有的精神和内涵，只有这样才能有经典文化的出现。现在每年发表的长篇小说成百上千，真正留下来的能有多少呢？电影电视剧充斥荧屏，但是真正算经典的能有多少？这中间有大量泡沫，在短时间内就会破灭，它们的价值、意义根本无从谈起。我们每个人都应该反思一下，究竟怎么样去推动中国文化大繁荣大发展，我们每个人负有什么责任和使命。只有每个人都意识到这点，我们整个民族的文化素质才会得到切实的提升。

最后，中外结合。大家都知道这句话：民族的就是世界的，世界的也是民族的。世界文化是由各个民族的文化组成的，民族的文化是对世界文化的充实和发展。我们在吸收借鉴外来文化的时候，应该回到自己文化的源头上来。我们的文化应该有国字号的标志，应该含有更多中国元素，涵容世界文化，也就真正充实了世界文化。如果我们跟着西方走，一味模仿，失掉我们对中国传统文化的传承，也就丧失了中华文化的自我，同时也降低了对世界文化的贡献，不可能在世界文化当中占有一席之地。我们很多文化作品之所以"走不出去"，不被别人所看好，就是因为里面国字号的标志不明显，中国元素含量不够。《红楼梦》之所以被很多国家翻译，流传世界，是因为它已经成了中国古代文化的一个标志，一面镜子。

从微观看，应处理好四个关系：

首先，无名而有名，有名而无名。现在很多文化人、作家、文化企业家一味追名逐利，而不是埋头提升文化作品的质量，不去吃透中华文化的精髓，不去殚精竭虑地钻研作品，这种心存"有名"而追名的结果，只能是产生一堆粗制滥造的产品，反而失去了名。只有心存"无名"，甘心坐一段时间冷板凳，踏踏实实、勤勤恳恳地去研究、去思考、去提升作品的内涵、质量，反映时代精神，反映人们的心声，才能创造出经典作品，才能获得名，经典文化作品才能流芳百世。如曹雪芹写《红楼梦》，他当时并没有考虑"名"的问题。当时他家庭衰败，经济困窘，在恶劣条件下"披阅十载，增删五次"，终于成就伟大作品，"字字看来皆是血，十年辛苦不寻常"。

其次，无利而有利，有利而无利。现在很多人"唯利是图"，都跑去追逐利益、追求金钱。文化产业追求利益原本正常，但是过度商业化，则陷入"为利而创作"而不是"为创作而创作""为文化而文化"，也就丧失了文化，离文化越来越远。过于追求利益，完全商业化，很容易产生粗制滥造的作品，甚至出现改头换面的抄袭作品。这样的作品又怎么能获利、怎么得到好的票房呢？若不过分看重金钱，怀着一颗文化之心，抱着对时代负责、对人民负责的心态去创作，反而会获得巨大利益。群众的眼睛是雪亮的，真正好的文化作品，肯定会得到群众的认同和热爱。

再次，无乡而有乡，有乡而无乡。我们要重视体认乡土文化，因为乡土文化中最原汁原味地蕴涵着中华文化的精神，蕴涵着非常多、非常好的文化创作的资源。很多中国乡土文化、民俗文化能够传承几千年不间断，我认为主要是体现民族精神、内涵丰富，群众喜闻乐见。当前我们应该全面搜集、整理这些宝贵的乡土文化，不是局限于一个乡、一块土，而是加以全面总结，认识其特色、性质、神韵，吃透乡土文化的精神和内涵。这就是无乡而有乡。如果只关注某一种乡土文化，而这种乡土文化很可能有缺陷，那么也就无法体现出中华乡土文化的精髓、神韵，便是有乡而无乡。

最后，无我而有我，有我而无我。如果一个作家、剧作家、文化企业家光想着自己，处处为自我打算，处处以自我为核心，就不可能创作出好的作品，也不可能带领好一个创作团队。因为现在的很多文艺作品如电影、电视剧等，都是一个团队携手合作完成的。但是我们也并不排斥艺术创作团队中的领军人物，比如过去的梅兰芳剧团，这个剧团之所以有名气，就是因为有梅兰芳这个领军人物。同时，这个剧团又非常团结，从创作剧本到配乐、服装等，大家都齐心协力，精诚合作，因此创造了种种佳绩。为什么近日世界人民都在缅怀苹果公司的创始人乔布斯，就是因为他在从创业到创新的过程中，"无我而有我"，甚至可以说用电子产品创造了一种文化。但是苹果公司的成就并不是靠乔布斯一个人的力量，而是靠众多同仁的智慧创造的结果。

如果我们能处理好这些方面、这些关系，中国文化大繁荣大发展指日可待。中国文化和实力走向世界，依靠中国文化的繁荣发展。同时，中国文化的繁荣发展，也会促进中国政治、经济的繁荣发展。

（原载于《理论学习》2012 年第 1 期）

中国文化创新的思议

中华民族是一个富有"日新之谓盛德"的民族，在当前"昨日是而今日非"的世界大变革、大转型、大发展的时代，"尊新必威，守旧必亡"已成为规则。这就是说，崇尚创新必然兴旺，守旧必会亡国或面临破产。这是当今世界大势所趋，不可阻挡。

中华之美的文字话语体系

中华民族经一个半世纪的奋斗，第一次显示大国强盛之势；历几多艰难曲折，第一次呈现文化振兴之机。在全球化危机四伏的惊涛骇浪之中，在多元化互动交往的频繁震荡之下，有着五千多年灿烂文化的世界文明古国，终于迎来了一个具有世界影响力的大国地位。

从三皇五帝到夏商周三代，九州中国境内各氏族形成"共识中国"的观念，一种璀璨的中华文化开始形成，4000年前夏王朝的建立，形成了"联邦式"的中国。从文武周公到春秋战国的老子、孔子、墨子、管子、孙武、庄子、孟子的百家争鸣，百花齐放，形成了一种独具特色的礼乐文化，构建了一种智能创造的中国型的思维方式，架构了一种生命智慧的中华之美的文字话语体系。

在世界文明史上，中华先秦百家之学和古希腊哲学、希伯莱先知、波斯索罗亚斯德教、印度诸教，被称为"哲学突破"的时代。在这一"轴心期"，中华民族以开放的胸怀、哲学的睿智，绍承融突而和合东西南北中的炎黄尧舜孔老文化，勇敢面对现实中种种错综复杂的冲突，凝练成化解社会冲突的理论思维、价值理念、文化战略、伦理道德、审美情趣、哲学宗教体系，屹立于世界文明之巅。

文明自古多悲剧，玛雅文明、古埃及文明、古巴比伦文明和古希腊文明，在历史的大潮中早已烟消云散，存留下来的遗迹和神言话语，只是让人凭吊的"文明的碎片"。唯有中华文明以其海纳百川的态势和绵延不间断性的特质，显示了中华文明的理论体系、逻辑思维、精神家园的辉煌、博大和智慧。

中华文明强大的生命力，就在于中华文化是为道屡迁、变动不居、大化流行、唯变所适的文化。她是时代精神的凝聚，是民族精神的结晶，是民族生命智慧的精华，也是思想家、哲学家、宗教家、文学家主体精神的度越和流行。

当人们追究中华文化为什么获得如此辉煌成就和形成"天地万物本吾一体""体用一源""理一分殊"的特质之际，体认到中华民族是智慧的故乡，哲学的家园，善思的疆土。智慧创造了文明古国，哲学营造了精神乐土，善思创新了四大发明。正是这种基本精神的理念，使中华民族在世界现代性的挑战中，不屈不挠，与时偕行，走向伟大的民族崛起和复兴之路，迈向文化自尊、自信和自觉的大本大道。

从博大的国际政治、经济视阈反思近当代中国文化话题，古代中国无论在政治的文官制度、经济的繁荣兴旺，还是科技的创造发明、文化的精微深邃，均居世界领先地位，中华民族文化充满了自尊、自信和自觉的精神。

然而，在近几个世纪以来，世界政治秩序基本上是由西方殖民主义主导，与此相应，世界文化格局也被西方中心主义所统摄。西方列强以武力和鸦片打开中华大门时，西方的器物文化、制度文化和价值文化伴随西方的军事侵略、经济掠夺进军中国。中国一些人在目瞪口呆中，拜倒在德赛二先生的石榴裙下，一种认为东洋文明是主静的、安息的、消极的、依赖的、苟安的、因袭的、保守的、空想的、向天的；西洋文明是主动的、战争的、积极的、独立的、突进的、创造的、进步的、体验的、物质的、立地的、科学的，此类言论一时脍炙人口，一种与传统文化思想彻底决裂的"打倒孔家店""批倒批臭孔老二"的运动如火如荼地开展。这种中华文明一切不如西方文明的价值判断，给中国人在心态、思维、观念上造成自卑、自贬、自虐的失信、迷疑的心理。从文化的自尊、自信、自觉走向自卑、无自信、无自觉的深渊。

自改革开放以降，中华民族开创了经济大发展、科技大进步、文化大繁荣的大好形势。随着全球化和世界新兴国家的崛起，西方主宰世界政治秩序和西方中心主义统摄文化的格局开始被撬动，推动着新兴国家从政治自觉到文化自觉的进程。文化自觉是民族文化身份的自我发现和自我认同；文化自觉是文化自信的觉醒和文化自尊的肯定；文化自觉是民族文化发展的动力和文化创新的前提。当全球化与民族化成为同一世界格局中既冲突又融合的内在逻辑时，全球化的潮流越高涨，民族化的诉求也随之高涨；全球政治、经济秩序越不平等，民族文化的自觉诉求就越强烈。民族文化的自觉日益成为政治自觉和经济发展的强大"和实力"，政治自觉必须呼唤文化自觉，文化自觉必然呼唤政治自觉和经济发展，两者互为动力，相得益彰。

中华民族在"自强不息""厚德载物"的精神支撑下，以盗天火的勇气和大丈夫的气魄，闯过道道危机四伏的艰难险阻，终于挺起脊梁，从文化自尊、自信、自觉经自卑、无信、无觉而重新迎来文化自尊、自信、自觉，其间多少先贤付出了艰苦劳动，多少英烈贡献了青春热血。我们应该永远缅怀他们，继承他们"国家兴亡、匹夫有责"的历史使命感和责任感。

塑造文化新形象、新面相的关键在于文化创新

中华民族是一个一体多民族、多宗教的国家。一体的核心是中华文化，是中华民族的心和魂、体与根，是中华民族炎黄子孙团结奋进的精神支柱、智能创新的源头活水、繁荣昌盛的智慧源泉。一个无心的民族，就会走向神枯体亡，心健才能力壮；一个无魂的民族，就会成为行尸走肉，有魂灵才有睿智；一个无体的民族，就会任人摆布，体强才能独立；一个无根的民族，就会枝凋叶黄，根深才能叶茂。

中华文化亘古至今，薪火相传，生生不息，不断壮大。其精神理念、核心价值、伦理道德、人文信仰，彰显了其无穷的力量，辉煌的魅力，是中

华民族炎黄子孙共有的精神家园。这是因为中华文化以其悠久、博大、精深的内涵和影响力，而具有持久的民族凝聚力、向心力、亲和力，从而唤起民族的自觉认同感、归属感、安顿感。

在世界经济全球化、科技一体化、网络普及化、地球村落化之时，中华民族以大国形象崛起之际，应该怎样塑造自己的文化形象，怎样展示与大国相匹配的文化面相，已经成为一个急需思议的话题。

显而易见，中华民族不能再以旧的文化形象、旧的文化面相呈现于世界，塑造文化新形象、新面相的关键就在于文化创新。

文化创新，简言之是指发前人所未发、见前人所未见、说前人所未说，发明新的科学技术、科学学说，开创新的"哲学社会科学理论体系、学术观点、学科体系、科研方法"，建设具有"中国特色、中国风格、中国气派的哲学社会科学"文化。

文化创新的基点和前提是解放思想，换言之开放思想。我们必须"自觉地把思想认识从那些不合时宜的观念、做法和体制的束缚中解放出来，从对马克思主义的错误和教条式的理解中解放出来，从主观主义和形而上学的桎梏中解放出来"。唯有如此，文化创新才有可能，才有美好的前景，才能激活文化的生命活力，才能在世界文化舞台上独放异彩。

文化创新的思想基础和心态。文化创新不是抱残守缺的"祖宗之法不可变"，不是"天不变、道亦不变"，亦不是"变器不变道"，而是"为道也屡迁"，变动不居，上下无常，"不可为典要，唯变所适"。这就是说道不是不可变的，它是不断变迁、不是恒常不变的；它是变动不停留的，不是静止不动的；它不是保守"典要"，而是适应时代变化的需要。"穷则变，变则通，通则久。"变通，文化创新才能与时俱进；变通，文化创新才能持久不息。中国古代一些人误解"孔孟之道"不可变，其实孔子主张"温故知新"，温习传统文化是为了求知新的意蕴，蕴涵温故创新的意思。

文化创新的风险和机遇。凡是创新都存在一定的风险，科学创新有不断失败的风险，虽说存在失败是成功之母的机遇，但很多科学实验最终以失败告终。哲学社会科学的创新存在更大的风险，由于评价机制没有确定的标准，各评价机制价值观之间的差异，便可导致截然不同的价值评价，容易被扣上各种上纲上线的吓人罪名。在荆棘众生的文化创新道路上，心怀"如履薄冰""如临深渊"的心情，亦不免祸从天降，努力付之东流。风险与机遇总是并存的，冲决风险就是机遇。在当今文化改革、文化大发展大繁荣的机遇下，文化创新成为主话语，只要有包容的思想、机制、管理和设施，文化创新就会插上鸢飞戾天的翅膀，在天地广袤的空间中织出五彩缤纷的画卷。

文化创新的观念和道德。文化创新要求观念创新和道德创新，观念创新是文化创新的先导，道德创新是文化创新的保障。文化创新必须转变旧观念、旧思维，它不再是中国"王道"的政治观念，"天理"的伦理赋值、"良知"的道德范式。观念创新是主体的自觉活动，是对于观念变革的内在机制和社会实存的体认把握，而具有客观性；观念创新作为精神变革的主体精神活动，而具有主观性。主客观的融突，构成了观念创新活动。观念创新涉及各领域，从总体上说，主要包括世界观、人生观和价值观的创新。

世界观是指人对世界和人与世界关系的思议的反思，是在社会实践和社会交往活动中形成的反思。生活在不同的历史阶段、从事不同社会实践和交往活动的人，其世界观亦有差分。世界观往往支配着人与世界关系及其对世界的体认，统摄着人的物质和精神生活活动及其价值的倾向。

人生观是对于人生目的、理想、道路、价值、意义的根本看法和信念，是对于人为什么活着、怎样活着等自觉的反思，它与人的需求、欲望等道德实践活动相联系。在中国人生观史上，大体有儒家的修齐治平型、道家的自然无为型、佛教的解脱涅槃型、《杨朱篇》的纵欲任性型、庶人的安居乐业型、世俗的升官发财型等，对人的性格、情操、心理、观念、思维方式、伦理道德有着重要的影响力。当前一些人的人生观出现了"返祖"现象，在文化创新中应该重视建立正确的新人生观。

价值观是对于人的生活实践活动经验和价值选择活动的反思，而形成的价值观念系统。建设真善美相和合的新价值观，以与文化创新相适应。

文化创新的自由和爱智。创新不是一种潜在的或预定的可能性，而是人类性命所需要的价值性和意义性。创新活动需要自由，需要一片任鸟飞的天空，需要一种交流对话的包容氛围、宽容环境，这样才能激活思想的创新灵感、碰出理论思维的创新火花、掀起文化艺术的创新热情，才能度越前人，才敢于像亚里士多德那样"我爱我师，但我更爱真理"，才敢于像牛顿那样站在先圣先哲的巨人肩膀上起步，才敢于标新立异。唯有如此，才能在文化创新中产生文化大师、思想大师、哲学大师、艺术大师、科学大师。

文化创新的精神和气概。创新需要焕发为人类盗天火的勇气，需要有敢于下地狱的精神，需要有甘于上绞刑架的气概。只有经此上下的煎熬，才能获得成就。中外历史上一些伟大的大家，不是也经受此种磨炼而成功的吗？

文化创新的竞争和安全。文化建设不只是纯粹国内的问题，而是一个需要从全球语境中考察的问题。在国际领域，文化创新的传播和竞争历来是政治、经济、军事竞争的隐形战线，是一个国家、民族、文化和实力面向全球竞争力的表现。在当前西方企图以文化"硬实力""软实力""巧实力"来控制世界，为其政治、经济、军事渗透服务之时，中国适时地提出建设和谐世界、和谐社会的主张，笔者将此称之为文化"和实力"。"和实力"是化解西方的"硬实力""软实力""巧实力"最有力的方法和智慧选择。国际社会的实践将会证明文化"和实力"是化解国际争端、冲突、危机最具有效性、合理性、正确性的价值抉择；它是符合世界人民大众最大利益和需要的文化实力。因此，文化"和实力"将会大化流行，生生不息。文化"和实力"对内强化了文化的自尊、自信、自觉，增进了文化凝聚力、向心力；对外构成文化竞争力、传播力、影响力，以此保障文化安全，呈现中国文化创新的世界形象。

文化创新的古今中外。在国际视域下，现代化运动进程有先后之别，率先进入现代化的西方国家，以其殖民主义的强权，压迫非现代化的国家。对非现代化国家、民族而言，进入现代工业文明，融入全球经济，成为一条救亡图存的必由之路。在现代化救亡图存的进程中，必然地引进西方现代化器物、制度、价值文化，这就不可避免地发生现代化与传统制度文化、价值文化的全面冲突，便出现了既要学习、吸收、消化西方的科学技术、经济制度、价值观念，而与传统政治、经济、文化实行决裂，又要继承、发扬本民族传统文化的矛盾与尴尬，在理论思维上表现为文化自觉和认同的危机，以至出现文化自我身份的迷失。近现代以来，中国发生的"古今之变""中西之争"，是其表征。在当下，既要继承、弘扬中华民族的传统文化，又要批判、抛弃其不适合现实发展需要的成分；既要学习、吸收西方及各民族的优秀文化，又要批判、抛弃西方二元对立的冷战思维和霸权主义、单边主义的无"他者"施为，使世界文化在冲突、融合而和合中创造新的辉煌。

文化创新上述八个层面，诠释了其内涵、性质、特征、机制、心态、气质等，为文化创新铺路奠基，使中华文化以新的形象、面相登上世界文化舞台。

文化创新应具备的精神

文化创新从本质上讲，是中华文化独具匠心式的"自己讲"，依据中华文化的实际"讲自己"，既不是照猫画虎式的照着西方文化讲，也不是秉承衣钵式的接着西方文化讲。中华文化创新的主旨是"讲述自己"，这是古希腊哲学"认识你自己"使命的逻辑延伸。如何认识自己？怎样文化创新？应具备以下几方面的精神：

第一，怀疑的精神。怀疑古今中外传统文化，这是文化创新的起始和契入点。古今中外伟大的科学家、创新的思想家，无不具备怀疑的精神。中国伟大的思想家、哲学家、教育家朱熹说："读书无疑者，须教有疑，有疑者，却要无疑，到这里方是长进。"[①] 读书开始没有疑问，要教导其有怀疑，后来便"节节是疑"，最后各种疑问、怀疑得到妥善解决，学问才有长进。明代心体学家陈献章说："为学贵知疑，小疑有小进，大疑有大进，疑者觉悟之机也。一番觉悟，一番长进。章初学时亦是如此，更无别法也。"[②] 敢于有疑问、怀疑，就是敢于问一个为什么？敢于重新审察固有的定论、结论和原则、原理，这是一种自我文化的觉醒和文化的自觉。疑是觉悟活动的机枢，不疑就不能觉悟，不能长进，只能墨守成规，照葫芦画瓢。换言之，自己的脑袋是长在别人的两个肩膀中间的。

---

① （宋）黎靖德编：《朱子语类》第 11 卷，中华书局 1986 年版，第 186 页。

② （明）陈献章：《与张廷实主事》，《陈献章集》第 2 卷，中华书局 1987 年版，第 165 页。

"能疑必生于能思"，不疑就不可能独立思考，不能转化古今中外知识为自己的认识，不能提出自己独创的见解，也就不能进行文化创新，不能建构新学科体系、新学术观点和研究方法。所以李贽说："学人不疑，是谓大病。"① 破除了疑问或怀疑，就是觉悟。基于此，魏源说："疑乃悟之父。"疑是觉悟的根本或源头。只有呼唤民族文化的觉悟、文化的自觉，文化创新才会顺理成章地取得成功。

第二，批判的精神。哲学的本质在于批判，文化创新的本质也是批判。批判不能误解为西方二元对立、非此即彼的不是你打倒我、就是我打倒你的斗争哲学，若以"斗争为纲"的观念、文化两军对战的思想来观，就会把批判看成斗争对象的武器，批判的武器变成了武器的批判。

批判精神实质上是一种学术思想、哲学理论思维、文化艺术思议的对话、互动、交流、探索、反思的过程，是一种在"以他平他"的承认他者、尊重他者的文化氛围中的平等对话、交流、互补、合作的过程，也是一种取他文化之长、以弥补自己文化之短的过程。《吕氏春秋·用众》说："物固莫不有长，莫不有短。人亦然，故善学者，假人之长，以补其短。"② 人和万物一样，都有其长与短、优与劣，善于学习的人，文化批判就借他人的长处和优点，来补自己短处和缺点。

文化批判就是去旧见新，朱熹说："学者不可只管守从前所见，须除了，方见新意，如去了浊水，然后清者出焉。"③ 文化批判的目的是除旧见新，即革故鼎新，既不是为批判而批判，也不是为批倒批臭对方，这都是误导，背离了文化批判的宗旨，这在历史上是有深刻的教训和血的代价的。正确的文化批判是文化创新不可或缺的方法，唯有文化批判才能分辨古今中外文化中的长短、优缺、是非、善恶，分析把握现实社会实际环境和发展趋势，正确采取去除、抛弃什么，继承、发扬什么，使文化创新获取更大的成就。

第三，反思的精神。文化创新要贵于反思，无论做人还是做学问，都需要时时反思。"吾日三省吾身"，是做人的反思，《周易·乾卦·九三爻

---

① （明）李贽：《观音问》，《焚书》第 4 卷，中华书局 2009 年版，第 169 页。
② 《吕氏春秋·用众》，许维遹：《吕氏春秋集释》第 4 卷，中华书局 2009 年版，第 101 页。
③ （宋）黎靖德编：《朱子语类》第 11 卷，中华书局 1986 年版，第 181 页。

辞》讲："君子终日乾乾，夕惕若厉，无咎。"① 君子每日勤勤恳恳、诚诚实实地工作，晚上战战兢兢、紧紧张张地反省自己，就不会有灾祸了。做事情、做学问要"切问而近思"，多反问所关切的问题，反省思考当前的事情。唯有反复地反思，反复地体会，才能获得卓越可观的成就。朱熹说："读书不可只专就纸上求理义，须反来就自家身上推究。"② 反过来推究，即反思的精神，反求诸身，切己体验，虚心涵泳，自我省察，就会把义理看得分晓，才能"濯去旧见，以来新意"。反思才能濯除旧见，去旧才能转化为文化创新。

作为时代精神精华的哲学，可谓反思之学。它不是静态的物体及精神生成物的总和，而是为反思着的思想者所拥有。反思的思想，是会思想的思想，既会顺向地思，亦会逆向地思，这是一个会思的动态的过程。反思是人殊胜地把思想反过来而思，这反过来而思就是去旧创新地思。简言之，即文化哲学的创新地思。这就是文化创新的本真，其本质在于寻求真知，是真知之爱。

第四，追究的精神。文化创新和哲学一样，需要一种打破砂锅问到底的穷源精神，既不是一知半解，也不是半途而废，而是追根问底。"问渠那得清如许，为有源头活水来。"只有追究到那个源头活水，文化创新才是原创型的，而不是模仿型的或抄袭型的。

真正原创型的文化创新，需要有古希腊哲学家从一滴水中发现世界的本源，或从一把火中追究到事物背后那个本质的东西的那种精神。中国古代思想家、哲学家仰望天空，激起对神秘之天穷究的热情。春秋时屈原作《天问》，追究天是什么？天有几重？天之上是什么？天的形状是什么？天安放在哪里？以及天的颜色，等等。唐柳宗元作《天对》，对屈原的《天问》做出回应的解释，直到南宋陆九渊少年时问他的父亲："天地何所穷际？"父亲笑而不答，陆九渊"遂深思至忘寝食"。这种"思之弗得弗措也"③ 的未追究

① 《周易·乾卦·九三爻辞》，（宋）朱熹：《周易本义》第1卷，中华书局2009年版，第31页。
② （宋）黎靖德编：《朱子语类》第11卷，中华书局1986年版，第181页。
③ 《中庸·第二十章》，（宋）朱熹：《四书章句集注》，中华书局1983年版，第31页。

到底决不罢休的精神，是一种原创精神。无论是自然科学的创新，还是哲学社会科学的创新，都应该具备这种精神。

当前文化创新受经济利益的刺激，因作者私欲的膨胀、心态的浮躁，而出现种种学术腐败、不端的行为，污染了文化创新，堕落了文化创作，阳春白雪少，低俗庸俗滥；原创创新少，照抄照搬多。这种有碍文化创新的现象不能继续下去了。

中华民族是善于致思的民族，是擅长创新的民族，我们不仅有四大发明贡献于世界而促进世界资本主义的发展，而且为人类文化创新贡献了孔子的《论语》、老子的《道德经》、孙武的《孙子兵法》等原创性的世界名著。原创才能长久，而成经典；非原创犹如朝露，而成泡沫。

第五，笃行的精神。文化创新不是空头支票，不是美丽言辞，不是动人口号，而需要付诸实践，落实行动。中华民族是讲究笃行的民族，博学、审问、慎思、明辨，最终落实到笃行；怀疑精神、批判精神、反思精神、追究精神都有赖于笃行精神的支撑和践行，否则便流于虚无和虚空。

中华民族笃行的入世品格和刚健精神，塑造了中国文化积极投身现实社会、关怀大众生活、注重民族命运的情性，激发了民族的忧患意识、危机意识、担当意识和责任意识，提升了"天人合一"、民胞物与的"天地与吾一体"的意识和"仁民爱物"的精神，探索了天地万物从哪里来的"和实生物，同则不继"的本源问题，化解了人与自然、社会、人际、心灵、文明之间冲突融合的和合之道，培育了仁者爱人、民为邦本、民贵君轻、水能载舟亦能覆舟的人本精神，其间都蕴涵着笃行精神的意蕴。

孔子重视认知主体和知识来源的求索，又强调行的价值，讲求学与行、言与行的一致。他主张听其言而观其行，"君子不以言举人"①。这是选拔人才、任用人员的原则；否则吹牛拍马者、阿谀奉承者就会被选上来，脚踏实地者、埋头苦干者都会被冷落。孔子看到现实社会生活中言与行、知与行的冲突和分裂，主张转知为行、知行合一的笃行精神，批判那些"饱食终日，无所用心"的不服务于社会的贪图安逸者。

---

① 《论语·卫灵公》，（宋）朱熹：《四书章句集注》，中华书局1983年版，第166页。

"作《易》者,其有忧患乎?"① 《周易》是忧患之作,所以强调"精义入神,以致用也"②。强调义理的致用、实用、实行。荀子说:"不闻不若闻之,闻之不若见之,见之不若知之,知之不若行之,学至于行而止矣。行之,明也,明之为圣人。"③ 从闻、见、知到行的认知过程,唯有到了笃行才能真正深刻体认、把握事物的真相,才能真正有了明觉,而通达超凡成圣的境界。换言之,文化创新只有在贴近实际、生活、大众的闻、见、知、行中才能与社会实际、人民生活、大众需求同呼吸、共命运,这是文化创新的源泉。唯有如此,原创型的创新产品才能源源不断的涌现,并以原创性的崭新文化形象在世界舞台亮相。

谱写和演奏中华新的"和实力"乐章

中华文化以崭新形象走向世界舞台,既不具有排他性,也不具有侵占性。中华民族文化是"贵和"文化、是人和、天和的文化。中华古今以来都坚持遵循"以他平他谓之和"的原则,尊重他者的存在和地位,尊重他文化的存在和尊严。他者、他文化之间是平等的、相互尊重的,这便是和文化的"和实力",中华文化决不排斥他文化、侵占他文化,而是"道并行而不相悖",并行互动,互济互补,共同提高,合作共赢。

振兴中华民族,弘扬中华创新文化,在全球化语境中谱写和演奏中华新的"和实力"乐章,使中华创新文化成为世界文化新的爱智和平的序曲;文化创新的诗情画意,规定着文化创新的价值方向,"和实力"将调整世界的诸多冲突和危机。和处为美,和立为真,和达为善,化干戈为玉帛,化对抗为对话,化冲突为融合,化动乱为安定,化战争为和平,这是世界人民的祈求和愿望,顺应世界人民的祈求和愿望吧!让"和实力"的旗帜在世界文化舞台高扬!

（原载于《人民论坛·学术前沿》2012 年第 5 期）

---

① 《周易·系辞下》,黄寿祺、张善文:《周易译注》,上海古籍出版社 2007 年版,第 414 页。
② 《周易·系辞下》,黄寿祺、张善文:《周易译注》,上海古籍出版社 2007 年版,第 408 页。
③ 《荀子·儒效》,王天海:《荀子校释》第 4 卷,上海古籍出版社 2005 年版,第 324 页。

关于定孔子诞辰日为教师节的提议

全国人大常委会：

9 月 28 日是我国伟大的教育家孔子（前 551—前 479）的诞辰日。把孔子的诞辰日作为教师节，长期以来一直是有识之士的共识。党的十一届三中全会以来，随着我国综合国力的不断提高，民族自尊心和自信心不断增强，社会各界认同这一主张的人越来越多。值此新学年来临之际，我谨代表中国人民大学孔子研究院特别提议：把我国的教师节改在孔子诞辰日，即每年的 9 月 28 日。

我们提出这一提议，基于以下五个方面的考虑：

第一，慎终追远、饮水思源是中国文化的优良传统。中华民族之所以被称为"深沉、博大、纯朴、灵敏"的民族，一个重要原因就是中华民族有慎终追远、饮水思源的优良传统。这一传统的形成和发展，与伟大的思想家和教育家孔子是分不开的。孔子在教育上有三大创造和贡献：一是春秋时期，王官之学衰微，孔子首开私人讲学之风，设杏坛讲学授徒，整理《诗》《书》《礼》《易》《乐》《春秋》六经并以之为教材，以礼、乐、射、御、书、数六艺为教育内容；二是打破教育上贵贱贫富的等级，提倡"有教无类"，使人人享有受教育的平等权利，学生众多，史称"弟子盖三千焉，身通六艺者七十有二人"；三是主张尊师重道，"三人行，必有吾师"，"一日为师，终身为父"。他学而不厌、"不耻下问"的学习态度，诲人不倦的教学精神和因材施教、学思并重、举一反三、启发诱导的教学原则等，至今为人称颂和沿用。孔子是中国历史上的第一位职业教师，也是中国古代最伟大的教育家，他也由此被称为"至圣先师""万世师表"。他的教育思想博大精深，对后世的影响至深至巨，以至古往今来一直有人认为"先孔子而圣者非孔子无以明，后孔子而圣者非孔子无以法"。饮水思源，我们后人以适当的方式纪念孔子，是应该的。

第二，孔子是世界公认的伟大的思想家与教育家。美国出版的《名人年鉴手册》所列出的世界十大思想家中，排在第一位的就是孔子。1988 年，世界各国诺贝尔奖得主曾提出："如果人类要在 21 世纪生存下去，必须回到二千五百年前，去吸取孔子的智慧。"1993 年，芝加哥世界宗教大会通过的《走向全球伦理宣言》，把孔子的"己所不欲，勿施于人"作为四条"金规则"的指导思想。孔子不仅为后世树立了集智、仁、勇于一身的崇高的人格形象，而且为后人树立了教师和教育家的光辉典范。目前，已经有很多国家和地区经常采用各种方式纪念孔子。就以教育而言，1971 年，中美关系改善时，美国参众两院就以立法形式规定孔子诞辰日为美国的教师节；前不久，联合国教科文组织在中国设立了"孔子奖"，奖励世界范围内在文化教育上做出突出贡献的人。外国人都在纪念他，而在孔子故国却不能以一个节日的形式来纪念他，这是说不过去的。

第三，以孔子的诞辰为教师节，有利于维系中国文化的一贯性和中华民族的统一性。四大文明古国，唯有中国绵延不断，至今仍能焕发出蓬勃的生机。中国历史五千多年，政权更迭不可谓不频繁，然而文化却始终未曾中断。中国文化史的这种一贯性，是中国历史源远流长的根本原因。近代以来，中国人对自己的传统文化发生了怀疑和动摇，甚至丧失了信心，中国传统文化出现了危机，中国的新文化建设也走了不少的弯路。作为中国传统文化象征的孔子，被无情无理地批判。反孔、反传统一度走向极端，历史虚无主义和民族虚无主义一时甚嚣尘上。十年浩劫，中国社会、经济、文化濒临崩溃的边缘。孟子说："夫人必自侮，然后人侮之。"一个不尊重自己的传统文化的国家，是不可能受人尊重的。"文化大革命"期间，中国国际声誉的下降，不能说与我们自己不尊重自己的文化传统无关。这是割断文化一贯性的历史教训。

中国领土至今未能统一。香港和澳门的回归，除了"一国两制"的英明，一个更为根本的基础乃是民族文化的血脉相连。台湾虽然至今未能回归，但是台独势力始终不能得逞，其根本原因仍然是两地传统文化的统一性。国际政治的历史经验反复证明，破坏一个民族的文化认同感，是煽动民族分裂的惯用伎俩。如果我们以孔子的诞辰日作为教师节，就不仅有利于加强海峡两岸对中华民族传统文化的认同感，而且对台独势力也会起到一定的抑制作用。

第四，以孔子的诞辰日为教师节，具有十分重大的现实意义。一方面，以孔子的诞辰日为教师节，不但会赋予教师节以更多的人文内涵和历史底蕴，而且可以表明中国数千年历史和文化的连续性和一贯性。这个意义是很重大的。另一方面，对增强中华民族的凝聚力，团结海外华人华侨共同致力于两个文明建设等，也会起到不可替代的积极作用。目前的海外华人华侨有几千万人，分布在世界各地。他们以自己的勤劳智慧赢得了世界人民的尊敬，也融入所在地的社会生活之中。而且，他们怀念故土，留恋故国，讲汉语，保留着中华民族传统的风俗习惯。如果我们能把孔子诞辰日作为教师节，无疑会提升海外华人华侨作为炎黄子孙的自尊心和自豪感以及中华民族的凝聚力，也无疑会提升他们与大陆的紧密联系和亲情意识。

世界各国已经陆续建起了 20 多所孔子学院，不久的将来，世界各地只要有足够汉语学习需求的地方，就将设立一座孔子学院，每一所孔子学院都将成为沟通当地与中国的一条纽带。在这样的形势下，作为孔子的故国，中国若能以孔子诞辰日作为教师节，对所有这些国家的孔子学院来说，都将起到一定的表率和鼓舞的作用。

孔子是中国传统文化的象征，是中华民族统一的精神内核。当今之世，能将世界炎黄子孙的力量凝聚起来为中华民族的伟大复兴而奋斗的精神感召力，没有一个人可以与孔子相提并论。从这个意义上说，定孔子的诞辰日为教师节是功在当世、利在千秋的。

第五，以孔子的诞辰日为教师节，不仅是必要的而且是可行的。一方面，纪念孔子的节日古已有之，虽然不叫"教师节"，但性质与"教师节"没有任何不同。孔子作古之后的第二年，也就是公元前 478 年，人们就在孔子的故里兴建了孔庙，举行了祭孔典礼。唐太宗贞观年间，又下诏全国各州县兴建孔庙，于春、秋二季举行祭典，主祭者为地方首长，朝廷则由皇帝亲临主祭。此后，历代祭祀孔子的典礼都非常隆重，虽然中间朝代兴替，但是祭祀孔子的典礼却一直绵延不断。从这个意义上，说中国的教师节已经有 2500 多年的历史也不为过。另一方面，更改教师节的日期，在历史上（包括新中国的历史），不是没有先例。早在 1931 年，当时的教育界知名人士邰爽秋、程其保等人就联络京、沪教育界人士，拟定每年 6 月 6日为教师节，也称"双六节"。但这个节日并没有得到国民党政府的承认。1939 年，国民党政府另立孔子诞辰日亦即夏历八月二十七日（即公历 9 月28 日）为教师节。现在台湾的教师节，就是沿用当时的规定。1951 年，中华人民共和国教育部和中华全国总工会共同商定，把 5 月 1 日国际劳动节作为教师节。但这样一来，教师节的含义就被劳动节给冲淡了，以至逐渐销声匿迹，没有起到其应有的作用。"文化大革命"期间，教师的地位极其低下，境遇极为悲惨，尊师重道的优良传统遭到极大破坏。为了恢复这一优良传统，提高教师地位，1985 年，全国人大才把每年的 9 月 10 日作为教师节。

教师节的实行，对提高教师的地位和提倡全社会尊师重教起了一定的作用。但是"9 月 10 日"在历史上找不到作为教师节的依据。这个日子只考虑到"新学期开始"这个时间上的方便，却缺乏深厚的历史或文化的内涵。如果以孔子诞辰日作为教师节，就不仅有利于用孔子的办学精神和道德情操激励教师、学生和全社会，而且能给教师节赋予深厚的人文内涵。

唯其如此，不少专家学者主张以孔子的诞辰日作为教师节。2004 年 9月 15 日，在中国人民大学"孔子文化月"启动仪式暨"纪念孔子诞辰 2555周年会议"上，我也郑重发出把孔子诞辰日作为中国教师节的倡议。9 月 27日，在京的汤一介、楼宇烈等二十多位国学专家积极响应，联名呼吁把中国教师节改在孔子诞辰日，并提议全国所有师范院校每年召开一次孔子纪念会，率先由中国人民大学和山东所有学校实施在孔子诞辰日庆祝中国教师节。这些呼吁发出不到一年，社会各界的讨论已经如火如荼，把教师节改在孔子诞辰日，几乎成为海内外有识之士的共识。人们希望，借"人文奥运"

之东风，2008 年付诸实现。

我们殷切期盼这一提议获得通过。

此致　敬礼

中国人民大学孔子研究院张立文

2005 年 8 月 10 日

（原载于《绿叶》2005 年第 9 期）

精神强力论

俯仰古今，察识感受；纵横中西，深味体认。当今世界，如何化人间冲突，解世态悖逆？依和合意义世界的理念，需凸显精神强力论意识。

一

作为精神载体的中华传统文化，屡遭劫难，特别是近现代以来，几经近似疯狂的批臭、打倒。然而屡批不臭，每打不倒，反而越批越香，越打越跃，可谓"抽刀断水水更流"，流入市井、山野、田间、书堂，流入人的心田，而闪闪发光，这是中华民族精神强力的表征。

精神之"精"，无见于甲骨文、金文，而见于简帛。《说文解字》曰："精，择米也。从米青声。"择米即选择最好的米。《论语·乡党》曰："食不厌精，脍不厌细。"① 刘宝楠《正义》曰："精者，善米也。"② 朱熹《论语集注》曰："精，凿也。"③ 春米精凿，引申为纯洁、纯净、完美、精华等。《国语·周语上》曰："被除其心，精也。"韦昭注："精，洁也。"④《广韵·清韵》曰："精，善也，好也。"凡事物纯粹最好的便是其精华。

神见于金文，《克鼎》作""。《说文》曰："神，天神，引出万物者也。

---

① 《论语·乡党》，（宋）朱熹：《四书章句集注》，中华书局 1983 年版，第 119 页。
② （清）刘宝楠：《论语正义》第 13 卷，中华书局 1990 年版，第 408 页。
③ 《论语·乡党》，（宋）朱熹：《四书章句集注》，中华书局 1983 年版，第 119 页。
④ 《国语·周语》，徐元诰：《国语集解》第 1 卷，中华书局 2002 年版，第 32 页。

从示、申。"在甲骨文、金文中，神或作申，不从示。① 徐锴《说文解字系传》曰："天主降气以感万物，故言引出万物也。"或指神鬼，阳魂为神，阴魄为鬼；气伸为神，气屈为鬼。神为精魂，如《荀子·天论》曰："形具而神生。"杨倞注："神谓精魂。"②《周易·系辞传上》曰："阴阳不测之谓神。"韩康伯注："神也者，变化之极，妙万物而为言，不可以形诸者也。"③ 神既指引出万物的支配者；亦指人的精神灵魂，而不可失；也指无形无状的精神意识；再指神妙莫测的变化。这是古人对人的灵魂、意识、精神存在状态、功能、内涵的探索。④

精与神经古人思维的抽象，而度越了形而下的客体层面，成为主体的意识、精魂、灵魂及其表现的神态、神色和灵气等。孔子问老子关于道的问题，老子说："汝齐（斋）戒，疏瀹而心，澡雪而精神，掊击而知。夫道，窅然难言哉！将为汝言其崖略。夫昭昭生于冥冥，有伦生于无形，精神生于道，形本生于精，而万物以形相生。"⑤ 问道必须戒慎专诚，洒濯身心，清净神识，打破圣智，涤荡虚夷。玄道深奥难说，那显明的、有形的东西，是从冥暗的无形中生出来的，精神是从大道中生出来的。"澡雪而精神"，是讲洗涤精神或清洁精神，这是对道的体认工夫或方法；只有使精神处于戒慎专诚、清净神识的状态，才能体知道。"彼至人者，归精神乎无始而甘冥乎无何有之乡。"⑥ 凡夫的心智，离不开琐碎小事，把精神消耗在浅陋的琐事上，这样想要达到太一形虚的道的境界是不可能的。只有像那至人，精神归向于无始，犹如甜眠于无何有之乡的道的意境之中。这里所谓的精神归向，都是为了达到对形而上的道的追求。

---

① 田倩君："神，从示申，申，电也。电，变化莫测，故称之曰神，神之示旁亦为周时所加。"参见周法高主编：《金文诂林》，香港中文大学出版社 1975 年版。

② 《荀子·天论》，王天海：《荀子校释》第 11 卷，上海古籍出版社 2005 年版，第 677、682 页。

③ 载（魏）王弼：《周易注》，楼宇烈：《王弼集校释》中华书局 1980 年版，第 543 页。

④ 参见张立文：《中国哲学范畴发展史》（天道篇），中国人民大学出版社 1988 年版，第 659—679 页。

⑤ 《庄子·知北游》，（清）郭庆藩：《庄子集释》，中华书局 1961 年版，第 741 页。

⑥ 《庄子·列御寇》，（清）郭庆藩：《庄子集释》，中华书局 1961 年版，第 104 页。

精神的功能是无限的。"精神四达并流，无所不极，上际于天，下蟠于地，化育万物，不可为象，其名为同帝。"① 纯粹而不混杂，恬淡而无为，行动顺其自然，这是养神的道理。爱养精神，便能通达四方，无所不至，上达于天，下及于地，化育万物，没有迹象，其功能与帝相同。精神度越了物理时空的界域，无所不在，无所不能。

因此，精神是指主体（人、民族、国家）的心灵、意识、思维活动和能度越时空的、无所不能的一种意向性的活动状态。② 这里所说的能度越时空和无所不能，是指精神对不存在和未发生的现象具有虚拟意向。虚拟意向把物理时空转换为人文义理时空，把不可能变换为可能，它比有目的性的活动更能体现精神现象的本质。它度越了拉丁文 spirit us 一词精神是轻薄的空气、轻微流动的气息的意蕴；也度越了中国古代以精神为精气及其变化的含义；并度越了精神活动与主观经验、精神是否实际存在和怎样存在，以及其间关系的论争；再度越了黑格尔所谓精神是"自在而又自为地存在着的本质"的本质主义的规定。黑格尔把精神看作最能体现理性与实践结合的概念。③ 而本文把精神与强力融合起来，以化解当今社会错综复杂的冲突和危机中人类所面临的精神层面的严峻问题。

强力的"强"字，《说文》曰："强，蚚也。从虫，弘声。"一说为米中小黑虫，后假借为彊弱之彊。彊，《说文》曰："弓有力也。从弓，畺声。"其本义与强异。彊为强的借义所转，彊字渐废。墨子说："志不彊者，智不达。"④ 意志不坚强，智不能通达。用于与其他事物的比较，强具有优胜的意蕴。"故君子力事日彊，愿欲日逾，设壮日盛。"⑤ 君子力事日益优胜，愿欲日进远大，设壮日益强盛。彊假借为强，强有强壮、强大、强盛、优胜、坚

---

① 《庄子·刻意》，（清）郭庆藩：《庄子集释》，中华书局 1961 年版，第 544 页。

② 参见《简明不列颠百科全书》（第四册），中国大百科全书出版社 1985 年版，第 436 页。

③ 黑格尔说："当理性之确信其自身即是一切实在这一确定性已上升为真理性，亦即理性已意识到它的自身即是它的世界，它的世界即是它的自身时，理性就变成了精神。"[见黑格尔：《精神现象学》（下卷），商务印书馆 1996 年版，第 1 页]

④ 《墨子·修身》，（清）孙诒让：《墨子间诂》第 1 卷，中华书局 2001 年版，第 10 页。

⑤ 《墨子·修身》，（清）孙诒让：《墨子间诂》第 1 卷，中华书局 2001 年版，第 9 页。

强等含义。"甲坚兵利不得以为强。"① 与坚甲利兵不同,"螾无爪牙之利,筋骨之强,上食埃土,下饮黄泉,用心一也"②。蚯蚓筋骨不强壮,亦能很好地生存。"天行健,君子以自强不息。"干宝诠释说:"尧舜一日万机,文王日昃不暇食,仲尼终夜不寝,颜子欲罢不能,自此以下,莫敢淫心舍力,故曰自彊不息。"③ 彊有加强、勤勉之义。强是一种物质的、精神的、思维的、制度的力量的表现。"观国之强弱贫富有征。"④ 如上不爱民,不讲诚信,赏罚不当,将帅无能而兵弱,兵弱则国不强;如上好功、好利,士大夫众则国贫而不富。不强不富,这便是一种验证。

彊的本义就是弓有力,强力是指强壮有力、强大有实力。"城郭沟渠不足以固守,兵甲彊力不足以应敌……唯有道者能备患于未形也,故祸不萌。"⑤ 彊力亦作强力。要固守、应敌,更在于有道;无道,即使有甲兵强力,最终会有祸殃。彊力也有勉力之义:"汤曰:'伊尹何如?'务光曰:'彊力忍诟,吾不知其他也。'"诟,高诱注:"辱也。"⑥ 表现为心理上、情感上的勉力忍辱。

精神强力是指主体最强烈、最核心的心灵、意识、思维、神韵所具的一种坚强有力的意向性追求的总和。它与精神弱力在时空的演变中有时会出现互动、互济、互渗的状态,甚至会出现交替、错位的现象。

二

就一个民族来说,精神强力体现为民族精神,是民族精神的核心价值之一。民族的精神强力是对这个民族的生命存在⑦的过去、现在、未来三维

---

① 《孙膑兵法·客主人分》,张震泽:《孙膑兵法校理》,中华书局1984年版,第157页。
② 《荀子·劝学》,王天海:《荀子校释》第1卷,上海古籍出版社2005年版,第18页。
③ 李道平:《周易集解纂疏》第1卷,上海商务印书馆1936年版,第8页。
④ 《荀子·富国》,王天海:《荀子校释》第6卷,上海古籍出版社2005年版,第459页。
⑤ 《管子·牧民》,黎翔凤撰:《管子校注》第1卷,中华书局2004年版,第17页。
⑥ 《吕氏春秋·离俗》,陈奇猷:《吕氏春秋校释》第19卷,学林出版社1984年版,第1234页。
⑦ 参见李宗桂主编:《儒家文化与中华民族凝聚力》,广东人民出版社1998年版,第8页。

的体贴和设想，是对这个民族的存在身份的尊严、价值、意义的理解和把握，是对这个民族的价值理想、终极关怀、精神家园的强力追求和预设。它是这个民族在长期共同生活和社会实践中孕育的大体认同的文化理念、学术思想、心理意识、思维方式、精神灵魂。

尽管各个民族的民族精神、强力意向分殊，但民族精神、强力意向无疑是民族的脊梁、民族的主心骨、民族之根和民族之魂的表征。一个无脊梁的民族是不能挺立于世的，它只能卑躬屈膝于别人或强者；一个无主心骨的民族，是一个未自觉的和没有独立的主体之见的民族，永远只能听人指使；一个无根的民族，就不可能枝繁叶茂，根朽尚且叶枯，无根哪能结果，无根是不可能生生不息的；一个无魂的民族，就是没有生命的民族，民族之魂的丧失意味着一个民族失去了生命存在的价值。

精神强力就一个民族而言，是这个民族意识、气质、灵魂、神韵、品格的觉解，也是这个民族的伦理道德、价值观念、思维方法、行为方式、审美情趣、风俗习惯、宗教信仰的体现，更是这个民族实践民族自我生命智慧、生存理念、主导意识的张扬。民族的精神强力潜移默化地指导着、推动着这个民族的价值追求、为人处世、行为选择、审美导向、评价指向等，指点着、促进着这个民族的出处行止、喜怒哀乐、中和致功等。精神强力论的内涵、功能、作用表现为：

首先，变易生生的生命力。精神生命力是民族生命力的核心，是民族生命力基因的精华。民族生生不息的生命力就源于此。当精神强力确认自身与时偕行、唯变所适时，精神强力便意识到自身生命力的合理性。合理性不仅为精神生命力增益强力，而且为精神生命力的能动力、持续力、感应力、和合力作出觉解。

精神生命力是动态性的变易生生力。"天地之大德曰生。"变易生生是宇宙间最基本、最一般的本性或最普遍的、最根本的原理。变易生生既度越了《易》道的变易，亦度越了此在"在"者的变易。变易虽以存在为承担和载体，但变易所追求的是生生。故曰："生生之谓易。"生生是阴阳五行的变易转生，是新生命力的化生。这种变易生生的生命力被人们接受和理解后，便体现在百姓日用的交往实践活动中，而升华为中华民族的精神强力。

变易生生的生命力在中国古代被认为是一种"流"力。"子在川上曰：逝者如斯夫！不舍昼夜。"① 这种流力是一种前后相继、持续不断、不舍昼夜、永不止息的生命力。孔子在这里所说的川（河流），不是指某一殊相的川，而是川的共相概念；也不是仅仅指川的变易生生的持续流力，而是提升为天地间万事万物的变易生生的生命力。在这个意义上，朱熹诠释说："天地之化，往者过，来者续，无一息之停，乃道体之本然也。"② 朱熹虽把持续变易生生的生命力归宗于"道体"，但在这里，"道体"并非是天地之化、川流不息的主宰者，而是一种自然而然的本然品格。朱熹又引程颐的话语："此道体也。天运而不已，日往则月来，寒往则暑来，水流而不息，物生而不穷，皆与道为体。运乎昼夜，未尝已也。是以君子法之，自强不息。"这里把持续变易生生的生命力普遍化，因为只有普遍化的认定，才能上升为道体的本然。程、朱均认为："自汉以来，儒者皆不识此义。此见圣人之心，纯亦不已也；纯亦不已，乃天德也；有天德便可语王道。"③ 与汉儒的名物训诂不同，程、朱发为义理诠释，从形而上道体视域体认孔子"川上曰"的意蕴。这与古希腊赫拉克利特的"万物皆流"的意义相近。尽管孔子和赫氏的变易生生、流变学说主要是一种天才的洞见而非一种理论的论证，但作为对宇宙万事万物现象后面一种根本属性的体认和把握，它揭示了生存世界处于永恒变易、流变无常之中，任何事物都是即在即逝，从而使变易生生的生命力不断持续下去。

变易生生的生命力是在不断冲突、碰撞、震荡的融合、絪缊、交感中增益加强，而体现其精神强力的。"天地絪缊，万物化醇，男女构精，万物化生。"④ 中华文化认为天地、男女是阴阳两极或称两端，是冲突的方面，但两者絪缊、构精即是融合、交感的形式，而使万物化醇、化生。融合、交感为

① 《论语·子罕》，（宋）朱熹：《四书章句集注》，中华书局1983年版，第113页。
② 《论语·子罕》，（宋）朱熹：《四书章句集注》，中华书局1983年版，第113页。
③ 《论语·子罕》，（宋）朱熹：《四书章句集注》，中华书局1983年版，第113页。
④ 《周易·系辞传下》，黄寿祺、张善文：《周易译注》，上海古籍出版社2007年版，第409页。

什么会促使变易生生？"天地交而万物通也，上下交而其志同也。"① 交感是使天感地应、男感女应、感应交通。变则通，通则久。通才使变易生生的生命力持续不断，故此，感应力是精神强力的变易生生的生命力的动力之一。

然而，天地、男女的缢缊、构精的融合、交感，只有在"和"的因缘情境下，才能得以实现。"夫和实生物，同则不继。以他平他谓之和，故能丰长而物归之，若以同裨同，尽乃弃矣。"② 怎样"和实生物"？"故先王以土与金木水火杂，以成百物。"③ 五行之间是他与他者的关系，他与他者之间是平等的、平衡的、公平的，而不是二元对立的非此即彼的关系，也非势不两立的互相吃掉或你死我活的关系。金木水火土的相克相生的"杂"（韦昭注：合也），是既冲突又融合而和合化生新事物。假如不是冲突、融合而和合，而是"同"，譬如"二女同居"，或以水裨水，就不能化生新生儿或新事物，这就断了变易生生的生命力。"以他平他"的融突和合力，是精神强力的变易生生生命力的所以然的合理性的根源和主旨。

其次，自强不息的凝聚力。假如说变易生生的生命力是精神强力永续不灭、永葆活力的基因的话，那么，自强不息的凝聚力则是精神强力永不离散、永远兴旺的活水。凝聚力原是物理学的概念，其本义是指物质结构中同一物质内部分子、原子、基本粒子之间的内聚力和吸引力。④ 当将其引入社会学和管理学时，是指个体、团体、国家、社会凝聚在一起的能动力、协调力、吸引力；当将其引入民族这一特殊群体时，是指在特定社会和自然长期相互交往活动情境中，并在一定经济、政治、文化实践活动中所形成的认同力、向心力、亲和力。民族凝聚力是精神强力的理性力，精神强力是民族凝聚力的核心力。

中华民族是一个多民族的国家，各民族的宗教信仰、语言文字、风俗习惯、审美情趣各异。中国历史上虽也经历过所谓"合久必分，分久必合"

① 《周易·泰卦·象辞》，黄寿祺、张善文：《周易译注》，上海古籍出版社 2007 年版，第 73 页。

② 《国语·郑语》，徐元诰：《国语集解》第 16 卷，中华书局 2002 年版，第 470 页。

③ 《国语·郑语》，徐元诰：《国语集解》第 16 卷，中华书局 2002 年版，第 479 页。

④ 参见张立文：《新人学导论》，广东人民出版社 2000 年版，第 156—244 页。

的时期，但分时的杀人盈野，路有饿殍，室庐扫地，井市成墟，千里萧条，阒其无人的惨苦，是人所不能忍受的。于是，人民祈求和合，和合时的太平生活、安居乐业、男耕女织、工商繁荣，是百姓的愿望。这种祈求和合的愿望转换、升华为普遍的认同意识，便喷发出一种精神力量，而汇集成民族的自强不息的凝聚力。

世界各民族、国家，在其自身能动力的推进下，在与自然地理环境的地缘、物缘及社会氛围的血缘、亲缘、情缘交往互动中，由于共同的生产生活方式、物资交换方式等，把各成员、团体沟通起来凝聚在一起，各成员、团体便成为整个民族、国家网络结构中的基本凝聚点。精神强力的凝聚力，就是其基本凝聚点的总和。由于各民族差分，乃至冲突、对抗，因此需要运用精神强力的协调力，转冲突为融合，转对抗为对话，转差分为整合。一言以蔽之，转离散力为凝聚力。假如"内者父子兄弟作怨恶，离散不能相和合，天下之百姓，皆以水火毒药相亏害"①，则这种互相之间的怨恶、亏害而势不两立，是对国家、民族凝聚力的直接损害和消耗。"内之父子兄弟作怨仇，皆有离散之心，不能相和合。"② 离散之心的"心"，可作精神、心灵讲。如此，心的解蔽就成为精神协调、和合的首要问题。但是，父子仍然是父子，兄弟仍然是兄弟，这种血缘亲情纽带关系，既不能割断也不能否认，而具有强大的凝聚民心的功能，并可通过协调、和合来化解怨恶或怨仇。

自强不息的凝聚力是为思想、情感、价值共同的主体取向所吸引的。换言之，凝聚力之所以具有凝聚力，是由于它具有强大的吸引力，在与离散力的较量中，吸引力大于离散力，也就是说具有精神的强力性。吸引力之所以大于离散力，是由于人对某一价值理想、精神家园、终极关怀的共同尊崇或信奉，是人对一定价值标准、伦理道德、行为规范、风俗习惯的共同遵守和践行，是人对某一民族、国家特殊的热爱的情感，是人对某种互相依存的共同利益的尊重和维护。上述四因素使得精神强力的天秤向吸引力倾斜。

我们可以体认到，吸引力的共同性，即是自强不息凝聚力的共同性，

---

① 《墨子·尚同上》，（清）孙诒让：《墨子间诂》第3卷，中华书局2001年版，第73页。
② 《墨子·尚同中》，（清）孙诒让：《墨子间诂》第3卷，中华书局2001年版，第77页。

这种共同性亦是精神强力的认同力。"认同"原是指儿童在成长过程中对社会行为的模仿，将其引入文化学后，文化认同是指对某种文化生存方式、发展模式以及对文化基本内涵、价值、规范的赞同和遵循。文化认同是一种归属意识、身份定位意识，这种意识从精神强力层面来说，犹如一种强烈的寻根精神、认祖归宗精神，从而构成自强不息的凝聚力。

寻根精神、认祖归宗精神，体现了一种崇高的、无限的向心力和亲和力，它是凝聚力的基础和取之不竭的力量源泉。这种向心力、亲和力与吸引力融合一起，对内对外均构成了精神强力状态。就内而言，中华民族地域广袤，民族多样，在历史长河中，形成了各具特色的地域文化和地域精神，以及民族文化和民族精神。但由于长期统一的、共同的国体政体，一统的主导文化思想，共同的意识形态，共守的精神理念，共认的炎黄子孙，各民族、各地域平等的和平共处共荣，构成了强大的向心力、亲和力。就外而言，中华民族在与外来文化、思想、精神的交流活动中，以积极开放的心态，海纳百川的胸怀，走出去请进来，学习吸收外来文化、思想、精神。像佛教、伊斯兰教以及基督教等，都在其传播中与中华传统文化相融突。特别是佛教文化，在与中华传统的儒道文化、思想、精神相融突中，孕育和合为宋明理学，而达"造极"。在隋唐时期，甚至出现佛盛儒衰的局面。佛教文化、思想、精神在中国化的过程中，形成了中国化的佛教，并发展到了登峰造极的境界；相反，作为佛教诞生国的印度，在八九世纪时佛教便逐渐衰败，到14世纪则几乎湮灭。佛教由于在中国的发展，才得以壮大强盛，这既凸显了中华文化、思想、精神的亲和力和整合力，亦体现了精神强力的自强不息的凝聚力。

我们说拂去西方文化对中华民族文化、思想、精神的遮蔽，拭去西学的尘埃，重新发现中华民族文化、思想、精神的真容，显露中华民族文化、思想、精神的自我身份，绝不是保守民族文化、思想、精神，而拒斥与外来文化、思想（包括西方文化、思想）的交流、对话、互动、参照和吸收。其实，多元的异质文化、思想、精神的交流、对话、互动、吸收，是当代文化、思想发展繁荣的必由之路。一个民族的文化、思想，若自我封闭、自我设限，只能使民族文化、思想的生命智慧枯萎，既不能发展自我，也不能在世界文化、思想之林中获得话语权。在经济全球化、科技一体化、网络普遍化的今天，只能走民族文化的全球化、全球文化的民族化的道路，这是精神强力的自强不息凝聚力的另一表现形式。

再次，日新盛德的创新力。精神强力的变易生生的生命力和自强不息的凝聚力，有赖于日新盛德的创新力。换言之，精神强力的创新力是生命力和凝聚力的基础和动力源。无此，生命力就会老化、枯竭以至死亡；凝聚力就会消耗、松懈以至离散。日新而日日新的创新力，把营养液源源不断地输入生命，使其永葆健康及青春；而具有悠久力、青春力，就会把聚合剂的能量永不停息地输向凝聚，使其永久地保持强大的凝聚力，而具有导向力、感召力。

"日新之谓盛德"①，"日新者，久而无穷"②，即悠久而无穷尽之意。吴澄说："日日而省之，日日而改之，是之谓日日新，又日新。"③日日反省，日日改革，才能不断创新。在这里，日新一是指"与时偕行"。《周易·乾文言》在解释九三爻辞"君子终日乾乾，夕惕若厉"时说："与时偕行。"在解释上九爻辞"亢龙有悔"时说："与时偕极。"④君子终日勤勉不懈，晚上忧惧地反省检查自己的思想行为，就能不负时代使命，与时俱进；假如不能与时变通俱进，唯变所适，到了极限就要走向衰和亡。"与时偕行"可以做到"知进退存亡而不失其正者，其唯圣人乎!"⑤知其进退存亡的理势，而不失正道，就能与时代同步前进，具有无穷发展的悠久力。二是指革故鼎新。朱熹解释说："革，变革也……变革之初，人未之信，故必已日而后信，又以其内有文明之德，而外有和悦之气，故其占为有所更革。"⑥只有营造内外文明、和悦的氛围，变革才能亨通成功。由此推及天地社会，"天地革而四时

---

① 《周易·系辞传上》，黄寿祺、张善文：《周易译注》，上海古籍出版社 2007 年版，第 381 页。
② （宋）张载：《横渠易说》，参见朱熹：《周易本义》第 3 卷，中华书局 2009 年版，第 229 页。
③ （清）黄宗羲、全祖望：《草庐学案》，《宋元学案》第 92 卷，中华书局 1986 年版，第 3044 页。
④ 《周易·乾卦·文言传》，（宋）朱熹：《周易本义》第 1 卷，中华书局 2009 年版，第 39 页。
⑤ 《周易·乾卦》，黄寿祺、张善文：《周易译注》，上海古籍出版社 2007 年版，第 14 页。
⑥ 《周易下经·革卦》，（宋）朱熹：《周易本义》第 2 卷，中华书局 2009 年版，第 177 页。

成，汤武革命，顺乎天而应乎人，革之时大矣哉"①。宇宙天地的变革而成四时的变化，商汤、周武王革夏桀、商纣治理天下的革命，都是顺天应人的。顺天应人的变革的合理性，便具有导向力和感召力。

"与时偕行""与时偕极""革故鼎新""顺天应人"是所以要日新盛德的创新力的内外根据，亦是精神强力之所以具有悠久力、青春力、导向力和感召力的依据。然而，精神强力要真正拥有创新力的悠久、青春、导向、感召四力，必须具备"盛德"。正如《乾文言》所说："九三曰：'君子终日乾乾，夕惕若厉，无咎。'何谓也？子曰：'君子进德修业，忠信，所以进德也；修辞立其诚，所以居业也。'"② 提高道德品格，治理事业，推忠于人，以信待物，品德日进日新；修饰言辞，无一言不诚实，事业兴旺发达。进德修业相辅相成，不可偏废。朱熹说："虽有忠信之心，然非修辞立诚，则无以居之。"③ 不讲诚实，即无真正的忠信之心，就会毁掉事业，更谈不上创新力。这样，精神强力的创新力必须以进德修业为其基础和实践的表征。

"周虽旧邦，其命维新。"维新、创新是文化、思想、精神的生命。"人是会自我创造的和合存在。"凡发明新的科技，提出新的理论、观念、思维、方法、道德体系，而不是模仿已有的模式、框架，或已有的理论、观念、思维、道德等，便是创新。创新就突出一个新字，是开创性、新颖性活动的总和。日新盛德的创新力支撑了精神强力的不断增强和发展，只有如此才能立足于世。

变易生生的生命力、自强不息的凝聚力、日新盛德的创新力，是精神强力论的三个维度。它是精神强力论的核心价值理念、思维导向、道德品格、精神支柱；它表现了中华文化、思想、精神的宽厚、包容、开放的品性，博大的气度，虚怀的风范；它凸显了中华文化、思想、精神特有的生命智慧，聪明睿智，崇高气节。这些都体现了精神强力是"精神自觉"的表

---

① 《周易·革卦·彖辞》，黄寿祺、张善文：《周易译注》，上海古籍出版社 2007 年版，第286 页。

② 《周易·乾卦·文言》，黄寿祺、张善文：《周易译注》，上海古籍出版社 2007 年版，第9 页。

③ 《周易·乾卦》，（宋）朱熹：《周易本义》第 1 卷，中华书局 2009 年版，第 36 页。

征。"精神自觉"是"文化自觉"的灵魂，无精神自觉，文化自觉即无可能。文化自觉，简言之，是去文化遮蔽的自我发现，是文化价值、地位、作用、身份的自我认定和重估。精神自觉开启和塑造了文化自觉，指导着文化自觉的价值追求、观念实践、思维体贴、道德行为、审美情趣乃至意识形态。

近现代以来，中华民族的文化和精神，在西方强势文化和精神的猛烈冲击下，在西方强势物质和武力的沉重打击下，一些人产生了殖民地意识，崇洋媚外，遮蔽了中华民族的自信心、自立心、自尊心，即遮蔽了民族心、民族魂、民族精神。一些享有治外法权的洋人，视中华民族为"劣等民族"，在 1949 年前的中国的土地上，如上海公园的门口，挂出"华人与狗不得入内"的牌子。这是中华民族的奇耻大辱！然而，一些人在这种心态中，把中华民族的落后、挨打、耻辱归咎于民族文化的落后、精神的脆弱，以致要打倒、要埋葬。再者，从学术层面而言，在西方强势现代性学术方式统摄下，中华民族源远流长的、创造了中华文明的学术、表述、言说方式丧失了其合理性。中华民族的文化学术、哲学思想、思维方法、书写方式都被纳入西方学术规范、思维模式之中。在西方中心主义话语体系中，中华民族传统的话语言说方式被西方话语言说方式所替代，其独特的学术、哲学精神和致思方式亦被西方精神和致思方式所代替，中华民族的文化思想、哲学精神被边缘化，被遮蔽了，自己也不知道自己是谁。这就是为什么要进行思想启蒙、文化自觉、精神自觉的原因所在。只有拂去遮蔽，才能找回自我。

在世界文明古国中，唯有中华民族的学术文化、民族精神是亘古亘今绵延不断的。尽管遭遇种种劫难，但"石可破也，而不可夺坚，丹可磨也，而不可夺赤"[1]。中华民族的民族精神永存，久经磨炼的精神强力不可夺。当今世界，中华民族的精神强力真能焕发其青春，可为化解人类所共同面临的五大冲突和危机[2]，发挥其无限的化解能量。

---

[1] 《吕氏春秋·诚廉》，许维遹：《吕氏春秋集释》第 12 卷，中华书局 2009 年版，第 267 页。

[2] 参见张立文：《和合学概论——21 世纪文化战略的构想》，首都师范大学出版社 1996 年版，第 2 页。

三

世界自冷战转变为后冷战以后，美国单极独霸未成，渐成为多极世界，特别是与全球化相呼应，出现了一种"全球型民族主义"①。对此，有人称之为"战国时代"。在这种情境下，人与自然、社会、人际、心灵、文明之间如何共生共处，以及国家、民族、种族、地区之间如何共立共达，以建立化解其间错综复杂的差分、冲突的新秩序、新规则、新思维、新观念、新方法，就成为 21 世纪人类安身立命的共同使命和责任。人类要想在 21 世纪生存下去，就要回到 2500 年前，从孔子那里寻找智慧。换言之，孔子"己所不欲，勿施于人"和"夫仁者，己欲立而立人，己欲达而达人"的生命智慧、精神强力，已为 1993 年芝加哥世界宗教议会大会所通过的《全球伦理宣言》提供了精神指导。在世界共同面临严峻冲突和危机的背景下，人们可以最低限度地认同和合学化解五大冲突和危机的和生、和处、和立、和达、和爱五大原理，变战争为和平，转冲突为融合，化对抗为对话，变竞争为合作，换恐怖为安全，使这个不健康的病态世界变成人人安居乐业的美好和合世界。

人类所共同面临的五大冲突和危机，愈来愈严重地威胁着人类的生命和财产的安全。就其中人与社会的冲突和危机而言，人们几乎每天都可以听到、看到恐怖活动所造成的无辜百姓伤亡和财产毁坏事件，其中一种防无可防、隐蔽不露、很难控制的恐怖方式是"人体炸弹"。我们所要追究的是：为什么要制造"人体炸弹"？"人体炸弹"充当者是如何想的？即他们的精神世界怎样？加拿大麦基尔大学 75 岁的荣誉退休教授查尔斯·泰勒，从精神领域分析了恐怖活动存在的原因。他认为，以参与"伦敦爆炸案"的人为例，恐怖分子中的有些人其实非常成功，已经完全融入了英国社会，但他们还是做了那样的事，因为某种"更伟大的事业"让他们激动，成为斗士赋予他们的生活某种意义。我们需要理解这种"邪恶的精神性"。②他指出："人

---

① 参见 [日] 山本信人：《世界进入"全球型民族主义"时代》，《参考消息》2007 年 6 月 17 日。

② 参见 [英] 阿里法·阿克巴尔：《哲学家因倡导关注精神获奖》，《参考消息》2007 年 3 月 17 日。

们总是怀着一些渴望，包括对生活意义的渴望，这里面就包含着精神因素的作用。驱动恐怖分子的是参与某种伟大事业的需要。在这项事业中，他们找到了自己渴求的生活意义，这驱使他们从事恐怖活动。阻止他们走向恐怖主义的唯一途径就是在生活意义这个问题上给予一个更好的答案。"① 这里，他提出了一个重要的精神世界的问题。他说："对人类行为的世俗分析使西方国家得出错误的结论，但要对付基地这类恐怖组织需要研究精神世界。"②

的确，西方一些人在人类行为的世俗分析中，对精神世界有所忽视，而重以怨报怨、以暴制暴、以战争反恐怖，以致愈反愈恐，制造了更大、更持久的恐怖。美国心理学家马斯洛在分析人的"需要层次"时认为，人类的需要是一种本能，它按照生理需要→安全需要→社交需要→自尊需要→自我实现需要五层次指向。③ 生理需要是人维持生命、生存所必需的物质条件；进而是一种人身、财产、职业、安全保障的需要；社交需要是指人的社会交往、友谊、爱情、团体归属感的需要；自尊需要是指个人稳定的名誉、地位及别人给予尊重的需要；自我实现需要是指潜在能力得以实现的趋势及完成与自己能力相称的事情。这种需要层次论是"自然人"的先在的观念模型的"自我实现"。马斯洛把"自我实现需要"局限在自我狭小的范围内，从世俗的工具理性层面观照人的需要，而忽视了人类实现价值理想、寻求精神家园、终极关怀的精神世界的需要。诗人裴多菲说："生命诚可贵，爱情价更高。若为自由故，二者皆可抛。"为了实现自由这一崇高的价值理想，他可以抛弃生理的、安全的、社交的、自尊的、自我实现的需要。④ 正如查尔斯·泰勒所分析的那样，"伦敦爆炸案"的恐怖分子中有些人其实非常成功，已经完全融入英国社会，也就是说，他们均已获得了生理、安全、社会、自尊、自我实现的需要，可是，他们为什么还要从事恐怖活动？是因为他们自

① 参见［英］阿里法·阿克巴尔：《哲学家因倡导关注精神获奖》，《参考消息》2007 年 3 月 17 日。
② 参见［英］阿里法·阿克巴尔：《哲学家因倡导关注精神获奖》，《参考消息》2007 年 3 月 17 日。
③ 参见［美］马斯洛：《动机与人格》，许金声等译，华夏出版社 1987 年版，第 40—54 页。
④ 参见张立文：《新人学导论》，广东人民出版社 2000 年版，第 232—236 页。

认为"找到了自己渴求的生活意义","是参与某种伟大事业的需要",因而"驱使他们从事恐怖活动"。这就是说,精神世界出了轨,是不能用暴力、战争来化解的,精神世界的问题还须从精神世界层面来化解。

"9·11"恐怖事件震惊了世界,把一些人震得晕头转向,也把一些人震得清醒理性。于是,美国发动了对与"基地"组织有联系的阿富汗奥马尔政府的战争,并迅速推翻了其政权;接着又以伊拉克萨达姆政权计划研制大规模杀伤性武器、该政权与"基地"组织有联系以及伊拉克缺乏民主为由,于 2003 年发动了入侵伊拉克的战争,以战争反恐怖。当时情境像《红楼梦》中所描写的:"一个个都像乌眼鸡似的,恨不得你吃了我,我吃了你。"当揭穿了前两个入侵的理由是由假情报编制的"莫须有"的罪名后,美国著名学者弗朗西斯·福山指出:"美国政府愈发强调民主在伊拉克以及整个中东的重要性,从而把这说成他们行动的理由。"① 布什政府以为可以把伊拉克玩弄于股掌之中,把美国的民主价值观输入伊拉克乃至整个中东阿拉伯世界。然而,他们"机关算尽太聪明,反误了卿卿性命",害得布什四面楚歌,也害了伊拉克人民和美国士兵的性命。

民主是不能强行促成的。从美国入侵伊拉克来看,强势的军事力量可以很快推翻萨达姆政权,以致在肉体上消灭萨达姆,而占领伊拉克土地。孔子说:"三军可夺帅也,匹夫不可夺志也。"② 就是说,可以俘虏其主帅,但不能夺取"匹夫"的意志。换言之,美国可以以推行民主价值观作为入侵伊拉克的理由,而占领其国土,处死其领导人,并取得了成功,但不能占领伊拉克人民的心,不能强迫他们放弃自己的宗教信仰和价值观。我们可以大胆地说,要以美国的民主价值观取代伊斯兰价值观和伊斯兰精神,是根本不可能的,最终只能以失败而告终。可以预料,伊斯兰精神强力是不能被消灭的。

当前,世界各个国家、各个民族,均各有各的人生信仰,各有各的哲理,各有各的价值观,各有各的精神世界,各有各的规范规则,不可能独尊

① [美] 弗朗西斯·福山:《民主必须是人们想要的》,《参考消息》2007 年 5 月 13 日。
② 《论语·子罕》,(宋) 朱熹:《四书章句集注》,中华书局 1983 年版,第 115 页。

美国价值观和精神世界，而罢黜百家，世界一律。独尊独霸的时代已经过去了。我们放眼看一下，美国的民主价值观给伊拉克人民带来的究竟是什么？是恐怖还是安全？是失业还是乐业？是逃离还是安居？是人体炸弹还是民主？杀人、放火、绑架、抢劫，地狱般的悲惨生活，何时了？何日休？只要美国占领伊拉克，就不会了！不会休！福山说："强行促成的政权更迭从来都不是开启向民主过渡之门的钥匙。"① 被视为亚洲"民主橱窗"的菲律宾，其政治体系和制度基本上照搬美国，尤以选举制度为甚。然而，由于历史背景、文化传统、候选人和选民素质等原因，美式民主在这里却明显表现出"水土不服"，选举经常伴随着血腥暴力。2006年12月，选举序幕还未正式拉开，计划竞选阿布拉省长的众议员路易斯在光天化日下被枪杀于马尼拉街头。"今年1月拉开序幕以来，已有95人丧生，90多人受伤。"② "水土不服"道出了一个简单的道理：各个国家、民族都有其长期共同生活和实践形成的民族精神、价值观念、宗教信仰、伦理道德、风俗习惯，违背了它，外来的精神价值就会遭到拒绝，即使强行推行，也会变样。这就是说，外来的精神价值要"入乡随俗"，要与本土的传统文化、思想、精神相结合，这样外来的精神价值才有其活动空间，否则强势的民主精神也无济于事。

"天地之性，人为贵。"③ 人是最宝贵的。人生是一次性的，人的生命是消费性的，这次被你使用了，消费了，就不能再消费了，生命就流走了。那么，为什么有人会充当"人体炸弹"？难道他们不珍惜宝贵的生命？只要我们走进"人体炸弹"的内心世界，就可以体会精神强力的作用。一家西方媒体的记者披露了"人体炸弹"成员所处的独特文化氛围，有助于理解他们究竟出于什么目的让自己的身躯被炸得粉碎。"霍塔里一家正准备举办一个家庭聚会，庆祝6月1日（2001年）他们的儿子在以色列特拉维夫一家迪斯科歌舞厅炸死了21名以色列人……在这一事件发生之后，霍塔里家的左邻右舍都在自己家门口挂上了萨义德的照片，照片上的萨义德身上悬挂着7捆炸弹。除此之外，他们还在家中的墙壁上写上了'21'这一数字……他们还

---

① ［美］弗朗西斯·福山：《民主必须是人们想要的》，《参考消息》2007年5月13日。
② 王传军：《菲律宾血腥选战何日休？》，《光明日报》2007年5月12日。
③ 《孝经·圣治章》，（清）皮锡瑞：《孝经郑注疏》，中华书局2015年版，第73页。

在自己家门口摆放上了用心和炸弹图形编织而成的花篮，表示对萨义德的敬仰和纪念。"萨义德的父亲对采访他的《今日美国》记者杰克·凯利说："我为我儿子所做的一切感到骄傲，而且说实话，甚至有点嫉妒他。我希望是我去完成那次炸弹袭击任务。我觉得我儿子完成了先知穆罕默德的心愿。他因此成为英雄……没有什么比这个方式更能表示对真主的热爱了。"[1] 通过"人体炸弹"的文化氛围、内心世界，可以体验到伊斯兰精神世界、价值世界具有强大的生命力、凝聚力、向心力、亲和力、吸引力。在这种情境下，以西方的精神强力战胜另一精神强力，几乎是不可能的。

化解精神强力之间的冲突和危机，不能采取二元对立的冷战思维，而要采取"融突论"的和合思维。冲突—融合—和合的和合学的和生、和处、和立、和达、和爱五大原理，是化解精神强力冲突和危机之道。这五大原理的基础和核心是"和爱"。尽管各大文明、精神强力之间存在错综复杂的政治、经济、文化、宗教的冲突，但他们都始终不渝地倡导和爱。基督教提倡博爱，爱一切人；伊斯兰教主张普慈，对世上一切生命，无论是星辰山岳，还是草芥昆虫，安拉都以其普慈德行给予关爱；佛教提倡慈悲，救苦救难，普度众生；儒教弘扬"泛爱众""仁民爱物"的普遍的爱。若都从普世的爱心出发，有什么冲突不能化解？有什么仇恨不能融化？就四大文明（四大宗教）的精神强力的终极理想境界、精神家园而言，无论是基督教的天国、伊斯兰教的天堂、佛教的西方极乐世界，还是儒教的大同世界（大和世界），都是沐浴在爱的阳光下的，是不杀人、不说谎、不偷盗、不奸淫的和平、幸福、至善、和乐的和合世界。因此，世界各宗教、各精神强力之间兵戎相见，恐怖相向，以暴易暴，以怨报怨，实与各宗教、各精神强力的原旨相悖。"万物并育而不相害，道并行而不相悖。"人类凭借自己的生命智慧和智能创造，定能建设一个天人共和乐的美好的精神家园。

（原载于《中国人民大学学报》2007 年第 4 期、

《高等学校学术文摘》2007 年第 5 期）

---

[1] 吴中人：《走进"人体炸弹"的内心世界》，《光明日报》2001 年 12 月 14 日；蒂姆·麦格克：《母亲与烈士》，《时代周刊》2007 年 5 月 14 日；《她们为何甘愿做自杀式袭击者》，《参考消息》2007 年 5 月 7 日。

中国文化模式的五大特色

过去我们是地域性地思考问题，现在思考文化问题应该带有人类意识和全球观念。所以中国文化模式应该有全球性的战略眼光。

人民论坛记者：您如何看待改革开放 30 年来具有中国特色的文化发展？

张立文：中国特色的文化发展模式经过了三个阶段。

第一个阶段就是在改革开放初期的 80 年代，中国以阶级斗争为纲的文化转变为以经济建设为中心的文化，当时中国文化面临着这么几个问题：一个是如何解构"文化大革命"中的"四人帮"文化，二是面对西方文化的冲击，中国传统文化能不能现代化？什么是现代化？这在当时有很大的争论。

第二个阶段是 90 年代，随着苏联和东欧社会主义阵营的瓦解，国际社会从冷战向后冷战转变，中国文化如何来适应这种转变。我们在 90 年代提出这样两个问题：一是如何吸收外来文化，二是如何批判西方文化中心论。当然我们也不搞中国文化中心论。90 年代是文化冷静消化的阶段，实际上就是中国文化怎么在吸收外来文化的基础上整合出具有中国特色的文化，这种中国特色的文化也就是具有中国风格、中国气魄的文化。

第三个阶段是 21 世纪初，中国文化主要是弘扬中华文化，建设共有精神家园。中国在硬实力走向世界的时候，软实力并没有跟上去，所以引起西方很多误解，制造了多种"中国威胁论"。所以我们在硬实力走向世界的时候，软实力也必须走向世界，中国文化必须走向世界。只有了解中国文化，才能了解中国现实的所作所为，理解中国现实政策思想。我们自觉提出中国文化要有中国风格和中国气魄，这是中国文化的一次自觉。这个时候我们提出来"和谐世界""建设和谐社会""以人为本""以和为贵"等这样一些思想，来宣传中国文化的特色就是"和平、发展、合作"，表现出中国文化"和"的内涵。

人民论坛记者：中国文化模式有哪些特色呢？

张立文：中国文化模式是一个综合、整体、系统地发展的过程。我把它的特色归结为五点。

一是开放包容。中国文化是善于吸收外来文化的。中国文化本身是一个开放的体系，能包容整合各种文化，而不是保守、封闭、落后、僵死的文化。正因为中国文化的开放包容性，它并不是以自己的文化去排斥外来文化，中国文化才有巨大的凝聚力、生命力。

二是多元一体。中国的语言是多样的，但是文字是统一的；中国虽然多民族、多宗教、多文化，但是国家是统一的。从主体文化和客体文化来说，我们虽然有一个主体文化，但是主体与客体是相辅相成的。正因为中国文化中有"主辅相成""多元一体""体用一源"等理念的指导，所以中国文化尽管是多元的，但是并不会发生你死我活的斗争，也不会发生一种文化消灭另一种文化的情况，或者一种宗教文化消灭另一种宗教文化的现象。

三是独立自主。文化独立是民族独立的根本，如果一个民族的文化不能独立的话，那么这个民族就不能自立于世界。过去殖民主义者到殖民地，必然会以同化或消灭殖民地本土文化方式，来实行殖民统治。现在我们在西方强势文化的冲击之下，应该保持自己民族文化的独立性、自主性，我们可以和其他文化互相交流、学习借鉴，但是不能鹦鹉学舌，我们不能以西方文化的真理为真理、以西方文化的模式为模式、以西方文化的规范为规范，而把我们五千多年来沿袭下来的文化模式、理念都抛掉。我们应该认识到中国文化的魂和民族精神，认识到自己文化的长处、特点、本质，就是所谓的"知己知彼"，知己才能更好地知彼。己都不知，如何知彼？毛泽东曾经批判过"言必称希腊"的错误思想，现在党的十七大提出要"弘扬中华文化，建设共有精神家园"，就是要建设有中国风格中国气魄的文化。

四是融合创新。当前中国文化的发展已经到了一个转变的时期，在这样一个网络普及化、经济全球化、政治多元化的情况之下，文化的发展必须有全球意识。过去我们是地域性地思考问题，现在思考文化问题应该带有人类意识和全球观念。所以中国文化模式应该有全球性的战略眼光。因此，创新的人类语境已经和过去不同了，我们的眼光应该放在如何化解 21 世纪人类所共同面临的冲突和危机上，及由此冲突带来的生态、社会、道德、精神、信仰、价值危机。中国文化应该对这些问题做全球性的思考。只有创新，文化才能获得新的生命力，中国文化才能够生生不息。

五是和谐和合。在建设和谐世界的同时，我们应该承认，各种文化是有冲突的，需要通过互相交流对话来加深了解，只有了解对方的文化，才能更好地吸收其长处。"以他平他谓之和"，"和"也包括冲突矛盾，冲突可以互相成就，这就是相反相成的辩证法。我们的文化与对方的文化是平等的，要承认他者的存在，尊重他文化，文化之间要互相尊重，主张国不分大小、贫富平等相处，各国根据自己的实际自由选择经济发展的模式。在国际社会中"和而不同"地相处，主张通过对话、谈判方式化解争端。只有这样才能够达到和谐，达到和合。我们这种和谐和合的文化模式，一直在为中国提高自己的国际地位、建设和谐社会这个目标努力。

（原载于《人民论坛》2008 年第 24 期）

中国文化对 21 世纪的影响

"黄尘清水三山下，变更千年如走马。"当千年变更之际，迎接 21 世纪第一缕曙光升起之时，人们是那样地欢欣鼓舞，对她寄托着无限美好的期望。然而，人们发现人类面临的是一个病态的世纪，一个充满着错综复杂的冲突和危机的世界，人类必须极大地发挥生命智慧和智能创造，"为天地立心，为生民立命"，以使社会和平发展，人人安心立命。

一、21 世纪人类面临的冲突与危机

人类社会工业化，即现代化的过程中，虽然在科学技术，社会生产力方面大大提高，但亦加剧了人与自然、人与社会、人与人、人的心灵、文明与文明之间的冲突与危机。殖民掠夺、贩卖黑奴、文明毁灭、自然破坏、战争频繁、人民涂炭。当下人类所面对的是一个病态自然、病态社会、病态心理、病态人际和病态文明的境况。这种病态现象具有一定的全球性和深刻性，如何治疗化解，使自然健康、社会健康、心理健康、人际健康、文明健康，是人类切身利益的祈求，因为每一种病态都会对每个人、国家、民族造成不同程度的伤害，如疾病、死亡、烦恼和痛苦。当今世界，人人都畏惧生病，也畏惧自然、社会、心理、人际、文明的生病，其间是互动、互渗、相辅、相成的。因此，每个人祈求自己的健康、无疑也祈求自然、社会、心理、人际、文明的健康，以营造一个天人共和乐的世界。

一是人与自然的冲突和生态危机。

由于人对自然过度索取了 23% 的资源①，自然已千疮百孔，不堪重负。人与自然冲突是由于自然资源的有限性，地球生态系统的脆弱性，社会文化系统需要的无穷性，人类消费欲望的无限性等，造成了生态危机。全球气候变暖而导致天灾加剧，在今后几十年内，大约 10 亿人可能逃离家园。② 臭氧空洞的扩大，生存环境严重污染，如燃煤、化工厂等都是污染源，可导致人的一系列疾病。淡水资源严重缺乏，据联合国估计，到 2025 年，全球有 2/3 人口将蒙受水资源缺乏的压力。③ 资源枯竭，人口爆炸和新疾病肆虐、蔓延，严重影响人的健康，自然病态必然带来人的病态。

二是人与社会冲突和社会危机。

由于社会资源的分配不均，社会制度的不合理性，价值观念的不同选择，社会贫富差距的不断扩大，社会强势与弱势群体的不和谐性，从而带来战争动乱、恐怖主义、贩毒吸毒、谋财害命、假冒伪劣，直接危害人的生命财产。"9·11"事件震惊了世界，战争、恐怖、人质事件造成了触目惊心的伤亡。美国联邦调查局公布一份年度报告称，美国凶杀案的数量有所增加，2003 年一年有超过 16500 人被谋杀。④ 世界卫生组织告诫："未来 10 年全球8400 万人将死于癌症。"⑤

社会病态对人的健康造成极大损害，中国亚健康学术研讨会组委会发出警告：中国的健康问题正在转型，大量慢性疾病正在取代传染性疾病成为导致死亡的主要原因，其他一些西方危险疾病也正加速发展。我国每年因疾患导致的经济损失高达 14000 多亿元，相当于每年消耗我国 GDP 的 14% 还多。专家警告说，如果继续不重视健康教育，有效遏止亚健康，将给国家和社会造成更为沉重的负担。⑥ 据对我国 16 个百万人口城市亚健康率的调查

①　参见［英］马丁·希克曼：《人类向自然界的"索取"创新高》，《参考消息》2006 年 10月 11 日。

②　法新社伦敦 5 月 13 日电，《十亿人可能被迫逃离家园》，《参考消息》2007 年 5 月 15 日。

③　参见法新社巴黎 3 月 21 日电，《水匮乏威胁全球 2/3 人口》，《参考消息》2007 年 3 月 22 日。

④　参见《参考消息》2004 年 10 月 27 日。

⑤　埃菲社日内瓦 2 月 3 日电，《世卫：未来 10 年全球 8400 万人将死于癌症》，《参考消息》2006 年 2 月 5 日。

⑥　参见张淼：《阻击亚健康刻不容缓》，《光明日报》2004 年 11 月 10 日。

发现，北京高居榜首达 75.31%，上海是 73.49%，广东是 73.41%。中国科学院调查，我国知识分子平均寿命为 58 岁，低于全国平均寿命 10 岁左右；同时，我国正在步入老龄化社会，在未来的几十年中，中老年人口将增加 2.3 倍，性病人也会比现在翻几番，可见中国人身体健康的严重性。中国亚健康人群已超过 7 亿人，高收入人群的过速老化趋势已超过欧美国家。其危害性已被医学界认为是与艾滋病并列的 21 世纪人类健康头号大敌。WHO（世界卫生组织）最近公布一项预测性调查，全世界亚健康人口总的比例已占到 75%，真正健康的只有 5%，这确已成为人类生命的头号大敌。① （所谓亚健康是指人在身体、心理和社会环境等方面表现出不适应，介乎健康与疾病之间的临界状态）

三是人的心理冲突及精神危机和信仰危机。

由于心理在多元价值目标的追求过程中权衡利弊得失时，因使用了相反甚至矛盾的意义标准而导致冲突，当冲突久久不决，并从根本上动摇了心灵的信仰支撑或本体承诺时，精神陷入存在危机，便出现病态心理，换言之，"心理感冒"。如生活中精神不振，情绪低沉，郁闷不乐，反应迟钝，失眠多梦，烦躁、焦虑、紧张、注意力分散，容易感受惊吓，以至发展到自杀。在生理上也会有所反映，如疲劳、乏力、心悸、神经衰弱等。

根据中国科学院调查：有 30% 以上的中学生、大学生和 9% 的研究生（硕士、博士）有心理疾患，大、中学生约 10% 已相当严重。② 俄罗斯科学院社会学研究所对嫉妒心强弱做了调查，他们对工人、国家公职人员、私有经济部门职员、机关领导、大学生、失业者、退休人员 7 个社会群体的 1400 人做了问卷调查，结果显示，嫉妒心最强的是大学生。他们刚开始寻找自己的人生位置，尚未取得成功，他人的成功令他们懊丧，感到自身价值不足。产生嫉妒心的原因：1/3 的人认为是天性使然，18% 的人归咎于教育，22% 的人认为是沉重的生活负担，少数人认为与教育及整体文化水平有关。③ 一般普通高校大学生有比较高的自卑心，就是对自己的智力、学

① 参见张森：《阻击亚健康刻不容缓》，《光明日报》2004 年 11 月 10 日。

② 参见张森：《阻击亚健康刻不容缓》，《光明日报》2004 年 11 月 10 日。

③ 参见《嫉妒心强危害大》，俄罗斯《消息报》2004 年 5 月 29 日。

习能力及学习水平做出偏低的评价，总觉得不如别人，悲观失望、丧失信心等。

四是人际病态和道德危机。

在现实社会中，由于个人功利要求的合理性、多种功利目标的竞争性、满足功利要求手段的有限性、价值评价体系的不合理性和功利成果分享性之间不和谐的集合，当个人合理功利要求在有限的手段系统内无法满足时，人与人之间产生利益的冲突；当为某种功利所蔽和通过激烈竞争而达到的功利目标分享不均或被不相关的人分享时，人与人之间便出现道德危机；当人的利益欲望无限性与社会公共利益规范性发生冲突时，便加剧了道德病态。在追求以功利为目的条件下，有一种"万般皆下品"、唯有金钱高的趋向，拜金主义，向孔方兄看齐，唯利是图，不择手段，重利轻义，不顾廉耻。心德、身德、家德、国德、官德、民德、师德、医德、学德等，都受不道德病毒的污染，发生病变而危害天理良知。

五是文明病态和价值危机。

20 世纪是文明冲突的分析时代，亨廷顿的《文明的冲突》和怀特（M.White）的《分析的时代》对这个病态世纪的症状已有描绘。但由于其根深蒂固的西方中心论和二元对立意识作祟，而有其偏颇。由于文明在交往、传播、扩张过程中，当一种文明越出自己诞生的局域和作用界面，以原有的方式同化、兼并甚至取代、消灭其他局域作用界面时，发生文明域的冲突，并引发价值毁灭的意义危机。现代文明冲突，是由于西方工业革命、世界科技革命和资产阶级民主革命而加剧。一场以霸占自然环境，掠夺生态资源，奴役土著居民和抢劫文化财产为进攻性战略目标的文明冲突，在全球范围内展开，一贯倡导家族集体主义、自然和平主义和道德理想主义的东方文明，扮演了被征服者的痛苦角色。一百多年文明病态的历史表明，文明病态的病毒是由生物利己主义、极端个人主义和全球霸权主义构成的社会达尔文主义。社会达尔文主义是潜伏在人文价值系统内的生存型病毒（Existence Virus）。受其感染，不仅无数的土著居民和妇女儿童，被以所谓"野蛮""弱质""劣等"等为借口惨遭虐待或杀戮，而且连那些自诩为"文明"和"优等"的征服者，彼此之间也爆发了"物竞天择，适者生存"的战争。[1] 文明病毒的流行，也污染和加重了其他病态的发展。

如何治疗和化解这五大病态？消除对五大病态的畏惧，建设当今自然健康、社会健康、心理健康、人际健康、文明健康的 21 世纪，这是全人类的职责，是保卫全地球健康而不走向毁灭的责任。

二、中华和合文化的化解之道

中华民族是一个亘古亘今的文明古国，是一个有智慧、能通变、会创新的民族，她保存了世界上最丰富、最全面、最详尽的各方面珍贵资料。蕴藏着对人类政治、宗教、文化经济发展阶段、规则、原理、规律以及社会科学、人文科学等具有极大启迪价值的资源，是独具魅力的宝库。如果认真梳理和总结中国文化的原理、原则、规则、方法，单就中国特色的人本性、民主性、和合性、包容性、多元性，是西方古代所不能比拟的，那么，中国独特的理论思维将会大大丰富和提升人类的理论思维水平。当今应以天地万物本我一体的观念和全球意识来观照五大冲突和危机。十分遗憾的是，以往西方有影响的思想家、哲学家、理论家，由于其潜意识中的西方中心主义的观念，对弱势的东方文化、中国文化，并没有加以认真的研究，只是依据西方的历史文化哲学资源、经验和实践，概括出哲学社会人文科学的原理、原则、规则、方法，而没有发掘中国的丰富资源。如何治疗化解自然、社会、心灵、人际、文明的病态，是当今人类极其重要的热点问题。中华文化能为治疗 21 世纪人类所共同面临的冲突和危机，做出巨大的贡献。

（一）和实生物

为了回应 21 世纪自然与人冲突所造成的生态病态，往往把中国古代的"天人合一"的思想，诠释为人与自然的合一、融合。在殷周之际，天与人是感通的，周公提出"唯德是辅""以德配天"，此"失"是指有意志的人格神，人是指具有道德意义上的人。到了春秋时，疑天、骂天、咒天思潮的出

---

① 参见祁润兴：《价值创造的本质在于和合——张立文教授和合学，融突观评析》（打印稿）。

现，天人就出现分裂，子产说："天道远，人道迩，非所及也。"① 天人不相及，《郭店楚墓竹简》也讲："有天有人，天人有分。识天人之分，而智所行矣。"② 尽管孟子试图通过心性的内在度越，而达与天相通。"尽其心者，知其性也，知其性，则知天矣。"又说："存其心，养其性，所以事天也。"③ 但荀子提出："明于天人之分，则可谓至人矣。"④ 天有天的职能，人有人的职能，两者不能代替。"大天而思之，孰与物畜而制之，从天而颂之，孰与制天命而用之。"⑤ 推崇天而思慕天和顺从天而赞美天，哪里比得上把天当作物来畜养而控制它和掌握天的变化而利用它。唐代柳宗元提倡天人不相预，刘禹锡在柳氏基础上，提出"天与人交相胜，还相用"。他们都是以天人相分为前提的。

韩愈与柳宗元辩论天人关系时，已体认到天与人的严重冲突。韩愈以人、虫之喻，说明虫与物、人与天地自然的仇敌关系。他说："物坏，虫由之生，元气阴阳之坏，人由之生。虫之生而物益坏，食啮之，攻穴之，虫之祸物也滋甚。其有能去之者，有功于物者也，繁而息之者，物之雕也。人之坏元气阴阳也亦滋甚：垦原田，伐山林，凿泉以井饮，墓以送死，而又穴为堰搜，筑为墙垣、城郭、台榭、观游，疏为川渎、沟恤、破池，燧木以播，革金以镕，陶甄琢磨，悴然使天地万物不得其情，倮倮冲冲，攻残败挠而未尝息，其为祸元气阴阳也，不甚于虫之所为乎？"⑥ 因此，韩愈主张："吾意有能残斯人使日薄岁削，祸元气阴阳者滋少，是则有功于天地者也；繁而息之者，天地之雕也。"⑦ 人在征服天地自然中，犹如虫食啮、攻穴物体。换言之，人祸害天地自然，与害虫祸害物体是一样的。害虫的繁殖是物的仇敌，人口的繁殖是天地自然的仇敌，消灭害虫大有功于物，减少人口生产，使之

---

① 《春秋左传·昭公十八年》，杨伯峻：《春秋左传注》（五），中华书局 1981 年版，第 1549 页。

② 荆门市博物馆编：《郭店楚墓竹简·穷达以时》，文物出版社 1998 年版，第 145 页。

③ 《孟子·尽心上》，（宋）朱熹：《四书章句集注》，中华书局 1983 年版，第 349 页。

④ 《荀子·天论》，北京大学《荀子》注释组：《荀子新注》，中华书局 1979 年版，第 269 页。

⑤ 《荀子·天论》，北京大学《荀子》注释组：《荀子新注》，中华书局 1979 年版，第 278 页。

⑥ （唐）柳宗元：《柳宗元集·天说》第 16 卷，中华书局 1979 年版，第 442 页。

⑦ （唐）柳宗元：《柳宗元集·天说》第 16 卷，中华书局 1979 年版，第 442 页。

"日薄岁削"，则大有功于天地自然。韩愈是自然保护主义者，这是人类第一次度越自我中心主义的环保宣言书。

人为了生存，必然对天地自然构成损害，天人对立。韩愈已体认到了，而"天人合一"在实践上又不能给出不破坏天地自然的途径和方法。那么，治疗化解自然病态的理念，中国古代哲学家、思想家认为，应是"和实生物"的和生思想，以化解天人分二，治疗天地自然的生态病态。

如何化解、治疗自然生态病态？史伯在与郑桓公对话中提出："虞幕能听协风，以成物乐生者也。夏禹能单平水土，以品处庶类者也。商契能和合五教，以保于百姓者也。周弃能播殖百谷蔬，以衣食民人者也。"① 虞思、夏禹、商契、周弃如何治疗化解人与自然的冲突和生态危机：一是要熟悉、体认天地自然对象的本性，如"知和风"、知水性、了解民情；二是要顺其自然，尊重天地自然规则，如因时顺气，因地疏导，因伦施教，而不违反自然规则；三是万物高下，各得其所，并育不害，和乐生长；四是增强人的生产能力，播种百谷，繁育蔬菜，丰衣足食，以减少人对天地自然的掠夺；五是提升人的道德水平、文明程度，百姓和睦，皆得保养，以减少人祸对天地自然的损害。这样便在天人之间创造一种和合生意。

天人之间的和合生意的和生，就是"和实生物，同则不继，以他平他谓之和，故能丰长而物归之"②。如何和实生物？"生与金木水火杂，以生百物"③。多样元素融突、和合、杂和生物。土、金、木、水、火作为他与他者关系，是互相平衡、平等的，他与他者之间相生相克，相反相成，互尊互重，互补互济，自然万物才能和乐生长。和生的要旨是天人都协调地和乐生长。"和如羹焉，水、火、醯、醢、盐、梅，以烹鱼肉，燀之以薪，宰夫和之，齐之以味，济其不及，以泄其过。"④ 和羹如天人和生，水、火等为天

① 《郑语》，徐元诰：《国语集解》第 16 卷，王树民、沈长云点校，中华书局 2002 年版，第 466 页。

② 《郑语》，徐元诰：《国语集解》第 16 卷，王树民、沈长云点校，中华书局 2002 年版，第 470 页。

③ 《郑语》，徐元诰：《国语集解》第 16 卷，王树民、沈长云点校，中华书局 2002 年版，第 479 页。

④ 《春秋左传·昭公二十年》，杨伯峻：《春秋左传注》，中华书局 1981 年版，第 1419 页。

地自然之物，人类应使自然在其发展过程中获得和乐生长，便要审之、和之、齐之，济不及，泄其过，协调、和谐自然发展，而不是征服、祸害天地自然，人与自然关系只有遵循和生原则，才能治疗化解自然病态，使自然健康。

（二）和而不同

如何治疗化解 21 世纪社会病态，消除社会病毒？以往惯用西方主客二分、非此即彼、你死我活的斗争思维和方法，以为此能治疗化解社会病态。这在一定社会阶段能发挥其作用，但并不适用于一切社会阶段。在中国古代，郑桓公与史伯谈论周的社会弊病和衰亡的原因时，史伯说："今王弃高明昭显，而好谗慝暗昧，恶角犀丰盈，而近顽童穷固，去和而取同。"① 今周幽王排弃明智、贤明之相和有德之臣，宠爱奸邪昏庸、阿谀逢迎、不识德义的人，去和而取同，而造成社会的弊病和病态。为什么说去和而取同会造成社会病态？史伯论证说："声一无听，色一无文，味一无果，物一不讲。王将弃是类也，而与同，天夺之明，欲无弊，得乎？"② 弃和而同，毁灭多样而强调一，独断专行，而不听取不同意见，必然产生社会病态。

晏婴则从和羹、和声、和味来说明如何治理国家。他主张实行和政，譬如君臣和谐，应该是"君所谓可而有否焉，臣献其否以成其可；君所谓否而有可焉，臣献其可以去其否，是以政平而不干、民无争心。故《诗》曰：'亦有和羹，既戒既平'"③。鼓励从各个不同角度、层面提出各种不同、相反的意见，兼听则明，而后加以综合、融合，使不成熟的、有不足之处的方案、设想得以完善，这就是"和"。做到政明民和，则社会健康无病。

孔子面对春秋"礼崩乐坏"的社会病态，总结史伯、晏婴的思想，提出"君子和而不同，小人同而不和"④ 的主张。和与同的紧张，即是君子与小人、明君与昏君的政治、行为、思想、人格的区别。《论语》记载："礼之

---

① 《国语·郑语》，徐元诰：《国语集解》第 16 卷，中华书局 2002 年版，第 470 页。
② 《国语·郑语》，徐元诰：《国语集解》第 16 卷，中华书局 2002 年版，第 472、473 页。
③ 《春秋左传·昭公二十年》，杨伯峻：《春秋左传注》，中华书局 1981 年版，第 1419 页。
④ 《论语·子路》，（宋）朱熹：《四书章句集注》，中华书局 1983 年版，第 147 页。

用，和为贵，先王之道，斯为美，小大由之。"① 先王以"和为贵"为最美好的道理。"和而不同"是尊重各种不同意见和利益，而达到和谐，不因不同意见、政见而结党营私，为害自己国家和人民。一个家庭内有父母兄弟、大人小孩、男人女人的不同，一个国家有地方与中央、众多民族的不同，和就是要互相尊重其各不相同，各得其所地和睦和处。倘若党同伐异，实行同，社会就会分裂，发生病变。家和万事兴，国和万物成。

就国际社会而言，其病态有加剧的趋势。世界上有 200 多个国家、近千个民族、6600 种语言，各国家、民族的风俗习惯、宗教信仰、价值观念、社会制度、经济发展、文字语言、审美情趣殊异，而构成多极世界。在此多极世界中不能搞"同而不和"的单边主义、霸权主义、中心主义，推行同的价值观、发展道路、社会制度；否则就诉诸战争暴力，而造成人道主义灾难，大批无辜生命遭杀戮。以暴力对付暴力，以恐怖对付恐怖，就很难根绝恐怖。国际社会只有遵循"和而不同"的和处原则，国际社会才是安全的、和平的、合作的、发展的健康社会。

（三）中和乐道

治疗心灵病态，化解精神危机，这是 21 世纪所面临的重要课题。中华文化中的"中和""养心""咏道"的思想，具有效应性。"喜怒哀乐之未发，谓之中，发而皆中节，谓之和。中也者，天下之大本也；和也者，天下之达道也。致中和，天地位焉，万物育焉。"② 未发的心理状态，是寂然不动，称为中，没有偏向性；已发而合乎节度，无所乖决病态，称为和。中和心理就是一种健康的、平和的心理，这是一种天下的大本达道。朱熹注说："盖天地万物本吾一体，吾之心正，则天地之心亦正矣；吾之气顺，则天地之气亦顺矣。"③ 守中之心无偏倚而不失，谨和之精应物无差谬而不然。心理保持"中和"，既能戒惧而制约自我，又能慎独而不被外物所蔽，心正气顺，心理和乐，并超越为位天地育万物，以天地万物本吾一体之宏大心胸，容纳万事万物，一切个人的烦恼、孤独、苦闷、焦虑便荡然无存。

---

① 《论语·学而》，（宋）朱熹：《四书章句集注》，中华书局 1983 年版，第 51 页。
② 《中庸·第一章》，（宋）朱熹：《四书章句集注》，中华书局 1983 年版，第 18 页。
③ （宋）朱熹：《四书章句集注》，中华书局 1983 年版，第 18 页。

如何"养心",它的第一层意蕴是"不动心",外在的富贵利禄都不使他动心,以保持心理宁静和谐。公孙丑问孟子:"不动心有道乎?"孟子回答说:北宫黝培养勇气,肌肤被刺不颤动,眼睛被戳不眨眼,这就是不动心;另一层意蕴是对于正义的把握和体认,是积善集义所生的至大至刚的"浩然之气",使自己的思想意识、行为等都合乎道义,而无弊病,保持心理世界的和谐;再一层意蕴是"求放心",由于人受世俗世界的污染、诱惑,丧失了善良的本心而患病,"求放心"就是要把善良的本心找回来;第四层意蕴是"养心莫善于寡欲",人内心私欲太多,心理压力太大,而造成心理障碍。老子主张:"见素抱朴,少私寡欲。"① 他认为:"祸莫大于不知足,咎莫大于欲得。"② "不见可欲,使民心不乱。"③ 欲望膨胀,就会动乱心理,扭曲人性,唯有淡泊以明志,宁静以致远,方能获得心灵的宁静、平衡、和谐。

儒、道认为,治疗化解心理病态,需要培养乐道精神,保持心理和乐。孔子曾赞扬颜回:"贤哉,回也! 一革食,一瓢饮,在陋巷,人不堪其忧,回也不改其乐,贤哉,回也。"④ 颜回不以贫穷累其心而改其所乐,颜子所乐是乐其道。乐道既是使人心若谷,无所忧愁,而求精神上、心理上的和乐愉悦,也是一种博大的情怀。"与民偕乐,故能乐也。""乐民之乐者,民亦乐其乐,忧民之忧者,民亦忧其忧。"⑤ 与民同忧乐,以国家、人民、人类的忧乐为忧乐,即是对国家、人民、人类的爱,在此爱的情境中,一切心理的病态都可得到治疗化解。庄子主张和乐,人和天和,人乐天乐,天人共和乐的心境。

(四) 己立己达,人立人达

在治疗化解人际病态,以及道德危机方面,中国古代哲学家、思想家

---

① 《道德经·第十九章》,(魏) 王弼注,楼宇烈校释:《老子道德经注校释》,中华书局 1980 年版,第 45 页。

② 《道德经·第四十六章》,(魏) 王弼注,楼宇烈校释:《老子道德经注校释》,中华书局 1980 年版,第 125 页。

③ 《道德经·第三章》,(魏) 王弼注,楼宇烈校释:《老子道德经注校释》,中华书局 1980 年版,第 8 页。

④ 《论语·雍也》,(宋) 朱熹:《四书章句集注》,中华书局 1983 年版,第 87 页。

⑤ 《孟子·梁惠王下》,(宋) 朱熹:《四书章句集注》,中华书局 1983 年版,第 216 页。

设计了种种方案，提出了多元的原理、学说。如儒家孔孟的仁爱论、墨家的兼爱论、道家的自爱论等。儒家以"仁"道德观念作为处理人际关系的根本原则。"仁者，爱人"，把爱人作为仁的出发点，主张"夫仁者，己欲立而立人，己欲达而达人"。推己及人，自己成功立业、站得住，也要别人站得住；自己通达了，也要使别人通达起来；自己国家发达了，也要使别的国家发达起来，并以仁、义、礼、智、信、恭、宽、敬、敏、惠作为仁统摄下的端正人际病态的指导原则和规范道德危机的行为规则。这种指导原则和行为规范，经孟子、荀子、董仲舒、宋明理学家的发挥，成为中国古代治疗人际病态的主导的理论形态，成为中华民族发展繁荣的深层动力以及内在的凝聚力、感召力与外在向心力、认同力的活水。

孟子认为，人与人之间之所以有健康的和谐关系，是因为"人皆有不忍人之心"，这种恻隐的、慈悲的、怜悯的同情心，是人的本心，它不受世俗的名誉、利益、交情的诱惑，而具有普遍的价值。治疗现代人病态，一言以蔽之，就是诚如墨子所说的"人与人相爱，而不相贼"①。他认为，要纠正人与人之间以强、众、富、贵、诈者欺侮弱、寡、贫、贱、愚者，才能化解人际病态，人人要有"己欲立而立人"的为他人的心，才能建构和立的人际氛围，人人互相尊重，平等和谐相处。

如何治疗人际病态，化解道德危机，中国古代思想家、哲学家提出了种种具体方案：一是修身为本，先人后己。《大学》提出"三纲领""八条目"。人的道德修养要达到"在明明德，在亲民、在止于至善"和做到八条目，"自天子以至于庶人，壹是皆以修身为本"。修身就要诚意、正心，然后才能够齐家、治国、平天下。修身就需要从自我做起，在利益面前，先人后己，先天下之忧而忧，后天下之乐而乐。二是严以律己，宽以待人。人与人的交往活动，是社会的基本交往活动。孔子主张："君子求诸己，小人求诸人。"②严格要求自己，检讨自己的偏失，而不计较别人。对自己在视、听、言、貌、思、情、行诸方面都要严以律己，并经常反省自己，"君子慎其

---

① 《墨子·兼爱中》，吴毓江：《墨子校注》第 4 卷，中华书局 1993 年版，第 159 页。
② 《论语·卫灵公》，（宋）朱熹：《四书章句集注》，中华书局 1983 年版，第 165 页。

独"。三是平等待人，推己及人。在中国文化中，恕道是协调人际关系的根本原理，子贡问孔子："有一言而可以终身行之者乎？子曰：其恕乎！己所不欲，勿施于人。"①"忠恕违道不远，施诸己而不愿，亦勿施于人。"②恕道是诉诸自我内在的道德情感，以善意与人相处，简言之，恕便是推己及人，济人济物之德。是人际之间和立共荣，它既是一种自立自尊，又是一种立人尊人的道德价值合理性。

（五）文明和合

治疗文明病态时，在 21 世纪是否存在文明冲突上，仍见仁见智，看法不同。然文明的多元存在，不免出现冲突现象，其中意蕴着宗教的、价值观的因素，但战争、冲突的原因是复杂的，最主要的是由政治的、经济的因素引起严重的冲突，不免给人民带来灾难。从全球视野来看，绝大多数不同文化间并没有因文明不同而发生冲突。

21 世纪，文明冲突既不是发展趋势，也不是必经之路，人类社会要建构文明健康，其前景是和平、合作的文明和合。春秋时史伯说："商契能和合五教，以保于百姓者也。"③五教是指父义、母慈、兄友、弟恭、子孝。和合的价值导向是保养、保卫百姓。即是对人民的一种爱护，儒家孔子主张"泛爱众"，讲"仁民爱物"，张载主张民胞物与，就是把仁爱由己推及别人，推及万物。墨子从"兼相爱、交相利"出发，认为和合是人与人、家庭、国家、社会间关系的根本原理、原则。"内者父子兄弟作怨恶，离散不能相和合。天下之百姓，皆以水火毒药相亏害……天下之乱，至若禽兽然。"④若父子兄弟相互怨恨，互相使坏，推及天下百姓，亦互相亏害，国家就会离散灭亡。和合能使国家、社会凝聚在一起，而不离散；和合也是国家、社会和谐、安定的调节剂。"昔越王勾践，好士之勇，教驯其臣，和合之。"⑤和合是调节、协调、化解人、国家、文明冲突的聚合剂。由于墨子主张兼爱，人

---

① 《论语·卫灵公》，（宋）朱熹：《四书章句集注》，中华书局 1983 年版，第 166 页。
② 《中庸·第十三章》，（宋）朱熹：《四书章句集注》，中华书局 1983 年版，第 23 页。
③ 《国语·郑语》，徐元诰：《国语集解》第 16 卷，中华书局 2002 年版，第 466 页。
④ 《墨子·尚同上》，吴毓江：《墨子校注》第 3 卷，中华书局 1993 年版，第 109 页。
⑤ 《墨子·兼爱中》，吴毓江：《墨子校注》第 4 卷，中华书局 1993 年版，第 159 页。

们要像爱自己父母、国家一样去爱别人的父母、国家。这样就会营造一个和平而没有战争、和谐而没有冲突、相爱而没有怨恶、团聚而没有离散的文明和合世界；反之，"天下之人皆不相爱，强必执弱，众必劫寡，富必侮贫，贵必敖贱，诈必欺愚。儿天下祸篡怨恨，其所以起者，以不相爱生也"①。综观当今世界，强国胁压弱国，大国劫掠小国，富国欺侮贫国，贵者轻视贱者，狡诈者欺骗老实者，正因为如此而造成国家、民族、宗教间的怨恨，文明的冲突，其罪魁祸首，都是不相爱引起的。

管子认为建构文明和合世界，需要提升人的道德节操。他说："畜之以道则民和，养之以德则民合。和合故能谐，谐故能辑，谐辑以悉，莫之能伤。"② 在《管子·幼官》中有相似的记载。人民有了道德修养，便能和合，和合所以和谐，和谐所以团聚，和谐团聚，就不能相伤。世界各国、各民族、各宗教、各文明之间，若都能像墨子、管子所讲的和合、和爱的原则去实行，文明的冲突就可以化解，文明的病态就可以治疗，世界各文明之间就可以和处和立、和达和爱。

中华民族是一个聪明睿智的民族，也是一个爱智慧的民族。她的智慧之光，照耀中国大地，创造了古代文明，也与世界文明相映成辉。21 世纪，人们迫切祈求健康（自然健康、社会健康、人际健康、心理健康、文明健康，最终落实到人人身心健康），最畏惧、最害怕生病（自然病、社会病、人际病、心理病、文明病，最终落实到人的身心病），崇敬和谐、和合。中华民族的智慧，为治疗化解 21 世纪人类所面临的这些严重病症提供了宝贵的智慧理念，以及切实的实施的样式方法。将为建构文明和谐世界，对人类作出有影响力的巨大贡献。中华和合文化既是治疗化解上述严重病症，解除种种烦恼痛苦，通达健康和乐之境的智慧理念和实施方式，也是中华民族文化的精髓和首要价值，文明和合之境是中华民族理想境界。其实任何宗教和哲学家的终极理想境界，无论是佛教的西方极乐世界、道教的神仙世界、儒家的大同（大和）世界、基督教的天国、伊斯兰教的天堂，都是无杀人（战

① 《墨子·兼爱中》，吴毓江：《墨子校注》第 4 卷，中华书局 1993 年版，第 159 页。
② 《管子·兵法》，黎翔凤：《管子校注》第 6 卷，中华书局 2004 年版，第 323 页。

争）、无偷盗、无说谎、无奸淫的和生和处、和立和达、和乐和爱的富裕、和平、幸福、快乐的文明和合世界。因此，世界各宗教都是相通相似家族，实无必要兵戎相见、以暴易暴、以怨报怨，若如此，则实与各宗教的原旨相背离。

（原载于《科学对社会的影响》2007 年第 3 期）

挖掘传统文化中的软实力之源

中华文化是中华民族生生不息、团结奋进的不竭动力。要全面认识祖国传统文化，取其精华，去其糟粕，使之与当代社会相适应、与现代文明相协调，保持民族性，体现时代性。文化和实力建设是实现科学发展、社会和谐的基本要求，是满足日益增长的精神文化的需求和国家发展战略的需要，它与中华民族传统文化有着紧密的联系。中华文化源远流长，博大精深。在中华文化中，建构和谐社会、和谐世界这不是外交上的辞令，也不是权宜之计，而是亘古亘今中华民族的文化基因的开发和创新。

和谐、和合是中华人文精神的精髓和首要价值

和谐、和合是中华人文精神的精髓和首要价值，也是传统文化思想的精粹和生命智慧。上下五千多年，纵横中外西，中华民族始终以贵和贵合的和谐为价值目标和评价体系。和是和谐、和睦、和平、和善、中和、祥和；合是合作、化合、结合、合理、融合、联合、合度等。

中华文化早在商周时代，和谐、和合作为声音的相互应和，以及诸多元素、事物的聚集，而推致作为体认、处理自然、社会、人际、家庭、国家之间关系的指导原则和社会政治、国家治理、万物生育的根本原理。《易经》绘声绘色地刻画了鹤在树荫下欢乐鸣叫、其子唱和的情景；《尚书》说明尧使天下的百姓亲和、和睦，使各邦国之间协调和谐，和雍共处。周公曾代表成王发布命令，要民众、每个家庭不和睦的要和睦起来，假如不和睦相处，那么天就要惩罚你们。这样，和便作为天的意志，起着维护国家安定和谐的

特殊作用；《诗经》蕴涵和乐、和鸾、和旨、和奏、和鸣、和羹等意思。接待嘉宾，鼓琴瑟，饮美酒，和乐不已。君臣上下、四方使者通过这种形式激起情感沟通的和乐，兄弟、夫妻之间也可以兴起亲密感情的和乐，犹如琴瑟之声互相应和、情浓意厚、亲密无间的情景。《周礼》记载，和在周代典章制度中得到了贯彻，并在各官职的职掌中作了具体规定，使和合思想获得切实的实行。如太宰要以和邦国，以谐万民；大司徒以礼乐教化万民和谐，化解君臣、父子、兄弟之间的不和谐。各级官员职责的价值目标是和，和是他们的终极价值追求。

《春秋左传》记载，晏婴与齐景公讲"和同之辩"时，引《诗经》"和羹"之喻，说明"和"是多元材料、调料的融合，经主体人的加工，使之达到适中，无过无不及，鱼肉就成为美食、和食。"同"是以水加水，不会变为美味。作为《春秋外传》的《国语》，记载了史伯和郑桓公对"和同"的探讨。

春秋战国时期，和谐、和合便成为百家"同归而殊途，一致而百虑"的同归、一致的价值目标，也是中华文化所追求的一种境界。以老子、庄子为代表的道家开出把天人共和乐作为"大本大宗"的万物化生根据的形而上路向；以孔子、孟子为代表的儒家开出"和为贵"、天人共忧乐的人格理想实践的人间论路向；以管子、墨子为代表的"和合故能谐"、修养道德化解父子兄弟怨恶的伦理论路向；以《易传》为代表的基础上开出"保合太和"、万国皆宁的和合生生路向；以荀子为代表的开出音乐使人和敬、和亲、和顺的情感论路向，使中华和谐、和合文化呈现绚丽多姿、大化流行、生生不息的状态。

中华和谐、和合思维与其精神，上始于伏羲，他画八卦，由阴阳两个符号，组合成代表天地、水火、风雷、山泽多元异质事物的和合、和谐；中历《五经》和先秦百家的凝聚锤炼、智能创新，形成了体现民族精神和生命智慧的逻辑思维，建构了安身立命的价值理想和精神家园；下开汉唐以后各个时代的天人合一、三教合一、情景合一、知行合一等学术文化、思想观念、伦理道德、宗教信仰、百姓日用，彰显了其无穷的力量和光彩的魅力，而影响东亚各国，具有普世价值。

和谐、和合是中华民族五千多年来形成的核心价值观、精神理念、道德信仰之一，是具有中华民族特色的文化标志，是中华民族应世代呵护、传承、弘扬的中华心、文化魂。

从文明冲突到文明对话，表现了世界
人民祈求和平发展的意愿

当今世界，充满着各种各样的、错综复杂的冲突和危机。概而言之，有人与自然冲突带来的生态危机、人与社会冲突产生的社会危机、人与人冲突而产生的道德危机、人的心灵冲突产生的精神和信仰危机、文明冲突带来的价值危机。无论是哪个国家、民族，还是任何集团、个人，都受此冲突和危机的影响，威胁着每个人的生命与财产的安全。如何化解人类共同面临的五大冲突和危机？已是各国政府、民间、有识之士思考的重要课题。假如人类对这些冲突和危机漠不关心，就会将人类导向毁灭。作为体现中华文化精神和标志的和合思想，能为化解冲突和危机提供有力的文化资源、合理的指导思想、有效的操作设想和有益的方法启迪，因此，"和合学"是为着化解人类所共同面临的五大冲突和危机，为着建构一个和谐的、安宁的、幸福的人类社会。

经济全球化、科技一体化、互联网普及化，把世界连成一片。这不一定就会消除不同国家、民族、宗教以及种族之间冲突，有可能使不同文明传统的国家在某些方面冲突加剧，譬如说，市场配额的不均等、利润瓜分不公平、生息领地有争议、宗教信仰有分歧，这一切价值冲突都根源于势不两立的选择。因此，文明冲突与文明融合成为世界范围所关注的课题。1993 年亨廷顿提出"文明冲突"论，1998 年第 53 届联合国大会通过决定，以 2001 年为"联合国不同文明对话年"。从文明冲突到文明对话，表现了世界人民祈求和平发展的意愿。

化解人类冲突与危机，建构和谐世界的基本理念

如何建构和谐社会、和谐世界？依据中华民族五千多年来特别丰富的

人文资源，以及人与自然、社会、人际、心灵、文明之间的交往所积累的宝贵经验和智慧主体卓越的洞见，作为化解人类冲突与危机、建构和谐世界的基本理念。

一是和实生物的和生理念。《国语·郑语》说："和实生物。"《周易·系辞传》："天地之大德曰生。"这便是和生。如何和实生物？"土与金木水火杂，以成百物。"① 多样元素融突、和合、杂和生物。土、金、木、水、火作为他与他者关系，是互相平衡的、平等的，他与他者之间相生相克，相反相成，互尊互重，互补互济，自然万物才能和乐生长。和生的要旨是天人都协调地和乐生长。和生并不否定现实的竞争、斗争、冲突，但不是将其导向消灭和死亡，而是导向融突而和谐、和合，在新生命的基础上和生和荣。

二是和而不同的和处理念。孔子说："君子和而不同。"在自然、社会、人己、心灵、各文明都是生命体的情境下，它们之间如何相处，是天天斗争、战争、恐怖、紧张，还是"己所不欲，勿施于人"地和谐相处？就国际社会而言，世界上有 200 多个国家、近千个民族、6600 种语言，各国家、民族的风俗习惯、宗教信仰、价值观念、社会制度、经济发展、文字语言、审美情趣殊异，而构成多极世界。在此多极世界中不能搞"同而不和"的单边主义、霸权主义、中心主义，推行同的价值观、发展道路、社会制度。否则就诉诸战争暴力，而造成人道主义灾难，大批无辜生命遭杀戮。以暴力对付暴力，以恐怖对付恐怖，就很难根绝恐怖。国际社会只有遵循"和而不同"的和处原则，国际社会才是安全的、和平的、合作的、发展的和谐社会、和谐世界。

三是己立立人的和立理念。孔子说："己欲立而立人。"己立而立人，由己及人。自己成功立业，站得住，也要别人、别国站得住，并以仁、义、礼、智、信、恭、宽、敬、敏、惠作为仁统摄下的化解冲突的指导原则和规范道德危机的行为规则。这种指导原则和行为规范，经孟子、荀子、董仲舒、宋明理学家的发挥，成为中国古代治疗人与自然、人与社会、人际间冲突和危机的主导的理论形态，成为中华民族发展繁荣的深层动力，以及内在

---

① 《国语·郑语》，徐元诰：《国语集解》第 16 卷，中华书局 2002 年版，第 479 页。

的凝聚力、感召力与外在向心力、认同力的活水。

四是中和乐道的和达理念。孔子说："己欲达而达人。"达有通达、显达、发达之义。己达达人，与他者共同通达、发达。自然、社会、人己、心灵、他文明，既然自己通达、发展，亦使他者通达、发达。不要以己达而压制、制裁人达。当今世界无论是自然、社会、人己，还是心灵、文明等，都存在通达与不通达、发达与不发达的差分，这种差距的扩大必然造成各个层面的失衡，使生态危机、社会危机、道德危机、精神危机、价值危机加剧，造成社会动乱，不能持续发达。只有己达而人达、共同发达、共同繁荣，人类才能在和谐的、平衡的发达中，享受和达的幸福生活。中和心理是一种健康的、平和的心理，是以天地万物本我一体的博大胸怀，化解心理的种种痛苦、烦恼。乐道既是使人心若谷，无所忧愁，而达到精神上、心理上的和乐愉悦的心境，以使社会、世界和谐。

五是文明和合的和爱理念。和爱是和生、和处、和立、和达的核心内容，也是其出发点和归宿点。孔子讲："泛爱众。"墨子讲："兼相爱。"《礼记·礼运》讲："人不独亲其亲，不独子其子。"① 张载讲："民吾同胞，物吾与也。"② 有儒家"仁民爱物"的精神，才会对自然、社会、他人、他心灵、他文明赋以爱心，才会使和生、和处、和立、和达在爱心的指导下得以落实和施行。21 世纪，文明冲突既不是发展趋势，也不是必经之路，人类需要建构和谐社会、和谐世界，其前景是和平、发展、合作的文明和合。世界不同文明之间，尽管有价值观念、宗教信仰、文化背景、思维方式、伦理道德、风俗习惯等种种的差分，但人类要求和平、幸福的愿望是共同的，人类所面临的冲突和危机是共同的，没有国界、民族、种族的区分。因此，建构和谐社会、和谐世界是世界人民共同的愿望和祈求，它将对世界具有启蒙的意义和价值。

（原载于《人民论坛》2007 年第 Z1 期）

---

① （清）孙希旦：《礼记集解·礼运》第 21 卷，沈啸寰、王星贤点校，中华书局 1986 年版，第 582 页。

② （宋）张载：《张载集·乾称篇》，章锡琛点校，中华书局 1978 年版，第 62 页。

文化60年：十个融合与五个展望

一、60年中国文化发展的十个融合

新中国成立60年来，中国文化有了辉煌的发展，这种发展也可以说是曲折的发展，应该说是一种曲折、发展、再曲折、再发展的模式，在这个过程中我们有经验也有教训，但总的来说，这60年来的发展成就是辉煌的、前所未有的。我把这个辉煌概括为"十个融合"：

（一）百家争鸣和百花齐放的融合

60年来，各个高校、各个科研机关、各个文化单位都创办了数以千计的政治、经济、文化、艺术、法律、历史、文学以及自然科学等各个学科的刊物，对各种问题进行了深入的分析和讨论，呈现出百家争鸣的态势，这对我们中国人文社会科学和自然科学的发展起了重要作用，同时也给各种思想能够发表提供了平台和自由的空间。特别是电影、电视以及各个地方的剧种，甚至过去较少看到的如皮影戏、昆曲等，各种艺术形式都得到了极大的发展。在书法、绘画方面也有很大发展，受到了人们的广泛重视。文化阵线的各个层面都表现出了空前繁荣的景象，这是我们贯彻百家争鸣和百花齐放方针的结果。

（二）文化与群众相融合

60年来，我们一直坚持文化与群众相融合，走文化与群众相结合的道路，把群众作为文化的主题，为群众服务。60年来，反映群众思想、精神、生活、面貌为主体的各种形式的文化作品纷纷涌现，特别是对群众中的先进人物形象的描述和呈现，给人以很大的教育。很多年轻人都通过这种电视、电影受到了爱国主义教育，对他们的思想起到了很大的影响。以群众为主体，也是过去所没有的，是 60 年来的突出表现。

（三）传统文化与现代文化的融合

60 年来，我们提倡弘扬中华文化，振兴中华，为建设共有的精神家园而奋斗。在这方面，我们作了很多探讨，既要继承传统文化，为现代化服务，发掘传统文化中的现代价值，对于提升人的道德、礼义的素质，提升人的伦理道德、理论思维，发挥了很大作用。中华民族五千多年的文明有丰富的思想蕴涵，有很多能供现代人借鉴的资源，开发这个资源，对于提升中国人认识世界、认识社会、认识我们自己的生活，都起了非常大的作用。认识自己，才能更好地认识别人，知己才能知彼，如果连自己都不知道，怎么能知道别人。只有认识自己的身份，才能更好地继承中华民族的传统，来增强我们文化的凝聚力、亲和力和向心力。所以说，发扬中华文化是关系到今后中国能否持续发展、能否加强我们中华民族凝聚力、向心力、亲和力的一个重要方面。中华民族是依靠文化的力量来增强中国的信心的。只有这样才能让中国文化走向世界，这不是一句空话，这需要我们发掘、发扬中华民族文化当中能够化解当代人类所面临的冲突和危机的思想资源，这样才能发挥中华文化的威力，使世界能够认同和接受。

（四）批判和继承相融合

1949 年以来，我们用了很大力气来清除半殖民地半封建社会文化的污染，也解构了原来旧社会那种封建的、殖民地的思想。比如过去有人认为西方什么都好、真理就在西方，这种崇洋媚外的思想得到了清除，这对我们社会的发展有极大帮助，只有清除了过去一些思想污染，才能更好地适应新社会的需要。同时我们也批判了传统文化的一些不健康成分，比如说"三纲"等压迫人的思想，也清除了压在我们思想上的三座大山：帝国主义思想、官僚主义思想和封建主义思想。在批判过程中我们发展出来平等思想，如男女平等。在批判中我们还有继承，批判是为了更好地继承。我们同时也继承了传统文化中符合我们自身需要的一些东西，像如何加强自身修养、怎样加强理论思维等。现在我们提倡的"以人为本""以和为贵""和衷共济"等，在国际上倡导和谐世界，在国内建设和谐社会，都是对传统文化的一种继承和发扬。

（五）雅文化和俗文化融合

雅文化和俗文化融合，也就是阳春白雪和下里巴人、大众文化和精英文化的融合。我们现在的通俗文化能够被大众所接受，如二人转、相声等都得到了充分发展，一些以前不能登大雅之堂的艺术形式也在春节晚会上得到了体现。我们不断重视对大众文化的提升，也表现在读物上，现在我们的通俗读物非常多，能够为大众提供文化使其得到启发。对于雅文化，我们也提倡高雅音乐、儿童读经等属于精英文化层面的东西，60 年来作了很多努力。精英文化和通俗文化互相融合、互相提高，俗文化应由精英文化来提升其思想内涵，精英文化也应该能够用通俗的表现形式表达出来，只有这样才能使文化得到更好的发展和提高。

（六）土洋结合、中西结合

我们现在弘扬中华文化，并不是要排斥外来文化。我们一直以来都在学习西方的文化、科技、管理经验甚至制度等，60 年来我们基本上是敞开国门、敞开思想、真心实意地学习西方的优秀文化。比如我们翻译了西方很多方面的书籍，西方的管理经验也被我们的企业所借鉴。初期我们基本是照搬，后来越来越与自己的实际相结合，照搬、盲目学习是不符合我们的国情的，那么这些东西的寿命是不长的，也不会有好的收效。在学习的过程中我们认识到了自己文化的精神和特点，更好地把西方的东西和自己的东西结合起来。我们学习西方是为了发展自己，是为自己服务，中西结合、土洋结合的目标是西为中用、洋为土用。

（七）"请进来"和"送出去"相结合

"请进来"和"送出去"相结合，也就是过去所讲的拿来主义和送去主义相结合。过去我们主要是请进来，如聘请西方的科技人员来讲课，请外国的文艺团体来演出，通过交流增进了友谊和了解。特别是最近几年来，翻译了西方很多著作，像过去的唐僧取经一样。但请进来之后，还需要消化，把他们的东西转化为营养，就如同把吃下的饭转化成人体所需要的营养一样，来增强我们的体质。而我们的消化还不够。同时我们还应该送出去，中华文明有一些经验在世界上是领先的，这种文明的资源应该得到发扬。今天我们不管在政治、经济、社会、文化上都有很大的发展，很多文化载体即书本也达到了一定的高度，但我们送出去的东西还比较少。我们拿进来的和送出去的东西差距较大，常常是西方二流甚至三流作者的东西都有了中译本，而我们有些一流作者的作品都还没有翻译出去，人文社会科学领域就更是如此。我们应该花更大的力气把我们的东西送出去，使我们的文化能够走出中国，向世界传播。现在孔子学院的创办对传播中国文化是一个很好的平台和渠道。

（八）学习和创新相融合

我们吸收别人的东西应立足于创新，因为在学习当中，核心的技术人家往往自己保留，我们拿不来。所以我们应该立足于创新来学习，把创新作为自己的重要任务。我们应该坚持走自主创新的道路，只有创新，我们才能超越西方，才能走出自己的新的道路。

（九）理论和实际相融合

我们 60 年来坚持以实践来检验工作和理论是正确还是谬误，以实践来检验政策的施行是否符合实际。我们现在说，发展是硬道理，不管是社会实践、科学实践还是生产实践，都应该贯彻科学发展观。正因为我们贯彻了科学发展观，在各个方面才能得到平衡发展。比如，东西部发展不平衡，我们就开发西部，使沿海经济发达地区能够帮助西北经济不发达地区，实现一种平衡的、共同富裕的发展，这是促进中国政治、经济、社会发展的一种很重要的实践。

（十）文化硬实力和文化软实力的融合

我们过去对文化的硬实力即文化产业方面不太重视，因此比较落后。但近年来，尤其是改革开放之后，我们认识到要加强文化硬实力的发展。只有文化硬实力发展了才能够支撑文化和实力的发展，有了文化的硬实力，才能够提升文化和实力，同时使文化和实力通过文化硬实力而走向世界。比如通过卡通片、电影等具有丰富文化内涵的载体来传播文化和实力。如果文化硬实力中所含的文化和实力不够，就会进一步阻碍文化硬实力的发展。

二、对未来中国文化的五个展望

对于未来中国文化的展望，我想在中央思想的指导下，我们的文化应该是以和平、发展、合作、共赢的形式向前发展。

一是我们今后的文化发展必须制定明确的文化发展战略，如果没有文化战略，就不可能有明确的发展方向。如果没有文化发展战略，文化发展就等于瞎子摸象，毫无方向。这可以由各个文化部门提出自己的文化战略，然后来综合制定我们整体的文化战略，这样我们今后的文化发展就能有明确的方向，这需要我们自己主动去做。

二是要继续坚持百花齐放的方针，敞开思想，给各种文化的发展一个自由的空间和平台。我们现在有了一个和谐的环境和文化氛围，这对于文化的发展来说是非常有利的。过去我们一直在盼望能够有一个文化的春天，而现在我们已经拥有了这样的春天，我们就应该坚持下去，把我们的开放贯彻到文化领域中去。

三是继续坚持走与群众相结合的道路，文化的主体还是群众和知识分子。这样文化的繁荣发展就会更加辉煌。

四是坚持古为今用、西为中用、"请进来""送出去"的方法，即传统文化应该为今天的现代文化所用，西方文化应该为中华文化所用。我们吸收古代的文化和西方的文化，目的是更好地发展现代的文化。中国文化就是在和西方文化碰撞、冲突和融合当中发展起来的，所以还应该继续坚持。特别是应该把我们的中华文化送出去，对于今后互相了解、互相谅解大有好处，可以避免很多由于对中国的误解、误会而造成的不必要的干扰。所以我们不仅要拿进来，更重要的还要送出去，这对我们文化的发展是大有好处的。

五是坚持理论联系实际、走自主创新、科学发展的道路。这在今后会显得越来越重要。如果我们没有自主创新的能力，就不可能成为世界强国，也不可能使我们的国家得到更好的发展，也就不可能使我们国家在世界强国之林中有一席之地。我们应该发扬自强不息的精神，努力使中华民族屹立在世界的东方。

（原载于《人民论坛》2009 年第 19 期）

中国式打拼的深层内涵

用"打拼"这个朴素的、群众很容易理解的词来描述中国的一种精神，我认为是非常好的。民族精神是对于一个民族的存在和民族尊严、价值和意义的理解和把握，是对民族的价值理想、终极关怀的执着追求，是一个民族在长期共同生活和社会实践中形成的一种核心的文化思想和精神灵魂，所以从这个意义上讲，中华民族的精神是非常光辉的。打拼是中华民族历史上一种民族精神的表征，可从以下几个方面理解其深层思想内涵：

1.打拼蕴含着自强不息的精神。《周易》中讲："天行健，君子以自强不息。"① 天的运行是刚健而又永恒的，体现了一种自强不息的精神。这种精神一直贯穿于中国历史中。刘禹锡也曾经就这种精神进行深入阐述，如"以不息为体，以日新为道"②。君子之道始于自强不息，"男儿立身须自强"。历朝历代都把自强不息看作中华民族精神的一种体现，这在中国古代的一些寓言当中也有所蕴涵，如"愚公移山""精卫填海"等，这种毅力和不怕困难、不怕艰苦的精神，正是体现了中华民族和人民群众的信念和愿望，在任何困难面前都不屈服，这对中华民族的发展是一种强大的推动力和生命力。

2.打拼蕴含着艰苦奋斗的精神。孔子说："任重而道远。"我们的任务是很艰巨的，建设和谐社会，使我们国家成为世界强国，人民能够过上幸福富裕的日子，可以说征程遥远，但是前途光明。我们可以回想古代人艰苦奋斗的精神，比如《汉书》中的《报任安书》中说道："盖文王拘而演周易，仲

---

① （清）李道平撰：《周易集解纂疏》第 3 卷，中华书局 1994 年版，第 38 页。
② （唐）刘禹锡撰：《刘禹锡集》第 1 卷，中华书局 1990 年版，第 2 页。

尼厄而作春秋；屈原放逐，乃赋离骚；左丘失明，厥有国语；孙子膑脚，兵法修列；不韦迁蜀，世传吕览；韩非囚秦，说难、孤愤；诗三百篇，大抵贤圣发愤之所为作也。"① 实际上司马迁也是一样，虽然受到了宫刑，但是为了完成《史记》这个重大工程，依然忍辱负重。从这里我们可以看出，在苦难面前，在危机时刻，坚持艰苦奋斗的精神是非常难的，但是正是这样一种精神激励着古人和我们当代人在困难和危机面前，甚至在受到外敌侵略的时刻，我们都能够挺立过来。从抗日战争到解放战争再到新中国成立，革命先烈经历了数不清的磨难，他们始终坚持了艰苦奋斗的精神，为国为民谋福利。现在我们还应该继承革命先烈的精神，对于我们现在建设社会主义有很重要的意义。我们现在还是一个发展中国家，还应该坚持艰苦奋斗，应该坚决杜绝奢侈浪费、贪图享受、贪污腐化现象。

3. 打拼蕴含着百折不挠的精神。中华民族有"百折不挠，临大节而不可夺之风"②。孟子说："富贵不能淫，贫贱不能移，威武不能屈。"③ 近代我们受到了帝国主义的侵略，到现在一些国家仍然对我们有一些制裁或不友好的举动，我们不能屈服；在天灾人祸面前，如去年的汶川大地震，我们中国人民也没有屈服。百折不挠这种精神体现了民族的一种强大力量，只有这样一种精神，才能够使我们中华民族复兴。正是这种不屈不挠的精神，使得中华民族 5000 年的薪火没有中断。世界上的四大文明古国中，古埃及、古印度和古巴比伦都被外族消灭过，所以他们的文化中断过，唯有中华民族的文明是一直传承下来没有中断的。这从历史也可以看出，我们算上《清史稿》的话一共是二十五史，每到改朝换代的时候，下一个朝代都会修前朝的历史，历史资料没有断裂。这正是因为中华民族百折不挠、威武不屈的精神在支撑着，使中国文化能够长期不断发展。

中国人有种从小做起、打牢基础的思想，比如"千里之行，始于足

---

① （汉）司马迁：《报任安书》，载（清）严可均编：《全汉文》第 26 卷，中华书局 1958 年版，第 544 页。

② （清）严可均辑：《全上古三代秦汉三国六朝文》第 77 卷，中华书局 1958 年版，第 1776 页。

③ 《孟子·滕文公下》，（宋）朱熹：《四书章句集注》，中华书局 1983 年版，第 266 页。

下"、"九层之台，起于垒土"①、"不积跬步，无以至千里；不积小流，无以成江海"②。中国人一直有一种踏踏实实、讲求实际的作风，一步一个脚印，邓小平同志由此进一步阐述出了"摸着石头过河"的理论。在全球经济危机的风口浪尖上，我们之所以有一种抵御风险的能力，就在于我们的工作比较扎实，一直脚踏实地。打拼是一种提升我们的自信心和自尊心的精神，在金融危机中，政府说有信心有能力来做好我们的工作，抵御风险，这实际上就是自强不息这种信念的体现。

4. 打拼是一种生命力的表现。《周易》中讲："生生之谓易。"为什么中华民族有强大的生命力，为什么我们能够持续不断地发展？究其原因就在于"易"，即"变革"。我们现在讲坚持改革开放、持续发展的思想，就是一种变革的精神。有了问题，我们就改，在不断变革中去发展，我们才能品尝到发展的果实。

5. 打拼蕴含着一种与时俱进的精神。《周易》中讲："与时偕行"，"君子终日乾乾，夕惕若厉，无咎"③，君子整天勤勤恳恳地工作，晚上则不断地检讨自己有无错误。我们要与时俱进，在做到勤奋工作的同时，要不断反思检讨自己，这样才能真正做到与时俱进。我们每年两会期间的《政府工作报告》，都会提到这一年来我们取得了哪些成绩，又有哪些事情做得还不够，哪些还应进一步加强或改正。最近温家宝在部署第四季度经济工作中也提到了我们面临的问题和困难，通过不断的反省才能知道自己的不足，然后才能继续前进。

6. 打拼还蕴含着创新精神。日新之谓盛德。打拼是一个不断创新的过程，没有创新，打拼就不会有效。

打拼精神既是中华民族艰苦奋斗、自强不息、百折不挠、与时俱进精神的体现，也是中华民族今天之所以能够取得这样发展成就的动力所在。今

---

① 《道德经·第六十四章》，（魏）王弼注，楼宇烈校释：《老子道德经注校释》，中华书局2008年版，第165页。

② （清）王先谦：《荀子集解》第1卷，中华书局1988年版，第8页。

③ （清）李道平撰：《周易集解纂疏》第3卷，中华书局1994年版，第30页。

天我们能够克服一切困难、战胜一切自然灾害、抗拒一切风险、克服当前所遇到的经济危机，靠的都是这种生命力。我们今天能有这样的成就，能够发展到今天这种经济状况，能够从一个不发达国家逐步走向小康，与我们领导人提倡这种打拼精神是分不开的。我们现在实行社会改革和西部开发，进一步化解"三农"问题，还需继续发扬这种打拼精神。特别是我们现在还面临很多挑战，比如自然的挑战、社会的挑战，国际社会对我们的压力，如"中国威胁论"等等，都应该有一种自信心和自强精神去面对。

现在我们的领导人，哪里有困难，就第一时间奔向哪里，比如近日温家宝就出现在发生暴雪危机的石家庄，考察当地的生产情况和人民群众的生活状况，这对当地群众和全国人民都是极大的温暖和鼓舞。温家宝这次讲，无论是大事还是小事，凡是涉及群众生活的问题都要尽最大努力及时解决。政府正在采取措施，困难很快就会过去。这种关心民生疾苦、以人为本的精神，正是我们民族拼搏精神的源泉。

中华民族不但有这种打拼精神，还有一种和谐的世界观；不但追求自己国家的发展，还热心帮助别的国家去发展。从现在经济危机的背景来看，我们中国经济的发展，对世界各国的发展都是有益的。中国的发展是和平的发展，中华民族自古以来都是以和为贵的。西方的"中国威胁论"实际上是对中国的歪曲和误解，是对中国传统文化不了解的一种体现。中国的发展和中国的这种打拼精神不但不会对世界各国造成任何威胁，反而会促进世界的和平与发展，促进和平、发展、合作的和谐世界的建构。

（原载于《人民论坛》2009年第22期）

中国文化软实力的当代和合乐章

　　中国学者虽拥有世界罕有的绵延不断的思想智慧的滋养，但中国的文明资源并没有得以有效的开发，文化软实力也没有发挥效用，传统文化亦未转化为现代神奇。如何为人类寻求安身立命之道？怎样化解人类所共同面临的生存世界、意义世界以及可能世界的种种冲突和危机？这既是世界性的问题，也是时代赋予中国学者的历史使命和责任。

　　中国文化走向世界并获得世界的认同，就必须为当今世界面临的冲突和危机求索化解之道，为人类的安身立命探赜精神家园。转生中国文化和实力中的深邃精神和卓越智慧，构建和合学理论思维的当代形态，以更广的人类文化视野、更强的世界和平祈求、更好的发展合作愿望、更美的和谐幸福理想，来观照世界上的种种冲突和危机。人们可以从中国文化和实力的融汇和合中，获得五大基本理念。

　　一是和生理念。"和实生物"，天地万物从哪里来？人从哪里来？中国文化主张"和"化生万物。"和"如何化生万物？《周易·系辞》说："天地绷缊，万物化醇，男女构精，万物化生。"① 天地、男女是阴阳两极，是异质的、冲突的；绷缊、构精是融合。冲突、融合而和合化生万物。冲突、融合不是一元的、唯一的，而是多元的、相反的事物杂合而化生新生事物。人与自然、社会、人际、心灵及文明之间，在冲突融合中共存共生，这便是相反相成。如果只有冲突和斗争，人类就会导向共亡共灭。共存共生的价值基础是和，所以称为和生，和生是新事物生生不息的新生哲学。

---

① 《周易·系辞传下》，（宋）朱熹：《周易本义》第3卷，中华书局2009年版，第252页。

二是和处理念。自然、社会、人际、心灵、文明都是生命体。生命体之间如何相处，要以"和而不同"的原则与自然、社会、人际以及与各国、各民族、各种族、各地区的他者相处。中国文化主张"以他平他谓之和"，和就是他与他之间是平等的、平衡的，应尊重他者的存在，无论是金、木、水、火、土杂而成百物的五行之间，还是各国、各民族、各种族之间以及人与自然、社会、人际之间，都应该互相尊重，只有他与他之间平等、平衡，才能达到和合的境界。中国文化自古以来就以"协和万邦"作为处理国际关系的原则，以"己所不欲，勿施于人"作为指导自身道德的行为原则，作为化解人与自然、社会、人际、心灵之间冲突的原则，以及作为解决国与国、民族与民族等各种冲突的原则，以达到和处的目标。

三是和立理念。"己欲立而立人"的精神，是以开放的、宽容的胸怀，接纳自然、社会、人际、心灵、文明，按适合于自己特性的生存方式、立命模式而独立于世界之林，以符合自己民族、国家实际需要的道路，建立自己的典章制度。世界是多样的，文化是多元的，民族是多彩的，价值观是分殊的。人类应以己立立人的精神，让自然按其生物规律而生长，让社会、各国和民族按其自己实际的传统文化、价值观念、思维方式、现实状况，选择符合各自独立的制度和模式。中国和合文化倡导国家无论大小、贫富、强弱，政治上都要互相尊重独立的主权和国格，都有平等参与国际事务的权利，都有根据自己国家实际，独立处理自己国家民族事务的权利，其他国家不得干预其主权范围内的事务，以保障其和立。

四是和达理念。"己欲达而达人"，人类通达、发达了，要让自然也通达、发达起来。这就是说，人与自然、社会、他人、他文明、他心灵之间，都应该共同通达、发达。尽管自然生态环境、自然条件各有优劣，社会制度、社会发展亦有种种差分，文明程度、宗教信仰也相去甚远，但大家生活在同一个地球上，任何人、任何社会、任何国家、任何民族谁也离不开谁。要允许各国、各民族、各文明依据自己的实际，走自己发展、发达的道路。发达国家发达了，应该帮助不发达国家发达起来，这是己达达人。人类要走世界共同发达的道路，决不应该自己发达了，便去制裁、压制不发达国家。发达和不发达国家之间差距的扩大，使得发达国家也得不到安宁。若要"万国咸宁",世界就得走共同发达、共同富裕的道路。中国和合文化主张自然、社会、人际、心灵、各文明、各国家、各民族之间互帮互助,互利共赢,合作互补,平等协商,共同推动经济全球化朝着均衡、普惠的目标发展,这便是己达达人的和达价值。

五是和爱理念。和生、和处、和立、和达的核心是和爱。大爱无疆,和爱是化解一切冲突危机的动力,和爱是人类安身立命的精神家园,和爱是建设和谐世界的终极根基。孔子主张"泛爱众",墨子倡导"兼相爱",所有的宗教也宣扬爱。中国文化主张"天人合一""仁民爱物",有情之物要爱,无情之物也要爱。"民吾同胞,物吾与也",天地万物是人的同伴,都要爱。世界只有充满了爱,人类才会大化流行,生生不息;世界若充塞着仇恨,人类就会走向毁灭。和爱才能消除世界上一切种族的、民族的、宗族的、文化的、观念的、风俗的差分,互相谅解、互相信任、互相学习、互相借鉴,以建设一个人和天和、人乐天乐的天人和乐的和谐世界,这就是人类安身立命之所。

和生为真,和处为善,和立为智,和达为乐,和爱为美,圆融无碍,相与建构了中国文化软实力的和合乐章。

（原载于《中国社会科学报》2010 年 1 月 12 日）

当今社会需要"至善"观念

"胸中具上下千古之思，腕下具纵横万里之势"，此皆得益于读书之功。范曾会通儒、释、道三教，故能泼墨挥毫，皆成天趣。他讲："任何一个伟大的哲学家、科学家和艺术家，都会有一种灵魂深处神圣之自尊，他们会认为古往今来，一无成就（至少在他们创说处绝对如此想，譬如创说解析几何的笛卡尔、创说相对论的爱因斯坦），起跑线正在脚下"①，其想象的翅膀自由翱翔。这并不是说古往今来没有成就，而是讲真正有创新思想的艺术家或者哲学家，他的创造本身是前无古人的。由此，思想才能高屋建瓴地去关照宇宙、关照世界、关照生活。神游天外，大化自然。

范曾对于中法两位思想往哲—王阳明和笛卡尔的比较，切中两位哲学家思想精髓之肯綮。中西哲学思想的比较有三个维度：目标性比较、平行性比较和价值性比较。"至善"属于中西哲学的价值性比较。善恶的观念是价值判断，是由价值观决定的。什么是善，什么是恶，不同国家、不同文化，有不同的看法、评价和理解。"至善"是人性最完满的表现，《大学》说："止于至善"，然后才能定、静、安、虑、得。中法两位哲学家都在讲真、善、美，追求"至善"。

中西思维方法是差分的。范曾讲："逻辑的演绎法和感悟的归纳法成为西方和东方思维的两条大河，从远古流到今天。"② 这是关于中西思维方法的

---

① 范曾：《一词圣典：至善：谈中法两位思想往哲：王阳明和笛卡尔》，《人民论坛》2010年第24期。

② 范曾：《一词圣典：至善：谈中法两位思想往哲：王阳明和笛卡尔》，《人民论坛》2010年第24期。

一个一般性判断。实际上思维方法的差异也不是绝对的。笛卡尔认为，要获得必然的知识，有两条途径：一是直觉的，一是演绎的。演绎依赖直觉，直觉并不依赖演绎。直觉是心灵对对象的直接认识，而不是逻辑推理。中国思维方法突出感悟、归纳和直觉，但是也有逻辑演绎。笛卡尔的演绎以数学为基础；中国的朱熹讲"格物穷理"，也意蕴着演绎，他认为每个事物中都有一个理，要体认理，就要接触客体事物，一物一物地"格"，从而达到穷理。王阳明不一样，范曾文中有例子，王阳明七天格竹子，病倒了，失败了，后来得出"心即理"的结论，也开始由向外穷理，后内求于心转向主体自我的反思。笛卡尔哲学亦从对外在自然的探索转向心灵的反省。王阳明实践了宋明理学中理在心外到理在心内的转向，笛卡尔开始了近代哲学认识论转向，这种转向使得王阳明开创了中国的心体学，笛卡尔开创了西方主体主义的时代。

范曾文章中特别强调"我思故我在"的解释。笛卡尔认为，作为第一原理的"我思故我在"，"仅仅是由直觉（观）所提供的"。一般来说，"我思故我在"代表着关于"世界是什么"的形而上学思考，向"世界本质是否可以被认识"的思议转向，"我思故我在"突出了"我"，"是什么"。笛卡尔讲的"我"，不等于人，不等于身体，亦毋须形体，"我"本质是一种精神、心灵、思想。"我思故我在"，不是逻辑演绎出来的，而是一种主体的直觉。他认为，当"我思想"时，其他都可以怀疑，但"我思想"本身是不可怀疑的。"我思故我在"是因果的关系，也是同一的关系。把"我思"放在"我在"之前，突出了主体的精神，强调了自我的能动性，而成为笛卡尔的第一哲学原理，一切从这里出发。

"至善"的意义和价值。王阳明的"四句教"是他"至善"思想的体现。"无善无恶心之体，有善有恶意之动，知善知恶是良知，为善去恶是格物。"[①] 至善是最高的价值追求。但是人都有意念，或者说私心，善恶乃意念发动。怎样知善知恶呢？他认为人的良知本身是不学而知，先天存在的，每个人心中都有。良知本身能够知道善恶。怎样使恶变成善呢？朱熹讲"格

---

① （明）王阳明：《王阳明全集·传习录下》，上海古籍出版社 2011 年版，第 133 页。

物","格"就是要"穷""尽"。王阳明的"格"是"正",物不是事物,而是心,"格物"就是格心、正心,要把不正之心归之于"正"。所以,为善去恶就是要正心,使得恶转变为善。"吾性自足",说的是良知本身是完满的、自足的。笛卡尔认为:"良知是世界上分配最均匀的东西。"但是光有良知还是不够的,还要让心灵做出伟大的德行,去恶达到至善。所以关于"至善"的思想,两位哲学家也有一致的地方。尽管笛卡尔改造了上帝,不是人格神,但却是一切真与善的根源和标准,是善的源泉。从这个意义上说,良知、理性最终根于上帝。人可以用自由意志去选择,亦全赖上帝的帮助。自我—上帝—物体,由心灵与物体的差异,构成心物的对待。所以关于"至善"的意义,笛卡尔和王阳明虽有一致的地方,但其作用、追求和目的有差异。

"至善"作为价值观,支配着我们的政治观、道德观、丑恶观、是非观、审美观。在当下市场经济背景下,物欲横流,拜金主义泛滥,贪污盗窃、欺诈蒙骗等等,都是不善观念的表现。如果从善的观念出发,就不会做出有违天理良心的事情。"至善"讲爱、讲报恩,仁、义、礼、智、信是善的胜果,当下的社会要培育"至善"的思想观念。

(原载于《人民论坛》2010 年第 16 期)

继承与发扬——五四运动对现代青年的启示

五四运动是中国从传统的君主专制制度向西方接轨的大转型，也是中国走向现代化的大转型。从这个历史意义上来看，五四运动的历史地位应该加以充分肯定。这里涉及这样一个问题，就是人们认为五四运动是反传统的，当时提出"打倒孔家店"，对儒家思想进行大批判，国外一些学者，如林毓生等也认为五四是全面反传统的。实际上，怎样看待传统与现代的关系，即中西、古今等关系，就成为一个非常重要的问题。

一、中国传统文化的分析

人们习惯认为五四运动是全面反传统的，与传统文化彻底决裂。实际上，这是没有对五四反传统精神及传统文化做出全面、正确梳理分析的结果。一般来说，传统是指人类创造的不同形态的特质经由历史凝聚而沿传着、流变着的诸文化因素构成的有机系统；文化是人类智慧赋予的实践活动发展中所建构的各种方式和成果的总和。传统文化是此两者的和合。五四时期，中国所面对的传统文化，大体上可做如下梳理和分析：

一是意识形态文化，即官方主导文化。当时主导文化是宋明理学，特别是程朱理学。张之洞、曾国藩等基本上都严守主导型文化，即程朱理学文化。尽管其主张也夹杂着洋务文化，但始终拥护孔学、孔教。

二是政治文化，即统治阶级为自己服务的文化。比如，朱元璋登基后对《孟子》进行了删节，删除了80多条不符合君主专制统治的思想。如

《孟子》讲："民为贵，社稷次之，君为轻。"① 他认为这等于唆使百姓起来蔑视皇帝，是对国家政权不利的，对皇帝维持统治也是不利的，因而是异端的思想。又如，君主对百姓不好，百姓可以起来批判君主，"君之视臣如犬马，则臣视君如国人。君之视臣如土芥，则臣视君如寇仇"②。认为这是鼓动臣民起来造反，这些思想都应该删掉。统治阶级为自己统治的需要，对儒家经典进行删改，以符合其需要，这就是政治文化。又如，理学讲"存天理，灭人欲"，朱熹是针对当时统治阶级、官僚阶级重人欲、不讲天理而提出来的。他说得很清楚，什么是天理？什么是人欲？人饿了吃饭，渴了喝水，这是天理；要求美味，要吃好的，是人欲。可见，朱熹本意是对那些荒淫无耻、灯红酒绿的官僚统治集团讲人欲、不讲天理，而加以批评的。后来，统治阶级反过来利用这一思想加强自己的统治地位，认为百姓不能有人欲，不能有私心杂念，不能做不利于统治阶级的事情。如果起来造反，这就是人欲，不讲天理。这样"存天理，灭人欲"便成为统治阶级镇压农民运动的工具。王阳明说："破山中贼易，破心中贼难"，心中贼指人欲。由此可以看出，历史上政治文化是统治阶级利用儒家思想为其长治久安、君主专制服务的文化。

三是学术思想文化，如文史哲，即文学、历史、哲学思想等属于学术文化的范畴。从古以来，《春秋》以编年体讲历史，司马迁的《史记》以传记体写成，司马光的《资治通鉴》是编年体，黄宗羲的《明儒学案》等为学案体，这是历史的、学术史的载体，属于史学文化。还有诗词歌赋中的汉赋、唐诗、宋词、明清小说及文化理论著作，如《文心雕龙》等是文学文化；如《论语》《老子》《墨经》《庄子》《四书章句集注》《传习录》等，以及佛教、道教诸多著作中具有丰富的哲学思想，是哲学著作。这些都属于传统的学术文化。虽然这些里面也有不合理的东西，即不适合社会与时偕行所需要的一些思想，但是，其中确实蕴涵着中华文明的辉煌，是中华文明与民族精神的体现。此外，还有如《本草纲目》《梦溪笔谈》《农政全书》等，这些学术文化既是中华民族五千多年文明的载体，也是中华民族五千多年文明

---

① 《孟子·尽心下》，（宋）朱熹：《四书章句集注》，中华书局1983年版，第367页。
② 《孟子·离娄下》，（宋）朱熹：《四书章句集注》，中华书局1983年版，第290页。

的体现。

四是宗教信仰文化。中国是一个多民族的国家，各民族都有自己的宗教信仰，部分中国人信仰佛教、道教，也有信仰基督教、伊斯兰教等，各民族不仅有其民间信仰，且各有自己的宗教传说、文学和典籍。

五是草根文化。指民间文化，包括民间的风俗习惯、仪礼禁忌，甚至民间的节日，如春节、清明节、中秋节等，是民间的风俗习惯，渗透于民间日常生活活动中。这个层面贯彻了中国的礼仪文化，如平时对老人的礼节等。

通过对传统文化的分析，可以看出五四运动主要批判的是政治意识形态文化，即为维护君主专制主义的宗法的、伦理道德的、典章制度的、价值观念的文化。这种为统治阶级服务的文化，包括这样几个方面：如道德层面的"饿死事小，失节事大"是对妇女生命的摧残。在很多地方，特别是安徽徽州，贞节牌坊较多，丈夫死了要守寡，甚至要自杀，妇女只能从一夫，不能从二夫。还有"存天理，灭人欲"，统治阶级为了自己的长治久安，要求老百姓要逆来顺受，什么样的痛苦和压迫都要忍耐，都不能反抗，不得有异端思行。又如，为维持君主专制统治，在政治制度、政治思想方面提倡"君为臣纲，父为子纲，夫为妻纲"，强调大纲、大伦、大道，君要臣死，臣不得不死；父要子亡，子不得不亡。这些压迫人的思想贯穿人的一生，臣要听君的，儿子要听父亲的，妻子要听丈夫的，甚至丈夫死后，母亲听儿子的。在这种政治意识形态文化之下，人成为奴隶，失去了自由。这些政治意识形态文化是应该受到批判的。五四运动提出道德革命、文学革命、推翻军阀独裁统治，也主要是针对政治意识形态文化这个层面而来的。

对于学术思想文化，五四运动在这方面的批判，主要是把孔子思想作为孔教来批评的。当时，张勋复辟、康有为搞读经活动、孔教会，都是为恢复帝制、恢复君主制度服务的。五四运动之所以对孔子思想批判得如此激烈，是与这样的社会背景相联系的。孔孟之道作为学术思想文化，并不是要一棍子打倒的。譬如当新文化运动兴起之时，胡适出版了《中国哲学史大纲》，从孔子、老子开始，对先秦学术思想作了较好的梳理，虽然他受西方实用主义影响，但他对中国哲学思想还是肯定的，并不是一概否定。我们可以看到，新文化运动中的这些人，并不是要打倒整个中国传统思想。鲁迅曾说："少当废物，催发新生。"废物应废弃掉，但不是把中国文化都打倒，而只是把废的、无用的扫荡掉。尽管鲁迅对旧东西、旧思想批判得很厉害，但那是针对废物扫荡，以此催发新生。同时，我们还可以看到，新文化运动中的人对于古代经典，如《四书五经》《史记》、古典小说，也不是一棍子打死，如鲁迅对"嵇康集"的注释、胡适对"红楼梦"的考证等，他们对古代文学的研究都做出了贡献。

对中国传统文化做这五个层面上的梳理分析，就可以看出，五四运动对文化的批判不是将文化全部打倒。所以说对"全面反传统"的思维定式要做出分析。特别是宗教文化，当时提出反对迷信，主要指当时的封建迷信，这应该受到批判。但是人们不是反对宗教文化。如对佛教，当时新文化运动中的人，包括胡适等人，甚至梁启超，不但没有对佛教文化一概否定，而且还对佛教文化进行了深入研究；原来唯识宗已式微，近代以来，唯识宗研究得到恢复；金陵刻经处刻了很多佛经，还有支那内学院、金陵佛学院等，欧阳竟无等人亦做了很多弘扬佛教的工作。熊十力就在南京佛学院欧阳竟无那里学习过。五四运动反对迷信，并没有把中国的宗教文化，以及道教、佛教、基督教、伊斯兰教等都一概打倒，这一点是应该肯定的。

五四运动对民间草根文化基本上没有触动，之所以如此，是因为民间草根文化是根深蒂固的，五千多年来积攒下来的，并成为人们的生活习惯。尽管五四运动提出要批判旧风俗、旧习惯，但是并没有真正把它批判掉。五四运动主要批判的是政治意识形态文化这个层面，是不符合中国现代化发展需要的文化思想。社会的变革，需要新思想、新观念的指导。因此，五四新文化运动的发生，是时代发展的趋势，具有必然性。但当民族危亡的抗日战争之时，当民族文化思想被奴役之际，一些从五四运动过来的人，他们为继承民族文化，发扬中华民族精神，以与文化的、军事的、精神的侵略文化相抗衡，他们又从传统文化中吸取精神力量，如一些理学家、现代新儒家马一浮、梁漱溟、冯友兰、熊十力等，都以传统文化为资源，对传统文化做出了新的诠释，以尽"周虽旧邦，其命维新"的文化使命。

二、五四精神的继承

五四新文化运动揭开了中国社会发展的新格局、新指向、新路径。那么，五四运动给我们什么启迪？我们应该继承什么？概括起来，有如下五点：

一是革命精神。五四运动从整个思想来看，是革命的，是价值观的一大转变。五四运动前后，西方思想潮水般涌进中国，不管什么思想，实用主义也好、新实在论也好、无政府主义也好、自由主义也好、马克思主义也好，各种思想都来到中国，给进步青年提供了改变中国的旧社会、走向新社会的思想资源。于是他们提出道德革命，对中国的旧礼教、旧道德进行扫荡；文学革命主要是主张白话文，把中国的文言文改成白话文，使得老百姓都能看懂，因为古文艰涩难懂，八股文僵化的格式束缚人的思想表达，应该去掉。五四运动的文学革命落实到白话文上，这确实对人的写作、人的思想起了很大的作用。一般来说，语言文字的革命是孕育新思想的前导。从这个意义上说，白话文取代文言文是当时人们思想的一次解放。五四运动的革命精神，为中国的革故鼎新、改变中国人的国民性创造了条件。许多志士以荡涤阿 Q 精神式的国民性来创造一个新中国，建设一个新世界。

二是创新精神。我们可以看出，五四运动的创新精神是非常突出的，比如说当时李大钊就提倡创新，他说创新是最高的要求，是我们需要达到的目的，要创造新生活，要创造新社会，要创造新世界。这种理念在当时大大激励了年轻人的创新精神。所以，整个五四运动是中国文化创新精神的一个非常明显的表现。在 20 世纪，人们期望创造一个新的文明时代，即民主、科学的时代。今天我们也应该发扬这种精神，这种精神对我们现在非常重要。我国现在提出来要建设一个创新社会，不管自然科学或者人文社会科学，都应该创新，要批判形而上学思想，批判教条主义的思想。五四运动批判旧教条、旧礼教，促使人们从旧教条、旧礼教中摆脱出来，发扬自己创造新世界的精神，这种精神是非常可贵的。

三是科学精神。五四运动有两个口号，一个是科学，一个是民主，也就是说一个是德先生，一个是赛先生。我们向西方学习，是向这两位先生学习。当时先进的中国人都向西方学习所谓真理，在当时年轻人看来，真理就是科学和民主。但是，五四运动的科学精神和西方的所谓科学是有差别的。西方所谓的科学主要指自然科学。实际上，所谓科学就是指实证的、能够证明的，这才是科学，如果不能证明的就不是科学。所以说，西方所谓的科学，主要是指自然科学当中可以实证的这样一些东西。五四运动的科学精神，主要是指科学方法、科学精神，并不是完全指自然科学的实证层面。从这点来看，当时中国所谓的科学精神指的是求真、求是、崇实、去伪，这是当时的科学方法和精神。这种科学精神反对盲从现存的、陈旧的东西，刚才我们讲的"三纲"就是盲从，君让臣死臣不得不死，就是盲从。这在当时来说是非常重要的，因为几千年来中国人做奴才做惯了，在当时人们的思维惯性当中，上面讲的都是好的，都是对的，下面的人都要服从。科学精神是要反对迷信，这种迷信是对某个东西的迷信。中国自古以来有一种迷信，就是祖宗之法不可变。这种迷信其实是迷信一种教条，迷信一种已经成为思维惯性的东西，这种东西是要铲除的。科学精神还反对主观武断，这点也很重要。凡是主观的东西、武断的东西、独裁的东西、独断的东西，就应该要批判和反对。总的来说，科学精神是要追求真善美，这就是五四运动所理解的科学。五四运动的这种科学精神，我们现在的年轻人还是应该继承下来的。

四是民主精神。在当时，中国人对民主精神的理解与西方也有分差，五四运动所接过来的民主精神，主要是反对君主专制，反对恢复帝制，比如说袁世凯称帝，张勋复辟，一些军阀的独立王国、独裁卖国。在当时外有强敌，帝国主义对我们的侵略和压迫，内有独夫、军阀等。五四运动学生游行中把曹汝霖家烧了，其实整个房子并没有烧掉，学生看他家里特别豪华，被子都是丝的、缎的，学生进去以后就把他的被子点着了。当时曹汝霖不在，但是陆宗祥在，学生们把他打了一顿。可以看出，五四运动就是反对当时军阀独裁卖国，发扬的是民主的精神。我们今天讲民主，是以人为本，以民为主，一切为人民服务，做人民的公仆，这是对五四民主精神的发扬和继承，这种精神是我们年轻人应该继承的。

五是爱国精神。五四运动反对巴黎和会中五强（英美法意日）瓜分中国。因为在这个会议上，把德国原来在山东的权益本来应该还给中国的，但却给了日本，同时人们也反对"二十一条"。所以，学生为了反对帝国主义侵略，为了反对北洋政府的卖国，爆发了爱国主义的五四运动。爱国主义精神是五四运动的核心，这种精神也是我们今天应该继承和珍惜的。

三、如何发扬五四精神

当今青年人应向五四运动中的青年学生学习，学习和继承他们的革命精神、创新精神、科学精神、民主精神和爱国精神，这五大精神在今天还是有它的价值和意义的，应该加以发扬。

首先，我们要发扬爱国主义精神，但要理性爱国。不能把爱国主义变成狭义的民族主义，不能把爱国主义变成排斥同世界各国友好的行为。我们年轻人要爱国，要胸怀世界，顾全大局，不做不利于建构和谐社会、和谐世界的行为，比如说我们曾经出现抵制某些国家的商品等，这是不必要的，这要引起我们的注意。

其次，我们要民主，但要符合中国的国情。中国是一个土地辽阔，人口与民族众多，地区发展不平衡的发展中国家。在这样一个国家中，民主应该是使人民的权利真正得到保障，首先应该保障人的权利和义务的统一。同时我们要从制度民主、政治民主、学术民主以及生活民主等各个方面进行和谐协调。其实民主不是目的，而是一种状态。它唯变所适，不可为典要。民主既不是西方那种个人利益至上的东西，也不是放之四海皆准的价值真理。非洲、亚洲一些国家推行民主的结果，却带来民族的分裂，国家的动乱，人民陷入水深火热之中。民主需要与地区的、民族的、国家的、民众素质的实际情况相结合，不可照着搬用。我国广袤复杂，民族众多，宗教信仰多元，而且生活习惯、心理状况差异较大，每个人真正得到民主权利的享受，需要同国家整个发展水平结合起来。同时我们的民主要同整个国家的利益结合起来，而不能损害国家利益，个人的民主权利同国家的集体利益要协调。笔者认为，中国的政治民主的改革、制度民主化的改革以及生活民主的改革，都必须符合建构和谐社会的需要。

再次，我们要人权，但是需要和生存权、发展权结合起来。我国最近发布了一个人权纲要，从这里可以看出，人权首先是一个生存权的问题。如果有人受饥挨饿，医疗没有保证，居住权得不到保障，也就是衣食住行得不到保证，哪还有什么人权可谈？对于人权问题，西方国家同发展中国家的理解就有差异，他们并没有看到人需要解决衣食住行的权利，如果这些问题不解决的话，人权从哪里来？人权根本得不到保障。要发展人权，既需要处理好个人的权利和义务的关系，同时也需要处理好个人的权利和社会的关系问题，还有个人权利和国家利益的关系问题，这些关系都要处理好。如果说要突出个人的权利而损害了集体权利，就不可能真正实现个人权利。从这个层面来看，中国对人权从古以来实际上是比较注意的。因为中国从先秦时期就提出来以民为本的思想，就是说国以家为本，家以人为本，人是国家的根本。同时中国人对人是非常重视的，"天地之性人为贵"①，一直把人作为天地间最宝贵的存在。孟子讲："民为贵，社稷次之，君为轻。"② 把人民的地位摆在国家与君主的前面，以人民为第一位，人民与国家、君主比较，具有最珍贵的价值。荀子也讲："水则载舟，水则覆舟。"③ 后来唐太宗重复这句话，民是水，舟是国家君主，人既能把国家托起了，使国家得到发展，能够前进，但是也能够把船打翻掉。这是对人的重视，包含着赋予人一定的权利。可见，中国人和西方人的理解也不一样。西方的皇帝是一世一世传下来的，是不变的；中国不一样，中国是朝代不断更换的。中国的君主虽然不断随改朝换代而变换，但国家是不变的，即社稷是不变的，中国文化五千多年一脉传承，就是因为国家没有被消灭。这与古希腊、古埃及、古印度不一样，他们的国家在历史上曾被消灭了，文化也就中断了。而我们的国家没有消灭，所以一代一代修史，比如说隋被唐推翻了，但是唐还要修隋书等，文化典籍便传承下来。

最后，我们要弘扬中华传统文化，但不排斥外来文化。我们在弘扬中华文化的时候，要特别注重吸收外来文化。也只有不断吸收外来文化，才能

① 《孝经·圣治章》，（清）皮锡瑞：《孝经郑注疏》，中华书局 2015 年版，第 73 页。

② 《孟子·尽心下》，（宋）朱熹：《四书章句集注》，中华书局 1983 年版，第 367 页。

③ （清）王先谦：《荀子集解》第 5 卷，中华书局 1988 年版，第 152—153 页。

够使中国文化得到进一步的发展。一种文化只有是开放的、包容的，才能够海纳百川，有容乃大，才能得到进一步发展。所以，我们在弘扬中国传统文化的同时，要不断地吸收外来文化中合理性的东西，作为我们的营养。这样的话，中国文化才能够不断强大。

我们在反思五四运动，继承五四精神的时候，应当注意发扬以下六个方面的精神：

第一，艰苦奋斗的精神。孟子讲："天将降大任于斯人也，必先苦其心志，劳其筋骨，饿其体肤，空乏其身。"① 一个人只有经历这样的锻炼，才能担当大任。五四运动的前辈之所以能担当大任，都是艰苦奋斗出来的。如此应该打掉一些少爷作风、娇生惯养的习气，比如说上大学父母陪，还要父母提着行李，他们自己都空着手。如果这样下去的话，不要说社会主义事业，中国的建设，就是经前辈艰苦奋斗得来的东西也无法继承下去，这样的人能不能担当建设国家的大任，就值得怀疑。

第二，自强自立的精神。《周易》讲："天行健，君子以自强不息。"② 青年人应奋发图强，古人的成就都是从自强自立中获得的。文王拘而演《周易》；仲尼厄而作《春秋》；屈原放逐，乃赋《离骚》；左丘失明，厥有《国语》；王阳明从百死千难中得来致良知之学。所以，要立足自我创造，不要依靠他人。作为个人来说，既不要依靠父母财力、权力，也不要依靠亲戚朋友，应该"三十而立""自作主宰"。青年人要自立自强，自主创业，实现自我价值，创造美好生活。

第三，敬业的精神。不管是公务员也好、教员也好、工农也好，还是私人企业家也好，各种各样的工作，都应该敬业。《周易》上说："君子终日乾乾，夕惕若厉，无咎。"③ 就是说君子就应该终日勤勤恳恳，整天敬业不怠。"夕惕若厉"，就是说晚上非常惶恐地来检讨自己一天的工作，反省今天工作究竟做得好不好，还有哪些问题。只有这样，才能够预防祸害的发生。

第四，修身精神。《大学》讲："自天子以至于庶人，一是皆以修身为

---

① 《孟子·告子下》，（宋）朱熹：《四书章句集注》，中华书局1983年版，第348页。
② （清）李道平撰：《周易集解纂疏》第3卷，中华书局1994年版，第38页。
③ （清）李道平撰：《周易集解纂疏》第3卷，中华书局1994年版，第30页。

本。"① 修身包括"内圣"的格物、致知、诚意、正心功夫和"外王"的齐家、治国、平天下的事功。可见，修身对人有多么重要。现在的贪官污吏，都是不修身的结果。五四运动的前辈，从个人的道德来看，都是非常高尚的，他们为了中国的富强，为了中国的命运，为了中国的前途，可以牺牲自己。他们之所以有如此高尚的道德修养，就是处处注意修身，使自己的道德意识和行为达到君子的水平。现在的年轻人在这方面可能还做得不够，需要自觉修身，提升自己的道德修养，特别是现在商品经济发展，大家都为了自己的利益，甚至出现只管自己利益而不管他人利益、国家利益等社会现象。大学生中还出现学术不规范、抄袭等，甚至教授也干这种事，这是修身没有到家的表现。

第五，齐家精神。如果一个人连自己的家庭都治理不好，那么他的工作也不会做好。《大学》说："其家不可教，而能教人者，无之。"② "一人贪戾，一国作乱。"③ 之所以不能齐家，是因为"人莫知其子之恶"，溺爱子女而不明理，贪得无厌而不明德。现代的贪官都不是如此吗？为什么不能齐家，就是自己不修身的结果。现在我们年轻的官员特别要注意齐家，只有严于律己，才能有身教的作用。

第六，坚韧不拔的精神。现在一些人做事常常虎头蛇尾，说得好听，做得差劲，缺少不达目的决不罢休的气势，往往中途而废，留下"烂尾楼"工程。任何事业的成功，都是从失败中、挫折中汲取教训的，只有坚韧不拔，才能获得最后的成功。

总的来看，五四运动对于现在的年轻人来说，一方面对于传统文化要有正确认识；另一方面要很好地继承五四运动中一些好的传统、好的精神，并加以发扬，这对于我们建设和谐社会、和谐世界有很大的帮助。使中国能够在21世纪不断发展强大，使中华民族得到复兴，这是一个非常艰巨的任务，是我们年轻人应尽的历史使命和历史责任。

[原载于《青海民族大学学报》（社会科学版）2010年第4期]

---

① 《大学·第一章》，（宋）朱熹：《四书章句集注》，中华书局1983年版，第4页。
② 《大学·第十章》，（宋）朱熹：《四书章句集注》，中华书局1983年版，第9页。
③ 《大学·第十章》，（宋）朱熹：《四书章句集注》，中华书局1983年版，第9页。

弘扬儒家仁爱精神——汶川大地震一周年祭

　　光阴飞逝，一瞬间四川汶川大地震已过去一年。回顾这场大地震，灾区的英雄教师们以"大爱无言，大德无痕，大责无疆"的高尚精神，用自己最可宝贵的生命谱写了爱心，用热血见证了高尚，用行动履行了责任。① 在新时代以新理念诠释了伟大的教育家孔子的"仁者爱人"的精神，以新行为铸就了儒家"天地之大德曰生"的丰碑，以新思想塑造了儒学先忧后乐、"舍生取义"的人格。

　　在大地震中教师以自己的血肉之躯爱护学生，救援者以不怕牺牲的行动去抢救生命，志愿者以不怕艰苦的行为去解除各种危机，子弟兵以大无畏的英勇气概敢教灾难低头。他们都以智慧和鲜血浇铸了人间最美好、最光辉、最无私的情感，改写了儒家基于血缘亲情的仁爱，凸显了人际间无私的仁爱、国际间伟大的仁爱、人世间永恒的仁爱。这种仁爱是无血缘亲疏、无贫富贵贱、无地区国别的生生不息的大爱，是其现代价值的体现。

一

　　仁爱，既是儒家的核心思想和首要价值，也是中华民族的民族精神和基本价值观。仁爱在 5000 年的中华文化中根深蒂固，源远流长。仁字见于甲骨金文。《说文解字》："仁，亲也。"与人亲善仁爱，是为引申义，其初

---

① 参见吴德刚：《大爱无言，大德无痕，大责无疆》，《光明日报》2008 年 9 月 10 日。

义是为"相人偶"的礼仪形式称仁。① 爱,《广雅·释诂四》:"爱,仁也。"《玉篇》:"爱,仁爱也。"仁与爱义通。《易经》无见仁字,《尚书》:"予仁若考。"② 有道德之意,《诗经·大叔于田》:"洵美且仁。"③ 赞扬共叔段美好又仁亲。《春秋左传》则从道德、政治、事功等多层面论仁,仁是表示仁爱的道德。"酒以成礼,不继以淫,义也;以君成礼,弗纳于淫,仁也。"④ 敬仲与齐桓公饮酒是用来完成礼仪的,晚上继续陪饮,敬仲不敢,不使国君过度饮酒是仁,仁是一种仁爱之心,义是恰到好处而不过,仁义对举。"背施无亲,幸灾不仁,贪爱不祥,怒邻不义,四德皆失,何以守国。"⑤ 秦国发生饥荒,乞籴于晋,晋人弗与,庆郑认为亲、仁、祥、义为国家所必遵的道德原则,只有处理好这四种道德关系,才能守国。人应具备"不背本,仁也;不忘旧,信也;无私,忠也;尊君,敏也"⑥。这是文子赞扬钟仪的话,认为君子应有仁、信、忠、敏的道德原则,选择人才要根据德、正、直三者"参和为仁"的人为官。不用"刚愎不仁",或"乘人之约,非仁也"的人。⑦

就维护血缘宗法关系而言,宋桓公病重,太子兹父力称立庶兄子鱼目夷,曰:"目夷长且仁,君其立之!"子鱼辞曰:"能以国让,仁孰大焉,臣不及也,且又不顺。"遂走而退。仁是调节王位继承中各种关系的政治道德原则。"仁而不武,无能达也。"⑧ 郑公子宋要弑郑灵公,谋及子家,子家不同意,这是仁爱的表现,但他不能以武力阻止公子宋的弑君行为,是没有勇武的表现,所以不能通达于仁道。仁作为统治集团内部政治道德规范,在一定的条件下需要武力的补充,以相辅相成。

就国家、君主、民三者关系来说,"子产始知然明,问为政焉。对曰:

---

① 参见张立文:《仁义论》,《中国哲学范畴发展史》(人道篇),中国人民大学出版社 1995 年版,第 316—317 页。
② 《尚书·金滕》,(清)阮元校刻:《尚书正义》第 13 卷,中华书局 2009 年版,第 416 页。
③ 《诗经·大叔于田》,(清)阮元校刻:《毛诗正义》第 4 卷,中华书局 2009 年版,第 712 页。
④ 《春秋左传·庄公二十二年》杨伯峻:《春秋左传注》,中华书局 1981 年版,第 221 页。
⑤ 《春秋左传·僖公十四年》,杨伯峻:《春秋左传注》,中华书局 1981 年版,第 348 页。
⑥ 《春秋左传·成公九年》,杨伯峻:《春秋左传注》,中华书局 1981 年版,第 845 页。
⑦ 参见《春秋左传·定公四年》,杨伯峻:《春秋左传注》,中华书局 1981 年版,第 1547 页。
⑧ 《春秋左传·宣公四年》,杨伯峻:《春秋左传注》,中华书局 1981 年版,第 678 页。

'视民如子。见不仁者，诛之'"①。君主要视民如子，诛杀不仁者，体认到民的价值和地位。民是国的基础，国与国应"亲仁善邻，国之宝也"②。以邻为亲，与邻为仁，与邻为善。国有大小，"小所以事大，信也；大所以保小，仁也。背大国，不信；伐小国，不仁"③。国不分大小，都应和睦、仁亲、亲善相处。

从事功而言，《左传》并不否定。"出门如宾，承事如祭，仁之则也。"④《论语·颜渊》改"承事"为"使民"⑤，凸显了与民的关系。仁爱体现在人们生活活动的各个方面，如出门做事、待人接物都要遵守仁的原则。"奔死免父，孝也；度功而行，仁也；择任而往，知也；知死不辟，勇也。"⑥知、仁、勇并举，估计功效而后行动是仁，仁并非不计功。杜预注："仁者贵成功。"这与董仲舒明道不计其功的价值观异。

《国语·周语》论仁，与礼相联系。"礼所以观忠、信、仁、义也。忠所以分也，仁所以行也，信所以守也，义所以节也。忠分则均，仁行则报，信守则固，义节则度。"⑦忠心不偏，仁行有恩，信守不二，义节有度，是符合礼的规则的，行礼若能实现这四种道德行为规范，便可治理好国家，国与国之间也能与邻为善。"夫义所以生利也，祥所以事神也，仁所以保民也。不义则利不阜，不祥则福不降，不仁则民不至。"⑧周襄王十三年郑国伐滑国，襄王将借狄伐郑国，大夫富辰谏说：郑滑兄弟之国。虽兄弟争吵，但仍能共同抵御外人的欺凌。疏远亲族，接近狄人，这是不吉祥的；以怨报德，这是不仁的。仁爱是用来保护民众的，不仁爱民众就不来归附。国与国、人与人

① 《春秋左传·襄公二十五年》，杨伯峻：《春秋左传注》，中华书局1981年版，第1108页。
② 《春秋左传·隐公六年》，杨伯峻：《春秋左传注》，中华书局1981年版，第50页。
③ 《春秋左传·哀公七年》，杨伯峻：《春秋左传注》，中华书局1981年版，第1642页。
④ 《春秋左传·僖公三十三年》，杨伯峻：《春秋左传注》，中华书局1981年版，第502页。
⑤ 《论语·颜渊》："子曰：'出门如见大宾，使民如承大祭。己所不欲，勿施于人。'"[《论语·颜渊》，(宋)朱熹：《四书章句集注》，中华书局1983年版，第132页]
⑥ 《春秋左传·昭公二十年》，杨伯峻：《春秋左传注》，中华书局1981年版，第1408页。
⑦ 《国语·周语上》，徐元诰：《国语集解》第1卷，中华书局2002年版，第36—37页。《国语·周语中》，徐元诰：《国语集解》第2卷，中华书局2002年版，第46页。
⑧ 《国语·周语中》，徐元诰：《国语集解》第2卷，中华书局2002年版，第46页。

之间要以仁、义、祥三道德原则来处理，便能"和宁百姓""光有天下"。"夫仁、礼、勇皆义之为也，以义死用谓之勇，奉义顺则谓之礼，畜义丰功谓之仁。"① 为正义而舍身叫作勇，遵奉道义而守法叫作礼，积蓄道义而建功叫作仁。奸伪而行仁则是巧诈，奸伪而行礼则是羞耻，奸伪而勇则是盗贼。仁、礼、勇三道义是不可亵渎的。

《国语·周语》根据天经地纬、天六地五的常数，即天有阴、阳、风、雨、晦、明六气和地有金、木、水、火、土五行，配十一德目："夫敬文之恭也，忠文之实也，信文之孚也，仁文之爱也，义文之制也，智文之舆也，勇文之帅也，教文之施也，孝文之本也，惠文之慈也，让文之材也。"② 单襄公认为晋公子周具有敬、忠、信、仁、义、智、勇、教、孝、惠、让 11 种美德，日后必为晋君，并对 11 种美德的性质作用、功能效应、价值意义做了分析，"象天能敬，帅意能忠，思身能信，爱人能仁。利制能义，事建能智，帅义能勇，施辨能教，昭神能孝，慈和能惠，推敌能让"③。美德既出于内心的道德修养和自觉，亦赋诸外在的道德行为活动，譬如讲仁必联系及博爱于人，仁爱他人才能实行仁的美德，仁本身就蕴涵了爱的美德。把仁规定为爱人，有很深的影响力。后来孔子回答樊迟问仁为爱人，实非孔子首倡，而是时代的一种诉求。

《国语》论仁，以仁为道德原则、价值标准、行为方式、评价准则等。就伦理道德而言，申生说，我听人讲"仁不怨君，智不重困，勇不逃死"④。假如罪名不解脱，离开晋国会遇到双重困厄，离开而加重了罪名是不明智；逃避死亡让国君蒙受罪名是不仁，有罪而不去死是不勇。申生虽受屈，但遵照智、仁、勇的道德原则而自杀。这便是"杀身以成志，仁也"⑤。这是儒家"杀身成仁"价值源之一。

楚惠王把梁地封给鲁阳文子，鲁阳文子辞谢。惠王说："子之仁，不忘

① 《国语·周语中》，徐元诰：《国语集解》第 2 卷，中华书局 2002 年版，第 75—76 页。
② 《国语·周语下》，徐元诰：《国语集解》第 3 卷，中华书局 2002 年版，第 88—89 页。
③ 《国语·周语下》，徐元诰：《国语集解》第 3 卷，中华书局 2002 年版，第 89 页。
④ 《国语·晋语二》，徐元诰：《国语集解》第 8 卷，中华书局 2002 年版，第 280 页。
⑤ 《国语·晋语二》，徐元诰：《国语集解》第 8 卷，中华书局 2002 年版，第 280 页。

子孙。"① 梁地势险要，又处北部边境，文子怕子孙有叛楚之心而绝祀故辞，蕴涵着对子孙的仁爱之心。仁不怨君，仁不忘子孙，是指仁有亲亲的意蕴，施仁先及亲，然后君，"信仁以为亲"②，以维护血缘宗法关系的道德原则和价值取向。《国语》把"仁"依据所施对象的不同，其价值取向亦异。"为仁与为国不同，为仁者，爱亲之谓仁；为国者，利国之谓仁。故长民者无亲，众以为亲。苟利众而百姓和，岂能惮君?"③ 爱亲之仁与利国之仁分殊。有利于国家百姓是不讲私爱亲人的，而把国家百姓作为自己的亲人，所以不惧怕承受弑君的罪名。这里仁已度越了单纯血缘亲情的爱，而具有爱国爱民的普遍的"泛爱"、博爱的价值。

就价值标准而言，"武人不乱，智人不诈，仁人不党"④。晋正卿栾书嫉忌郤至晋楚鄢陵之战的功劳，借晋厉公之手去杀郤至。在这种情况下郤至却说出了武人、智人、仁人为人的价值标准是不乱、不诈、不党，宁死而不损害为人标准。做人的价值标准表现在行为活动的各个方面，晋国赵文子建造房屋，把椽子砍削后加以磨光，这是违礼的表现，匠人要求把磨光椽子全部改为砍削，文子说："止。为后世之见之也，其砍者，仁者之为也；其奢者，不仁者之为也。"⑤ 仁与不仁之别，是砍削与磨光之异，即遵礼与违礼之别，以为后人鉴。

仁与不仁，有道与无道，亦是臧否人物的价值标准。公元前645年，秦晋韩原之战，晋惠公被俘。秦国君臣集议如何处置晋惠公时，公子絷说："杀无道而立有道，仁也。胜后无害，智也。"⑥ 杀无道之晋惠公而立有道的重耳，这便是有仁德的表现。所谓无道是指晋惠公背信弃义、以怨报德，而无仁爱。

仁并非否定功业，鲁国正卿臧文仲使国人祭祀海鸟"爱居"，展禽批评

---

① 《国语·楚语下》，徐元诰：《国语集解》第18卷，中华书局2002年版，第528页。按：《集解》"子之仁"作"子仁人"，据《四部丛刊》本改。

② 《国语·晋语二》，徐元诰：《国语集解》第8卷，中华书局2002年版，第295页。

③ 《国语·晋语一》，徐元诰：《国语集解》第7卷，中华书局2002年版，第264页。

④ 《国语·晋语六》，徐元诰：《国语集解》第12卷，中华书局2002年版，第397页。

⑤ 《国语·晋语八》，徐元诰：《国语集解》第14卷，中华书局2002年版，第432页。

⑥ 《国语·晋语三》，徐元诰：《国语集解》第9卷，中华书局2002年版，第312页。

这是不仁不智之举。"今海鸟至，己不知而祀之，以为国典，难以为仁且智矣。夫仁者讲功，而智者处物。无功而祀之非仁也；不知而不能问非智也。"①祭祀是国家的大事，只有为国家人民建功立业的人，如后土、黄帝、尧、舜、禹、汤、文、武等，才能享受国家的祭祀，祭祀无功德于国家人民的海鸟，是不仁智的。换言之，祭祀有仁德的人物是仁智的，肯定事功的仁智性。

《左传》《国语》论仁，并非仅指主体内在道德修养或境界，而且是指应然的道德、政治原则和处理人与国家、社会、人际之间关系的价值尺度，多层面阐述仁的意蕴和关系，包括仁不应然的伦理道德意识和行为。这说明在"礼崩乐坏"的春秋社会大变革中，在孔子之前，已将仁爱作为化解社会冲突和危机的一种价值选择，虽突破仁爱作为"尊尊亲亲"血缘亲情之爱的狭隘性，但这是仁爱精神之所以发生的社会文化基础，有其深远的影响力。

二

《左传》《国语》等书论仁往往与其他德目并列，孔子便突出仁，以仁为人的最高道德原则和人生价值理想，从而建构了仁学。儒家思想的重要价值，孔子之前已有，从这个意义上说，他不是严格的儒家传统创始人，而是集大成者。其仁学建构无疑继承和发展了《左传》《国语》等书的思想。仁是人性的本质特性，仁学的核心是讲爱人，仁是人的哲学升华，可称为人学哲学。"樊迟问仁。子曰：爱人。"②"子曰：道千乘之国，敬事而信，节用而爱人，使民以时。"③"泛爱众，而亲仁。"④爱人即指仁爱父母兄弟。"孩提之童无不知爱其亲者，及其长也，无不知敬其兄也。"⑤人从小到大，是在父母兄弟血缘关系中成长，便自然有一种仁爱之情。又指一种度越"仁者人也，亲亲为上"的由近及远、由亲而疏的"泛爱众"的人类之爱，这是一种博爱

① 《国语·鲁语上》，徐元浩：《国语集解》第 4 卷，中华书局 2002 年版，第 161 页。
② 《论语·颜渊》，（宋）朱熹：《四书章句集注》，中华书局 1983 年版，第 139 页。
③ 《论语·学而》，（宋）朱熹：《四书章句集注》，中华书局 1983 年版，第 49 页。
④ 《论语·学而》，（宋）朱熹：《四书章句集注》，中华书局 1983 年版，第 49 页。
⑤ 《孟子·尽心上》，（宋）朱熹：《四书章句集注》，中华书局 1983 年版，第 353 页。

精神。体现在现实行为活动中，节约费用，仁爱人，这是孔子为人的基本原则，爱护百姓，不误农时，是其基本原则的贯彻。人的仁爱之心，也需要学习培养，并非先验的。"君子学道则爱人。"① 君子学道要使自己具有爱人的心理情怀。

"仁者爱人"意蕴三方面的内涵。

一是"己所不欲，勿施于人"②，"其恕乎！己所不欲，勿施于人"③。这是孔子针对不同问题说的，前者是回答仲弓问，怎样才能实践仁的道德；后者是回答子贡问，有一言而可以终身奉行的吗？孔子回答的是同样一句话：自己所不想要的任何事物，便不要加给别人，这便是恕道。这句话蕴涵着人类最无私、最博大的仁爱情怀，是人类普适性的金规则。自己所不愿要的，不要强加给人。换言之，如子贡所说："我不欲人之加诸我也，吾亦欲无加诸人。"④ 前者是讲恕的事，子贡是讲仁的事，虽有别，但都是仁爱之心的体现。就这两者的性质而言，是仁爱的指导思想和为仁的原则；就具体行为而言，孔子在回答子张问仁时说："能行五者于天下，为仁矣。"请问之。曰："恭、宽、信、敏、惠。恭则不侮，宽则得众，信则人任焉，敏则有功，惠则足以使人。"⑤ 体现仁爱的五种美德是待人恭敬便不会受辱，待人宽厚得大众拥护，诚信会得人信任，勤敏会取得功绩，爱惠则容指挥人。支配五种美德的行为，均出于仁爱之心，是一种我欲恭、宽、信、敏、惠，也使别人得到恭、宽、信、敏、惠；我欲快乐幸福，也使别人得到快乐幸福，而不是我不要痛苦不幸，却把痛苦不幸加给别人，这便是己所不欲，要施于人，违背了孔子仁者爱人的原则。

二是"夫仁者，己欲立而立人，己欲达而达人"⑥。仁的内涵是指你自己立得住，或曰成功立业，也要使他人立得住、成功立业；自己通达了、发达

---

① 《论语·阳货》，（宋）朱熹：《四书章句集注》，中华书局 1983 年版，第 176 页。

② 《论语·颜渊》，（宋）朱熹：《四书章句集注》，中华书局 1983 年版，第 132 页。

③ 《论语·卫灵公》，（宋）朱熹：《四书章句集注》，中华书局 1983 年版，第 166 页。

④ 《论语·公冶长》，（宋）朱熹：《四书章句集注》，中华书局 1983 年版，第 78 页。

⑤ 《论语·阳货》，（宋）朱熹：《四书章句集注》，中华书局 1983 年版，第 177 页。

⑥ 《论语·雍也》，（宋）朱熹：《四书章句集注》，中华书局 1983 年版，第 92 页。

了，也要让他人通达、发达。由己及人，爱护、关心他人，这也是一种实现仁爱的方法。仁爱是由己体及于他体、主体及于客体，它要求从自我做起，树立主体人格。"克己复礼为仁，一日克己复礼，天下归仁焉。为仁由己，而由人乎哉。"① 实行仁如何由自己做起？就应当约束、克制自己，发挥人的自我调节意识。这是内向型价值取向，是内圣的路线，使人的视、听、言、动都合乎礼的要求，天下人就会称赞你是仁爱的人。仁从正面价值取向来说："刚毅、木讷，近仁。"② 刚强、果决、朴实、说话谨慎，具有这四种品德的人就接近仁了；从负面价值取向而言："巧言令色，鲜矣仁。"③ 花言巧语，伪善面孔，这种人很少有仁德的。因他违背了仁爱的道德要求和价值底线。

三是"博施于民而能济众"④，与孔子说的"泛爱众，而亲仁"⑤ 相通。广泛地给予民众以好处，又能帮助民众生活得好，这样子就是圣人了，尧舜有时也难以做到，虽难但不意味着就不应朝这个方向努力。孔子在解释"五美"的"惠而不费，劳而不怨，欲而不贪，泰而不骄，威而不猛"时说："因民之所利而利之，斯不亦惠而不费乎？择可劳而劳之，又谁怨？欲仁而得仁，又焉贪？君子无众寡，无小大，无敢慢，斯不亦泰而不骄乎？君子正其衣冠，尊其瞻视，俨然人望而畏之，斯不亦威而不猛乎？"⑥ 此"五美"运用在为政治国中，体现一种仁民爱众的精神。孔子仁爱的人道精神是无私的、为人的、伟大的。《吕氏春秋·不二篇》说："孔子贵仁。"就是这种贵仁精神。

孟子批评墨子的仁义观，墨子的"兼相爱"超越了自我亲疏、差等的局限，而达普遍爱一切人的境界。孟子认为的"人皆有不忍人之心"⑦ 的爱心，"仁，人心也"⑧，"恻隐之心，仁之端也"⑨，"仁者以其所爱及其所不

---

① 《论语·颜渊》，（宋）朱熹：《四书章句集注》，中华书局 1983 年版，第 131 页。
② 《论语·子路》，（宋）朱熹：《四书章句集注》，中华书局 1983 年版，第 148 页。
③ 《论语·学而》，（宋）朱熹：《四书章句集注》，中华书局 1983 年版，第 48 页。
④ 《论语·雍也》，（宋）朱熹：《四书章句集注》，中华书局 1983 年版，第 91 页。
⑤ 《论语·学而》，（宋）朱熹：《四书章句集注》，中华书局 1983 年版，第 49 页。
⑥ 《论语·尧曰》，（宋）朱熹：《四书章句集注》，中华书局 1983 年版，第 194 页。
⑦ 《孟子·公孙丑上》，（宋）朱熹：《四书章句集注》，中华书局 1983 年版，第 237 页。
⑧ 《孟子·告子上》，（宋）朱熹：《四书章句集注》，中华书局 1983 年版，第 333 页。
⑨ 《孟子·公孙丑上》，（宋）朱熹：《四书章句集注》，中华书局 1983 年版，第 238 页。

爱"①。因其所爱的先后，厚薄有异。他从"仁之实，事亲是也"②，推而及他人，以仁爱之心为出发点，是人之所以为人的最深层的本质，它所蕴含的是不忍、恻隐的精神生命；精神生命应安于人的心性之宅。仁爱是道德心性转换为道德行为的理所当然的准则，即由内发而表现为外在行为。

《易传》以仁义为人道的最高准则，"立人之道，曰仁与义"③，而与天道、地道并立为"三才"。所谓仁，"安土敦乎仁，故能爱"④。居仁，人心安而理得，使仁得"显诸仁"的状态。荀子继承孔子和《易传》，"仁者爱人，爱人故恶人之害也"⑤。把仁置于爱人与害人正负对比中，凸显仁爱的价值。"仁，爱也，故亲"⑥。仍受血缘亲疏的局限。

汉在总结强秦速亡的教训时得出一条重要经验："仁义不施者也。"所以陆贾建议刘邦："行仁义，法先圣。"⑦董仲舒就仁与义的功能、作用、侧重点、价值导向、思维定式等方面加以分疏，辨明内外、顺逆等以往的论争。"仁之法在爱人，不在爱我。"⑧仁是爱他人，不在爱我自己，自爱不表现为仁，此作为协调社会人我关系的道德原则，既具有纠正仁者自爱之偏，亦具有普遍的适应性，注重自我与他人之间的交往形式，淡化了宗法亲亲的色彩。

隋唐时佛盛儒衰，韩愈、柳宗元的古文运动，其实质是儒学复兴运动。韩愈以其为中华儒学承传者主体自觉的责任感，重建儒家仁爱道德规范："博爱之谓仁，行而宜之之谓义。"⑨这个规定是孔孟思想的继承，又蕴涵了

---

① 《孟子·尽心下》，（宋）朱熹：《四书章句集注》，中华书局 1983 年版，第 364 页。

② 《孟子·尽心下》，（宋）朱熹：《四书章句集注》，中华书局 1983 年版，第 287 页。

③ 《周易·系辞上传》，黄寿祺、张善文：《周易译注》，上海古籍出版社 2007 年版，第 379 页。

④ 《周易·系辞上传》，黄寿祺、张善文：《周易译注》，上海古籍出版社 2007 年版，第 379 页。

⑤ 《荀子·议兵篇》，王天海：《荀子校释》第 10 卷，上海古籍出版社 2005 年版，第 627 页。

⑥ 《荀子·大略篇》，王天海：《荀子校释》第 19 卷，上海古籍出版社 2005 年版，第 1044 页。

⑦ （汉）司马迁：《郦生陆贾列传》，《史记》第 97 卷，中华书局 1982 年版，第 2699 页。

⑧ （汉）董仲舒、（清）苏舆：《春秋繁露义证·仁义法》第 8 卷，中华书局 1992 年版，第 250 页。

⑨ （唐）韩愈：《原道》，刘真伦、岳珍校注：《韩愈文集汇校笺注·原道》第 1 卷，中华书局 2010 年版，第 1 页。

时代精神。他认为每个人达到仁的标准可以不同，圣人与一般人的博爱有差别。仁爱精神贯彻于礼乐刑政，"道莫大乎仁义，教莫正乎礼乐刑政"①。世俗的礼乐刑政是仁义的体现，统治工具便具有了现实的合理性。柳宗元认为仁义是人道的内涵，与天道相联系，"仁义忠信，犹春秋冬夏也"②。人道与天道、人爵与天爵融突，使人求诸内而能贯通于外，赋予仁以形而上的意义。

宋明理学家释仁为生，是一种生命存在的形式。周敦颐在"立太极"与"立人极"的宇宙本体与道德本体的一体结构中，认为："天以阳生万物，以阴成万物。生，仁也；成，义也。"③仁是生命生长的过程，在政治道德上体现为："圣人在上，以仁育万物，以义正万民。"④仁义既是生育万物的宇宙观，又是正万民的道德观，归属于道德形上学。二程亦以生为仁。"生之谓性，万物之生意最可观，此元者善之长也，斯所谓仁也。"⑤仁是万物生意的体现，它既是天地生生之理的所以然，又是具有目的性的善之长的所当然。就前者而言，人可体验与万物一体境界，"仁者以天地万物为一体，莫非我也"⑥。"仁者浑然与物同体。"⑦仁是心体，心体即是天地生生之理的理体，是一个浑然无内外的和合境界。

朱熹继承二程，认为："仁也者，天地所以生物之心，而人物之所得以为心者也。"⑧仁是所以生物根据的心，此心人物得之以为心。仁为性，爱为情。"仁乃性之德而爱之本，因其性之有仁，是以其情能爱。"⑨其情能爱，是

① （唐）韩愈：《原道》，刘真伦、岳珍校注：《韩愈文集汇校笺注·原道》第1卷，中华书局2010年版，第14页。
② （唐）柳宗元：《柳宗元集·天爵论》，中华书局1979年版，第80页。
③ （宋）周敦颐：《通书·顺化》，《周敦颐集》，中华书局1990年版，第23页。
④ （宋）周敦颐：《通书·顺化》，《周敦颐集》，中华书局1990年版，第23页。
⑤ （清）黄宗羲原撰、（清）全祖望补修：《宋元学案》第13卷，中华书局1986年版，第540页。
⑥ （宋）程颢、程颐：《二程集·论道篇》，中华书局2004年版，第1178页。
⑦ （清）黄宗羲原撰、（清）全祖望补修：《宋元学案》第13卷，中华书局1986年版，第555页。
⑧ （宋）朱熹：《克斋记》，曾枣庄等：《全宋文》第5652卷，第252册，上海辞书出版社、安徽教育出版社2006年版，第39页。
⑨ （宋）朱熹：《又论仁说》，曾枣庄等：《全宋文》第5517卷，第246册，上海辞书出版社、

因性仁之发，爱根于仁之本；未有无仁之爱，无爱之仁，仁爱不离。就仁爱不杂言，"仁者爱之体，爱者仁之用"①。所谓爱之体，就是指"爱之理"，"理是根，爱是苗"②，苗从根上生，爱之用是爱之体的发生。因为"仁只是爱底道理，此所以为心之德"③，此理此德，都是指体而言，然体用一源，显微无间。所以朱熹批评张栻有离爱求仁、离用求体之嫌。坚持"仁者，性之德而爱之理也，爱者，情之发而仁之用也"④，或曰："仁者，心之德，爱之理。"性之德与心之德同，仁与爱相依不离。

程朱道学以仁为心之德、爱之理，以理为核心话题，陆（九渊）王（守仁）论仁，以心为核心话题，"仁义者，人之本心也"⑤。"心一而已。以其全体恻怛而言谓之仁；以其得宜而言谓之义；以其条理而言谓之理。不可外心以求仁，不可外心以求义，独可外心以求理乎？"⑥仁、义、理是心的不同表现形式，心外无仁、义、理，三者都在心中。"仁者以天地万物为一体"，此一体即是心体。心体可"全其万物一体之仁"⑦，而无心物、物我、人己之分，这是仁的形而上一体境界。

王廷相、吴廷翰、王夫之与程朱陆王异，其论仁以气为核心话题，吴廷翰说："人为仁义，本一气也"⑧，"仁义必假气而后生"⑨，从发生源头上说明仁。王夫之说："气自生心，清明之气自生仁义之心"⑩。所谓气，实即阴阳之气。"在天为阴阳，在人为仁义，皆二气之实也。"⑪这样仁义与气可融

安徽教育出版社 2006 年版，第 148 页。

① （宋）黎靖德编：《朱子语类》第 20 卷，中华书局 1986 年版，第 466 页。

② （宋）黎靖德编：《朱子语类》第 20 卷，中华书局 1986 年版，第 464 页。

③ （宋）黎靖德编：《朱子语类》第 20 卷，中华书局 1986 年版，第 465 页。

④ （宋）朱熹：《答吴晦叔》，曾枣庄等：《全宋文》第 5486 卷，第 245 册，上海辞书出版社、安徽教育出版社 2006 年版，第 230 页。

⑤ （宋）陆九渊：《陆九渊集·与赵监》，中华书局 1980 年版，第 9 页。

⑥ （明）王守仁：《王阳明全集·传习录中》，上海古籍出版社 2011 年版，第 48 页。

⑦ （明）王守仁：《王阳明全集·传习录中》，上海古籍出版社 2011 年版，第 62 页。

⑧ （明）吴廷翰：《吴廷翰集·吉斋漫录》，中华书局 1984 年版，第 17 页。

⑨ （明）吴廷翰：《吴廷翰集·吉斋漫录》，中华书局 1984 年版，第 17 页。

⑩ 《孟子·告子上》，（清）王夫之：《读四书大全说》，中华书局 1979 年版，第 685 页。

⑪ 《孟子·告子上》，（清）王夫之：《读四书大全说》，中华书局 1979 年版，第 661 页。

而为一。"气充满于天地之间，即仁义充满于天地之间。"① 仁义作为天地间普通的原理而被提升为道德形而上学。

近代中华文化与西方文化发生严峻冲突，在西方强势军事、文化的冲击下，无论是中体派、维新派还是民主派，都试图会通中西。维新派康有为、谭嗣同等参照西方自由、平等、博爱观念，来解释中华传统文化中的特定概念。康有为认为，西方的博爱与仁相通。"仁者在天为生生之理，在人为博爱之德。"② 并与自然科学相结合，"仁从二人，人道相偶，有吸引之意，即爱力也，实电力也"③，以力来解释仁的互相吸引。谭嗣同在《仁学》中建构了仁—通—平等的思维逻辑结构，"仁以通为第一义"，"通之象为平等"④。通包括中外通、上下通、男女内外通、人我通四义，通而达平等，"平等者，致一之谓也。一则通矣，通则仁矣"⑤。通是中西文化碰撞、会通的理性思考，是中华通向现代化的必由环节。"是故仁不仁之辨，于其通与塞；通塞之本，惟其仁不仁。"⑥ 把通作为仁的第一义，是对唯变所适的新释。孙中山认为，人类社会不应以竞争为原则，而应以互助为原则。"中国古来学者，言仁者不一而足，据余所见，仁之定义，诚如唐韩愈所云：'博爱之谓仁。'敢云适当。博爱云者，为公爱而非私爱……能博爱，即可谓之仁。"⑦ 他把仁分为宗教家舍身救世之仁、慈善家舍财救人之仁、志士舍身救国之仁三类。要求人人都有"博爱之心情"，发扬人类大爱精神，为中国"四万万人谋幸福就是博爱"。这种博爱精神，就是仁爱精神。

从孔子到孙中山，仁爱精神一以贯之，绵延不绝。仁爱精神体现了儒家对人在自然、社会、文化中的性质、地位、作用、功能的自觉反思和价值界定。仁爱精神是中华民族凝聚力、亲和力、向心力的源头活水，是中华民族自强不息、厚德载物的动力源泉，是中华民族生生不息、智能创新的生命

① 《孟子·告子上》，（清）王夫之：《读四书大全说》，中华书局 1979 年版，第 662 页。
② （清）康有为：《中庸注》，中华书局 1987 年版，第 208 页。
③ （清）康有为：《中庸注》，中华书局 1987 年版，第 208 页。
④ （清）谭嗣同：《谭嗣同集·仁学界说》，岳麓书社 2012 年版，第 313 页。
⑤ （清）谭嗣同：《谭嗣同集·仁学界说》，岳麓书社 2012 年版，第 315 页。
⑥ （清）谭嗣同：《谭嗣同集·仁学四》，岳麓书社 2012 年版，第 317 页。
⑦ 中国社会科学院近代史所等编：《孙中山全集》卷 6，中华书局 2011 年版，第 22 页。

智慧，是全人类快乐幸福、和谐生活的前提机制。

生命诚可贵，仁爱价更高。汶川大地震中，无数人用鲜血和生命浇铸了永恒的仁爱，这是中国古代仁爱的现代转生。在古代仁是指族类情感，因为中国人的生存方式是在族类群体性的交往中实现族类亲情或泛爱众，以为人皆有不忍人之心的恻隐、怜悯之心，便是仁者爱人的世俗族类情感的内在心性依据。这种族类情感的仁爱，与他人、自然、社会、文明等他体构成了整体的主体性思维模式。人从主体出发，施仁爱于他体，构成了我主体情感与他体情感的普遍交流和沟通；人从类主体出发，施仁爱于天地万物，构成了天地万物一体之仁的系统。在天地万物与我一体之仁的情感中，可以说是人我主体的消融，也可以说是人我主体族类亲情的扩散，因此，在人类仁爱的情感中，蕴含着人在天地万物中主体价值的实现。

仁是指主人而非主我的价值取向。仁所指称的他体对象有人我之别。人对于自我，往往有一种无意识的、本能的自仁爱之心之行。如果没有一种自觉的仁爱他人的文化责任感，就会丧失仁爱他者的意识。自仁爱而不仁爱他者，就不成其为仁爱，仁爱是由内在主体心性而推及他者，如"仁民爱物"，即由己及人及物。

仁是指理想人格与价值标准。仁、爱作为中华文化的最高道德原则和人格理想，是每个人安身立命之所在，亦是人之所贵，即人之所以为人而与禽兽相区别的价值标准。仁人是中国人的理想人格，主体人期望小到里长大至天子都由具有理想人格的仁人来担当，这种人在任何危难、艰苦的环境下都不会背离仁爱原则。在生命与道德发生冲突时，可以"杀身成仁"，为实现人生价值理想或仁爱道德原则而奉献生命，这便是汶川大地震中把生和希望献给他人、把死和痛苦留给自己的大爱大德精神。中华民族就是在这种大爱大德精神中成长、发展的，中华文化也就是在大爱大德精神中繁荣、璀璨的，中华民族亦会在大爱大德精神中生生不息，挺立于世。

（原载于《探索与争鸣》2009 年第 5 期）

创新与生命

"千淘万漉虽辛苦，吹尽狂沙始见金。"① 经过相当长一段时间的辛苦经营，《中国社会科学》期刊和报纸终于在强手如林的当代中国学术报刊界取得了一定地位，这无疑是报刊负责人及编辑在稿件刊发过程中长期坚持以创新性、学术性、开放性、前沿性、全球性为原则的成果。

创新是学术理论期刊和报纸的生命。就是在这种情境下，《中国社会科学》报刊的学术理论生命便发出璀璨的光辉，在大化流行、与时偕行中，发表了大量创新性的理论文章，这是有目共睹的，也因此而获得了国内外的赞誉。

创新，就意味着必须解放思想、一切从实际出发，认真思考我国改革开放和现代化建设中的实际问题甚至人类所面临的共同挑战，并提出相应的化解之道。这是学术观点创新、学科体系创新和科研方法创新的必要前提。无前者，后者就无法展开；无后者，前者也无从落实。两者存在着因果关系，深切体认于此，必将使中国人文社会科学研究开出新格局、新境界。

学术性，乃是学术理论报刊生命的重要品格和本质特性。在中国传统意义上，"学术"是指学说和方法，而在现代意义上，它一般是指人文社会科学领域内诸知识、学说和方法的系统，以及自然科学领域中的科学学说和方法论。为坚持高品位的学术性，《中国社会科学》报刊高要求、严审查，从而保证了报刊的学术水准。

要提升中国人文社会科学的学术理论水准，还需要广大学者具备"做

---

① （清）彭定求等编：《全唐诗》第28卷，中华书局1960年版，第403页。

人，做文，以品为主"的信念和品格。"文以行立，行以文传。"文章品格是作者品格的影子。当下文章中格调低俗、抄袭屡见等现象的存在，应是作者品格不高、心境不正的写照。宋代的司马光说："玉蕴石而山林茂，珠居渊而岸草荣。"① 意谓作者唯有内蕴优美之心，如怀珠韫玉，才能使作品外现灿烂光辉。好文章不仅靠辛勤的积累，而且有赖于细致精微的思考。"致思如掘井，初有浑水，久后稍引动得清者出来。"唯有肯下苦功夫，才能完成像清泉一样甘甜的好文章。

开放性是学术理论报刊生命的保证，是学术理论研究的必由之路。开放才能多闻多识，多闻多识才能致广大，致广大才能博采众长。老子说："自见者不明，自是者不彰。"② 只见自己长处的人，目光短浅而不明事理；自以为是的人，会被现象所遮蔽而是非不彰明。

开放要有海纳百川的气概，广博宽容的胸怀，谦虚谨慎的心境，探赜钩沉的态度。《中国社会科学》报刊具备了这样的风格，也就保证了学术理论的创新性和学术性。报刊能够为持不同观点的学者提供舞台，就是开放性的具体表现，对此我深有体会。拙著《朱熹思想研究》在 1983 年"清除精神污染"运动中曾受到一些批评，我写了一篇回应文章——《关于朱熹思想研究的几点认识》，在《中国社会科学》1984 年第 2 期发表。尽管有人对我在 20 世纪 80 年代末提出的"和合学"有不同见解，但《中国社会科学报》不仅先后发表了拙作《儒教伦理与和合经济发展》《中国文化软实力的当代和合乐章》等文章，而且还刊出了《张立文与他的"和合"世界》的学者访谈，凸显了一种学术开放的精神。

前沿性是学术理论报刊生命的前提条件。就学术理论而言，它是讲当前人与自然、人与社会、人与人、人的心灵、各文明之间在物质、能量、信息交往活动中，对其所格致的新问题、新冲突、新危机的化解之道的新趋势、新话题、新理论的研究和追求。这是世界有忧患意识和责任意识的学者所共同关注的、共同试图寻求化解之方的问题，各国学者可以站在同一起点

---

① （宋）司马光：《温国文正司马公文集》第 65 卷，四部丛刊本。

② 《道德经·第二十四章》，（魏）王弼注，楼宇烈校释：《老子道德经注校释》，中华书局 2008 年版，第 60 页。

或平台上，共同探讨，互相交流，以求化解之道。

关于当前文化思想、学术理论中的前沿话题，中国学者应努力把握话语权，而不应自动让出话语平台，丧失对话资格。譬如说，西方学者在其价值观支撑下所鼓吹的"自由""民主""人权"等"普遍主义"观点，把某种思维范畴、命题绝对化、独断化、普遍化，显然是我们无法苟同的。其实，"普遍价值"是相对于"特殊价值"而言的，一切"普遍价值"均寓于各民族文化思想、学术理论的"特殊价值"之中，离开"特殊价值"，也就无所谓"普遍价值"。从这种意义上说，各民族、国家文化思想、学术理论中都蕴涵"普遍价值"的成分。学术报刊如能定期地开展类似主题的讨论，对于活跃学术气氛，推动学术进步，传播科学研究成果也大有裨益。

在经济全球化、科学技术一体化、互联网普及化、世界被视为"地球村"的当下，"言在耳目之内，情寄八荒之表"。人的知、情、意已能快速传播到世界各地，即使穷乡僻壤也不例外。正是因为具有全球意识和世界视野，《中国社会科学》率先出版英文版，使其他国家的学者能够更为迅速、准确地了解中国文化思想和学术理论最新成果，这对于促进学术交流、对话、共同研究、探索，都大有裨益。这种眼光，也是《中国社会科学》报刊能在国内外享有较高知名度的原因所在。

祝愿《中国社会科学》报刊这朵鲜花开得更加灿烂，为中国文化学术的发展做出新的贡献，为中外文化思想、学术理论的交流搭建直通的彩桥。

（原载于《中国社会科学报》2010 年 8 月 17 日）

后 记

中华民族是一个善思卓著的民族，智能创新的民族，追求智慧的民族。她五千年璀璨而绵延不断的文化哲学宝库，有无尽的蕴藏。她是先圣先贤仰观俯察，通贯宇宙、社会、人生，而赋予一切被创造物以生命活力，构成犹登泰山之巅，洞八极之观的哲学理论思维体系。她博采众美、美美与共，在世界哲学舞台上曾光彩夺目，精神四射。

中国哲学是中国的哲学，是中华民族先圣先贤反思宇宙自然、社会人文、生活实践的成果，是体现每个时代精神精华的妙凝，是多民族、多宗教理论思维的融突和合。她是中华民族的根与本、魂与体。这是中国的哲学的自我身份。然而，近代以来，在外来西学狂风骤雨的冲击下，中国的哲学渐失其自我身份，按外来的哲学之所谓哲学的一定之规，把中国整体的哲学"五马分尸"，按"一定之规"的哲学之所谓哲学分块填进去。既照猫画虎式，又秉承衣钵式的"照着讲""接着讲""对着讲"。这样，中国的哲学的根被拔掉了，中国的哲学的魂失掉了，中国的哲学也就不成中国的哲学自己了。因此，作为体现中华民族身份、性质、特色、内涵、美感、神韵的中国的哲学，有必要按中国的哲学的实际故事，自己讲自己中国的哲学故事，并融突和合国内外一切优秀哲学理论思维，如智能创新的方法，开出中国的哲学的新体系、新思维、新方法、新概念，以恢复中华民族的哲学在世界哲学舞台上的再辉煌。这是中国的哲学工作者历史的职责和应负的使命。

中国文化是个宝，中国的哲学是文化之宝的灵魂，我们千万不能像近代以来那样对中国的文化和哲学施以自戕性、暴虐性、破坏性的手术了。本文集是对中国文化和哲学一个粗浅的梳理，其宗旨是为继承、弘扬中国传统的哲学和文化。由于我年老体衰，精力有限，于是请我的博士生肖永奎搜集整理成集，他费尽精力一篇一篇地寻找，终于初编成集。后又由董凯凯、高晓峰博士仔细核对引文，注明引文出处、版本、页码以及发表的刊物名称等等，可谓劳心劳力，耗费精血。最后人民出版哲学编辑室方国根编审、段海宝副编审辛劳审阅，以及编辑同仁的帮助，才有此机遇得以与读者见面。我对以上博士、编辑表示衷心感谢，希望读者不吝指正。

张立文

于中国人民大学孔子研究院

2020 年 5 月 26 日

责任编辑:方国根

图书在版编目(CIP)数据

和合学与文化创新/张立文 著. —北京:人民出版社,2020.8
ISBN 978－7－01－021937－0
孔子研究院文库第一辑

Ⅰ.①和… Ⅱ.①张… Ⅲ.①和合-文化研究-中国-文集 Ⅳ.①B2-53

中国版本图书馆 CIP 数据核字(2020)第 039568 号

和合学与文化创新

HEHEXUE YU WENHUA CHUANGXIN

张立文 著

人民出版社 出版发行
(100706 北京市东城区隆福寺街 99 号)

环球东方(北京)印务有限公司印刷 新华书店经销

2020 年 8 月第 1 版 2020 年 8 月北京第 1 次印刷
开本:710 毫米×1000 毫米 1/16 印张:28
字数:427 千字

ISBN 978－7－01－021937－0 定价:80.00 元

邮购地址 100706 北京市东城区隆福寺街 99 号
人民东方图书销售中心 电话 (010)65250042 65289539